Sprachlehrforschung: Theorie und Empirie

Sprachlehrforschung: Theorie und Empirie

Festschrift für Rüdiger Grotjahn

Herausgegeben von
Annette Berndt und Karin Kleppin

Unter Mitarbeit von
Sarah Schönbrunn und Jessica Böcker

PETER LANG
Frankfurt am Main · Berlin · Bern · Bruxelles · New York · Oxford · Wien

Bibliografische Information der Deutschen Nationalbibliothek
Die Deutsche Nationalbibliothek verzeichnet diese Publikation in der Deutschen Nationalbibliografie; detaillierte bibliografische Daten sind im Internet über http://dnb.d-nb.de abrufbar.

ISBN 978-3-631-59001-0

www.peterlang.de

Language Testing
and Evaluation
6
Der C-Test:
Theorie, Empirie,
Anwendungen
The C-Test:
Theory, Empirical Research,
Applications
PETER LANG

Inhalt

Empirische Forschungsansätze

Individuelle Faktoren und Individualisierung

Zu guter Letzt: der Jubilar

Vorwort

Mit der vorliegenden Festschrift möchten die teilnehmenden Autorinnen und Autoren ihren Kollegen und Freund Rüdiger Grotjahn aus Anlass seines 65. Geburtstages ehren. Die Würdigung gilt einem der führenden Sprachlehrforscher, der die Wissenschaft mit Publikationen in deutscher und englischer Sprache seit nunmehr über 30 Jahren bereichert. Als Romanist und einer der frühen wissenschaftlichen Mitarbeiter des Seminars für Sprachlehrforschung an der Ruhr-Universität Bochum beschäftigte er sich zunächst neben sprachlehrforscherischen Fragestellungen zur Ausspracheschulung und zur Konzeption von Lehrergrammatiken mit den quantitativen Aspekten der Linguistik und gab zusammen mit seinem Doktorvater Gabriel Altmann in den 80er Jahren die Reihe „Quantitative Linguistics" heraus. Parallel hierzu absolvierte er ein berufsbegleitendes Studium der Informatik an der FernUniversität in Hagen, das seine weitere thematische Orientierung in zweifacher Hinsicht reflektiert: Einerseits eignete er sich so das informationstechnische Know-How für die Entwicklung quantitativer Methoden in der empirischen Forschung an, und andererseits profilierte er sich als lebenslanger Lerner, der einige der Hypothesen zum Faktor „Alter" in das Reich der Mythen verbannt.

Seine wissenschaftlichen Interessen waren und sind vielfältig, und nur einige können wir hier nennen: Innerhalb seines Arbeitsschwerpunktes „Testen, Prüfen und Evaluieren" beschäftigte sich Rüdiger Grotjahn speziell mit dem C-Test, der u. a. durch die Herausgabe der C-Test-Reihe einen besonderen Stellenwert in seinen Arbeiten innehat. Über seine Mitarbeit im Konsortium des TESTDAF-Projektes, die wissenschaftliche Begleitung des Deutschen Sprachdiploms der KMK, die Beratung bei Lernstandserhebungen und die Supervision bei der Erstellung von Testaufgaben für die Überprüfung und Implementierung der Bildungsstandards prägte er die Entwicklungen im Bereich der universitären und schulischen Fremdsprachenvermittlung in Deutschland.

Rüdiger Grotjahn brachte Transparenz in die Empirie der Sprachlehrforschung, indem er die Funktion, den Sinn und Zweck qualitativer und quantitativer Verfahren offen legte. Neben seiner besonderen „Liebe" für quantitative Verfahren etablierte er das „Forschungsprogramm Subjektive Theorien" in der Sprachlehrforschung, das vielen empirischen Studien seit Ende der 90er Jahre als methodologische Grundlage dient.

Die Beitragenden dieser Festschrift sind durch wissenschaftliche Projekte und teils Jahrzehnte andauernde gemeinsame Arbeit mit Rüdiger Grotjahn verbunden. Dies reflektieren die einzelnen Artikel in den drei Themenschwerpunkten dieser Festschrift: „Prüfen, Testen, Evaluieren", „Empirische Forschungsansätze" und nicht zuletzt der Themenkreis „Individuelle Faktoren und Individualisierung". Die Beitragenden nähern sich darin aus teils persönlicher Perspektive historischen, aktuellen und zu erwartenden Entwicklungen in der

Sprachlehrforschung an. Und zu guter Letzt kommt der Jubilar selbst zu Wort, indem er das Fach Sprachlehrforschung aus seiner Sicht noch einmal skizziert.

Bochum, im Juli 2009

Annette Berndt und Karin Kleppin

Wissenschaftlicher Werdegang von Rüdiger Grotjahn

ab 1966	Studium an der Ruhr-Universität Bochum: Romanistik, Allgemeine Sprachwissenschaft, Klassische Philologie; ab WS 1971/72: Pädagogik und Philosophie
1972	Erste Philologische Staatsprüfung im Fach Französisch
ab 1.12.1972	Tätigkeit als Wissenschaftlicher Angestellter/Akademischer Rat am Zentralen Fremdspracheninstitut/Seminar für Sprachlehrforschung der Ruhr-Universität Bochum
1977	Promotion zum Dr. phil. an der Abt. für Philologie der Ruhr-Universität Bochum in Allgemeiner Sprachwissenschaft als Hauptfach sowie Romanischer Philologie und Sprachlehrforschung als Nebenfächern; Dissertation: „Linguistische und statistische Methoden in Metrik und Textwissenschaft" [Bochum: Brockmeyer 1979; ausgezeichnet durch den Preis 1978 der Ruhr-Universität Bochum]
1981-1988	Mitherausgeber der Reihe *Quantitative Linguistics* [zus. mit Prof. Dr. Gabriel Altmann]
1982-1988	Berufsbegleitendes Studium der Informatik an der FernUniversität Hagen
1985-1994	Mitarbeit beim Bundeswettbewerb Fremdsprachen: Erstellung von Französischtests, Beratung in Testfragen, Gutachtertätigkeit
1.4.1986-30.6.1987	Leitung des DFG-Forschungsprojektes „Der C-Test: Untersuchungen zu einem neuen Meßverfahren" [zus. mit Prof. Dr. Friedrich Denig]
1988-1994	Mitglied des *editorial board* der Reihe *Quantitative Linguistics*
1989-2003	Mitherausgeber der *Zeitschrift für Fremdsprachenforschung* (ZFF)
SoSe 1989	Lehrauftrag an der Universität Trier im Fach „Linguistische Datenverarbeitung/Computerlinguistik" mit dem Thema „Statistik für Linguisten"
1989-1993	Beiratsmitglied der *Deutschen Gesellschaft für Fremdsprachenforschung*
ab 1992	Fortbildungstätigkeit an Goethe-Instituten des In- und Auslandes
1993-2003	Mitherausgeber der Reihe *Beiträge zur Fremdsprachenforschung* (BFF)
1993-1996	Mitkoordinator des „European Language Proficiency Survey" [Projekt der Universitäten Portsmouth (Prof. James A. Coleman), Duisburg (Priv. Doz. Dr. Christine Klein-Braley, Prof. Dr. Ulrich Raatz) und Bochum (Rüdiger Grotjahn)]
1996	Habilitation im Fach „Sprachlehrforschung" an der Fakultät für Philologie der Ruhr-Universität Bochum

1998-2002	Mitarbeit an dem Projekt „Tests and Attitude Scales for the Year Abroad“ (TESTATT) [Projektmitglieder: James A. Coleman, Ulrich Raatz, Rüdiger Grotjahn; gefördert durch DAAD und British Council]
1999-2000	Mitglied des Konsortiums zur Entwicklung des TestDaF [1998 Mitarbeit am TestDaF als externer Experte]
Januar 1998-Februar 1999	Beteiligung als externer Experte an einer vom Bundesministerium für Arbeit und Sozialordnung in Auftrag gegebenen Evaluation der Deutschkurse für ausländische Arbeitnehmer und deren Familien
1999-2003	Entwicklung von umfangreichen Studienmaterialien zum Testen für die griechische Fernuniversität in Patras/Athen sowie für die FernUniversität Hagen
ab 2001	Mitglied des Direktoriums des TestDaF-Instituts [An-Institut der FernUniversität Hagen und der Ruhr-Universität Bochum]
1.10.2001-30.9.2002	Vertretungsprofessur (C3) für Sprachlehr- und -lernforschung an der Universität Erfurt
1.10.2001-30.12.2002	Forschungsmethodologische Beratung des vom Ministerium für Schule, Wissenschaft und Forschung (NRW) geförderten Projekts „SPREEG: Sprachenerhebung in Essener Grundschulen“
30.3.2002	Ernennung zum apl. Professor durch den Rektor der Ruhr-Universität Bochum
2002-2004	Mitarbeit am Projekt „Deutsch Englisch Schülerleistungen International“ (DESI) als externer Experte
ab 31.1.2003	Mitglied des Beirats „Deutsch als Fremdsprache“ beim Bundesverwaltungsamt, Zentralstelle für das Auslandsschulwesen
ab 2004	Mitherausgeber der Reihe *Language Testing and Evaluation* (Lang-Verlag) [zus. mit Günther Sigott (Klagenfurt)]
2003-2004	Entwicklung von Diagnoseverfahren für Deutsch als Zweitsprache in 5. und 6. Klassen der Hauptschule im Rahmen des vom Land NRW geförderten Projekts „Ergänzende Förderangebote mit IT-gestützten Medien (eFIT)“ [zus. mit Rupprecht S. Baur, Universität Duisburg-Essen]
2003-2005	Mitarbeit bei der Entwicklung und Pilotierung der zentralen Lernstandserhebungen im Fach Englisch in NRW
2005-2006	Wissenschaftliche Begleitung der Entwicklung von Testmaterialien und eines Rahmencurriculums für den Studienbegleitenden Deutschunterricht in Polen, in der Slowakei und in Tschechien [Goethe-Institut Krakau 2006]

ab1.10. 2005	Wissenschaftliche Begleitung des Projekts „Evaluation der Bildungsstandards Französisch in der Sekundarstufe I“ [Institut zur Qualitätsentwicklung im Bildungswesen (IQB), Humboldt-Universität Berlin]
2006-2007	Supervision bei der Entwicklung von Testaufgaben für das Deutsche Sprachdiplom der KMK
ab 1.8.2008	Wissenschaftliche Begleitung der Aufgabenentwicklung für VERA 8 [Kooperationsvertrag IQB und Ruhr-Universität Bochum]
2008	Berufung in den Beirat Sprache 2008-2011 des Goethe-Instituts

Mitglied mehrerer wissenschaftlicher Vereinigungen (DGFF, TESOL, ILTA, EALTA); umfangreiche Vortragstätigkeit auf nationalen und internationalen Kongressen (darunter eine Reihe von Einladungsvorträgen); Gastvorträge an deutschen und ausländischen Universitäten; Fortbildungstätigkeit an verschiedenen Institutionen (u.a. an Goethe-Instituten, Studienkollegs, staatliche Lehrerfortbildung); Beratertätigkeit am Goethe-Institut; Begutachtung von Manuskripten für internationale Zeitschriften (*Language Testing*, *System*, *Applied Linguistics*); Gutachtertätigkeit für die DFG; Mitarbeit an mehreren Testentwicklungsprojekten (Bochumer Diagnostiktest Französisch; Bundeswettbewerb Fremdsprachen; TestDaF; TESTATT; Deutsches Sprachdiplom der KMK; DESI; Bildungsstandards Französisch; VERA 8); Begutachtung von Tests u.a. für das Goethe-Institut, den Österreichischen Integrationsfonds und die Zentralstelle für das Auslandsschulwesen (DSD der KMK)

Aktuelle Forschungs- und Arbeitsschwerpunkte:

- Untersuchungen zum Faktor „Alter“ beim Lernen und Lehren von Sprachen [zus. mit Karin Aguado, Universität Kassel, Torsten Schlak, Technische Universität Berlin]
- Validierungsuntersuchungen zum C-Test [z.T. in Zusammenarbeit mit dem TestDaF-Institut Hagen]
- Wissenschaftliche Begleitung der Entwicklung von Testaufgaben für VERA 8 – Französisch [IQB Berlin]

Schriftenverzeichnis von Rüdiger Grotjahn

Publikationen in den 70er Jahren

1971

Kriterien zur Erstellung von Sprachkursen. Bochum: Zentrales Fremdspracheninstitut 1971 (Manuskripte zur Sprachlehrforschung 1) [9 Seiten; als Mitarbeiter aufgeführt zus. mit drei weiteren Mitarbeitern und zwei Hauptautoren].

1974

Überblick über den an der Ruhr-Universität Bochum entwickelten Korrektiven Phonetikkurs. In: Victor A. Borowsky & Heinrich P. Kelz (Hrsg.), *Phonetik im Fremdsprachenunterricht.* Hamburg: Buske 1974, 21-31.

1975

Zum Stellenwert der Übersetzung im Fremdsprachenunterricht. Eine Pilotstudie. Bochum: Zentrales Fremdspracheninstitut/Heidelberg: Groos 1975 (Manuskripte zur Sprachlehrforschung 11) [124 Seiten; zus. mit Ursula Klevinghaus unter Mitarbeit von Karl-Richard Bausch & Horst Raabe].

Modell eines Studiengangteils Sprachpraxis für Fremdsprachenlehrer. In: Zentrales Fremdspracheninstitut der Ruhr-Universität Bochum (Hrsg.), *Beiträge und Materialien zur Ausbildung von Fremdsprachlehrern. Band I.* Bochum: Zentrales Fremdspracheninstitut 1975, 13-58 [zus. mit 13 weiteren Mitgliedern der Lehrplankommission des Zentralen Fremdspracheninstituts].

Modell eines Studiengangteils Methodik und Didaktik der Fremdsprachenvermittlung. In: Zentrales Fremdspracheninstitut der Ruhr-Universität Bochum (Hrsg.), *Beiträge und Materialien zur Ausbildung von Fremdsprachenlehrern. Band II.* Bochum: Zentrales Fremdspracheninstitut 1975, 341-355 [zus. mit 13 weiteren Mitgliedern der Lehrplankommission des Zentralen Fremdspracheninstituts].

Konzeption Lehrergrammatik. In: Zentrales Fremdspracheninstitut der Ruhr-Universität Bochum (Hrsg.), *Beiträge und Materialien zur Ausbildung von Fremdsprachlehrern Band II.* Bochum: Zentrales Fremdspracheninstitut 1975, 357-372 [zus. mit 16 weiteren Mitgliedern der Arbeitsgruppe „Konzeption Lehrergrammatik“].

Kriterien zur Definition von Kommunikationsbereichssprachen und Kurssprachen. In: Zentrales Fremdspracheninstitut der Ruhr-Universität Bochum (Hrsg.), *Beiträge und Materialien zur Ausbildung von Fremdsprachenlehrern. Band II.* Bochum: Zentrales Fremdspracheninstitut 1975, 374-414 [zus. mit 9 weiteren Migliedern der Arbeitsgruppe „Norm" des Zentralen Fremdspracheninstituts].

Lehrergrammatik Französisch. In: Zentrales Fremdspracheninstitut der Ruhr-Universität Bochum (Hrsg.), *Beiträge und Materialien zur Ausbildung von Fremdsprachlehrern Band II.* Bochum: Zentrales Fremdspracheninstitut 1975, 593-780 [zus. mit 5 weiteren Mitgliedern der Projektgruppe „Lehrergrammatik Französisch" sowie 6 weiteren Mitarbeitern des Zentralen Fremdspracheninstituts].

1977

Kognitives oder imitatives Lernen im Ausspracheunterricht? In: *Der fremdsprachliche Unterricht* 41 (1977), 6-19 [zus. mit Wulf D. Bieritz].

1979

Linguistische und statistische Methoden in Metrik und Textwissenschaft. Bochum: Universitätsverlag Dr. N. Brockmeyer 1979 (Quantitative Linguistics 1) [V+296 Seiten].

Zur Konzeption und Bewertung Didaktischer Grammatiken. In: Karl-Richard Bausch (Hrsg.), *Beiträge zur Didaktischen Grammatik.* Königstein: Scriptor 1979, 98-115 [zus. mit Gabriele Kasper].

Publikationen in den 80er Jahren

1980

Glottometrika 2. Hrsg. von Rüdiger Grotjahn. Bochum: Universitätsverlag Dr. N. Brockmeyer 1980 (Quantitative Linguistics 3) [219 Seiten].

The Theory of Runs as an Instrument of Research in Quantitative Linguistics. In: Rüdiger Grotjahn (Hrsg.), *Glottometrika 2.* Bochum: Universitätsverlag Dr. N. Brockmeyer 1980, 11-43.

Einige kritische Bemerkungen zu Werner Lehfeldt „Zur numerischen Erfassung der Schwierigkeit des Sprechbewegungsablaufs". In: Wolfhart Matthäus (Hrsg.), *Glottometrika 3.* Bochum: Universitätsverlag Dr. N. Brockmeyer 1980, 34-35.

Empirical Research on Language Teaching and Language Acquisition. Ed. by Rüdiger Grotjahn & Edwin Hopkins. Bochum: Universitätsverlag Dr. N. Brockmeyer 1980 (Quantitative Linguistics 6) [IV+231 Seiten].

Introduction. In: Rüdiger Grotjahn & Edwin Hopkins (eds.), *Empirical Research on Language Teaching and Language Acquisition.* Bochum: Universitätsverlag Dr. N. Brockmeyer 1980, I-IV [zus. mit Edwin Hopkins].

Zur Quantifizierung der Schwierigkeit des Sprechbewegungsablaufs. In: Rüdiger Grotjahn & Edwin Hopkins (eds.), *Empirical Research on Language Teaching and Language Acquisition.* Bochum: Universitätsverlag Dr. N. Brockmeyer 1980, 199-231.

1981

Studies in Language Teaching and Language Acquisition. Ed. by Edwin Hopkins & Rüdiger Grotjahn. Bochum: Universitätsverlag Dr. N. Brockmeyer 1981 (Quantitative Linguistics 9) [IV+221 Seiten].

Introduction. In: Edwin Hopkins & Rüdiger Grotjahn (eds.), *Studies in Language Teaching and Language Acquisition.* Bochum: Universitätsverlag Dr. N. Brockmeyer 1981, I-IV [zus. mit Edwin Hopkins].

Hexameter Studies. Ed. by Rüdiger Grotjahn. Bochum: Universitätsverlag Dr. N. Brockmeyer 1981 (Quantitative Linguistics 11) [VI+263 Seiten].

Introduction. In: Rüdiger Grotjahn (ed.), *Hexameter Studies.* Bochum: Universitätsverlag Dr. N. Brockmeyer 1981, I-VI.

A Statistical Model for the Analysis of the Coincidence of Ictus and Accent. In: Rüdiger Grotjahn (ed.), *Hexameter Studies.* Bochum: Universitätsverlag Dr. N. Brockmeyer 1981, 33-74.

A Note on Pol Tordeur's Paper «Etude statistique sur l'hexamètre d'Ausone». In: Rüdiger Grotjahn (ed.), *Hexameter Studies.* Bochum: Universitätsverlag Dr. N. Brockmeyer 1981, 97-106.

A Note on Jean Gérard's Paper «Liaisons syllabiques dans les partages trochaïques de l'hexamètre latin». In: Rüdiger Grotjahn (ed.), *Hexameter Studies.* Bochum: Universitätsverlag Dr. N. Brockmeyer 1981, 212-225.

1982

Quantitative Analyse von Interlanguage. In: Wolfgang Kühlwein & Albert Raasch (Hrsg.), *Stil: Komponenten – Wirkungen. Band II.* Kongreßberichte der 12. Jahrestagung der Gesellschaft für Angewandte Linguistik, GAL e.V. Tübingen: Narr 1982, 87-91.

Ein statistisches Modell für die Verteilung der Wortlänge. *Zeitschrift für Sprachwissenschaft* 1 (1982), 44-75.

1983

Grundkurs Fremdsprachenunterricht als Gegenstand von Wissenschaft. Eine Einführung in wissenschaftstheoretische und methodologische Fragen. Bochum/Heidelberg: Seminar für Sprachlehrforschung/Groos Verlag 1983 (Manuskripte zur Sprachlehrforschung 11) [102 Seiten; zus. mit Helmut Brammerts & Brigitte Wülfrath unter Mitarbeit von A. Ružicka-Bettin].

Zur Zielsetzung und Methodologie quantitativer Textanalysen. In: Wolfgang Kühlwein (Hrsg.), *Texte in Sprachwissenschaft, Sprachunterricht und Sprachtherapie.* Kongreßberichte der 13. Jahrestagung der Gesellschaft für Angewandte Linguistik, GAL e.V. Tübingen: Narr 1983, 70-71.

On the Use of Quantitative Methods in the Study of Interlanguage. *Applied Linguistics* 4 (1983), 235-241.

1984

Entwicklung und Einsatz eines C-Tests ‚Französisch'. In: Wolfgang Kühlwein (Hrsg.) *Sprache, Kultur und Gesellschaft.* Kongreßberichte der 14. Jahrestagung der Gesellschaft für Angewandte Linguistik, GAL e.V. Tübingen: Narr 1984, 101-102 [zus. mit Brigitte Stemmer].

1985

On the Development and Evaluation of a C-Test for French. *Fremdsprachen und Hochschule* 13/14 (1985), 101-120 [zus. mit Brigitte Stemmer].

1986

Der Bochumer Diagnostiktest ‚Französisch'. In: Wolfgang Kühlwein (Hrsg.), *Neue Entwicklungen der Angewandten Linguistik.* Kongreßbeiträge zur 15. Jahrestagung der Gesellschaft für Angewandte Linguistik, GAL e.V. Tübingen: Narr 1986, 103-104.

Der Bochumer Einstufungstest ‚Französisch'. In: Seminar für Sprachlehrforschung der Ruhr-Universität Bochum (Hrsg.), *Probleme und Perspektiven der Sprachlehrforschung. Bochumer Beiträge zum Fremdsprachenunterricht in Forschung und Lehre.* Frankfurt am Main: Scriptor 1986, 313-324.

Was messen Sprachtests eigentlich? Überlegungen zur introspektiven Validierung von C-Tests. In: Seminar für Sprachlehrforschung der Ruhr-Universität Bochum (Hrsg.), *Probleme und Perspektiven der Sprachlehrforschung.* Bochumer Beiträge zum Fremdsprachenunterricht in Forschung und Lehre. Frankfurt am Main: Scriptor 1986, 325-338 [zus. mit Ute Feldmann & Brigitte Stemmer].

Test Validation and Cognitive Psychology: Some Methodological Considerations. *Language Testing* 3 (1986), 159-185.

1987

Rezension von Juliane House & Shoshana Blum-Kulka (eds.), Interlingual and Intercultural Communication: Discourse and Cognition in Translation and Second Language Acquisition Studies. *Fremdsprachen und Hochschule* 19 (1987), 97-101.

On the Methodological Basis of Introspective Methods. In: Claus Færch & Gabriele Kasper (eds.), *Introspection in Second Language Research.* Clevedon: Multilingual Matters 1987, 54-81.

Ist der C-Test ein Lesetest? In: Anthony Addison & Klaus Vogel (Hrsg.), *Lehren und Lernen von Fremdsprachen im Studium.* Bochum: Arbeitskreis der Sprachenzentren, Sprachlehrinstitute und Fremdspracheninstitute (AKS) 1987, 230-248.

Taking Their Measure: The Validity and Validation of Language Tests. Ed. by Rüdiger Grotjahn, Christine Klein-Braley & Douglas K. Stevenson. Bochum: Universitätsverlag Dr. N. Brockmeyer 1987 (Quantitative Linguistics 34) [XII+274 Seiten].

Introduction. In: Rüdiger Grotjahn, Christine Klein-Braley & Douglas K. Stevenson (eds.), *Taking Their Measure: The Validity and Validation of Language Tests.* Bochum: Universitätsverlag Dr. N. Brockmeyer 1987, III-XII [zus. mit Christine Klein-Braley & Douglas K. Stevenson].

How to Construct and Evaluate a C-Test: A Discussion of Some Problems and Some Statistical Analyses. In: Rüdiger Grotjahn, Christine Klein-Braley & Douglas K. Stevenson (eds.), *Taking Their Measure: The Validity and Validation of Language Tests.* Bochum: Universitätsverlag Dr. N. Brockmeyer 1987, 219-253.

The Bochum Diagnostic Test for English. In: Rüdiger Grotjahn, Christine Klein-Braley & Douglas K. Stevenson (eds.), *Taking Their Measure: The Validity and Validation of Language Tests.* Bochum: Universitätsverlag Dr. N. Brockmeyer 1987, 133-156 [zus. mit Jürgen Krause & Heinz-Jürgen von Unwerth].

1988

Review of Evelyn Hatch & Hossein Farhady: Research Design and Statistics for Applied Linguistics. In: Klaus-Peter Schulz (Hrsg.), *Glottometrika 9.* Bochum: Universitätsverlag Dr. N. Brockmeyer 1988, 219-233.

Review of Christopher Butler: Statistics in Linguistics. In: Klaus-Peter Schulz (Hrsg.), *Glottometrika 9.* Bochum: Universitätsverlag Dr. N. Brockmeyer 1988, 247-259.

Review of Maria Nowakowska: Quantitative Psychology. Some Chosen Problems and New Ideas. In: Klaus-Peter Schulz (Hrsg.), *Glottometrika 9.* Bochum: Universitätsverlag Dr. N. Brockmeyer 1988, 235-245.

Review Article: Introducing (Applied) Linguists to Statistics: A Review of Two Books and Some General Remarks. *Studies in Second Language Acquisition* 10 (1988), 63-68.

Linguistische Meßverfahren. In: Ulrich Ammon, Norbert Dittmar & Klaus J. Mattheier (eds.), *Sociolinguistics. An International Handbook of the Science of Language and Society.* Vol. 2. Berlin, New York: Walter de Gruyter 1988, 1026-1039 [zus. mit Gabriel Altmann].

Ein kombiniertes SPSS-FORTRAN-Testauswertungsprogramm. In: Bernd Spillner (Hrsg.), *Angewandte Linguistik und Computer.* Kongreßberichte der 18. Jahrestagung der Gesellschaft für Angewandte Linguistik, GAL e.V. Tübingen: Narr 1988, 165-166.

Review of Nic Underhill: Testing Spoken Language: A Handbook of Oral Testing Techniques. *System* 16 (1988), 393-394.

1989

Empirische Forschungsmethoden: Überblick. In: Karl-Richard Bausch, Herbert Christ, Werner Hüllen & Hans-Jürgen Krumm (Hrsg.), *Handbuch Fremdsprachenunterricht.* Tübingen: Francke 1989, 383-387.

Der C-Test im Bundeswettbewerb Fremdsprachen: Eignung und Probleme (Französisch). In: Thomas Finkenstaedt & Konrad Schröder (Hrsg.), *Zwischen Empirie und Machbarkeit.* Erstes Symposium zum Bundeswettbewerb Fremdsprachen. Augsburg: Universität 1989, 41-56 (Augsburger I & I Schriften Bd. 50).

Publikationen in den 90er Jahren

1991

Studies in Second Language Acquisition 13: 2. Special Issue on "Methods in Second Language Research". Ed. by Gabriele Kasper & Rüdiger Grotjahn. Cambridge: Cambridge University Press 1991 [196 Seiten].

Methods in Second Language Research: Introduction. In: Gabriele Kasper & Rüdiger Grotjahn (eds.), *Studies in Second Language Acquisition* 13: 2. Special Issue on "Methods in Second Language Research". Cambridge: Cambridge University Press 1991, 109-112 [zus. mit Gabriele Kasper].

The Research Programme Subjective Theories: A New Approach in Second Language Research. In: Gabriele Kasper & Rüdiger Grotjahn (eds.), *Studies in Second Language Acquisition* 13: 2. Special Issue on "Methods in Second Language Research". Cambridge: Cambridge University Press 1991, 187-214.

Viribus Unitis. Festschrift für Gabriel Altmann zum 60. Geburtstag. Hrsg. von Rüdiger Grotjahn, Sebastian Kempgen, Reinhard Köhler & Werner Lehfeldt. Trier: Wissenschaftlicher Verlag Trier 1991 [XVII + 231 Seiten].

Vorwort. In: Rüdiger Grotjahn, Sebastian Kempgen, Reinhard Köhler, & Werner Lehfeldt (Hrsg.), *Viribus Unitis. Festschrift für Gabriel Altmann zum 60. Geburtstag.* Trier: Wissenschaftlicher Verlag Trier 1991, IX-XII [zus. mit Sebastian Kempgen, Reinhard Köhler & Werner Lehfeldt].

Erkundungen zur Persönlichkeitsstruktur quantitativer Linguisten: Eine empirico-satirische Analyse. In: Rüdiger Grotjahn, Sebastian Kempgen, Reinhard Köhler & Werner Lehfeldt (Hrsg.), *Viribus Unitis. Festschrift für Gabriel Altmann zum 60. Geburtstag.* Trier: Wissenschaftlicher Verlag Trier 1991, 85-94.

Rezension von James Dean Brown: Understanding Research in Second Language Learning. A Teacher's Guide to Statistics and Research Design. Cambridge: Cambridge University Press 1988. *Fremdsprachen und Hochschule* 31 (1991), 174-186.

Die Messung fremdsprachlicher Fähigkeiten und Fertigkeiten. Ein Vergleich von drei neueren Veröffentlichungen. In: *Zeitschrift für Fremdsprachenforschung* 2: 2 (1991), 97-108.

Mißt der C-Test Leseverständnis? In: Klaus J. Mattheier (Hrsg.), *Ein Europa – viele Sprachen.* Kongreßbeiträge zur 21. Jahrestagung der Gesellschaft für Angewandte Linguistik GAL e.V. Frankfurt am Main: Lang 1991, 209-210 [zus. mit Wolfgang Tönshoff].

O teste-C de leitura: uma visão panorâmica. *Letras de Hoje* 26 (1991), 144-173.

1992

Testen. In: Udo O.H. Jung (Hrsg.), Praktische Handreichung für Fremdsprachenlehrer (1. Aufl.). Frankfurt am Main: Lang 1992, 369-381 [zus. mit Christine Klein-Braley].

Review of Alan Davies: Principles of Language Testing. Oxford: Basil Blackwell 1990. *Applied Linguistics* 13 (1992), 226-228.

Individuelle Unterschiede beim Fremdsprachenlernen. *Zeitschrift für Fremdsprachenforschung* 3: 1 (1992), 104-115.

Evaluating the Adequacy of Regression Models: Some Potential Pitfalls. In: Burghard Rieger (Hrsg.), *Glottometrika 13.* Bochum: Universitätsverlag Dr. N. Brockmeyer 1992, 121-172.

Der C-Test. Theoretische Grundlagen und praktische Anwendungen. Band 1. Hrsg. von Rüdiger Grotjahn. Bochum: Universitätsverlag Dr. N. Brockmeyer 1992 [312 Seiten].

Der C-Test. Einleitende Bemerkungen. In: Rüdiger Grotjahn (Hrsg.), *Der C-Test. Theoretische Grundlagen und praktische Anwendungen. Band 1.* Bochum: Universitätsverlag Dr. N. Brockmeyer 1992, 1-18.

Textverständnis bei der C-Test-Bearbeitung. Pilotstudien mit Französisch- und Italienischlernern. In: Rüdiger Grotjahn (Hrsg.), *Der C-Test. Theoretische Grundlagen und praktische Anwendungen. Band 1.* Bochum: Universitätsverlag Dr. N. Brockmeyer 1992, 19-95 [zus. mit Wolfgang Tönshoff].

Der C-Test im Französischen. Quantitative Analysen. In: Rüdiger Grotjahn (Hrsg.), *Der C-Test. Theoretische Grundlagen und praktische Anwendungen. Band 1.* Bochum: Universitätsverlag Dr. N. Brockmeyer 1992, 205-255.

C-Tests in der praktischen Anwendung. Erfahrungen beim Bundeswettbewerb Fremdsprachen. In: Rüdiger Grotjahn (Hrsg.), *Der C-Test. Theoretische Grundlagen und praktische Anwendungen. Band 1.* Bochum: Universitätsverlag Dr. N. Brockmeyer 1992, 263-296 [zus. mit Christine Klein-Braley & Ulrich Raatz].

Rezension von Diane Larsen-Freeman & Michael H. Long: An Introduction to Second Language Acquisition Research. *Zeitschrift für Fremdsprachenforschung* 3: 2 (1992), 100-107.

1993

Der C-Test. Grundlagentheoretische und anwendungsbezogene Untersuchungen. *Zeitschrift für Fremdsprachenforschung* 4: 2 (1993), 77-87.

Modelling the Distribution of Word Length: Some Methodological Problems. In: Reinhard Köhler & Burghard Rieger (eds.), *Contributions to Quantitative Linguistics.* Proceedings of the First International Conference on Quantitative Linguistics, QUALICO, Trier, 1991. Dordrecht, Boston, London: Kluwer 1993, 141-153 [zus. mit Gabriel Altmann].

Zur Arbeit der Sektion 2: Einleitung. In: Johannes-Peter Timm & Helmut Johannes Vollmer (Hrsg.), *Kontroversen in der Fremdsprachenforschung.* Dokumentation des 14. Kongresses für Fremdsprachendidaktik, veranstaltet von der Deutschen Gesellschaft für Fremdsprachenforschung (DGFF) Essen, 7.-9. Oktober 1991. Bochum: Universitätsverlag Dr. N. Brockmeyer 1993, 195-200.

Qualitative vs. quantitative Fremdsprachenforschung: Eine klärungsbedürftige und unfruchtbare Dichotomie. In: Johannes-Peter Timm & Helmut Johannes Vollmer (Hrsg.), *Kontroversen in der Fremdsprachenforschung.* Dokumentation des 14. Kongresses für Fremdsprachendidaktik, veranstaltet von der Deutschen Gesellschaft für Fremdsprachenforschung (DGFF) Essen, 7.-9. Oktober 1991. Bochum: Universitätsverlag Dr. N. Brockmeyer 1993, 223-248.

Statistical Methods in the Study of Proverb Knowledge. An Analysis of the Knowledge of Proverbs in Contemporary Hungarian Culture (Tolna County). *Semiotische Berichte* 17 (1993), 275-308 [zus. mit Anna Tóthné Litovkina, Peter Grzybek, Christoph Chlosta & Undine Roos].

1994

Welche Sprachtests für welchen Zweck? In: Armin Wolff & Barbara Gügold (Hrsg.), *Deutsch als Fremdsprache ohne Mauern.* Regensburg: Fachverband Deutsch als Fremdsprache 1994, 31-49.

Der C-Test. Theoretische Grundlagen und praktische Anwendungen. Band 2. Hrsg. von Rüdiger Grotjahn. Bochum: Universitätsverlag Dr. N. Brockmeyer 1994 [XIX+312 Seiten].

Einleitende Bemerkungen zu Band 2. In: Rüdiger Grotjahn (Hrsg.), *Der C-Test. Theoretische Grundlagen und praktische Anwendungen. Band 2.* Bochum: Universitätsverlag Dr. N. Brockmeyer 1994, I-XIX.

Der C-Test im Chinesischen. In: Rüdiger Grotjahn (Hrsg.), *Der C-Test. Theoretische Grundlagen und praktische Anwendungen. Band 2.* Bochum: Universitätsverlag Dr. N. Brockmeyer 1994, 1-60 [zus. mit Ulrike Arras].

Der C-Test im Italienischen. Theoretische Überlegungen und empirische Analysen. In: Rüdiger Grotjahn (Hrsg.), *Der C-Test. Theoretische Grundlagen und praktische Anwendungen. Band 2.* Bochum: Universitätsverlag Dr. N. Brockmeyer 1994, 115-149 [zus. mit Wolfgang Tönshoff & Heike Hohenbleicher].

Das Lösen von C-Tests auf dem Computer. Eine Pilotuntersuchung zu den Bearbeitungsprozessen. In: Rüdiger Grotjahn (Hrsg.), *Der C-Test. Theoretische Grundlagen und praktische Anwendungen. Band 2.* Bochum: Universitätsverlag Dr. N. Brockmeyer 1994, 279-304 [zus. mit Ulrich Germann].

Towards a Theory of Word Length Distribution. *Journal of Quantitative Linguistics* 1: 1 (1994), 98-106 [zus. mit Gejza Wimmer, Reinhard Köhler & Gabriel Altmann].

Psychologie cognitive et évaluation en langue étrangère. In: Association de didactique du français langue étrangère (ASDIFLE) (ed.), *Les cahiers de l'ASDIFLE No 5: Certifications linguistiques en Europe: Problématique, instrumentations, méthodologies.* Actes des 11e et 12e Rencontres Paris, janvier 1993 – Berlin, septembre 1993. Paris: ASDIFLE 1994, 166-179.

The European Language Proficiency Survey: A Comparative Investigation of Foreign Language Learners in Schools and Universities in Several European Countries. *Language Testing Update* 14 (1994), 49-55 [zus. mit James A. Coleman, Christine Klein-Braley & Ulrich Raatz].

1995

Empirische Forschungsmethoden: Überblick. In: Karl-Richard Bausch, Herbert Christ & Hans-Jürgen Krumm (Hrsg.), *Handbuch Fremdsprachenunterricht.* 3., überarb. und erw. Aufl. Tübingen: Francke 1995, 457-461.

Zweitsprachliches Leseverstehen: Grundlagen und Probleme der Evaluation. In: Dieter Wolff (Hrsg.), *Die Neueren Sprachen* 94: Themenheft „Zweitsprachliches Verstehen – Revisited“. Frankfurt: Diesterweg 1995, 533-555.

Arbeitsgruppe 6: „Produktion und Evaluation von Lernertexten“ (Bericht von der 6. Göttinger Fachtagung „Der Text im Fremdsprachenunterricht“, 2.-4. März 1995). *Fremdsprachen und Hochschule* 44 (1995), 44-51 [zus. mit Klaus-Peter Schneider].

Der C-Test: State of the Art. *Zeitschrift für Fremdsprachenforschung* 6: 2 (1995), 37-60.

1996

Der C-Test. Theoretische Grundlagen und praktische Anwendungen. Band 3. Hrsg. von Rüdiger Grotjahn. Bochum: Universitätsverlag Dr. N. Brockmeyer 1996 [458 Seiten].

Einleitende Bemerkungen zu Band 3. In: Rüdiger Grotjahn (Hrsg.), *Der C-Test. Theoretische Grundlagen und praktische Anwendungen. Band 3.* Bochum: Universitätsverlag Dr. N. Brockmeyer 1996, 1-22.

‚Scrambled‘ C-Tests: Untersuchungen zum Zusammenhang zwischen Lösungsgüte und sequentieller Textstruktur. In: Rüdiger Grotjahn (Hrsg.), *Der C-Test. Theoretische Grundlagen und praktische Anwendungen. Band 3.* Bochum: Universitätsverlag Dr. N. Brockmeyer 1996, 95-125.

The C-Test bibliography: version December 1995. In: Rüdiger Grotjahn (Hrsg.), *Der C-Test. Theoretische Grundlagen und praktische Anwendungen. Band 3.* Bochum: Universitätsverlag Dr. N. Brockmeyer 1996, 435-457.

The electronic C-Test bibliography: www version December 1995. Bochum: 1996 [http://www.slf.ruhr-uni-bochum.de/biblio/bibinfen.htlm].

Der C-Test in der Sprachlichen Aufnahmeprüfung an Studienkollegs für ausländische Studierende an Universitäten in Nordrhein-Westfalen. In: Rüdiger Grotjahn (Hrsg.), *Der C-Test. Theoretische Grundlagen und praktische Anwendungen. Band 3.* Bochum: Universitätsverlag Dr. N. Brockmeyer 1996, 279-342 [zus. mit Burkhardt Allner].

Rezension von Wolfgang Börner & Klaus Vogel (Hrsg.), Kognitive Linguistik und Fremdsprachenerwerb: das mentale Lexikon. Tübingen: Narr 1994. *Fremdsprachen und Hochschule* 47 (1996), 138-145.

Der C-Test. *Nyelv*Infó* [Review for Hungarian Language Teachers, Budapest], 4: 5 (1996), 17-23.

1997

Daten und Hypothesen in der Semiotik. In: Roland Posner, Klaus Robering & Thomas A. Sebeok (Hrsg.), *SEMIOTIK. Ein Handbuch zu den zeichentheoretischen Grundlagen von Natur und Kultur. / SEMIOTICS. A Handbook on the Sign-Theoretic Foundations of Nature and Culture.* Berlin, New York: Walter de Gruyter 1997, 604-617.

Strategiewissen und Strategiegebrauch. Das Informationsverarbeitungsparadigma als Metatheorie der L2-Strategieforschung. In: Ute Rampillon & Günther Zimmermann (Hrsg.), *Strategien und Techniken beim Erwerb fremder Sprachen.* Ismaning: Hueber 1997, 33-76.

Zur Arbeit der Arbeitsgruppe 1: Testen im europäischen Kontext. In: Michael Wendt & Wolfgang Zydatiß (Hrsg.), *Fremdsprachliches Handeln im Spannungsfeld von Prozeß und Inhalt.* Bochum: Universitätsverlag Dr. N. Brockmeyer 1997, 319 [zus. mit Christine Klein-Braley].

Der C-Test: Neuere Entwicklungen. In: Monica Gardenghi & Mary O'Connell (Hrsg.), *Prüfen, Testen, Bewerten im modernen Fremdsprachenunterricht.* Frankfurt am Main: Lang 1997, 117-128.

Der C-Test: Ein Überblick. In: David G. Little & Bernd Voss (eds.), *Language Centres: Planning for the New Millennium.* Papers from the 4th CERCLES Conference Dresden, 26-28 September 1996. Plymouth: CERCLES 1997, 235-249.

1998

Ausspracheunterricht: Ausgewählte Befunde aus der Grundlagenforschung und didaktisch-methodische Implikationen. *Zeitschrift für Fremdsprachenforschung* 9: 1 (1998), 35-83.

Testen. In: Udo O.H. Jung (Hrsg.), *Praktische Handreichung für Fremdsprachenlehrer* (2., verb. und erw. Aufl.). Frankfurt am Main: Lang 1998, 294-301 [zus. mit Christine Klein-Braley].

C-Tests in der Schule? *Praxis des neusprachlichen Unterrichts* 45: 4 (1998), 411-417 [zus. mit Christine Klein-Braley].

Lernstile und Lernstrategien: Definition, Identifikation, unterrichtliche Relevanz. *Der Fremsprachliche Unterricht – Französisch* 34: 4 (1998), 11-15.

Subjektive Theorien in der Fremdsprachenforschung: Methodologische Grundlagen und Perspektiven. *Fremdsprachen Lehren und Lernen* 27 (1998), 33-59.

1999

Thesen zur empirischen Forschungsmethodologie. *Zeitschrift für Fremdsprachenforschung* 10: 1 (1999), 133-158.

The Language Proficiency of Turkish Returnees from Germany: An Empirical Investigation of Academic and Everyday Language Proficiency. *Language, Culture and Curriculum* 12: 2 (1999), 156-172 [zus. mit Helmut Daller].

Publikationen seit 2000

2000

Einige Thesen zur empirischen Forschungsmethodologie. In: Karin Aguado (Hrsg.), *Zur Methodologie in der empirischen Fremdsprachenforschung.* Baltmannsweiler: Schneider Verlag Hohengehren 2000, 19-30.

Determinanten der Schwierigkeit von Leseverstehensaufgaben: Theoretische Grundlagen und Konsequenzen für die Entwicklung des TESTDAF. In: Sibylle Bolton (Hrsg.), *TESTDAF: Grundlagen für die Entwicklung eines neuen Sprachtests. Beiträge aus einem Expertenseminar.* Köln: VUB Gilde 2000, 7-55.

Glossar zu TESTDAF. In: Sibylle Bolton (Hrsg.), *TESTDAF: Grundlagen für die Entwicklung eines neuen Sprachtests. Beiträge aus einem Expertenseminar.* Köln: VUB Gilde 2000, 151-161.

Kognitive Determinanten der Schwierigkeit von fremdsprachlichen Lese- und Hörverstehensaufgaben. Zur Prognose der Aufgabenschwierigkeit in Sprachtests. In: Claudia Riemer (Hrsg.), *Kognitive Aspekte des Lehrens und Lernens von Fremdsprachen / Cognitive Aspects of Foreign Language Learning and Teaching. Festschrift für Willis J. Edmondson zum 60. Geburtstag.* Tübingen: Narr 2000, 338-353.

Testtheorie: Grundzüge und Anwendungen in der Praxis. In: Armin Wolff & Harald Tanzer (Hrsg.), *Sprache – Kultur – Politik.* Beiträge der 27. Jahrestagung Deutsch als Fremdsprache 3.-5. Juni 1999 an der Universität Regensburg. Regensburg: Fachverband Deutsch als Fremdsprache 2000, 304-341 (Materialien Deutsch als Fremdsprache Bd. 53).

Sprachbezogene Kognitivierung: Lernhilfe oder Zeitverschwendung? In: Henning Düwell, Claus Gnutzmann & Frank G. Königs (Hrsg.), *Dimensionen der Didaktischen Grammatik. Festschrift für Günther Zimmermann zum 65. Geburtstag*. Bochum: AKS-Verlag 2000, 83-106.

TESTDAF: eine Zwischenbilanz. *Info DaF* 27: 1 (2000), 68-71 [Autor: Konsortium für das TESTDAF-Projekt].

TESTDAF: eine Zwischenbilanz. *Zeitschrift für Interkulturellen Fremdsprachenunterricht* [online], 4: 3 (2000). [http://www.ualberta.ca/~german/ejournal/projekte.htm] [Autor: Konsortium für das TESTDAF-Projekt; inhaltlich identisch mit dem Artikel in *Info DaF* 27: 1].

TestDaF: Konzeption, Stand der Entwicklung, Perspektiven. *Zeitschrift für Fremdsprachenforschung* 11: 1 (2000), 63-82 [Text abgefasst von Rüdiger Grotjahn & Karin Kleppin; Autor: Projektgruppe TestDaF].

Methodological Remarks on Statistical Analyses in Empirical Proverb Studies. *Proverbium: Yearbook of International Proverb Scholarship* 17, (2000), 121-132 [zus. mit Peter Grzybek].

C-Tests. In: Michael Byram (ed.), *Encyclopedia of Language Teaching and Learning*. London: Routledge 2000, 158-159.

Cloze tests. In: Michael Byram (ed.), *Encyclopedia of Language Teaching and Learning*. London: Routledge 2000, 118-119.

Sprachlehrforschung. In: Michael Byram (ed.), *Encyclopedia of Language Teaching and Learning*. London: Routledge 2000, 569-572.

TestDaF. Test Deutsch als Fremdsprache: Handreichungen für Testautoren. FernUniversität Hagen: TestDaF-Institut 2000 [98 Seiten; Autor: Projektgruppe TestDaF (insg. 14 Autoren)].

2001

Studieneinheit Leistungsmessung und Leistungsbeurteilung. Band A: Kapitel 0: Einführung und Glossar; Kapitel 1: Grundlagen. Hellenic Open University Patras, Postgraduiertenstudium Deutsch als Fremdsprache 2001 [167 Seiten; ISBN 960-538-301-2].

Studieneinheit Leistungsmessung und Leistungsbeurteilung. Band C: Kapitel 4: Testen der Fertigkeit Leseverstehen. Kapitel 5: Testen der Fertigkeit Hörverstehen. Hellenic Open University Patras, Postgraduiertenstudium Deutsch als Fremdsprache 2001 [173 Seiten, ISBN 960-538-303-9].

TestDaF: Stand der Entwicklung und einige Perspektiven für Forschung und Praxis. In: Karin Aguado & Claudia Riemer (Hrsg.), *Wege und Ziele: Zur Theorie, Empirie und Praxis des Deutschen als Fremdsprache (und anderer Fremdsprachen). Festschrift für Gert Henrici zum 60. Geburtstag*. Baltmannsweiler: Schneider Verlag Hohengehren 2001, 419-433 [zus. mit Karin Kleppin].

TestDaF. Test Deutsch als Fremdsprache: Handreichungen für Korrektoren. FernUniversität Hagen: TestDaF-Institut 2001 [70 Seiten; Autor: Projektgruppe TestDaF (insg. 14 Autoren)].

Lernstile im Kontext fremdsprachenunterrichtlicher Entscheidungen. In: Peter Nübold (Hrsg.), *Fremdsprachen an Hochschulen: Was ist hochschulspezifische Fremdsprachenausbildung?* Bochum: AKS-Verlag 2001, 107-116.

Determinants of the Difficulty of Foreign Language Reading and Listening Comprehension Tasks: Predicting Task Difficulty in Language Tests. In: Heiner Pürschel & Ulrich Raatz (eds.), *Tests and translation. Papers in memory of Christine Klein-Braley*. Bochum: AKS-Verlag 2001, 79-102.

Testen. In: Udo O.H. Jung (Hrsg.), *Praktische Handreichung für Fremdsprachenlehrer* (3., durchges. Aufl.). Frankfurt am Main: Lang 2001, 294-301 [zus. mit Christine Klein-Braley].

Lernen und Lehren von Fremdsprachen: Kognition, Affektion, Interaktion. Ein Forschungsüberblick. *Zeitschrift für Fremdsprachenforschung* 12: 2 (2001), 1-145 [zus. mit Helmut Johannes Vollmer, Gert Henrici, Claudia Finkbeiner, Gisela Schmid-Schönbein & Wolfgang Zydatiß].

Bericht aus der Sektion 8: Kompetenzprofile, Leistungsmessung und -bewertung für eine mehrsprachige Schule. In: Karin Aguado & Adelheid Hu (Hrsg.), *Ergänzungsdokumentation des 18. Kongresses für Fremdsprachendidaktik der Deutschen Gesellschaft für Fremdsprachenforschung*, 4.-6. Oktober 1999 in Dortmund [Ms. 2 Seiten; zus. mit Albert Raasch; online: http://www.dgff.de/publ-sek8.html].

Leistungsmessung und Leistungsevaluation [Themenschwerpunkt]. *Fremdsprachen Lehren und Lernen* 30 (2001). Koordiniert von Rüdiger Grotjahn.

Zur Einführung in den Themenschwerpunkt. *Fremdsprachen Lehren und Lernen* 30 (2001), 3-12.

TestDaF: Stand der Entwicklung und einige Perspektiven für Forschung und Praxis. In: Marina Vollstedt (Hrsg.), *Germanistisches Jahrbuch der GUS „Das Wort“* 2000/2001. Moskva: Metatext, 265-284 [zus. mit Karin Kleppin].

2002

University Language Testing and the C-Test. Ed. by James A. Coleman, Rüdiger Grotjahn & Ulrich Raatz. Bochum: AKS-Verlag 2002 [218 Seiten].

C-Tests and Language Processing. In: James A. Coleman, Rüdiger Grotjahn & Ulrich Raatz (eds.), *University Language Testing and the C-Test.* Bochum: AKS-Verlag 2002, 115-130 [zus. mit Brigitte Stemmer].

C-Tests: an Overview. In: James A. Coleman, Rüdiger Grotjahn & Ulrich Raatz (eds.), *University Language Testing and the C-Test.* Bochum: AKS-Verlag 2002, 93-114 [zus. mit Christine Klein-Braley & Ulrich Raatz].

Der C-Test. Theoretische Grundlagen und praktische Anwendungen. Band 4. Hrsg. von Rüdiger Grotjahn. Bochum: AKS-Verlag 2002 [225 Seiten].

Einleitende Bemerkungen zu Band 4. In: Rüdiger Grotjahn (Hrsg.), *Der C-Test. Theoretische Grundlagen und praktische Anwendungen. Band 4.* Bochum: AKS-Verlag 2002, 1-10.

'Scrambled' C-Tests: Eine Folgeuntersuchung. In: Rüdiger Grotjahn (Hrsg.), *Der C-Test. Theoretische Grundlagen und praktische Anwendungen. Band 4.* Bochum: AKS-Verlag 2002, 83-121.

C-Tests im Rahmen des „Test Deutsch als Fremdsprache“ (TestDaF): Erste Forschungsergebnisse. In: Rüdiger Grotjahn (Hrsg.), *Der C-Test. Theoretische Grundlagen und praktische Anwendungen. Band 4.* Bochum: AKS-Verlag 2002, 175-209 [zus. mit Ulrike Arras & Thomas Eckes].

Konstruktion und Einsatz von C-Tests: Ein Leitfaden für die Praxis. In: Rüdiger Grotjahn (Hrsg.), *Der C-Test. Theoretische Grundlagen und praktische Anwendungen. Band 4.* Bochum: AKS-Verlag 2002, 211-225.

Kurzrezension von Zoltán Dörnyei: Teaching and Researching Motivation. Harlow: Pearson Education 2001. *Fremdsprache Deutsch* 26 (2002), 59.

Bericht aus der Arbeitsgemeinschaft 2: „Forschungsdesigns in der Fremdsprachenforschung". In: Dokumentation des 19. Kongresses für Fremdsprachendidaktik der Deutschen Gesellschaft für Fremdsprachenforschung, 4.-6. Oktober 2001 in Dresden [2 Seiten + Materialanhang; zus. mit Claudia Riemer; online 2002: http://rcswww.urz.tu-dresden.de/~kongress/].

TestDaF: Aktuelle Entwicklungen. *Fremdsprachen und Hochschule* 66 (2002), 65-88 [zus. mit Ulrike Arras].

Informationsverarbeitungsparadigma und Radikaler Konstruktivismus: Kritische Anmerkungen zu Michael Wendt „Kontext und Konstruktion". *Zeitschrift für Fremdsprachenforschung* 13: 2 (2002), 139-163.

2003

Leistungsmessung und Leistungsbewertung. Fernstudienbrief für den Weiterbildungs-Masterstudiengang „Deutschlandstudien. Schwerpunkt: Deutsche Sprache und ihre Vermittlung". FernUniversität – Gesamthochschule in Hagen. Hagen 2003 [182 Seiten].

Der Faktor „Alter" beim Fremdsprachenlernen: Mythen, Fakten, didaktisch-methodische Implikationen. *Deutsch als Fremdsprache* 40: 1 (2003), 32-41.

Konzepte für die Erforschung des Lehrens und Lernens fremder Sprachen: Forschungsmethodologischer Überblick. In: Karl-Richard Bausch, Herbert Christ & Hans-Jürgen Krumm (Hrsg.), *Handbuch Fremdsprachenunterricht.* 4. überarb. und erweit. Aufl. Tübingen: Francke 2003, 493-499.

Lernstile/Lernertypen. In: Karl-Richard Bausch, Herbert Christ & Hans-Jürgen Krumm (Hrsg.), *Handbuch Fremdsprachenunterricht.* 4., überarb. und erw. Aufl. Tübingen: Francke 2003, 326-331.

Zu diesem Heft. *Zeitschrift für Fremdsprachenforschung* 14: 1 (2003), 1-3 [zus. mit Christoph Chlosta].

‚Empirie in Linguistik und Sprachlehrforschung.' Kritische Bemerkungen zu einem ‚methodologischen Arbeitsbuch'. *Zeitschrift für Fremdsprachenforschung* 14: 1 (2003), 169-186.

Konstruktivistische Fremdsprachendidaktik. Anmerkungen zu Dieter Wolff (2002). *Fremdsprachen und Hochschule* 68 (2003), 44-60.

TestDaF: Einige aktuelle Entwicklungen. In: Heidrun Katzorke (Hrsg.), *Fremdsprachen an Hochschulen: Integration – Interdisziplinarität – Internationalität.* Dokumentation der 22. Arbeitstagung 2002. Bochum: AKS-Verlag 2003, 40-50 [zus. mit Ulrike Arras].

Was für eine Statistikausbildung brauchen Linguisten und Sprachlehrforscher? Ein Plädoyer für einen kritischen Umgang mit der Statistik anstelle der Vermittlung von blindem Rezeptwissen. *Zeitschrift für Fremdsprachenforschung* 14: 2 (2003), 287-289.

2004

TestDaF: Theoretical Basis and Empirical Research. In: Michael Milanovic & Cyril Weir (eds.), *European language testing in a global context.* Proceedings of the ALTE Barcelona Conference July 2001. Cambridge: Cambridge University Press 2004, 189-203.

TestDaF – Stand der Entwicklung und einige Perspektiven für Forschung und Praxis. In: Hiltraud Casper-Hehne & Uwe Koreik (eds.), *DSH und TestDaF als hochschulbezogene Prüfungssysteme für Deutsch als Fremdsprache: Standortbestimmungen und Entwicklungslinien.* Baltmannsweiler: Schneider Verlag Hohengehren 2004, 79-92 [zus. mit Karin Kleppin].

TestDaF: Jüngste Entwicklungen. In: Hiltraud Casper-Hehne & Uwe Koreik (eds.), *DSH und TestDaF als hochschulbezogene Prüfungssysteme für Deutsch als Fremdsprache: Standortbestimmungen und Entwicklungslinien.* Baltmannsweiler: Schneider Verlag Hohengehren 2004, 205-225 [zus. mit Ulrike Arras].

„Tests and Attitude Scales for the Year Abroad“ (TESTATT): Sprachlernmotivation und Einstellungen gegenüber Sprechern der eigenen und der fremden Sprache. *Zeitschrift für Interkulturellen Fremdsprachenunterricht* 9: 2 (2004) [25 Seiten; online: http://zif.spz.tu-darmstadt.de/ejournal.html oder http://zif.spz.tu-darmstadt.de/jg-09-2/beitrag/ Grotjahn2.htm].

Das Projekt „Tests and Attitude Scales for the Year Abroad“ (TESTATT): Theoretische Basis und einige empirische Resultate. In: Wolfgang Börner & Klaus Vogel (Hrsg.), *Emotion und Kognition im Fremdsprachenunterricht.* Tübingen: Narr 2004, 128-148 [zus. mit Ulrich Raatz & Verena Wockenfuß].

Der C-Test: Aktuelle Entwicklungen. In: Armin Wolff, Torsten Ostermann & Christoph Chlosta (Hrsg.), *Integration durch Sprache.* Beiträge der 31. Jahrestagung DaF 2003. Regensburg: Fachverband Deutsch als Fremdsprache 2004, 535-550.

2005

Testen und Bewerten des Hörverstehens. In: Micheál Ó Dúill, Rosemarie Zahn & Kristina D. C. Höppner (Hrsg.), *Zusammenarbeiten: Eine Festschrift für Bernd Voss*. Bochum: AKS-Verlag 2005, 115-144.

Subjektmodelle in der Sprachlehr- und Sprachlernforschung: Implikationen für Theoriebildung und Forschungsmethodologie. In: Susanne Duxa, Adelheid Hu & Barbara Schmenk (Hrsg.), *Grenzen überschreiten. Menschen, Sprachen, Kulturen. Festschrift für Inge Christine Schwerdtfeger zum 60. Geburtstag*. Tübingen: Narr 2005, 67-85.

Sprachprüfungen als Instrument der Qualitätssicherung in Lehre und Studium. In: Achim Hopbach & Véronique Chalvet (eds.), *Qualität messen – Qualität managen, Leistungsparameter in der Hochschulentwicklung*. Bonn: Hochschulrektorenkonferenz 2005, 55-62 [Auch online: http://www.hrk.de/de/download/dateien/Beitr6-2005-QHerbsttagung2004.pdf].

Subjektmodelle: Implikationen für die Theoriebildung und Forschungsmethodologie der Sprachlehr- und Sprachlernforschung. *Zeitschrift für Fremdsprachenforschung* 16: 1 (2005), 23-56.

Je früher, desto besser? – Neuere Befunde zum Einfluss des Faktors „Alter“ auf das Fremdsprachenlernen. In: Heiner Pürschel & Thomas Tinnefeld (Hrsg.), *Moderner Fremdsprachenerwerb zwischen Interkulturalität und Multimedia: Reflexionen und Anregungen aus Wissenschaft und Praxis*. Bochum: AKS-Verlag 2005, 186-202.

Zum Vortrag von Annie Brown und zur Präsentation des Lehrvideos: Bewertung fremdsprachlicher Leistungen – Subjektivität versus Objektivität, Selbstevaluation versus Fremdevaluation, formative versus summative Bewertung. In: Ingrid Kühn, Marianne Lehker & Waltraud Timmermann (Hrsg.), *Sprachtests in der Diskussion*. Frankfurt am Main: Lang 2005, 181-184.

Erwerbsalter und Sprachlernerfolg: Theoretische und methodologische Grundlagen eines empirischen Forschungsprojekts. *Zeitschrift für Fremdsprachenforschung* 16: 2 (2005), 275-293 [zus. mit Karin Aguado und Torsten Schlak].

Die Reform des Deutschen Sprachdiploms der Kultusministerkonferenz: Notwendigkeit, aktueller Stand, Perspektiven. *Begegnung* 2 (2005), 9-11 [Online: http://www1.dasan.de/files/217_Begegnung_2_2005_Titel.pdf].

2006

Der C-Test: Theorie, Empirie, Anwendungen/The C-Test: Theory, empirical research, applications. Hrsg. von Rüdiger Grotjahn. Frankfurt am Main: Lang 2006.

25 Jahre C-Test: Einleitung und Übersicht über den Band. In: Rüdiger Grotjahn (Hrsg.), *Der C-Test: Theorie, Empirie, Anwendungen/The C-Test: Theory, empirical research, applications.* Frankfurt am Main: Lang 2006, IX-XXV.

Das TESTATT-Projekt: Entwicklung von C-Tests zur Evaluation des Fremdsprachenlernerfolgs. In: Rüdiger Grotjahn (Hrsg.), *Der C-Test: Theorie, Empirie, Anwendungen/The C-Test: Theory, empirical research, applications.* Frankfurt am Main: Lang 2006, 85-99 [zus. mit Ulrich Raatz & Verena Wockenfuß].

C-Tests als Anker für TestDaF: Rasch-Analysen mit dem kontinuierlichen Ratingskalen-Modell. In: Rüdiger Grotjahn (Hrsg.), *Der C-Test: Theorie, Empirie, Anwendungen/The C-Test: Theory, empirical research, applications.* Frankfurt am Main: Lang 2006, 167-193 [zus. mit Thomas Eckes].

A closer look at the construct validity of C-tests. *Language Testing* 23:3 (2006), 290-325 [zus. mit Thomas Eckes].

Zur Methodologie der Fremdsprachenerwerbsforschung. In: Peter Scherfer & Dieter Wolff (Hrsg.), *Vom Lehren und Lernen fremder Sprachen: Eine vorläufige Bestandsaufnahme.* Frankfurt am Main: Lang 2006, 247-270.

Prüfen – Testen – Bewerten. In: Udo O.H. Jung (Hrsg.), *Praktische Handreichung für Fremdsprachenlehrer* (4., völlig neu bearb. Aufl.). Frankfurt am Main: Lang 2006, 221-230.

Der C-Test als Instrument der Sprachstandserhebung und Sprachförderung. In: Johannes-Peter Timm (Hrsg.), *Fremdsprachenlernen und Fremdsprachenforschung: Kompetenzen, Standards, Lernformen, Evaluation. Festschrift für Helmut Johannes Vollmer.* Tübingen: Narr 2006, 389-406 [zus. mit Rupprecht S. Baur & Melanie Spettmann].

Anforderungen an moderne Sprachprüfungen am Beispiel des neu gestalteten DSD der KMK. *Deutsche Lehrer im Ausland* 53: 4 (2006), 291-297.

2007

Lesekompetenz und Sprachbewusstheit: Anmerkungen zu zwei aktuellen Debatten. In: Bärbel Beck & Eckhard Klieme (Hrsg.), *Sprachliche Kompetenzen: Konzepte und Messung. DESI-Studie (Deutsch Englisch Schülerleistungen International).* Weinheim: Beltz 2007, 158-177 [zus. mit Albert Bremerich-Vos].

Erwerbsalter und Sprachlernerfolg: Zeitlimitierte C-Tests als Instrument zur Messung prozeduralen sprachlichen Wissens. In: Helmut Johannes Vollmer (Hrsg.), *Synergieeffekte in der Fremdsprachenforschung: Empirische Zugänge, Probleme, Ergebnisse.* Frankfurt am Main: Lang 2007, 137-149 [zus. mit Karin Aguadao & Torsten Schlak].

Itemanalysen und Skalenkonstruktion in der Sprichwortforschung. In: Peter Grzybek & Reinhard Köhler (eds.), *Exact methods in the study of language and text: Dedicated to Professor Gabriel Altmann on the occasion of his 75th birthday.* Berlin: Mouton de Gruyter 2007, 195-205 [zus. mit Peter Grzybek].

Qualitätsentwicklung und -sicherung: Gütekriterien von Tests und Testaufgaben. *Der Fremdsprachliche Unterricht – Französisch* 88 (2007), 44-46.

Testen und Prüfen: Aktuelle Tendenzen. In: *Neue Beiträge zur Germanistik* 6: 2 (2007), 19-38.

Tests im schulischen Fremdsprachenunterricht: Qualitätsentwicklung und Qualitätssicherung [Plenarvortrag]. In: Kroatischer Deutschlehrerverband (Hrsg.), *XV. internationale Tagung des Kroatischen Deutschlehrerverbands: Testen und Bewerten – Selbstevaluation im lernerorientierten Deutschunterricht.* 12.-14. Oktober 2007, Šibenik, Kroatien. Zagreb: Grafički zavod Hrvatske d.o.o. 2007, 7-16 [KDinfo, Jg. 16, Nr. 30/31].

2008

Kompetenzorientierung und Aufgaben. In: Bernd Tesch, Eynar Leupold & Olaf Köller (Hrsg.), *Bildungsstandards Französisch: konkret.* Berlin: Cornelsen Verlag Scriptor 2008, 85-87 [zus. mit Daniela Caspari & Karin Kleppin].

Tests und Testaufgaben: Merkmale und Gütekriterien. In: Bernd Tesch, Eynar Leupold & Olaf Köller (Hrsg.), *Bildungsstandards Französisch: konkret.* Berlin: Cornelsen Verlag Scriptor 2008, 149-186.

Bewertung produktiver sprachlicher Leistungen. In: Bernd Tesch, Eynar Leupold & Olaf Köller (Hrsg.), *Bildungsstandards Französisch: konkret.* Berlin: Cornelsen Verlag Scriptor 2008, 187-204 [zus. mit Karin Kleppin].

Klassenarbeit. *Praxis Fremdsprachenunterricht* 4 (2008), 62.

Test. *Praxis Fremdsprachenunterricht* 4 (2008), 63.

2009

Testen im Fremdsprachenunterricht: Aspekte der Qualitätsentwicklung. *Praxis Fremdsprachenunterricht* 1 (2009), 4-8.

Cloze-Test. In: Hans Barkowski & Hans-Jürgen Krumm (Hrsg.), *Fachlexikon Deutsch als Fremd- und Zweitsprache.* Tübingen: Narr [im Druck].

Der C-Test: Beiträge aus der aktuellen Forschung/The C-Test: Contributions from current research. Hrsg. von Rüdiger Grotjahn. Frankfurt am Main: Lang 2009 [im Druck].

Beiträge aus der aktuellen Forschung: Einleitung und Übersicht über den Band. In: Rüdiger Grotjahn (Hrsg.), *Der C-Test: Beiträge aus der aktuellen Forschung/The C-Test: Contributions from current research.* Frankfurt am Main: Lang 2009 [im Druck].

Gesamtdarbietung, Einzeltextdarbietung, Zeitbegrenzung und Zeitdruck: Auswirkungen auf Item- und Testkennwerte und C-Test-Konstrukt. In: Rüdiger Grotjahn (Hrsg.), *Der C-Test: Beiträge aus der aktuellen Forschung/ The C-Test: Contributions from current research.* Frankfurt am Main: Lang 2009, 265-296 [im Druck].

S-C-Tests: Messung automatisierter sprachlicher Kompetenzen anhand von C-Tests mit massiver textspezifischer Zeitlimitierung. In: Rüdiger Grotjahn (Hrsg.), *Der C-Test: Beiträge aus der aktuellen Forschung/The C-Test: Contributions from current research.* Frankfurt am Main: Lang 2009, 297-319 [im Druck; zus. mit Torsten Schlak & Karin Aguado].

Alter. In: Hans-Jürgen Krumm, Christian Fandrych, Britta Hufeisen & Claudia Riemer (eds.), *Deutsch als Fremd- und Zweitsprache: Ein internationales Handbuch.* Berlin: Mouton de Gruyter [im Druck; zus. mit Torsten Schlak].

Kriterienorientiertes Bewerten produktiver sprachlicher Kompetenzen. *Der Fremdsprachliche Unterricht – Französisch* (Themenheft: Evaluation) [im Druck; zus. mit Karin Kleppin].

Messung der fremdsprachlichen Sprechkompetenz im Fach Französisch. In: Raphaela Porsch, Bernd Tesch & Olaf Köller (Hrsg.), *Standardbasierte Testentwicklung und Leistungsmessung: Französisch in der Sekundarstufe I.* Münster: Waxmann [erscheint; zus. mit Bernd Tesch].

Testaufgaben und Lernaufgaben. In: Raphaela Porsch, Bernd Tesch & Olaf Köller (Hrsg.), *Standardbasierte Testentwicklung und Leistungsmessung: Französisch in der Sekundarstufe I.* Münster: Waxmann 2009 [erscheint; zus. mit Daniela Caspari & Karin Kleppin].

Messung der fremdsprachlichen Hörverstehenskompetenz im Fach Französisch. In: Raphaela Porsch, Bernd Tesch & Olaf Köller (eds.), *Standardbasierte Testentwicklung und Leistungsmessung: Französisch in der Sekundarstufe I.* Münster: Waxmann 2009 [erscheint; zus. mit Bernd Tesch].

Messung der fremdsprachlichen Leseverstehenskompetenz im Fach Französisch. In: Raphaela Porsch, Bernd Tesch & Olaf Köller (Hrsg.), *Standardbasierte Testentwicklung und Leistungsmessung: Französisch in der Sekundarstufe I.* Münster: Waxmann 2009 [erscheint; zus. mit Bernd Tesch].

In Vorbereitung:

Sprachtests: Formen und Funktionen. In: Wolfgang Hallet & Frank G. Königs (Hrsg.), *Handbuch Fremdsprachendidaktik.* Seelze-Velber: Kallmeyer 2009.

Lernalter. In: Wolfgang Hallet & Frank G. Königs (Hrsg.), *Handbuch Fremdsprachendidaktik.* Seelze-Velber: Kallmeyer 2009 [zus. mit Torsten Schlak].

Hörverstehen und Hörsehverstehen – ein Konstrukt? Vortrag vorgesehen für die 73. Tagung der „Arbeitsgruppe für empirische pädagogische Forschung“ (AEPF), 28.–30. September 2009, Ruhr-Universität Bochum [zus. mit Raphaela Porsch & Bernd Tesch].

The electronic C-Test bibliography: www version 2009. Bochum: 2010 [online: http://www.ruhr-uni-bochum.de/biblio/bibinfen.htlm und http://www.c-test.de].

Der C-Test: Aktuelle Tendenzen/The C-Test: Current trends. Hrsg. von Rüdiger Grotjahn. Frankfurt am Main: Lang 2010.

What's in a C-Test? Content and structure words as functionally different components of C-Test performance. In: Rüdiger Grotjahn (Hrsg.), *Der C-Test: Aktuelle Tendenzen/The C-Test: Current trends*. Frankfurt am Main: Lang 2010.

Testen und Evaluieren fremdsprachlicher Kompetenzen: Ein Arbeitsbuch. Tübingen: Narr 2010.

Fehler und Fehlerkorrektur (2., grundl. überarb. Aufl.). Berlin: Langenscheidt 2010 [Studieneinheit des Fernstudienprojekts „Deutsch als Fremdsprache und Germanistik"; zus. mit Karin Kleppin].

Tests and Attitude Scales for the Year Abroad (TESTATT) [zus. mit James A. Coleman & Ulrich Raatz].

Empirische Sprichwortforschung: Analysen, Methoden, Resultate [Arbeitstitel; Buch-Ms. 300-350 Seiten; zus. mit Peter Grzybek und Christoph Chlosta; soll 2010 in der Reihe „Phraseologie und Parömiologie" im Schneider Verlag Hohengehren erscheinen].

Testmaterialien:

Bochumer Einstufungstest Französisch [zus. mit Marie-Elisabeth Parent].

TestDaF: Testsätze 1, 2 und 3, FernUniversität Hagen 1999-2000 [erstellt im Auftrag des DAAD von: Goethe-Institut, FernUniversität Hagen, Carl Duisberg Centren, Seminar für Sprachlehrforschung der Ruhr-Universität Bochum; insg. 14 Autoren].

Entwicklung von diversen C-Tests u.a. für den Bundeswettbewerb Fremdsprachen, das Deutsche Sprachdiplom DSD der KMK, TestDaF-Institut.

Entwicklung von Testaufgaben für das Deutsche Sprachdiplom (DSD) der KMK – Stufe B1 und C1.

Entwicklung von Testaufgaben zur Evaluation der Bildungsstandards für die erste Fremdsprache Französisch.

Entwicklung von Testaufgaben für VERA 8 Französisch.

Testen, Prüfen, Evaluieren

Fast 30 Jahre C-Tests: Wie alles anfing
Ein sehr persönlicher Rückblick

Ulrich Raatz & Verena Wockenfuß

Ulrich Raatz erinnert sich in einem Interview an die Entstehung und Ausbreitung des C-Tests und das erste größere internationale Projekt, bei dem dieses Verfahren eingesetzt wurde. Dabei geht er auch auf den Beitrag ein, den Rüdiger Grotjahn für die Erforschung und die Förderung dieses neuartigen sprachdiagnostischen Verfahrens geleistet hat.

Die *scientific community* kennt C-Tests seit 1981. Im September dieses Jahres haben Prof. Dr. Ulrich Raatz und Dr. Christine Klein-Braley die ersten C-Tests in Deutsch und Englisch auf dem 4. internationalen Testsymposium der IUS an der *University of Essex* in England vorgestellt. Diese neue Art von Sprachtests, die als Nachfolger des CLOZE-Tests betrachtet werden kann, ist damals auf großes Interesse gestoßen.

Heutzutage, fast 30 Jahre später, gehört der C-Test zu den meist erforschten Sprachtests. Die Veröffentlichungen zu den theoretischen Grundlagen, insbesondere zur Validität, und zu den Anwendungsmöglichkeiten sind kaum noch zu überschauen. In der Praxis werden C-Tests weltweit in vielen Sprachen für die unterschiedlichsten Fragestellungen eingesetzt. Viele Institutionen im In- und Ausland verwenden C-Tests routinemäßig, und C-Tests haben auch das Internet erobert.

Die Entwicklung und Ausbreitung dieses Verfahrens ist mit vier Namen verbunden: Dr. Christine Klein-Braley (Duisburg), Prof. Dr. Ulrich Raatz (Duisburg), Prof. Dr. Rüdiger Grotjahn (Bochum) und Prof. Dr. Jim Coleman (Portsmouth).

Aber wie fing alles an? Wie wurde der C-Test *erfunden* – denn Tests in dieser Form gab es bis dato noch nicht? Und wie kam es zu der so rasanten nationalen und internationalen Ausbreitung dieses Verfahrens?

Diese Fragen könnte uns Prof. Raatz beantworten, den man, wenn man so will, als Vater des C-Tests bezeichnen kann, während Christine Klein-Braley als Mutter gilt. Er kennt viele Einzelheiten aus den ersten Jahren der Geschichte des C-Tests, die nicht allgemein bekannt sind. Prof. Raatz ist vor acht Jahren emeritiert worden und lebt im Ruhestand. Er hat sich zu einem Interview bereit erklärt. Mit ihm wird sich Frau Dr. Wockenfuß, seine letzte Doktorandin, unterhalten.

Dr. Wockenfuß: Erst einmal möchte ich Ihnen, Herr Prof. Raatz, dafür danken, dass Sie uns etwas über die Entstehungsgeschichte des C-Tests und die ersten Jahre seiner Rezeption durch die *scientific community* erzählen wollen. Aber zunächst eine Vorfrage: Sie sind klinischer Psychologe. Woher kommt Ihr Interesse an der Sprachdiagnostik?
Prof. Raatz: Diagnostische Verfahren, insbesondere psychologische Tests, haben mich immer besonders interessiert. Ich habe über Testtheorie und Testkonstruktion publiziert und selbst auch Sprachtests entwickelt, z.B. einen Wortschatz-, einen Lese- und einen Rechtschreibtest.
Dr. Wockenfuß: Das waren Tests, die auf dem klassischen Grundprinzip beruhten, also einzelne separate Eigenschaften meist mit *multiple-choice-Items* maßen. Wie kamen Sie persönlich aber zu diesem für Sie neuartigen integrativen Ansatz, dem C-Prinzip und den C-Tests?
Prof. Raatz: So völlig neu ist das Prinzip nicht. Der deutsche Psychologe Ebbinghaus hat 1897 zum ersten Mal Lückentests *zur Messung der geistigen Fähigkeiten* – also nicht zur Messung der Sprachfähigkeit – vorgestellt. Erst ein halbes Jahrhundert später ist dieses Testformat speziell zur Messung der allgemeinen Sprachkompetenz eingesetzt worden. Ich denke da z.B. an den CLOZE-Test, der früher zu den meist verwendeten Sprachtests gehörte, aber dann wegen einer Reihe von Schwächen vom C-Test abgelöst wurde.
Dr. Wockenfuß: Hier kommen Sie und Christine Klein-Braley ins Spiel. Damals, zu Beginn der 80er Jahre, hatten Sie den Lehrstuhl für klinische Psychologie an der Universität-GH Duisburg inne. Christine Klein-Braley war Lektorin am Englischen Seminar. Sie arbeitete an ihrer Dissertation, einer empirischen Studie über den CLOZE-Test. Bei welcher Gelegenheit haben Sie beide sich kennen gelernt, und wie begann Ihre Zusammenarbeit, die ja erst mit dem tragischen Tod von Christine Klein-Braley im Jahre 1998 endete?
Prof. Raatz: Eines Tages, es muss 1979 gewesen sein, erschien Christine Klein-Braley in meiner Sprechstunde. Sie suchte für ihre Dissertation, eine empirische Arbeit über den CLOZE-Test, einen Zweitgutachter. Das Thema interessierte mich sehr, und ich war gern bereit, sie zu unterstützen und ihre Arbeit wissenschaftlich zu begleiten.
Dr. Wockenfuß: Wie kam denn Christine Klein-Braley ausgerechnet auf einen Psychologen?
Prof. Raatz: Schon bei der Entwicklung des Duisburger Einstufungstests für Englisch DELTA hat sie sehr erfolgreich mit einem Kollegen aus der Psychologie, Prof. Lück, zusammengearbeitet. Dieser war aber Ende der 70er Jahre einem Ruf an die FernUniversität Hagen gefolgt. So suchte sie verständlicherweise wieder einen Psychologen mit Kenntnissen in Testtheorie und Testentwicklung.

Dr. Wockenfuß: Und wieso hat Sie der CLOZE-Test so sehr fasziniert?
Prof. Raatz: Das waren einmal der integrative Ansatz, dann die informationstheoretische Fundierung und schließlich die Idee, authentisches Testmaterial zu verwenden. Für mich, einen klassischen Psychometriker, war das alles Neuland. Allerdings wurden mit dem Fortschreiten der Arbeit zunehmend die gravierenden Nachteile des CLOZE-Tests deutlich, insbesondere im Zusammenhang mit der Auswertungsobjektivität, der Reliabilität, der Validität und der Ökonomie des Verfahrens. Das führte bei mir und bei Christine Klein-Braley zu einem echten Dilemma: Ein sehr guter theoretischer Ansatz, aber eine in vieler Hinsicht ungeeignete Realisierung.
Dr. Wockenfuß: Und dann haben Sie sich beide den C-Test als Ausweg aus diesem Dilemma ausgedacht?
Prof. Raatz: Ich erinnere mich noch gut. Es muss im Herbst 1980 gewesen sein. Wir saßen wieder einmal zusammen und besprachen die Problematik des CLOZE-Tests. So waren die Texte bei einer Tilgungsrate von 5 viel zu lang: für 100 Lücken mindestens 500 Wörter. Meine Überlegung war: Könnte man nicht jedes zweite Wort streichen? Dann wären die Texte viel kürzer. Darauf erwiderte Christine Klein-Braley: Das geht nicht, denn dann kann keiner den Text rekonstruieren. Darauf sagte ich: Könnte man da nicht eine Hilfe geben, z.B. immer die erste Hälfte des Wortes stehen lassen? Dann gäbe es auch immer eine eindeutige Lösung. Das war die Geburtsstunde des C-Tests; aber wir wussten das noch nicht.
Dr. Wockenfuß: Und wie ging es dann weiter?
Prof. Raatz: Ich hatte unser Gespräch fast vergessen. Aber bei unserem nächsten Treffen berichtete Christine Klein-Braley, dass sie diese Idee umgesetzt, einen deutschen und einen englischen Test mit jeweils einem Text und 103 bzw. 138 Lücken entwickelt und jeweils an einer kleinen Stichprobe von deutsch- und englischsprachigen Kollegen im Seminar erprobt hätte. Die Ergebnisse wären sehr positiv.
Dr. Wockenfuß: Aber diese zwei Tests entsprachen noch nicht dem heute üblichen Testformat.
Prof. Raatz: Das ist richtig. Auf einer weiteren Sitzung entschieden wir uns für das heute allseits bekannte 2-2-2-Prinzip, d.h. dass vom 2. Satz an von jedem 2. Wort die 2. Hälfte, gestrichen wird, und für eine Anzahl von 5 Texten mit jeweils 20 oder 25 Lücken. Dadurch konnte die Repräsentativität der Textauswahl und damit die Validität erhöht, die Schätzung der Reliabilität durch den Alpha-Koeffizienten von CRONBACH ermöglicht und die Testkonstruktion insgesamt formalisiert und objektiviert werden.
Dr. Wockenfuß: Natürlich mussten Sie solche Tests noch erproben, bevor Sie diese der Öffentlichkeit vorstellten.
Prof. Raatz: Das geschah bis Mitte 1981, parallel zum Verlauf des Promotionsverfahrens von Christine Klein-Braley. Wir entwickelten eine

deutsche und eine englische Testversion und erprobten diese jeweils in Stichproben von Muttersprachlern und Fremdsprachenlernern. Dabei kamen uns mehrere glückliche Umstände zur Hilfe: Eine Schwester von Christine Klein-Braley war Grundschullehrerin in England und konnte die englische Testversion in ihrer Klasse durchführen. Mein Bruder war Direktor des Eurozentrums in Köln, wo ausländische Jugendliche und Erwachsene aus der ganzen Welt in Dreimonatskursen Deutsch lernten und zu Beginn an einem Placement-Test teilnehmen mussten. Auch hier konnte der neue Test erprobt werden. Und schließlich wurde zu Beginn des Sommersemesters in Duisburg für die Anglistik-Studenten der DELTA-Test durchgeführt, nun aber in Kombination mit unserem neuen Test. Diese Zeit war wirklich sehr arbeitsintensiv.

Dr. Wockenfuß: Und waren Sie mit den Ergebnissen zufrieden?

Prof. Raatz: Am Tag des Rigorosums von Christine Klein-Braley waren die Berechnungen durch den Großrechner der Universität – damals gab es noch keine PC's – fertig. Ich erinnere mich, dass wir die Promotionsfeier verließen und auf dem Gang des Instituts die großen Computerausdrucke auslegten – Sie werden sich nicht erinnern, aber damals war das immer sehr viel Papier – und die Ergebnisse durchsahen. Sie entsprachen in allen Untersuchungen im Hinblick auf Reliabilität und Validität unseren höchsten Erwartungen.

Dr. Wockenfuß: Und diese Ergebnisse haben Sie dann auf dem 4. internationalen Testsymposium der IUS an der *University of Essex* in England vorgestellt. Warum gerade dort, und was bedeutet überhaupt IUS?

Prof. Raatz: Ende der 80er Jahre hatten Christine Klein-Braley und Douglas K. Stevenson (Essen) die Interuniversitäre Sprachtestgruppe IUS gegründet, einen informellen Zusammenschluss von Sprachwissenschaftlern und Linguisten, die sich für die Theorie und die Praxis der Sprachdiagnostik interessierten. Ich selbst wurde bald auch Mitglied dieser Gruppe. Die IUS organisierte regelmäßig internationale Tagungen, so auch 1981 das 4. Symposium an der University of Essex. Hier hatten wir die optimale Möglichkeit, unser neues Testverfahren international bekannt zu machen und uns der Kritik zu stellen.

Dr. Wockenfuß: Und wie war die Akzeptanz?

Prof. Raatz: Das Interesse war sehr groß. Viele Tagungsteilnehmer ließen sich in der Folge zu eigenen Untersuchungen anregen. Die unglaublich guten Ergebnisse waren kritisch zu überprüfen, viele Fragen, z.B. im Bezug auf die Validität, waren noch ungeklärt, und die Übertragung des Prinzips auf andere Sprachen und gegebenenfalls seine Modifikation waren zu untersuchen: ein echter *Kick* für die Forschung – und eine Quelle für interessante Themen für Dissertationen.

Dr. Wockenfuß: Und wie ging es dann weiter?

Prof. Raatz: Wir stellten unseren neuen Test noch auf weiteren Tagungen vor, z.B. auf der 12. Jahrestagung der Gesellschaft für Angewandte Linguistik im

Jahr 1981 in Mainz, und wir veröffentlichten die Ergebnisse, erstmalig im Jahr 1982.

Dr. Wockenfuß: Das war also der Beginn des C-Test-Booms. Dazu eine Frage, die immer wieder gestellt wird: Woher kommt der Name C-Test?

Prof. Raatz: In Exeter sprachen wir immer nur von einer Modifikation des CLOZE. Auch wenn damals *Elena Shohami* aus Israel den Namen SUPERCLOZE vorschlug: das Kind musste einen eigenen Namen haben. Wir haben uns damals vor der ersten Veröffentlichung überlegt, dass dieser Name kurz, inhaltlich bedeutsam und international sprachlich akzeptabel sein sollte. Der Name *C-Test* erfüllte unseres Erachtens diese Bedingung. C erinnert an den CLOZE, aber auch an *to complete* (ergänzen) und an *conclusion* (schlussfolgerndes Denken). Auch in anderen Sprachen ist dieser Name akzeptabel – so wäre W-Test z.B. in Englisch oder H-Test in Französisch etwas problematisch – und es gab auch keinerlei Namensgleichheit mit statistischen Testverfahren.

Dr. Wockenfuß: Und dieser Name ist dann ja auch international akzeptiert worden.

Prof. Raatz: Problematischer war aber anfangs die Akzeptanz dieser Tests als Sprachtests, insbesondere bei den Praktikern, die meist nur *discrete-point-item-tests* mit *multiple-choice*-Aufgaben kannten. Sie hielten oft C-Tests für Lesetests. Aber diese Einstellung hat sich doch rasch geändert.

Dr. Wockenfuß: Dazu haben natürlich Sie und Christine Klein-Braley durch Ihre Vorträge auf einschlägigen Tagungen und bei Praktikern, sowie ihre gemeinsamen Veröffentlichungen beigetragen. Natürlich haben Sie auch weitere empirische Untersuchungen durchgeführt oder angeregt. Hatten Sie beide dabei spezielle Interessen?

Prof. Raatz: Mich beschäftigten insbesondere die faktorielle Validität von C-Tests, die Beziehungen zur Informationsverarbeitungsgeschwindigkeit und zur verbalen Intelligenz – was für einen Psychologen natürlich typische Fragestellungen sind – und die messtheoretische Fundierung von C-Tests. So habe ich z.B. das CLA-Modell von Moosbrugger und Müller, das ich 1981 auf einer Psychologentagung kennengelernt hatte, als erster auf C-Tests zur Überprüfung der Eindimensionalität angewendet. Heutzutage benutzt man für diese Überprüfung allgemeinere probabilistische Messmodelle.

Dr. Wockenfuß: Und worüber hat Christine Klein-Braley gearbeitet?

Prof. Raatz: Sie interessierte sich insbesondere für Probleme der Anwendung und für den Zusammenhang zwischen Textschwierigkeit und bestimmten linguistischen Indices. Hierzu hat sie eine Reihe von Untersuchungen durchgeführt und schließlich in ihrer Habilitationsschrift 1994 verarbeitet. Leider kam es durch Ihre lange Krankheit und ihren Tod 1998 nicht mehr zu einer Buchveröffentlichung dieser interessanten Arbeit.

Dr: Wockenfuß: Haben Sie und Christine Klein-Braley auch C-Tests z.B. für die Schule entwickelt?

Prof. Raatz: 1992 ist in der Reihe Deutsche Schultests der CT-D 4 veröffentlicht worden, ein deutscher C-Test für 4. Klassen an Grundschulen.

Dr. Wockenfuß: Eine Reihe von kleineren Untersuchungen von Studenten, aber auch von Kollegen haben Sie schon ziemlich am Anfang in einem Sammelband zusammengestellt. Wann war das?

Prof. Raatz: Das war bereits 1985 in dem AKS-Rundbrief 13/14. Dieses Heft enthielt fast 20 Beiträge zu den theoretischen Grundlagen, zur Validität und zur Übertragung des Prinzips auf andere Sprachen, wie Spanisch, Französisch und Ivrit. Solche Sammelbände wurden dann ab 1992 regelmäßig durch Rüdiger Grotjahn (Bochum) herausgegeben.

Dr. Wockenfuß: Jetzt kommt Rüdiger Grotjahn ins Spiel. Seine erste Veröffentlichung zum C-Test findet sich ja in dem genannten AKS-Brief von 1985. Dieser Beitrag beruht auf einem Vortrag, den er 1984 auf dem 7. Weltkongress für Angewandte Linguistik in Brüssel gehalten hat. Woher kam denn sein Interesse am C-Test?

Prof. Raatz: Das ist eigentlich eine ganz witzige Geschichte. Vermutlich auf der 12. Jahrestagung der Gesellschaft für Angewandte Linguistik 1981 in Mainz hielt Rüdiger Grotjahn einen Vortrag über ein linguistisches Thema. Christine Klein-Braley und ich stellten in einem anderen Referat den C-Test vor. Unter unseren Zuhörern war Rüdiger Grotjahn. Ich glaube, dass er uns anschließend auf den C-Test ansprach. Sehr viel später, vor einem Jahr, hat er mir gesagt, dass er damals den Ergebnissen einfach nicht getraut habe, dass er sehr kritisch gewesen sei, und dass er beschlossen habe, selbst einen französischen C-Test zu entwickeln und in einer eigenen Untersuchung zu erproben, nur um uns zu widerlegen.

Dr. Wockenfuß: Bekanntlich ist ihm das nicht gelungen. Er erhielt in dieser Untersuchung, die er zusammen mit Brigitte Stemmer durchführte, bei einer Stichprobe von Romanistikstudenten vergleichbare Werte für die Reliabilität und die Übereinstimmungsvaliditäten – zum Bochumer Einstufungstest – und eine ähnliche Faktorenstruktur. Da war er sicher vom C-Test überzeugt.

Prof. Raatz: Nein, das war er nicht. Natürlich hätte er sich mit den Ergebnissen zufrieden geben können, aber das tat er nicht. Er fragte – als echter Wissenschaftler – nach dem Warum. Warum funktioniert der C-Test? Um das herauszufinden, griffen er und Brigitte Stemmer auf eine uralte Methode aus der Kognitiven Psychologie zurück, auf die Methode des lauten Denkens, die von Duncker 1935 eingeführt worden ist. Sie und Rüdiger Grotjahn leisteten mit diesem Ansatz einen wichtigen Beitrag zur Validität von C-Tests. Dieses Thema beschäftigt ihn auch heute noch.

Dr. Wockenfuß: Was hat ihn sonst noch am C-Test interessiert?
Prof. Raatz: Eigentlich alles. Neben der Validität, die er beispielsweise mit der Methode des *scrambling* untersucht hat, arbeitete er über die Übertragung des C-Test-Prinzips in andere Sprachen, die Anwendungsmöglichkeiten im schulischen und universitären Kontext und die testtheoretischen Grundlagen. Auf Tagungen in den späten 80er und den 90er Jahren sind wir dann immer zu dritt erschienen, entweder in einem gemeinsamen Vortrag oder in Einzelvorträgen. Sein besonderes Verdienst aber besteht meines Erachtens darin, dass er andere Wissenschaftler zu eigenen Untersuchungen angeregt hat, die dann zu Promotionen führten, und dass er viele verstreute einzelne Untersuchungen in Sammelbänden veröffentlicht hat. Davon gibt es inzwischen fünf, die in den Jahren 1992, 1994, 1996, 2002 und 2006 erschienen sind. Ein weiterer Band ist in Vorbereitung.
Dr. Wockenfuß: Könnte man Rüdiger Grotjahn deshalb auch als Chronisten der C-Test-Forschung bezeichnen?
Prof. Raatz: Das ist eine gute Bezeichnung, zumal er immer wieder auf Tagungen Überblicke über den Forschungsstand gegeben hat. In diesem Zusammenhang muss auch seine C-Test-Bibliografie von 1996 genannt werden, die damals schon 224 Titel umfasste. Die Fortschreibung dieser Bibliografie wird, soweit mir bekannt ist, in Kürze erscheinen. Sein eigenes Veröffentlichungsverzeichnis umfasst über 45 Titel explizit über den C-Test, und weitere Arbeiten sind in Vorbereitungen. Die alte biblische Geschichte, dass aus einem Saulus ein Paulus werden kann, hat sich bei Rüdiger Grotjahn eindrucksvoll bestätigt.
Dr. Wockenfuß: Zu Ihrem Team stieß Anfang der 90er Jahre Jim Coleman von der damaligen *Portsmouth Polytechnic* in Großbritannien. Wie kam es zu dieser Zusammenarbeit?
Prof. Raatz: Das ist auch wieder eine interessante Geschichte, die ihre Anfänge viele Jahre vorher hatte. Die Städte Duisburg und Portsmouth waren bereits kurz nach dem Krieg eine Städtepartnerschaft eingegangen. Dieser schlossen sich in den 70er Jahren die Hochschulen der beiden Städte, die Gesamthochschule Duisburg und das *Portsmouth Polytechnic*, an. Übrigens sind inzwischen aus beiden Hochschulen Universitäten geworden. Anfang der 90er Jahre war ich der Kooperationsbeauftragte meiner Universität für Portsmouth. Meine Aufgabe bestand darin, die Kontakte zu pflegen und gemeinsame Forschungsprojekte anzuregen.
Dr. Wockenfuß: Und da sahen Sie für den C-Test eine Chance?
Prof. Raatz: Ich glaube, es war im Jahre 1992, als ich aus diesem Grunde zusammen mit Christine Klein-Braley nach Portsmouth fuhr, den C-Test im Gepäck. Wir stellten das Testverfahren im Institut von Prof. Coleman, der *School of Languages and Area Studies*, vor. Jim Coleman, Romanist und Linguist, war auf das Höchste interessiert, denn er plante eine große inter-

nationale Studie zur Effektivität des Fremdsprachenunterrichts und in diesem Zusammenhang zur Bedeutung eines Auslandsaufenthalts. Die Mittelbeschaffung war kein Problem, aber es fehlten geeignete vergleichbare Sprachtests für verschiedene Sprachen und Studienjahre.

Dr. Wockenfuß: Das war dann die Geburtsstunde des ARC-Projekts…

Prof. Raatz: …und einer sehr intensiven und ertragreichen Zusammenarbeit zwischen Christine Klein-Braley, Rüdiger Grotjahn und mir auf deutscher und Jim Coleman auf englischer Seite, unterstützt durch Kollegen und Kolleginnen aus den jeweiligen Instituten. Wir trafen uns von 1993 an bis zu viermal im Jahr. Im Rahmen des Projekts wurden C-Tests in Deutsch, Englisch, Französisch, Spanisch und Russisch entwickelt und zusammen mit geeigneten Persönlichkeitsfragebögen an über 24000 Studierenden in Deutschland, Großbritannien, Portugal und Italien durchgeführt. Die Ergebnisse wurden im April 1995 auf einer internationalen Tagung an der *University of Portsmouth* vorgestellt und später an verschiedenen Stellen veröffentlicht. Das Projekt lief 1996 aus.

Dr. Wockenfuß: Es gab dann ja noch ein Anschlussprojekt, an dem ich selbst teilgenommen habe.

Prof. Raatz: Das war das Projekt TESTATT, in dessen Rahmen Materialien, z.B. Fragebögen und C-Tests, in verschiedenen Sprachen als Werkzeuge für die Sprachlehrforschung entwickelt werden sollten, und das wiederum von demselben Viererteam geleitet werden sollte. Leider verstarb Christine Klein-Braley vor Projektbeginn im Jahre 1998. Das Projekt wurde in den Jahren 1998 bis 2000 in der Hauptsache in Großbritannien durchgeführt.

Dr. Wockenfuß: Und da bin ich für Christine Klein-Braley eingesprungen.

Prof. Raatz: Hatten Sie denn Erfahrungen mit dem C-Test?

Dr. Wockenfuß: Ich habe meine Diplomarbeit über muttersprachliche C-Tests geschrieben, genauer über die Zusammenhänge zwischen C-Test-Leistung und verbaler Intelligenz und den Einfluss des Lebensalters. Über dieses Thema habe ich später auch promoviert. Und als studentische und wissenschaftliche Hilfskraft habe ich bei mehreren Forschungsprojekten mitgewirkt.

Prof. Raatz: Die Ergebnisse des TESTATT-Projekts wurden dann 2001 auf einem *CILT Research seminar* in London vorgestellt. Das war, soweit ich mich erinnere, das letzte Mal, dass das C-Test-Team geschlossen auftrat.

Dr. Wockenfuß: Wie sehen Sie die Zukunft des C-Tests und der C-Test-Forschung?

Prof. Raatz: Der C-Test ist erwachsen geworden. Er macht seinen Weg. Natürlich sind einige Fragen, wie z.B. die nach der Validität, der adäquaten Textauswahl, des Einflusses des Speed-Faktors und nach dem Zusammenhang zur Verbalen Intelligenz noch nicht vollständig geklärt. Sicherlich können C-Tests noch in weiteren Sprachen entwickelt werden, wobei das Tilgungsprinzip möglicherweise modifiziert werden muss – wie es ja auch schon geschehen ist. Und neue Anwendungsfelder können erschlossen werden. Es gibt noch viel zu forschen.

Dr. Wockenfuß: Vielleicht können Sie uns nach diesem optimistischen Ausblick am Schluss des Interviews noch eine kleine Anekdote erzählen.

Prof. Raatz: Ende 1984 flogen wir zu einer Tagung nach Finnland. Im Flugzeug entbrannte eine Diskussion darüber, ob man C-Tests in Finnisch entwickeln könnte, da Finnisch eine völlig anders aufgebaute Sprache ist. Da ließ ich mir von einer Stewardess eine finnische Zeitung geben, wählte zufällig einen Abschnitt aus – ich kann kein Finnisch und wusste nicht, um was es sich handelte – und schwärzte mit einem Filzschreiber von jedem zweiten Wort die zweite Hälfte streng nach den Regeln. Anschließend ging ich durch die Reihen und suchte einen Finnen, dem ich den Text vorlegen konnte. Ich fand einen älteren Herrn, zeigte ihm den Abschnitt und bat ihn – auf Englisch –, diesen zu lesen. Er war zuerst etwas irritiert, vertiefte sich aber dann in den Text und sagte mir, er könne – bis auf zwei Stellen – alles lesen und verstehen. Unser damaliges Fazit: C-Tests in finnischer Sprache scheinen möglich zu sein.

Dr. Wockenfuß: Herr Prof. Raatz, ich danke Ihnen für das Gespräch.

Im Interview erwähnte Veröffentlichungen

Coleman, James A.; Grotjahn, Rüdiger; Klein-Braley, Christine & Raatz, Ulrich (1994), The European Language Proficiency Survey: a comparative investigation of foreign language learners in schools and universities in several European countries. *Language Testing Update:* 16, 49-55.

Coleman, James A.; Grotjahn, Rüdiger & Raatz, Ulrich (eds.) (2002), *University Language Testing and the C-Test.* Bochum: AKS Verlag.

Grotjahn, Rüdiger (Hrsg.) (1992), *Der C-Test. Theoretische Grundlagen und praktische Anwendungen. Band 1.* Bochum: Universitätsverlag Dr. N. Brockmeyer.

Grotjahn, Rüdiger (Hrsg.) (1994), *Der C-Test. Theoretische Grundlagen und praktische Anwendungen. Band 2.* Bochum: Universitätsverlag Dr. N. Brockmeyer.

Grotjahn, Rüdiger (1995), Der C-Test: State of the Art. *Zeitschrift für Fremdsprachenforschung* 6: 2, 37-60.

Grotjahn, Rüdiger (Hrsg.) (1996a), *Der C-Test. Theoretische Grundlagen und praktische Anwendungen. Band 3.* Bochum: Universitätsverlag Dr. N. Brockmeyer.

Grotjahn, Rüdiger (1996b), ‚Scrambled' C-Tests: Untersuchungen zum Zusammenhang zwischen Lösungsgüte und sequentieller Textstruktur. In: Grotjahn, Rüdiger (Hrsg.) (1996a), 95-125.

Grotjahn, Rüdiger (1996c), The C-Test bibliography: version December 1995. In: Grotjahn, Rüdiger (Hrsg.) (1996a), 435-457.

Grotjahn, Rüdiger (Hrsg.) (2002a), *Der C-Test. Theoretische Grundlagen und praktische Anwendungen. Band 4.* Bochum: AKS-Verlag.

Grotjahn, Rüdiger (2002b), C-Tests: an Overview. In: Coleman, James A.; Grotjahn, Rüdiger & Raatz, Ulrich (eds.) (2002), 93-114.

Grotjahn, Rüdiger (Hrsg.) (2006), *Der C-Test: Theorie, Empirie, Anwendungen/The C-Test: Theory, empirical research, applications.* Frankfurt am Main: Lang.

Grotjahn, Rüdiger (2006), 25 Jahre C-Test: Einleitung und Übersicht über den Band. In: Grotjahn, Rüdiger (Hrsg.) (2006), IX-XXV.

Grotjahn, Rüdiger & Stemmer, Brigitte (1984), Entwicklung und Einsatz eines C-Tests ‚Französisch'. In: Kühlwein, Wolfgang (Hrsg.) (1984), *Sprache, Kultur und Gesellschaft. Kongreßberichte der 14. Jahrestagung der Gesellschaft für Angewandte Linguistik, GAL e.V., Duisburg 1983*. Tübingen: Narr, 101-102.

Grotjahn, Rüdiger; Raatz, Ulrich & Wockenfuß, Verena (2004), Das Projekt „Tests and Attitude Scales for the Year Abroad" (TESTATT): Theoretische Basis und einige empirische Resultate. In: Börner, Wolfgang & Vogel, Klaus (Hrsg.) (2004), *Emotion und Kognition im Fremdsprachenunterricht*, Tübingen: Narr, 128-148.

Klein-Braley, Christine (1994), *Language testing with the C-Test. A linguistic and statistical investigation into the strategies used by C-Test takers, and into the prediction of C-Test difficulty*. Habilitationsschrift Universität Duisburg.

Klein-Braley, Christine & Raatz, Ulrich (Hrsg.) (1985), *Fremdsprachen und Hochschule 13/14: Thematischer Teil: C-Tests in der Praxis*. Bochum: AKS-Verlag.

Raatz, Ulrich & Klein-Braley, Christine (1982), The C-test – a modification of the cloze procedure. In: Culhane, Terry; Klein-Braley, Christine & Stevenson, Douglas K. (eds.) (1982), *Practice and problems in language testing IV*. Colchester: University of Essex, 113-138.

Raatz, Ulrich & Klein-Braley, Christine (1992), *CT-D4 Schulleistungstest Deutsch für 4. Klassen*. Deutsche Schultests. Weinheim: Beltz.

Raatz, Ulrich (1985), Better theory for better tests? *Language Testing* 2, 60-75.

Wockenfuß, Verena (2009), *Diagnostik von Sprache und Intelligenz bei Jugendlichen und jungen Erwachsenen*, Aachen: Shaker Verlag.

Zur Entwicklung eines „C-Tests Wirtschaftsdeutsch“: Hinweise und Erfahrungen aus der Praxis[1]

Torsten Schlak
Kerstin Zimmermann
Heike Molnár

Der vorliegende Beitrag berichtet über die Entwicklung eines „C-Tests Wirtschaftsdeutsch“. Dieser Test ist Bestandteil eines größeren Forschungs- und Entwicklungsprojekts zum Testen fach- und berufssprachlicher Kompetenzen. Die verschiedenen Arbeitsschritte bei der C-Test-Entwicklung werden so detailliert dokumentiert, dass diese Ausführungen als Leitfaden zur C-Test-Erstellung dienen können.

1. Einleitung

C-Tests werden bisher fast ausschließlich für das Testen von allgemeinsprachlichen Kompetenzen genutzt. Nur wenige fach- und berufssprachliche C-Test-Entwicklungsprojekte sind in der Literatur zu finden (vgl. die Untersuchungen in Grotjahn (1995: 49f.), der von „diskursspezifischen C-Tests“ spricht). Es besteht also ein erheblicher Forschungsbedarf hinsichtlich der Entwicklung entsprechender Tests, sofern man davon ausgeht, dass sich das C-Test-Verfahren überhaupt für fach- und berufssprachliche Kontexte eignet. Auch dies ist eine noch nicht endgültig beantwortete Frage, insb. wenn man die Vielfalt und die innere Differenzierung der Fach- und Berufssprachen berücksichtigt.

Vor diesem Hintergrund ist unter der Leitung von Torsten Schlak an der Ruhr-Universität Bochum ein Projekt zur Entwicklung und Evaluation von fach- und berufssprachlichen C-Tests entstanden, das – in enger Zusammenarbeit mit der RUB – zukünftig an der TU Berlin weitergeführt werden soll. Bislang sind drei unterschiedliche Teil-Projekte in Arbeit: Ein C-Test „Deutsch für den Tourismus“, ein C-Test „Fachsprache der Betriebswirtschaftslehre“ sowie ein an der Prüfung Wirtschaftsdeutsch (PWD) angelehnter, berufssprachlich orientierter „C-Test Wirtschaftsdeutsch“, über den hier berichtet wird. Die PWD misst gemäß dem Gemeinsamen europäischen Referenzrahmen das Referenz-Niveau C1.

---

1 Wir danken herzlich Prof. Dr. Rüdiger Grotjahn für wichtige Hinweise, Angelika Gröning für Unterstützung bei der Datenerhebung sowie Dr. Barbara Dahlhaus für die Erlaubnis, den C-Test Wirtschaftsdeutsch am Zentrum für Fremdsprachenausbildung der Ruhr-Universität Bochum zu erproben.

Neben dem Einsatz als Messinstrument einer allgemeinen Wirtschaftsdeutsch-Kompetenz soll sich der C-Test Wirtschaftsdeutsch u.a. für folgende Zwecke nutzen lassen (vgl. zur Allgemeinsprache www.c-test.de):

- Für Einstufungsentscheidungen im Zusammenhang mit Lehrveranstaltungen, die auf die PWD vorbereiten. Vor allem aus diesem Grund wurden Texte für den „C-Test Wirtschaftsdeutsch" ausgewählt, die sich über Bereich B2 – C1 des GeR erstrecken.
- Als Screening-Test vor der PWD. Um bestimmen zu können, ob sich eine Anmeldung zur teuren Prüfung überhaupt lohnt.
- Für Auswahlentscheidungen in wirtschaftlichen bzw. wirtschaftssprachlichen Kontexten, z.B. bei Bewerbungen bei einem deutschen Unternehmen im Ausland oder als Wirtschaftsdeutschlehrende(r) an einem Goethe-Institut. Auch hier als Screening-Test geeignet, über den eine erste Vorauswahl getroffen wird.
- Als Abschlussprüfung in Wirtschaftsdeutschkursen, insbesondere um die kursbezogene Bewertung überprüfen und ggf. korrigieren zu können.
- Bei der Evaluation von curricularen Programmen, um z.B. den Lernzuwachs in einem mehrstufigen Wirtschaftsdeutsch-Curriculum messen zu können.
- Als Forschungsinstrument.

Der C-Test Wirtschaftsdeutsch sollte die Themen und Textsorten der PWD möglichst umfassend und ausgewogen verteilt abdecken. Aus Praktikabilitätsgründen wurde dieses Ideal jedoch dahingehend eingeschränkt, dass primär die Textsorten der Teilprüfung „Leseverstehen" zu berücksichtigen seien, unterteilt in die Kategorien „Trends und Themen" sowie „Firmenporträts und Produktbeschreibungen". Firmenporträts und Produktbeschreibungen sind in der Tages- und Wirtschaftspresse ebenso wie auf Firmenwebseiten im Regelfall integriert vorzufinden.

Im Folgenden werden zunächst generelle Hinweise zur Erstellung von C-Tests gegeben, an die sich die Beschreibung der konkreten Erstellung des C-Tests Wirtschaftsdeutsch anschließt.

2. Hinweise zur C-Test-Erstellung

C-Tests sind ein praktikables, objektives und reliables Verfahren zum Messen von allgemeiner Sprachkompetenz. Obwohl ihre Augenscheinvalidität[2] von vielen Lehrenden und Lernenden als nicht sehr hoch eingeschätzt wird, hat sich gezeigt, dass die Ergebnisse, die Testpersonen in C-Tests erreichen, in hohem Maße mit Ergebnissen bereits etablierter Tests wie dem TestDaF korrelieren.

2 Mit Augenscheinvalidität wird die aus der Sicht der Testpersonen vermeintliche Gültigkeit eines Testverfahrens bezeichnet (vgl. Grotjahn 2003: 29).

Eckes fasst die Vorteile des C-Test-Formats wie folgt zusammen:

> Die C-Test-Texte zeichnen sich dadurch aus, dass sie (a) eine hinreichende Differen zierung der Personen hinsichtlich der zu messenden Fähigkeit erlauben, (b) die intendierte Fähigkeit und nur diese messen, (c) Schwierigkeitsmaße aufweisen, die sich über verschiedene Testanwendungen hinweg nicht oder nur unwesentlich verändern, (d) eine ökonomische Durchführung ermöglichen und (e) eine objektive Auswertung gewährleisten (Eckes 2003: 55).

Der C-Test ist eine Variante des Cloze-Tests, jedoch nach einem ganz eigenen Prinzip gebaut. Das kanonische Prinzip der C-Test-Erstellung besteht darin, dass in einem Text beginnend beim zweiten Wort des zweiten Satzes von jedem zweiten Wort die hintere Hälfte des Wortes getilgt wird. Die Anzahl der so erzeugten Lücken beträgt meist 20 bis 25. In der Regel wird bei einem Set von 4 Texten eine Lückenzahl von 25 gewählt, während bei einem aus 5 oder mehr Texten bestehenden Set 20 Lücken pro Text gesetzt werden (vgl. Grotjahn 2002: 212).

Im vorliegenden Fall hat jeder Text 20 Lücken, da das endgültige Set aus 5 Texten bestehen sollte. Als Kontext bleibt je ein Satz vor und nach dem getilgten Textteil unbeschädigt stehen. Dabei geht es weniger um die konkrete Satzgrenze als darum, dass inhaltlich genug Kontext stehen bleibt (vgl. Grotjahn 1987: 223), damit sich der Testteilnehmer in das Thema des Textes eindenken kann. Es ergibt sich somit eine durchschnittliche Textmenge von ca. 80 - 100 Wörtern.

Das bereits beschriebene Prinzip des C-Tests beruht auf der Redundanz natürlicher Sprachen, die in C-Tests durch die Tilgung reduziert wird (vgl. z.B. Grotjahn 2002: 211f.). Dies bedeutet, dass beispielsweise im Deutschen eine Genitiv-NP wie „des kleinen Mädchens“ doppelt als solche kodiert ist, nämlich einmal durch den bestimmten Artikel „des“ und ein weiteres Mal durch das Genitiv-S bei „Mädchens“. Fehlt nun eine der beiden Markierungen, so kann mit Hilfe des Sprachwissens bzw. des Wissens um diese Redundanz der Originaltext wieder hergestellt werden.

Trotz des doch recht simplen Tilgungsprinzips gibt es einige wichtige Punkte, die man bei der C-Test-Erstellung nicht außer Acht lassen darf. Im Folgenden wird die Entstehung dieses C-Tests so detailliert dokumentiert, dass diese Ausführungen gleichzeitig als Leitfaden zur C-Test-Erstellung dienen können. Als Orientierung dienten dabei Regeln, die teils auf Grotjahn (2002), teils auf eigener Erfahrung basieren. Ihre Eignung für andere Kontexte sollte in weiteren Untersuchungen überprüft werden.

Das Erstellen eines C-Tests beinhaltet mehrere Einzelschritte, welche in kurzer Form auf der Internetseite www.c-test.de nachzulesen sind. Nach der Festlegung auf die Sprache, das angestrebte Niveau und die Zielgruppe ist der nächste Schritt die Suche nach Texten, die für diesen Zweck geeignet sind. Hierbei wurden Quellen verwendet, derer sich auch die PWD beispielsweise für die Leseverstehenstexte bedient (s. unten). Ob sich ein Text als C-Test eignet, sieht man meist erst, wenn man versucht, ihn dahingehend umzuwandeln.

Hat man einen vermeintlich geeigneten Text gefunden, wird das oben beschriebene Tilgungsprinzip auf diesen Text angewandt. Bei einer ungeraden Anzahl von Buchstaben wird ein Buchstabe mehr getilgt.

Steuern → Ste[uern][3]

Eine Ausnahme bilden Komposita. Hier wird für gewöhnlich der erste Wortteil komplett ausgeschrieben und die Tilgung erfolgt (je nach Wortlänge) **frühestens** nach dem ersten Buchstaben des zweiten Teilworts.

Lebensversicherung → Lebensver[sicherung]
Börsengang → Börseng[ang]

Bereits bei der Textsuche gibt es einige Textmerkmale, die für die Umwandlung in einen C-Test mehr oder weniger günstig sind.

Beispielsweise sind Texte mit mehreren Eigennamen weniger gut geeignet, da Eigennamen nicht getilgt werden und das Tilgungsschema so häufig unterbrochen werden muss. Fällt die Tilgung folglich auf einen Eigennamen, so wird das Wort übersprungen:

Die Ste[uern] in Deutschland si[nd] wieder gest[iegen].

Fällt die Tilgung jedoch nicht auf den Eigennamen, wird er wie ein ‚normales' Wort behandelt:

In d[er] Schweiz si[nd] die Ste[uern] wieder gest[iegen].

Aus dem gleichen Grund sind auch Texte mit mehreren Zahlenangaben tendenziell weniger gut geeignet, weil Zahlen und Zahlwörter nicht wie normale Wörter getilgt werden. Gerade in bestimmten wirtschaftssprachlichen Texten kommen jedoch gehäuft Zahlen vor, was hier ein spezifisches Problem der Fachsprache Wirtschaft darstellt.

Fällt die Tilgung auf eine Zahl, so wird damit verfahren wie mit Eigennamen, d.h. die Zahl wird übersprungen und das darauf folgende Wort getilgt:

In d[er] Firma gi[bt] es 12 Fra[uen] und ke[ine] Männer.

Fällt die Tilgung nicht auf die Zahl, so gibt es zwei Möglichkeiten, wie mit den Zahlen verfahren werden kann. Zum einen kann die Zahl wie ein normales Wort behandelt werden, so dass das auf die Zahl folgende Wort getilgt wird:

In d[er] Firma wa[ren] 12 Fra[uen] und ke[ine] Männer.

3 Sämtliche Beispiele wurden eigens zu Demonstrationszwecken konstruiert.

Zum anderen ist es möglich, die Zahl gar nicht einem normalen Wort gleichwertig zu betrachten, was bedeutet, dass auch das auf die Zahl folgende Wort nicht getilgt wird, sondern stehen bleibt. Die Tilgung wird so erst bei dem darauf folgenden Wort fortgesetzt:

> In d[er] Firma wa[ren] 12 Frauen u[nd] keine Män[ner].

Wichtig ist dabei, innerhalb eines C-Test-Sets stets eine einheitliche Lösung zu finden.

Die für die C-Tests verwendeten Texte sollten thematisch gleichbleibend aktuell sein, da anderenfalls die Chancengleichheit unter den Teilnehmern gefährdet wird. Bei tagesaktuellen Themen sind Testteilnehmer, die den Test mit weniger Abstand zum inhaltlichen Geschehen machen, gegenüber späteren Testteilnehmern im Vorteil. Hinzu kommt, dass tagesaktuelle Texte viel zu schnell veralten, weshalb sie für C-Tests ungeeignet sind.

Ebenso gilt es, bei der Textwahl Themen zu vermeiden, bei denen bestimmte Testteilnehmer aufgrund ihrer Herkunft, ihres Geschlechts etc. einen deutlichen Vorteil gegenüber anderen Teilnehmern haben (*test bias*).

Auch zu spezifische Themen sollten vermieden werden. Dazu zählen zu komplexe Fachtexte, deren Verstehen fachliches Wissen voraussetzt, das die in der PWD abgefragten Wirtschaftskenntnisse überschreitet. Ebenso sollten sich die Texte inhaltlich nicht mit Tabu-Themen beschäftigen.

Man findet leicht grundsätzlich geeignete Texte, die man jedoch nicht ohne Abänderungen übernehmen kann. Da die Ansprüche an die Texte recht hoch sind, ist es in fast allen Fällen notwendig, den Text an einigen Stellen zu modifizieren. Grundsätzlich gilt jedoch, dass die Texte so wenig wie möglich verändert werden sollten (vgl. Grotjahn 2002: 222).

Wörter, die häufiger im Text (oder gar im Titel des Textes) vorkommen, dürfen nicht getilgt werden. Damit wird verhindert, dass die richtige Lösung an anderen Stellen im Text abgelesen werden kann, was natürlich der Reliabilität und somit auch der Validität des Tests schaden würde. Aus demselben Grund ist es auch wichtig, darauf zu achten, dass im Text nicht mehrfach das gleiche Wort getilgt wird. In solch einem Fall ist der Text so zu modifizieren, dass das Wort im besten Fall gar nicht mehr getilgt wird. Das kann beispielsweise durch Einfügen von Wörtern geschehen, die den semantischen Kontext nicht zu sehr verändern.

Fremdwörter sollten vermieden werden, sofern diese nicht völlig in die Zielsprache integriert sind. Aber selbst bei Fremdwörtern, die zum Basisvokabular der deutschen (Wirtschafts)sprache gehören, ist Vorsicht geboten, weil es unter Umständen zu Rechtschreibproblemen kommen kann, wenn das Wort eine für die Zielsprache untypische Schreibweise aufweist. Für das Deutsche wäre ein Beispiel hierfür „Branche", was zwar längst ein Teil der deutschen Sprache geworden ist, dessen Schreibweise jedoch nicht an das

Deutsche angepasst wurde. Dass derartige Wörter zu Problemen führen können, liegt darin begründet, dass nach Grotjahn (1995: 40) die Lösung häufig über inneres, lautes Lesen des Textes gefunden wird. Im Fall von Wirtschaftsdeutsch treten Wörter anderssprachigen Ursprungs (vorwiegend Englisch) relativ häufig auf. Hier muss im Einzelfall eine individuelle Entscheidung getroffen werden, da man hier auch argumentieren kann, dass gerade ein Wort wie „Branche“ ein typisches Wort der deutschen Wirtschaftssprache ist und es daher inklusive seiner Rechtschreibung als bekannt voraussetzt werden kann oder gar muss. Es stellt sich daher die Frage, inwiefern durch das Vermeiden von Fremdwörtern in fachsprachlichen C-Tests die Validität des Tests reduziert wird.

Gleiche Strukturen innerhalb eines Textes sind zu vermeiden, da sonst in mehreren Lücken hintereinander das gleiche sprachliche Phänomen, also zum Beispiel der gleiche Kasus abgefragt wird:

Sie be[saß] ein sch[önes], großes, al[tes], wertvolles Ha[us].

Es kann auch der seltene Fall auftreten, dass nach Anwendung des Tilgungsprinzips doppelte Lücken mit mehreren richtigen Lösungen auftreten, wie es in dem folgenden Beispiel der Fall ist:

Und d_____ große Unter____ war i____ München.

Es gibt zwei Möglichkeiten, diesen Satz korrekt zu lösen:

1) Und das große Unternehmen war in München.
2) Und der große Unternehmer war in München.

Beide oben angegebenen Lösungen sind richtig. Jedoch kann es dann zu Schwierigkeiten kommen, wenn ein Teilnehmer die eine Lücke wie in Lösungsmöglichkeit 1 und die andere Lücke wie in Lösungsmöglichkeit 2 ausfüllt, also beispielsweise:

*Und der große Unternehmen war in München.

In einem solchen Fall müsste man festlegen, welche Lücke als korrekt gelöst gilt und welche nicht. Zum einen kann man sich dabei an der Originallösung orientieren. Eine andere Möglichkeit ist die Orientierung an den Wortarten, so dass im genannten Beispiel jeweils „Unternehmen“ bzw. „Unternehmer“ den Vorrang gegenüber den Artikeln bekäme, die ja vom gewählten Substantiv abhängen.

Einzelne Lücken im C-Test, die auch von Muttersprachlern kaum oder gar nicht gelöst werden können, sind kein Grund, den Text nicht zu verwenden. Denn ein C-Test-Text zählt als ein Item des aus mehreren Texten bestehenden C-Test-Sets, so dass es für den gesamten Test aufgrund der Vielzahl der Lücken nicht problematisch ist, wenn einzelne Lücken eines Textes kaum lösbar sind (s. Lösungsrate unten).

Ferner lässt sich vermuten, dass sich bei Wirtschaftstexten die Schwierigkeit erhöht, je mehr wirtschaftsbezogene Begriffe getilgt werden. Andernfalls ist nur passives Verstehen nötig und keine aktive Beherrschung dieser Begriffe sowie ihrer Valenz oder syntaktischen Einbindung.

Beim Zusammenstellen eines aus mehreren Texten bestehenden Test-Sets ist darauf zu achten, dass sich das Vokabular der Texte unterscheidet, was man am besten dadurch erreicht, dass die Themen der einzelnen Texte möglichst verschieden sind. Dieses Vorgehen reduziert auch die Gefahr, dass in mehreren Texten eines Test-Sets ein und dasselbe Wort vorkommt, das zudem auch noch mehrfach getilgt wird. In der deutschen Wirtschaftssprache kommt das Wort „Unternehmen" beispielsweise sehr häufig vor, weshalb darauf zu achten ist, dass dieses Wort nicht zu oft getilgt wird.

Im Folgenden wird nun das genaue Vorgehen bei der Erstellung eines Test-Sets für Wirtschaftsdeutsch dokumentiert.

3. Erstellung des C-Tests Wirtschaftsdeutsch

Durch die Orientierung an der Prüfung Wirtschaftsdeutsch (PWD) war es sinnvoll, auf die gleichen Quellen zurückzugreifen, also in diesem Fall hauptsächlich die *Frankfurter Allgemeine Zeitung*, die *Süddeutsche Zeitung*, die *WirtschaftsWoche* und das *Handelsblatt*. Leider war es jedoch nicht möglich, die geplanten Inhalte vollständig über diese Quellen abzudecken, da Firmenporträts aus journalistischer Sicht nur schwer zu finden sind. Möglicherweise finden sich derartige Texte häufiger zu Messezeiten. Im vorliegenden Fall musste für diesen Themenbereich auf die Internetseiten der Firmen zurückgegriffen werden, wo die (Selbst-) Darstellungen naturgemäß meist in der 1. Person Plural verfasst sind. Um die Authentizität zu wahren, wurden diese Texte so belassen. Bei Produktbeschreibungen wurden zum Teil Texte verwendet, die eher den Charakter von Produktbeurteilungen haben.

Nachdem 12 Texte für die erste Erprobung ausgewählt worden waren, wurden sie von drei Beurteilern bezüglich ihres Schwierigkeitsgrades eingeschätzt. Die Angaben zur Schwierigkeit wurden in Zahlen umgewandelt (leicht = 1; leicht bis mittelschwer = 1,5; mittelschwer = 2; mittelschwer bis schwer = 2,5; schwer = 3), so dass für jeden Text eine Schwierigkeit errechnet werden konnte. Da zwei der Beurteiler selbst an der C-Test-Erstellung beteiligt waren, wurde entschieden, deren Urteile einfach und das Urteil des dritten Beurteilers doppelt zu werten, da man davon ausgehen kann, dass ohne eine intensive Beschäftigung mit den Texten ein objektiveres Urteil möglich ist.

Die Texte wurden nun in zwei Sets mit je sechs Texten aufgeteilt. Wichtig dabei war, dass pro Set die gleiche Anzahl von thematischen Bereichen abgedeckt wurde. Innerhalb eines Sets wurden die Texte, wie oben beschrieben, nach geschätzter Schwierigkeit aufsteigend sortiert. Ihnen voran ging ein Eisbrechertext, der dazu dient, dass die Probanden das Format C-Test kennen lernen können. Auf diese Weise sollte verhindert werden, dass Probanden, die zum ersten Mal einen C-Test sahen, im ersten Text eines Sets aufgrund des für sie fremdartigen bzw. neuen Testformats möglicherweise weniger Punkte erzielten, als dies eventuell der Fall wäre, wenn der Text an einer anderen, späteren Stelle im Set platziert wäre. Der Eisbrechertext war in beiden Sets der gleiche. In die späteren Berechnungen wurde er nicht mit einbezogen.

Nach Fertigstellung der beiden Test-Sets begann der erste Erprobungslauf. Eine Vorerprobung an Muttersprachlern bietet die Möglichkeit, schon im Vorfeld akzeptable Lösungsvarianten zu ermitteln (vgl. Grotjahn 1995: 42). An dieser Vorerprobung nahmen 15 muttersprachliche Probanden teil, die beide Sets ausfüllten. Voraussetzung für die Teilnahme an der Erprobung war, dass die Probanden einsprachig mit Deutsch aufgewachsen sind und Wirtschaft studierten. So sollte zum einen sicher gestellt werden, dass sie mit der in den Texten vorkommenden Thematik und dem Vokabular vertraut waren. Zum anderen handelt es sich bei den Prüflingen der PWD um wirtschaftskompetente Personen. So konnte eine bessere Annäherung an die Zielgruppe erreicht werden. Alle Probanden wurden im Universitätsgebäude der Fakultät für Wirtschaftswissenschaften der Ruhr-Universität Bochum angeworben. Sie sollten den C-Test gleich an Ort und Stelle ausfüllen. In dieser ersten Erprobung wurde der C-Test ohne Zeitbegrenzung eingesetzt.

Für die spätere statistische Auswertung bekamen die Probanden einen Fragebogen mit einigen Angaben zur Person. Erfragt wurden hier das Alter, das Geschlecht, die Studienfächer, der Studiengang (Bachelor/Master/Diplom) sowie das Fachsemester.

Um Positions- und Aufmerksamkeitseffekte zu reduzieren, bekam die eine Hälfte der Probanden als erstes Set 1 zur Bearbeitung, während die andere Hälfte zunächst mit Set 2 begann. Dadurch sollte vermieden werden, dass die Teilnehmer die letzten Texte wegen Konzentrationsmangels schlechter bearbeiteten, als sie es eigentlich könnten.

Nachdem 15 muttersprachliche Probanden beide Test-Sets bearbeitet hatten, erfolgte die Analyse der Daten. Laut der Internetseite www.c-test.de ist bei Muttersprachlern eine Lösungsrate von 95% üblicherweise eine untere Grenze für den Schwierigkeitsgrad eines Textes. In der Praxis sei eine Grenze von 90% jedoch üblicher (vgl. Grotjahn 2002: 216), da 95% nicht immer erreicht werden[4]. Das Einhalten dieser Grenze ist eine wichtige Voraussetzung für die Verwendbarkeit eines Textes – wird diese Grenze unterschritten, wird der Text als unbrauchbar aus dem Test-Set ausgeschlossen und verworfen. Im vorliegenden Fall wurde die Grenze in Anlehnung an Grotjahn (2002) auch auf

4 Das trifft vor allem auf andere Sprachen zu.

90% gesetzt, so dass Texte mit einer Lösungsrate unter 18 im Mittelwert diese Voraussetzung zunächst nicht erfüllten. Diese Texte wurden dann jedoch auf Ausreißerwerte hin untersucht, die den Mittelwert eventuell beeinflusst haben könnten. Wurden solche Ausreißerwerte gefunden, wurden sie herausgerechnet. Blieb nach dieser erneuten Berechnung der Mittelwert weiterhin unter 18, so wurde der entsprechende Text entsprechend der oben genannten Voraussetzung vor der weiteren Erprobung aussortiert und nicht weiter verwendet. Mit diesem Verfahren konnte die Anzahl der Texte von 12 auf 7 reduziert werden.

Die verbleibenden Texte wurden daraufhin auf Lücken untersucht, die von mehr als 3 Probanden (das entspricht 20%) falsch oder gar nicht gelöst waren. Teilweise wurden hier kleinere Veränderungen am Text vorgenommen, die das Lösen der jeweiligen Lücke etwas vereinfachen sollten oder der Disambiguierung dienten.

Anschließend wurden die Texte nach absteigendem Mittelwert (also aufsteigender Schwierigkeit) sortiert und zu einem neuen Text-Set vereint. Der Eisbrechertext kam im neuen Set nicht mehr vor. Von den Probanden des nächsten Erprobungslaufs war bekannt, dass sie zum großen Teil bereits einen C-Test in einem anderen Kontext abgelegt hatten, und deshalb war davon auszugehen, dass sie mit dem Prinzip C-Test vertraut waren. Primäres Ziel dieser Erprobung war die Reduzierung des Sets auf 5 Texte. Das neue Text-Set wurde an DaF-Lernenden erprobt, die einen Wirtschaftsdeutschkurs an der Ruhr-Universität Bochum besuchten. Es wurden zweimal Daten erhoben, zunächst zu Beginn des Semesters und ein weiteres Mal am Ende des Semesters. Auf diese Weise konnte einerseits die Retestreliabilität berechnet werden, andererseits bot sich hierdurch die Möglichkeit, eine etwaige Leistungssteigerung der Probanden im Bereich Wirtschaftsdeutsch zu überprüfen. Über die Erhebung und statistische Auswertung der Daten bleibt an anderer Stelle zu berichten.

Literaturverzeichnis

Eckes, Thomas (2003), Qualitätssicherung beim TestDaF: Konzepte, Methoden, Ergebnisse. *Fremdsprachen und Hochschule* 69, 43-68.

Grotjahn, Rüdiger (1987), How to construct and evaluate a C-test: A discussion of some problems and some statistical analyses. In: Grotjahn Rüdiger; Klein-Braley, Christine & Stevenson, Douglas K. (eds.) (1987), *Taking Their Measure: The Validity and Validation of Language Tests.* [Quantitative Linguistics 34]. Bochum: Universitätsverlag Dr. N. Brockmeyer, 219-253.

Grotjahn, Rüdiger (1995), Der C-Test: State of the Art. *Zeitschrift für Fremdsprachenforschung* 6: 2, 37-60.

Grotjahn, Rüdiger (2002), Konstruktion und Einsatz von C-Tests: Ein Leitfaden für die Praxis. In: Grotjahn, Rüdiger (Hrsg.) (2002), *Der C-Test. Theoretische Grundlagen und praktische Anwendungen* (Bd. 4). Bochum: AKS-Verlag, 211-225.

Grotjahn, Rüdiger (2003), *Leistungsmessung und Leistungsbewertung*. Fernstudienbrief für den Weiterbildungs-Masterstudiengang „Deutschlandstudien. Schwerpunkt: Deutsche Sprache und ihre Vermittlung". FernUniversität – Gesamthochschule in Hagen.
www.c-test.de [13.11.2008]

Der C-Test als Instrument zur Ermittlung allgemeinsprachlicher und fachsprachlicher Fähigkeiten im Berufskolleg

Rupprecht S. Baur
Anna Mashkovskaya
Melanie Spettmann

Die Ergebnisse der PISA-Studie haben auch in den Berufskollegs das Bewusstsein dafür geschärft, dass ohne ausreichende Lesekompetenzen ein erfolgreicher Wissenserwerb nicht möglich ist. Im Laufe der letzten Jahrzehnte hat sich der C-Test als zugleich reliables und flexibles Testinstrument sprachlicher Kompetenzen etabliert. In diesem Kontext wurde ein spezieller C-Test, bestehend aus verschiedenen Teiltests, entwickelt, um die grundlegenden Lesekompetenzen in allgemeinen, aber auch in berufsspezifischen Bereichen der Besucher von Berufskollegs zu untersuchen. Der Pilottest untersucht die Entwicklung der Lesekompetenz von 67 Teilnehmern in ihrem ersten, bzw. dritten Lernjahr. Die Ergebnisse der Studie zeigen, dass die Lesekompetenzen der Teilnehmenden im dritten Berufsschuljahr im Vergleich zu denen im ersten Berufsschuljahr kaum höher sind. Es zeigt sich auch, dass ein Zusammenhang zwischen der Entwicklung von berufsspezifischen und der allgemeinen Lesekompetenz besteht.

1. Der Zusammenhang zwischen Fach-, Sprach- und Lesekompetenz im Berufskolleg

Als Berufskolleg werden in Nordrhein-Westfalen die aus den berufsbildenden Schulen und den Kollegschulen hervorgegangenen Schulen der Sekundarstufe II mit unterschiedlichen Schulformen bezeichnet.[1] Es ermöglicht eine zeitgleiche und gleichwertige Qualifizierung im berufsbildenden und im allgemeinbildenden Bereich. Immer mehr junge Menschen suchen über die Berufskollegs einen berufsnahen Weg zum Abitur oder Fachabitur mit attraktiven Fachschwerpunkten wie Technik, Wirtschaft oder Erziehungswissenschaft.

Primäres Ziel des Unterrichts im Berufskolleg ist die Entwicklung umfassender Handlungskompetenz (Schulministerium NRW, Lehrplan 2003: 9)[2].

1 Vgl. www.schulministerium.nrw.de, zuletzt abgerufen am 04.05.2009.

2 Die folgenden Angaben beziehen sich auf den Lehrplan für die Ausbildungsberuf Maler und Lackierer von 2003 vom Ministerium für Schule, Jugend und Kinder in NRW, da die Probanden dieser Untersuchung für diese Berufe ausgebildet werden.

Es werden drei Lernbereiche unterschieden, die zur Qualifikation der Schüler[3] beitragen: Während der gesamten Ausbildung umfasst der berufsbezogene Lernbereich (berufliche Qualifizierung) 880 bis 960 Stunden, der berufsübergreifende Lernbereich (Sprache) 240 Stunden und der Differenzierungsbereich (Zusatzqualifikationen oder zusätzliche Fördermaß-nahmen) 160 Unterrichtsstunden (vgl. Schulministerium NRW, Lehrplan 2003: 10, 72 f.).

Die Entwicklung der sprachlichen Kompetenzen wird im Berufskolleg dem Fach Deutsch/Kommunikation zugewiesen. Dabei werden zwei Bereiche des Faches unterschieden: 1) mündlicher und 2) schriftlicher Sprachgebrauch. Der erste Lernbereich soll laut Lehrplan wesentliche Techniken situationsgerechten, erfolgreichen Kommunizierens im Alltag, Studium und Beruf vermitteln und festigen (Referate, Präsentationen, Diskussionen u.a.). Bei dem zweiten Lernbereich stehen die Techniken der Informationswiedergabe und der schlüssigen Argumentation im Mittelpunkt (Inhaltswiedergabe von Fachtexten, Strukturanalysen, Bewertungen, sachliche Argumentation, Adressaten- und Situationsbezug u.a.).

Die Berufsschüler „benötigen sprachliche Kompetenzen, die sie befähigen, eigene Arbeitsprodukte und -prozesse fachsprachlich sicher zu beschreiben, Teamarbeitsprozesse konstruktiv mitzugestalten, kundenorientierte Kommunikationsprozesse sicher zu steuern, sowie Produkte und Serviceleistungen situationsangemessen zu präsentieren“ (Schulministerium NRW, Lehrplan 2003: 14). Das Fach Deutsch hat damit die Aufgabe, primär die berufliche sprachgebundene Handlungsfähigkeit der Schüler zu entwickeln. Die enge Beziehung zwischen der Vermittlung von Sprach- und Fachwissen wird deutlich herausgestellt. Über das genaue Verhältnis, in dem diese beiden Kompetenzen zueinander stehen, wird jedoch keine weitere Aussage getroffen. Die Sprache bildet die Grundlage für die Ausbildung von wichtigen, beruflichen Schlüsselqualifikationen, wie Team- und Kooperationsfähigkeit oder auch kundenorientiertem Handeln (vgl. Grundmann 2007: 10f). Weiter wird betont, dass die Aneignung von berufsspezifischem Fachwissen ohne eine ausreichend ausgebildete Lesekompetenz nicht möglich ist (vgl. Grundmann 2007: 100). In diesem Sinn wurden bereits die Ergebnisse der ersten Pisa-Studie im Jahr 2000 gedeutet, bei der Deutschland im Vergleich zu den anderen Teilnehmerländern im Bereich der Lesekompetenz und in anderen Fächern nur unterdurchschnittliche Ergebnisse erzielen konnte. Hierdurch wurde erstmals auch das Bewusstsein dafür geschärft, dass es ohne eine hinreichend ausgebildete Lesekompetenz nicht möglich ist, erfolgreich Fachwissen zu erwerben. Mit der steigenden Beachtung der sprachlich-kommunikativen Fähigkeiten nehmen auch die Klagen über die nicht ausreichenden Kompetenzen der Schüler in diesem

3 Unter dem Begriff *Schüler* sind Schüler sowohl männlichen als auch weiblichen Geschlechts zusammengefasst.

Bereich zu. Deshalb werden in neuerer Zeit u. a. auch Lesetests entwickelt, welche die vorhandenen Fähigkeiten der Schüler feststellen und ggf. zu Fördermaßnahmen führen (vgl. Efing 2008: 1-19; Drommler, Linnemann & Becker-Mrotzek 2006: 11-40).

Wie beim allgemeinen Spracherwerb ist es auch beim Erwerb der Berufssprache wichtig, in ein soziales Umfeld eingebettet zu sein, in dem die Berufssprache verwendet wird. Im Fall der berufsbezogenen Sprachbeherrschung greifen praktische Berufsausbildung und Berufsschule als soziale Umfelder ineinander, wobei der Berufsschule die Aufgabe zukommt, die Entwicklung der Fachsprache systematisch auszubilden. Die Vermittlung von Fachwissen an Berufskollegs basiert zum großen Teil auf fachwissenschaftlichen Texten, so dass der Lesekompetenz hier eine entscheidende Bedeutung zukommt. Wir nehmen an, dass zwischen der allgemeinsprachlichen und der fachspezifischen Lesekompetenz im Berufskolleg eine Abhängigkeit besteht. Im Folgenden soll deshalb der Frage nachgegangen werden, ob und ggf. wie solche Korrelationen diagnostiziert werden können.

Die OECD definiert Lesekompetenz als die Fähigkeit, geschriebene Texte verstehen, nutzen und über sie reflektieren zu können, um eigene Ziele erreichen, das eigene Wissen und Potenzial weiterentwickeln und am gesellschaftlichen Leben teilnehmen zu können (vgl. Deutsches PISA-Konsortium 2001: 23). Dabei sind laut PISA-Rahmenkonzeption die folgenden Aspekte für die Lesekompetenz von zentraler Bedeutung:

- Informationen aus einem Text extrahieren
- ein allgemeines Verständnis des Textes entwickeln
- textbasierte Interpretationen entwickeln
- über den Inhalt des Textes reflektieren
- über die Form des Textes reflektieren

Der C-Test als ein auf dem Prinzip der reduzierten Redundanz basierendes Lückentestformat, stellt in diesem Zusammenhang ein geeignetes Instrument zur Überprüfung der ersten beiden Aspekte dar. Bei der geforderten Rekonstruktion der durch Wortteiltilgungen manipulierten Texte, zeigt sich, ob eine Testperson in der Lage ist, einem Text Informationen zu entnehmen und daraus ein allgemeines Textverständnis zu entwickeln. Textbezogene Interpretationen und das Reflektieren von Textinhalten oder der Textform sind beim Lösen von C-Tests in der Regel nicht erforderlich. Diese Aspekte der Lesekompetenz ließen sich eher in Form einer schriftlichen oder mündlichen Aufgabe zu einem Text aktivieren und überprüfen. Der Einsatz eines C-Tests ermöglicht also die Erhebung der beiden elementaren Teilkompetenzen des Lesens und damit die Überprüfung der notwendigen Basiskompetenzen für den Ausbau der weiteren Leseteilkompetenzen. Die in diesem Beitrag beschriebene Untersuchung zur Sprachdiagnose im Berufskolleg mithilfe des C-Tests beschränkt sich folglich auf die ersten, jedoch wichtigen Schritte der Erfassung von Lesekompetenz im allgemein- und fachsprachlichen Bereich. Mit der Durchführung des für das Berufskolleg entwickelten C-Tests, dessen Teiltests unterschiedliche Textsorten repräsentieren (allgemein- und fachsprachliche Texte), soll überprüft werden, ob und wie die Kompetenzen in den beiden Bereichen miteinander korrelieren.

2. Der C-Test zur Ermittlung der allgemein- und fachsprachlichen Lesekompetenz

Dass sich mit dem C-Test die „globale" Sprachfähigkeit erfassen lässt, haben in den vergangenen drei Jahrzehnten zahlreiche Untersuchungen ergeben (vgl. Freese 1994; Coleman, Grotjahn & Raatz 2002; Baur, Grotjahn & Spettmann 2006; sowie Grotjahn 2006 u.a.). Hinzu kommt, dass sich der C-Test als ein höchst flexibles Testinstrument erwiesen hat, welches sich je nach Konstruktion in verschiedenen Adressatengruppen (erwachsene, jüngere und jugendliche Fremd- und Zweitsprachenlerner sowie Muttersprachler verschiedener Altersklassen) mit unterschiedlichen Diagnosezielen einsetzen lässt. So hat sich gezeigt, dass mithilfe des C-Tests einerseits Leistungsgruppen definiert sowie Leistungsprofile erstellt werden können, andererseits aber auch z. B. der sprachliche Leistungszuwachs gemessen werden kann. Baur & Spettmann (2006-2008) haben in neuerer Zeit den C-Test zur Ermittlung sprachlicher Förderbedarfe bei Schülern der Klassenstufen vier bis sieben eingesetzt und besonders darauf hingewiesen, dass durch eine Unterscheidung zwischen der klassischen Richtig/Falsch-Auswertung (R/F-Wert) und dem sogenannten Worterkennungswert (WE-Wert) weitere Rückschlüsse auf die rezeptiven und produktiven Fähigkeiten (Textverständnis/Lesekompetenz vs. grammatikalische/orthografische Sprachrichtigkeit) der Schüler gezogen werden können. Aufgrund der oben angesprochenen PISA-Ergebnisse soll folgende Hypothese überprüft werden: Schüler mit einer gering ausgebildeten allgemeinen Lesekompetenz erzielen auch schwächere Ergebnisse im fachspezifischen Leseverständnis.

Auf den ersten Blick mag diese Hypothese vielleicht trivial erscheinen, in ihr steckt jedoch die folgende didaktische Implikation: Leser müssen zuerst die allgemeinsprachliche Lesefähigkeit gut entwickelt haben, bevor die fachspezifische Lesefähigkeit aufgebaut werden kann. Die Überprüfung der allgemeinen Lesefähigkeit soll in diesem Zusammenhang zeigen, ob die Schüler die grundlegenden, das Verständnis sichernden Lesestrategien besitzen, um folglich auch die durch fachspezifischen Wortschatz und komplexere syntaktische Strukturen markierten Fachtexte semantisch korrekt erschließen zu können. Zu diesem Zweck werden in dem entwickelten C-Testset zwei verschiedene Teiltesttypen miteinander kombiniert: Zwei Teiltests, die auf allgemeinsprachlichen Texten (AT) basieren und zwei Teiltests, die auf fachsprachlichen Texten (FT) basieren.

Der Hypothese entsprechend kann man davon ausgehen, dass die fachspezifischen Sprachkenntnisse i. d. R. nicht besser sein sollten als die allgemeinsprachlichen, dass gute allgemeinsprachliche Kenntnisse jedoch die fachsprachlichen Kenntnisse nicht prädizieren können. Das heißt: Schüler mit schlechten allgemeinsprachlichen Leistungen weisen vermutlich auch schlechte fachsprachliche Leseleistungen auf. Bei Schülern mit einer guten allgemeinsprachlichen Lesefertigkeit sollten i. d. R. auch bessere fachsprachliche Leseleistungen erwartbar sein. Würden jedoch auch bei diesen Schülern nur schlechte fachsprachliche Ergebnisse erreicht, so ließe sich vermuten, dass diese auf Probleme mit dem Lernstoff (z. B. unbekannter Fachwortschatz) zurückzuführen sind.

3. Der C-Test für das Berufskolleg – Entwicklung und Auswertung

Für die Untersuchung der möglichen Zusammenhänge und Abhängigkeiten zwischen der allgemeinen und fachsprachlichen Lesekompetenz im Berufskolleg, war in einem ersten Schritt, ein adressatenspezifischer C-Test zu konstruieren. Dieser C-Test sollte aus insgesamt vier Teiltests bestehen, wovon die ersten beiden die allgemeinsprachlichen und die folgenden beiden die fachsprachlichen Fähigkeiten der Berufskollegsschüler überprüfen sollten. Dabei stellte sich die Frage, welche Quellen sich als Grundlagentexte für die beiden Teiltestarten eignen würden. Obschon anzunehmen ist, dass die überregionalen deutschen Zeitungen *Die Welt* und *Die Zeit* wahrscheinlich eher nicht zu der Alltagslektüre von Berufskollegsschülern zählen, wurden Artikel aus diesen als Grundlage für die allgemeinsprachlichen Teiltests ausgewählt. Sollte die durchschnittliche Lösungsquote im allgemeinsprachlichen Bereich in der Kategorie Richtig/Falsch deutlich unter 65 Prozent liegen und sollten auch von den Lehrern als gut eingeschätzte Schüler unterdurchschnittliche Ergebnisse erzielen, wäre die Textauswahl bei der Entwicklung weiterer C-Tests für die Adressatengruppe allerdings noch einmal zu überdenken. Als Grundlage für die allgemeinsprachlichen Teiltests wurden die Texte *Im Dickicht der Riesenstädte* (erschienen am 22.07.2006 in *Die Welt*) und *Wir können auch anders* (erschienen am 11.01.2007 in *Die Zeit*, umbenannt in *Klimakatastrophe*) ausgewählt. Die beiden Texte zur Überprüfung der fachsprachlichen Fähigkeiten wurden auf Empfehlung der kooperierenden Berufskollegslehrer dem Lehrbuch *Grund- und Fachkenntnisse für Maler und Lackierer* (Fahrner & Brändle 2007) entnommen. Damit konnte sichergestellt werden, dass die fachsprachlichen Texte (*Schutz von Sachwerten* und *Gesundheitsschutz*, umbenannt in *Aufgabenfelder im Malerhandwerk*) aufgrund der im Unterricht behandelten Themen dem erwartbaren fachlichen Wissensstand der Probanden entsprechen würden. Die Testergebnisse müssten somit eine Aussage über den Grad der fachspezifischen Sprach- und Lesekompetenz erlauben.

Den nächsten Schritt stellte die Durchführung der Tilgungen dar. Bei den allgemeinsprachlichen Texten wurde klassisch getilgt. Das heißt, die Hälfte jeden zweiten Wortes wurde gelöscht und durch eine durchgezogene Linie ersetzt. Bei der Manipulation der fachsprachlichen Texte standen verschiedene Tilgungsarten zur Diskussion. Baur et al. (2006) führen die sogenannten Teilfertigkeitstests ein. Dabei handelt es sich um von dem klassischen C-Test abgeleitete Testvarianten, die zur Überprüfung spezieller sprachlicher Teilfertigkeiten dienen. Die Auswahl der zu tilgenden Wörter erfolgt hier zielbereichsorientiert, je nach zu überprüfendem Teilfertigkeitsbereich werden z. B. Inhaltswörter zur Überprüfung der Wortschatzkenntnisse, Fachwortschatz zur Überprüfung der Fachkenntnisse oder auch Strukturwörter und Endungen zur Überprüfung grammatischer Teilbereiche getilgt (vgl. Baur et al. 2006). Für die hier beschriebene Untersuchung der fachsprachlichen Lesekompetenz wurden die Fachtexte mit einer klassischen Stammtilgung versehen (vgl. Teiltests im Anhang). Das heißt, von jedem zweiten Wort wird die vordere Hälfte gelöscht und somit die Konzentration auf den Wortschatz erhöht.

Der C-Test für das Berufskolleg wurde in je zwei Gruppen aus dem Bildungsgang Maler und Lackierer eines Duisburger Berufskollegs durchgeführt. Die Gruppe 1 setzt sich aus 49 Schülern im Alter von 16 bis 22 Jahren aus zwei Parallelklassen A und B zusammen, die sich im ersten Jahr ihrer Berufsausbildung befinden. Die Schüler der kleineren Gruppe 2 im Alter von 18 bis 26 Jahren befinden sich dagegen im letzten Ausbildungsjahr. Insgesamt wurden die Daten von 67 Berufskollegsschülern erhoben.

Zur Ermittlung der Lesekompetenz findet bei der Auswertung der Tests ausschließlich der Worterkennungswert (WE-Wert) Berücksichtigung. Dieser zeigt den Grad der rezeptiven sprachlichen Kompetenz an und ergibt sich aus der Anzahl der semantisch korrekt ergänzten Lücken. Wird beim Ausfüllen einer Lücke das zu rekonstruierende Wort erkannt, so bekommt der Schüler einen WE-Punkt für die Worterkennung (vgl. hierzu Baur & Spettmann 2007a: 128 und 2007b). Wie bereits erwähnt, interessiert uns der WE-Wert in unserem Untersuchungskontext besonders, da er auf die Texterschließungsfähigkeit und Lesekompetenz fokussiert. Dies gilt sowohl für die allgemeinsprachlichen als auch für die fachsprachlichen Texte. Die Ergebnisse für die beiden allgemeinsprachlichen und die beiden fachsprachlichen Tests werden stets getrennt berechnet. Bei 25 Tilgungen pro Teiltest können in einer Gesamtberechnung im allgemeinsprachlichen und fachsprachlichen Bereich folglich jeweils maximal 50 WE-Punkte erreicht werden. Die Testergebnisse werden in Prozentwerten dargestellt.

Durch die Anzahl der semantisch, morpho-syntaktisch und orthografisch korrekt ergänzten Lücken wird darüber hinaus für jeden Schüler auch der R/F-Wert ermittelt, welcher die allgemeine Sprachkompetenz und vor allem auch die Sprachrichtigkeit anzeigt. Ein R/F-Punkt wird folglich immer dann vergeben, wenn eine semantisch korrekte Antwort auch auf orthografischer und grammatikalischer Ebene sprachlich korrekt realisiert wird (vgl. hierzu Baur & Spettmann 2007a: 128). Dieser Wert kann im Vergleich mit dem WE-Wert zeigen, ob bei Schülern besondere Schwächen im formalsprachlichen Bereich vorliegen.

4. Die Testergebnisse – Darstellung und Interpretation

4.1 Ergebnisse im Bereich der Lese- und Texterschließungskompetenz

Da es sich bei den erhaltenen Untersuchungsergebnissen um die ersten Pretest-Ergebnisse für die Berufskollegs-Tests handelt, sind sie als explorativ zu betrachten. Weitere Untersuchungen in Berufskollegs müssen zeigen, welche Tests eingesetzt werden sollen und was für Interpretationen möglich sind.

Mittelwerte für:	**AT (WE)**	**FT (WE)**
Gruppe 1 (N=49) – 1. Ausbildungsjahr	81,8	77,8
Gruppe 2 (N=18) – 3. Ausbildungsjahr	83,6	79,6

Tabelle 1: Durchschnittliche Lösungsquoten (WE) der Probandengruppen in Prozent

In Tabelle 1 sind die durchschnittlichen Lösungsquoten der Probandengruppen pro Testtyp (AT vs. FT) dargestellt. Aus der Tatsache, dass die allgemeinsprachlichen Tests in beiden Gruppen zu einem höheren Prozentsatz gelöst werden als die fachsprachlichen Tests, können keine unmittelbaren Schlüsse in Bezug auf das Verhältnis der Kompetenzen zueinander gezogen werden, da wir für die Tests über die aktuellen Werte hinaus keine Referenzwerte haben. Interpretationen sind deshalb nur über Durchschnittswerte der Gruppen möglich (s. u.). Eine Aussage über eine deutliche Verbesserung der Lese- und Texterschließungskompetenz im Laufe der Ausbildung ist bei der jeweiligen Steigerung um ca. 2 Prozent weder im allgemeinsprachlichen noch im fachsprachlichen Bereich abzulesen. Auffällig ist jedoch, dass die Differenz zwischen allgemein- und fachsprachlichen Ergebnissen sowohl in Gruppe 1 als auch in Gruppe 2 bei genau vier Prozent liegt und somit das durchschnittliche Verhältnis der beiden Bereiche zueinander identisch ist.

Zur besseren Beurteilung der tatsächlichen Zusammenhänge zwischen der allgemeinen und fachspezifischen Sprach- und Lesekompetenz wurde aus den Ergebnissen der beiden Testtypen der Korrelationskoeffizient r berechnet (vgl. Tabelle 2).

Korrelationskoeffizient r	**(WE/WE)**
2 fachsprachliche Tests	
2 allgemeinsprachliche Tests	.98

Tabelle 2: Berechnete Korrelation zwischen den beiden allgemein- und fachsprachlichen Tests

Im Bereich der Worterkennung und somit der Lesekompetenz lässt sich mit r = .98 ein hoher Korrelationswert nachweisen, was bedeutet, dass die hohen bzw. niedrigen Ergebniswerte der Probanden im Bereich der fachspezifischen Lesekompetenz mit den guten bzw. schlechten Texterschließungsfähigkeiten im allgemeinsprachlichen Bereich korrelieren. Wie angenommen, steigen bzw. sinken die WE-Werte im fachsprachlichen Bereich mit der Zu- bzw. Abnahme der WE-Werte im allgemeinsprachlichen Bereich. Nach der Betrachtung der durchschnittlichen Lösungswerte und dem Korrelationskoeffizienten sollen im Folgenden die Einzelergebnisse der Probanden dargestellt werden (vgl. Abbildung 1-3).

Die Lösungsquoten werden in den Diagrammen pro Testperson für die beiden Testarten (AT und FT) jeweils separat durch eine Säule in Prozentwerten präsentiert. Anhand der Abbildungen 1 bis 3 wird das durch den Korrelationskoeffizienten bereits abstrakt dargestellte Ergebnis der hohen Interdependenz zwischen der allgemeinen und der fachspezifischen Lesekompetenz visualisiert. Es ist ersichtlich, dass die WE-Werte im fachsprachlichen Bereich (dunkelgraue Säulen) unabhängig davon, ob das Ergebnis generell gut oder schlecht ist, stets dicht unter denen im allgemeinsprachlichen Bereich (hellgraue Säulen) liegen. Die Durchschnittswerte der Gesamtgruppe werden darüber hinaus in den Diagrammen durch zwei Querlinien gekennzeichnet: einer durchgezogenen Linie für die allgemeinsprachliche und einer punktierten Linie für die fachsprachliche Leistung. Eine bessere Interpretation anhand der Lösungsdurchschnitte wird jedoch erst möglich sein, wenn das Testset an einer größeren Probandengruppe erprobt und ein stabiler Referenzwert ermittelt wurde, mit dem die Einzelleistungen der Schüler verglichen werden können. Die Ergebnisse der Gruppe 1 werden in zwei getrennten Abbildungen – 1 (Klasse A) und 2 (Klasse B) – dargestellt, damit die insgesamt 49 Ergebnisse optisch übersichtlich bleiben.

Zu überprüfen ist nun, in welchem Verhältnis die beiden Lösungswerte jeweils zueinander stehen. Bei den Schülern beider Probandengruppen liegen die fachsprachlichen Leseleistungen leicht unter den allgemeinsprachlichen Leseleistungen, wodurch die Abhängigkeit voneinander sichtbar wird: Weniger gute allgemeinsprachliche Texterschließungskompetenzen, ziehen, wie angenommen, auch schwächere Texterschließungskompetenzen im fachsprachlichen Bereich nach sich; gute allgemeinsprachliche Texterschließungskompetenzen korrelieren auch mit besseren fachsprachlichen Texterschließungskompetenzen.

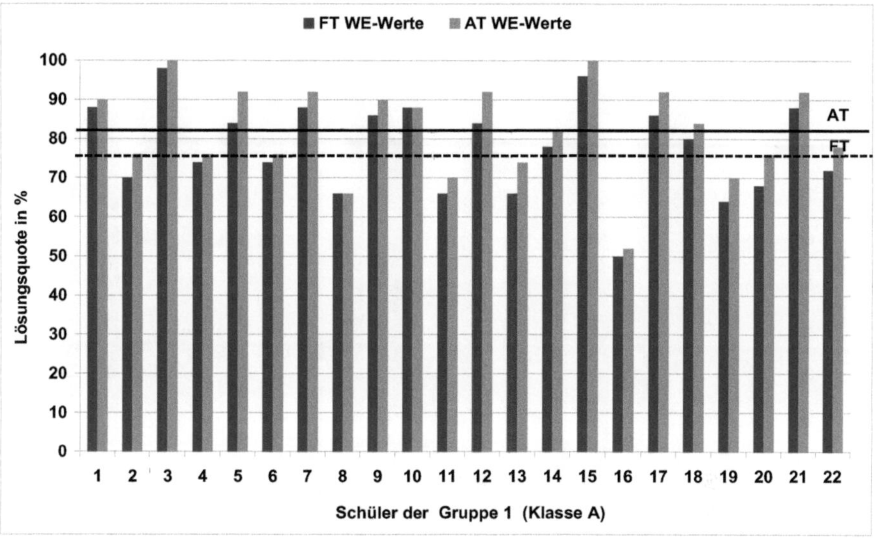

Abbildung 1: Testergebnisse der Probanden Gruppe 1 (Klasse A) – erstes Ausbildungsjahr

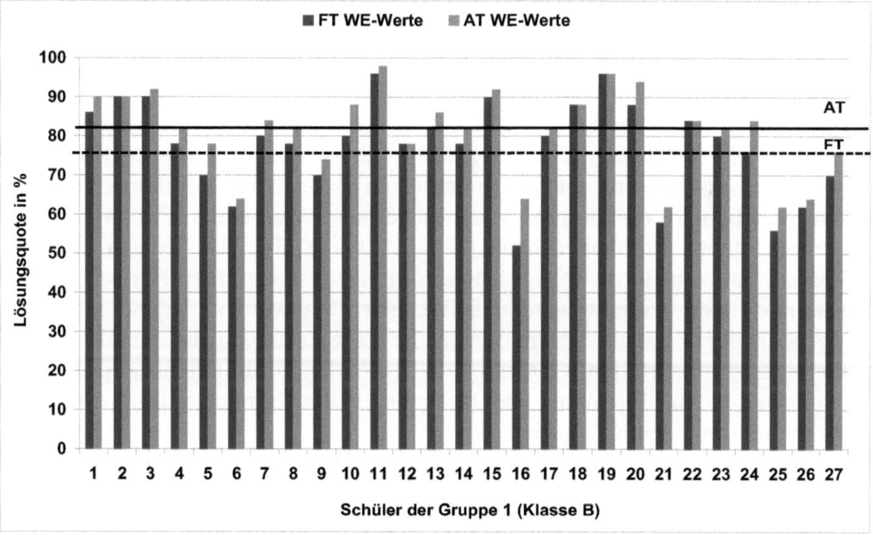

Abbildung 2: Testergebnisse der Probanden Gruppe 1 (Klasse B) – erstes Ausbildungsjahr

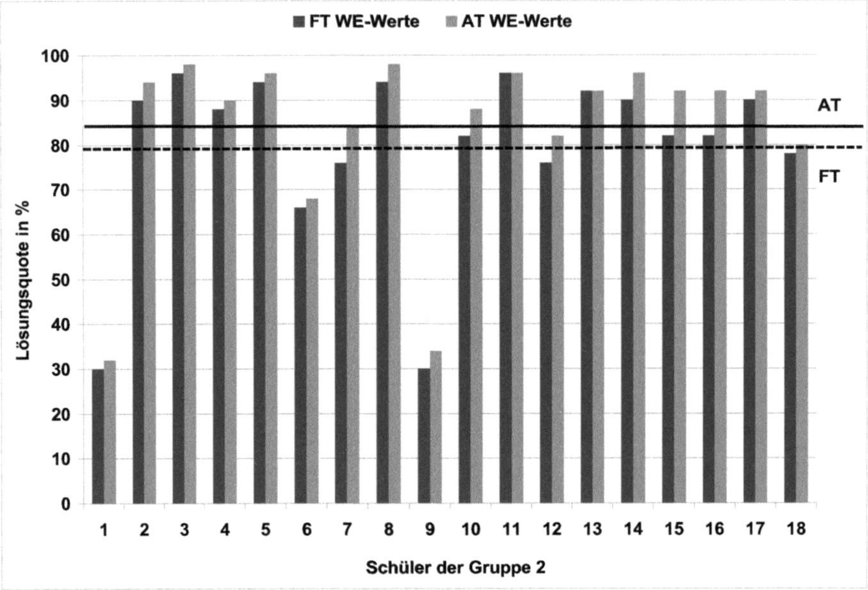

Abbildung 3: Testergebnisse der Probanden Gruppe 2 – drittes Ausbildungsjahr

Bei ca. 27 Prozent aller getesteten Schüler, weichen die Leistungen in beiden Tests stärker (um mehr als fünf Prozent) voneinander ab. Dies ist bei den folgenden Schülern der Fall: 5, 12, 13, 17, 19, 20 (Gruppe 1, Klasse A); 5, 10, 16, 20, 24, 27 (Gruppe 1, Klasse B); 7, 10, 12, 14, 15, 16 (Gruppe 2). Hier fällt also die Lesekompetenz im fachsprachlichen Bereich im Verhältnis zur allgemeinsprachlichen Lesekompetenz schwächer aus. Wie bereits erwähnt, kann bei der momentanen Probandenanzahl keine Aussage über das Niveau der Lesefähigkeit, das von Berufskollegsschülern in einem bestimmten Bereich zu einer bestimmten Zeit erreicht werden sollte, getroffen werden. Dennoch wird im Folgenden der Versuch unternommen, die Leseleistungen der Schüler in fünf Kategorien zu unterteilen. Gemessen an den bislang ermittelten Gruppendurchschnittswerten im allgemein- und fachsprachlichen Bereich erfolgt die Einteilung in die folgenden Kategorien:

1) *überdurchschnittlich sehr gute Leistung* – das Ergebnis liegt mehr als zehn Prozent über dem jeweiligen Durchschnitt[4],
2) *überdurchschnittlich gute Leistung* – das Ergebnis liegt bis zu zehn Prozent über dem jeweiligen Durchschnitt[5],

4 Gruppe 1: AT > 91,8 und FT > 87,8 – Gruppe 2: AT > 93,6 und FT > 89,6.

5 Gruppe 1: AT = 81,9-91,8 und FT = 77,9-87,8 – Gruppe 2: AT = 83,7-93,6 und FT = 79,7-89,6.

3) *durchschnittlich normale Leistung* – das Ergebnis entspricht bzw. liegt bis zu zehn Prozent unter dem jeweiligen Durchschnitt[6],
4) *unterdurchschnittlich schwache Leistung* – das Ergebnis liegt zwischen zehn und zwanzig Prozent unter dem jeweiligen Durchschnitt[7] und
5) *unterdurchschnittlich sehr schwache Leistung* – das Ergebnis liegt mehr als zwanzig Prozent unter dem jeweiligen Durchschnitt[8].

Die Tabellen 3 und 4 visualisieren das Ergebnis dieser Einteilung separat für jede der beiden Probandengruppen.

ALL \ FLL	1	2	3	4	5
1	**16,3**	4,1	-	-	-
2	10,2	**16,3**	2,0	-	-
3	-	14,3	**16,3**	2,0	-
4	-	-	-	**12,2**	4,1
5	-	-	-	-	**2,0**

Tabelle 3: Verteilung der Schüler der Gruppe 1 nach ihren allgemeinsprachlichen und fachsprachlichen Leseleistungen (ALL vs. FLL) in Prozent

Bei den Schülern des ersten Ausbildungsjahres (vgl. Tabelle 3) liegen die ermittelten Leseleistungen in insgesamt 63,3 Prozent der Fälle in der gleichen Kategorie (vgl. grau und fett markierte Werte). Für die Mehrheit der Schüler bewahrheitet sich also die Vermutung, dass einerseits eine gute allgemeinsprachliche Lesekompetenz eine gute fachsprachliche Lesekompetenz nach sich zieht und andererseits eine nicht gut ausgebildete allgemeinsprachliche Lesekompetenz auch zu schwächeren Leseleistungen führt. Noch deutlicher fällt das Ergebnis bei den Schülern des dritten Ausbildungsjahres aus (vgl. Tabelle 4). Hier sind es sogar 88,9 Prozent der Schüler, deren Ergebnisse im Bereich der allgemeinsprachlichen und im Bereich der fachsprachlichen Lesekompetenz in der gleichen Kategorie verortet sind.

6 Gruppe 1: AT = 71,9-81,8 und FT = 67,9-77,8 – Gruppe 2: AT = 73,7-83,6 und FT = 69,7-79,6.

7 Gruppe 1: AT = 61,9-71,8 und FT = 57,9-67,8 – Gruppe 2: AT = 63,7-73,6 und FT = 59,7-69,6.

8 Gruppe 1: AT < 61,9 und FT < 57,9 – Gruppe 2: AT < 63,7 und FT < 59,7.

ALL \ FLL	1	2	3	4	5
1	33,3	-	-	-	-
2	11,1	22,2	-	-	-
3	-	-	16,7	-	-
4	-	-	-	5,6	-
5	-	-	-	-	11,1

Tabelle 4: Verteilung der Schüler der Gruppe 2 nach ihren allgemeinsprachlichen und fachsprachlichen Leseleistungen (ALL vs. FLL) in Prozent

Bei den Schülern der Gruppe 1 ließ sich allerdings auch feststellen, dass in insgesamt 24,5 Prozent der Fälle die fachsprachlichen Tests im Verhältnis zum Durchschnitt besser gelöst wurden als die allgemeinsprachlichen Tests im Verhältnis zum Durchschnitt[9]. Diese Verteilung tritt jedoch nur auf, wenn sich die Leseleistung im fachsprachlichen Bereich in den überdurchschnittlichen Kategorien 1 und 2 befinden. Im dritten Ausbildungsjahr sind es nur 11 Prozent der Schüler, die die fachsprachlichen Tests im Verhältnis zu den Durchschnittswerten besser lösen als die allgemeinsprachlichen Tests[10]. Diese Testergebnisse zeigen, dass die Tests nicht genügend differenzieren, um genauere Aussagen zu dem Verhältnis zwischen allgemeinsprachlichen und fachsprachlichen Fähigkeiten machen zu können.

4.1 Ergebnisse im Bereich der Sprachrichtigkeit

Tabelle 5 zeigt die durchschnittlichen Lösungsquoten der Probandengruppen 1 und 2 pro Testtyp (AT vs. FT) in der Kategorie Richtig/Falsch. Die Ergebnisse der Berufsanfänger liegen im allgemeinsprachlichen Bereich durchschnittlich bei 64,4 Prozent. Die Schüler des dritten Ausbildungsjahres erreichen hier 67,3 Prozent. Um einen klassischen, allgemeinsprachlichen C-Test für eine bestimmte Adressatengruppe als akzeptabel bewerten zu können, wird i. d. R. ein Richtwert von ca. 65 Prozent angesetzt. Damit könnten sich die für das Berufskolleg konstruierten allgemeinsprachlichen C-Teiltests als geeignet erweisen.

Mittelwerte für:	**AT (R/F)**	**FT (R/F)**
Gruppe 1 (N= 49) – 1. Ausbildungsjahr	64,4	49,8
Gruppe 2 (N=18) – 3. Ausbildungsjahr	67,3	62,8

Tabelle 5: Durchschnittliche Lösungsquoten (R/F) der Probandengruppen in Prozent

9 Vgl. Schüler 1, 10, 14 und 21 der Klasse A sowie Schüler 2, 4, 8, 12, 14, 17, 18 und 23 der Klasse B.

10 Vgl. Schüler 13 und 17 der Gruppe 2.

Darüber hinaus wird in Tabelle 5 auch sichtbar, dass die Probanden des dritten Ausbildungsjahres (Gruppe 2) hinsichtlich der Sprachrichtigkeit beim Lösen der fachsprachlichen Teiltests erheblich besser abschneiden, als die Schüler des ersten Ausbildungsjahres. Dieser durchschnittlich um 13 Prozent höhere R/F-Wert der Gruppe 3, unterscheidet sich deutlich sowohl von den R/F-Werten der Gruppe 1 als auch von den WE-Werten in Tabelle 1. Wir haben es also mit dem Phänomen zu tun, dass die Schüler im dritten Ausbildungsjahr zwar keine besseren Leseleistungen, aber bessere Leistungen im formalsprachlichen Bereich zeigen. Weiter sei erwähnt, dass die Schülerergebnisse insgesamt zeigen, dass die Spanne zwischen den WE- und R/F-Werten sowohl im allgemein- als auch im fachsprachlichen Bereich bei vielen Schülern auffällig groß ausfällt. Dies weist darauf hin, dass die formalsprachlich korrekte Umsetzung der Ergänzungen (Orthografie und/oder Grammatik) den Probanden oft erhebliche Schwierigkeiten bereitet. Neben der Überprüfung der Lesekompetenz durch die Ermittlung der WE-Werte, macht es daher durchaus Sinn, auch Differenzwerte zu erheben (vgl. Baur & Spettmann 2008).

5. Schlussbetrachtung und Forschungsdesiderata

Die Pilotstudie hat gezeigt, dass der C-Test adressatenspezifisch konstruiert auch als Sprachdiagnoseinstrument im Berufskolleg einsetzbar ist. Durch die Ermittlung der WE-Werte kann er aussagekräftige Daten bezüglich des allgemeinen und des fachsprachlichen Textverständnisses und der Lesekompetenz der Schüler liefern. Außerdem hat es sich als sinnvoll erwiesen, das Verständnis von Fachtexten nicht abgekoppelt, sondern in Kombination mit dem allgemeinsprachlichen Textverständnis und somit auch das Verhältnis zwischen diesen beiden Bereichen zu überprüfen. Und drittens kann die Erhebung der Differenzwerte (zwischen WE- und R/F-Werten) wichtige Informationen für die sprachliche Förderung der Schüler liefern.

Auf lange Sicht wäre es sicherlich wünschenswert, eine Grundgröße für die Messung der allgemein- und fachsprachlichen Lesekompetenzen im Berufskolleg herauszufiltern. Diese ließe sich z. B. als ein statistisch abgesicherter Durchschnittswert und ein daraus abgeleiteter Referenzwert darstellen, der auf der durchschnittlichen Lösungsquote einer größeren Gruppe von Berufskollegsschülern basieren sollte. Erst damit wäre es möglich, nach vorgegebenen Parametern zu entscheiden, ob die ermittelten Einzelergebnisse dem voraussetzbaren Leistungsstand der Adressatengruppe entsprechen, oder ob fachsprachliche und fachspezifische (Lese-)Trainings und ggf. auch eine vorgeschaltete allgemeinsprachliche (Lese-)Förderung für die einzelnen Berufsschüler erforderlich sind. In diesem Zusammenhang sollte zukünftig auch die Ermittlung der R/F-Werte beibehalten werden. Es wurde deutlich, dass viele Schüler Probleme im Bereich der Sprachrichtigkeit (Orthografie, Grammatik) haben.

Hier könnte der Differenzwert wichtige Hinweise auf mögliche Förderbedarfe geben.

Da es sich bei der beschriebenen Untersuchung lediglich um eine Pilotstudie handelt, bleiben viele Fragen offen. So wäre zu überlegen, ob zukünftig C-Testsets für das Berufskolleg entwickelt werden sollten, die aus zweimal vier Teiltests bestehen (4 allgemeinsprachliche + 4 fachsprachliche Teiltests), damit differenziertere Ergebnisse bezüglich der Korrelationen und Interdependenzen zwischen dem allgemein- und fachsprachlichen Bereich hergestellt werden können. Um statistisch haltbare Ergebnisse zu der Frage zu erhalten, ob und in welcher Weise die Kompetenzen der Schüler aufeinander basieren, müssen ausführlichere Untersuchungen erfolgen. Dabei ist auch ein Augenmerk auf die Ergebnisse der Schüler in den unterschiedlichen Ausbildungsjahren zu richten und bei der Konstruktion der fachlichen Teiltests nach den verschiedenen Berufsgruppen zu unterscheiden.

Zukünftige Untersuchungen werden sich auch mit folgenden Fragen zu beschäftigen haben: Lässt sich die Lesekompetenz durch den Einsatz von C-Tests in dem Maße überprüfen, dass man auf weitere (spezielle Lese-)Testverfahren verzichten könnte? Ist das gute und überdurchschnittliche Lösen von fachspezifischen C-Tests ein hinreichender Indikator dafür, dass die Fachinhalte erfolgreich erworben wurden? Müssen anders aufgebaute Tests durchgeführt werden, um die komplexen Zusammenhänge zwischen der Entwicklung der sprachlichen und fachsprachlichen Kompetenzen sichtbar machen zu können? Diese Aspekte sind für die Sprachdiagnose und Sprachförderung – insbesondere für den Fachunterricht – von Interesse.

6. Anhang

Lösungstexte:

Im Dickicht der Riesenstädte

Es leben mehr Menschen in der Stadt als auf dem Land, Zukunftsforscher warnen vor sozialen Problemen. Ab sof**ort** leben welt**weit** mehr Mens**chen** in d**er** Stadt a**ls** auf d**em** Land, hö**ren** wir v**on** der UNO. Romancier Émile Zola besc**hrieb** einst d**ie** heutige St**adt**: Als gefrä**ßiges** Monster. Au**ch** die offiz**ielle** Politik, d**ie** skeptischen Zukunftsfor**scher**, alle wa**ren** über vi**ele** Jahrzehnte g**ar** nicht ang**etan** von d**er** Vorstellung im**mer** weiter wach**sender** Städte i**n** den Entwicklungslän**dern**. Probleme der Umwelt, der Gesundheit und der Kriminalität sind die Hauptprobleme der modernen Metropolen heute.

Klimakatastrophe
Wer sagt eigentlich, dass die Klimakatastrophe nicht mehr abzuwenden ist? Eine kle**ine** Meldung, i**n** der Öffentli**chkeit** kaum wahrge**nommen**, erschütterte i**n** der Vorweihnachtsze**it** unseren Familienfri**eden**. Die Mut**ter** las u**ns** folgende Nach**richt** aus d**er** Zeitung v**or**: „ Der We**iße** Flussdelfin i**st** ausgestorben.“ Ents**etzen** in d**er** Runde. „D**er** arme We**iße** Flussdelfin! W**as** kann m**an** dagegen t**un**?“ Heute si**nd** die Fol**gen** des CO2-Auss**toßes** unbestritten: Erderwär**mung**, Artensterben, Orkane und noch ein paar Hundert andere Dinge mehr. Um die Klimakatastrophe abzuwandeln, muss konsequent gehandelt werden.

Schutz von Sachwerten
Die meisten Baustoffe, Untergründe und Beschichtungen unterliegen einem natürlichen Alterungsprozess. Dieser **i**st bedingt **du**rch Witterungseinflüsse, UV-**Str**ahlen, tierische **u**nd pflanzliche **Schäd**linge. Veränderte **Umw**eltbedingungen, wie **sa**ure Niederschläge **u**nd Abgase, **füh**ren zu **verst**ärkter Korrosion **u**nd tragen **z**ur Zerstörung **ungesc**hützter Werkstoffe **u**nd Untergründe **b**ei. Durch **Anst**riche und **Beschic**htungen lässt **si**ch die **Leb**ensdauer der **Sa**chwerte enorm **verlä**ngern. Nicht **nachwa**chsende Rohstoffe **kön**nen so **erha**lten und **einge**spart werden. Dies gilt insbesondere für die erzielbare Energieeinsparung durch Wärmedämmsysteme.

Aufgabenfelder im Malerhandwerk
Die vielseitigen Aufgabenfelder im Maler- und Lackiererhandwerk lassen sich in fünf Arbeitsgebiete zusammenfassen. Schmuck **un**d Verschönerung, **Sch**utz von Sach**wer**ten, Kennzeichnung, **Besch**ichtung und **Hygi**ene. Der **let**zte Aufgabenbereich **is**t einer **de**r wichtigsten, **we**il er **de**m Gesundheitsschutz **die**nt.
Bevor **ei**ne neue Farben**schi**cht auf **ein**en Untergrund **aufget**ragen werden **ka**nn. Muss **die**ser gründlich **gerei**nigt werden. **Beschic**htungen selbst **kön**nen durch **Abtr**ieb-, Wasch- **un**d Chemikalienbeständigkeit **sow**ie durch **bak**terien- und **pi**lztötende Bestandteile dem Gesundheitsschutz dienen. Glatte und dichte Beschichtungen verschmutzen nicht so schnell und lassen sich besser reinigen und sauber halten

Literaturverzeichnis

Baur, Rupprecht S.; Grotjahn, Rüdiger & Spettmann, Melanie (2006), Der C-Test als Instrument der Sprachstandserhebung und Sprachförderung. In: Timm, Johannes-Peter (Hrsg.) (2006), *Fremdsprachenlernen und Fremdsprachenforschung: Kompetenzen, Standards, Lernformen, Evaluation*. Tübingen: Narr, 389-406.

Baur, Rupprecht S. & Spettman, Melanie (2007a), Kompetenzen testen – leicht gemacht. C-Tests für die Orientierungsstufe. In: Wiedenmann, Marianne (Hrsg.) (2007), *Handbuch Sprachförderung. Basiswissen, integrative Ansätze, Praxishilfen, Spiel- und Übungsblätter für den Unterricht.* Weinheim: Beltz, 123-132.

Baur, Rupprecht S. & Spettmann, Melanie (2007b), Screening-Diagnose-Förderung: Der C-Test im Bereich DaZ. In: Ahrenholz, Bernt (Hrsg.) (2007), *Deutsch als Zweitsprache Voraussetzungen und Konzepte für die Förderung von Kindern und Jugendlichen mit Migrationshintergrund.* Freiburg i. Breisgau: Fillibach, 95-110.

Baur, Rupprecht S. & Spettmann, Melanie (2008), Sprachstandsmessung und Sprachförderung mit dem C-Test. In: Ahrenholz, Bernt & Ingelore Oomen-Welke (Hrsg.) (2008), *Deutsch als Zweitsprache (Deutschunterricht in Theorie und Praxis, hg. v. Winfried Ulrich, Band VIII)*. Baltmannsweiler: Schneider-Hohengehren, 430-441.

Coleman, James A; Grotjahn, Rüdiger & Raatz, Ulrich (eds.) (2002), *University language testing and the C-Test*. Bochum: AKS-Verlag.

Drommler, Rebecca; Linnemann, Markus & Becker-Mrotzek, Michael (2006), *Lesetest für Berufsschüler/innen LTB-3. Handbuch (Kölner Beiträge zur Sprachdidaktik Reihe A)*. Duisburg: Gilles & Francke.

Efing, Christian (2008), *Kontinuierliche und individuelle Diagnose der Lesekompetenz von BerufsschülerInnen mit dem „Baukasten Lesediagnose“* In: *bwp@Spezial 4*, HAT 2008 [Online: http://www.bwpat.de/ht2008/ft17/efing_ft17-ht2008_spezial4.pdf].

Fahrner, Hans-J. & Brändle, Edgar (2007), *Grund- und Fachkenntnisse für Maler und Lackierer*, 4. Aufl., Handwerk u. Technik.

Freese, Hans-Ludwig (1994), Was misst und was leistet „Leistungsmessung mittels C-Tests“. In: Grotjahn, Rüdiger (Hrsg.) (1994), *Der C-Test. Theoretische Grundlagen und praktische Anwendungen*, Bd. 2. Bochum: Universitätsverlag Dr. N. Brockmeyer, 305-311.

Grotjahn, Rüdiger (Hrsg.) (2006), *Der C-Test: Theorie, Empirie, Anwendungen*. Frankfurt am Main: Lang.

Grundmann, Hilmar (2007), *Sprachfähigkeit und Ausbildungsfähigkeit. Der berufsschulische Unterricht vor neuen Herausforderungen*. Baltmannsweiler: Schneider-Hohengehren.

Lehrplan für den Ausbildungsberuf Maler und Lackierer (2003) [Online: http://www.schulministerium.nrw.de/BP/Schulrecht/RuL/RuLProbe/Bk/Berufe/Maler.pdf].

PISA-Konsortium Deutschland (2001), *PISA 2000 in Deutschland*. Basiskompetenzen von Schülerinnen und Schülern im internationalen Vergleich. Opladen: Leske+Budrich [Online: http://www.schulministerium.nrw.de].

Rasch Models for C-Tests: Closing the Gap on Modern Psychometric Theory

Thomas Eckes

Rasch measurement provides a powerful approach to the analysis and evaluation of C-tests. In this paper, various Rasch models well-suited to calibrate texts, construed as superitems, testlets, or item bundles, are discussed. Foremost among these are polytomous Rasch models, including Andrich's (1978) rating scale model, Masters' (1982) partial credit model, and Müller's (1987, 1999) continuous rating scale model. In order to directly address the issue of local dependence between gaps within a text, Wang & Wilson's (2005) Rasch testlet model, Brandt's (2008) Rasch subdimension model, or multilevel Rasch models may be used. Related approaches outside the Rasch measurement framework that hold promise for future research are also touched upon. The paper closes with a brief overview of pertinent Rasch measurement software.

1. Texts, Gaps, and the Issue of Local Item Dependence

C-tests provide reliable measures of general language proficiency and allow for quick-and-easy administration and scoring (Eckes & Grotjahn 2006a; Klein-Braley 1997; Sigott 2004). Not surprisingly, therefore, C-tests have gained popularity among researchers and language test providers alike. For example, based on findings from research into the psychometric properties of C-tests, a completely Internet-delivered placement test of German as a foreign language has been developed (the onDaF; see Eckes 2009; see also www.ondaf.de). Since its launch in October 2006, the onDaF has been used worldwide to assign L2 learners of German to language courses at institutions of higher education, to provide feedback to L2 learners who plan to take the TestDaF (Test of German as a Foreign Language; see www.testdaf.de), and to assist lecturers in deciding on foreign students' eligibility for scholarships of the German Academic Exchange Service (DAAD).

One of the problems that had to be addressed early in the process of test development was to choose a psychometric model that would be suited to deal with the special format of C-tests, in particular with regard to the aim of constructing a calibrated item bank. C-tests are gap-filling tests that consist of a number of short authentic texts. In each text, words are mutilated by deleting the second half of every second word, beginning with the second word of the second sentence ("rule of two"; see Grotjahn, Klein-Braley & Raatz 2002). Examinees have to restore the original words in each text within a fixed time period (e.g., five minutes for a text with 20 gaps). Each correctly restored word is scored one point.

Due to the text-based design of test construction, gaps within a text are directly or indirectly linked to each other by content and various linguistic attributes. Therefore, a considerable degree of dependence typically exists between the gaps. In the psychometric literature this kind of dependence is called *local item dependence* (LID). A major part of LID present in C-tests is captured by the term *passage dependence* (Yen 1993). This means that several items (gaps) are attached to the same passage, and information that is used to respond to each of these items is interrelated in the passage. Another relevant cause of dependence is *item chaining* (Yen 1993); that is, items (gaps) are organized in a stepwise fashion such that knowing the answer to one item increases the chances of knowing the answer to the next item.

Whatever its causes may be, the occurrence of LID violates a basic assumption underlying the application of standard psychometric models. This assumption implies that for persons at the same level of proficiency in the variable being measured, responses to any given item are independent of responses to other items on the test (local, or conditional, independence; see Henning 1989; Lord & Novick 1968). Research has shown that an analysis that ignores possible dependence between items tends to overestimate the precision of examinee proficiency measures and may yield biased item difficulty parameters (Smith 2005; Yen & Fitzpatrick 2006).

To remedy this problem, Raatz (1985) and Grotjahn (1987) suggested to consider each text as a *superitem* and to compute the reliability of the test on the basis of these superitems.[1] In the present paper, I elaborate on this notion and discuss psychometric models that are well-suited to the analysis of C-test data. In so doing, my focus is on proposals that have been made within a Rasch measurement framework.

Rasch models have a number of distinct advantages over related psychometric approaches. The most important advantage refers to what has variously been called *specific objectivity* or *measurement invariance* (Bond & Fox 2007; Engelhard 2008; Fischer 1995; Kubinger 2005): When a test conforms to a given Rasch model, person measures are invariant across different sets of items ("test-free" person measures), and item measures are invariant across different groups of persons ("sample-free" item measures). Measurement invariance implies the following: (a) test scores are *sufficient statistics* for the estimation of person measures (i.e., the total number correct score of a person contains all the information required for the estimation of that person's measure from a given set

---

1 The term *superitem* was introduced by Cureton (1965). Much the same meaning is conveyed by the terms *testlet* (Wainer & Kiely 1987) and *item bundle* (Rosenbaum 1988; see also Wilson & Adams 1995).

of observations), and (b) the test is *unidimensional* (i.e., all items measure the same latent variable).

2. Polytomous Rasch Models

Given that LID is highly likely to be present in C-tests one promising route to addressing this issue would be to combine the notion of texts as superitems (or testlets, item bundles) with an appropriate measurement model. In the next section, I briefly discuss two classes of polytomous Rasch models that have been used for this purpose.

2.1 Discrete response models

When a C-test text is construed as a superitem, item values correspond to the number of gaps filled in correctly. For example, a text that contains 20 gaps would be considered as a single large item with item values ranging from 0 to 20. More generally, a text that contains m gaps could take on $m + 1$ item values. Items with more than two ordered response categories are called polytomous items. Hence, a C-test text can also be construed as a polytomous item, or as a (discrete) rating scale with $m + 1$ successive categories.

The two most widely used Rasch models for polytomous data are the *rating scale model* (RSM; Andrich 1978, 1982) and the *partial credit model* (PCM; Masters 1982). Both models add parameters to the basic Rasch model for dichotomous data that describe the functioning of the rating scale (de Ayala 2009; Ostini & Nering 2006; Wright & Masters 1982). The RSM adds a threshold parameter to represent the relative difficulty of the transition between adjacent response categories. That is, the threshold parameters are located at the intersections of the probability curve of one category with the probability curve of the next. Because the RSM employs the same set of threshold parameters across all items on a test, it can only be used with items that have a common rating scale structure, that is, items have the same number of response categories, and the relative difficulty between categories is constant across items. When items have different numbers of response categories or when the relative difficulty between categories may be expected to vary from item to item, the PCM is a suitable alternative. The PCM estimates threshold parameters for each item separately, allowing each item to have a unique rating scale structure.

Wilson (1988) used both the RSM and the PCM to assess the impact of local dependence among items that share stimulus material. With regard to C-tests, Eckes (2006) demonstrated that both models were suited to the calibration of text difficulties. However, he also observed that, in this particular measurement context, the PCM is likely to suffer from "overparameterization"; that is, the additional computation of category-specific threshold parameters may lead to problems of estimation and interpretation: (1) Only if the sample size is sufficiently large will response category frequencies provide a basis for stable estimates of threshold parameters. Linacre (2004) recommended a minimum number of 10 responses per category. Therefore, depending on (a) the number of texts, (b) the number of gaps per text, and (c) the difficulty of texts relative to the proficiency of examinees, the minimum sample size needed for a PCM analysis of C-test data may easily exceed 500 persons (see also Embretson & Reise 2000). (2) The threshold parameters are not amenable to the same kind of interpretation that may be appropriate in other, more usual applications of the model. This is because the thresholds do not refer to boundaries between ordered categories; in other words, the position of a particular gap within a text does not correspond to a defined (or assumed) level of category difficulty.

Further applications of the RSM to the analysis of C-test data have been reported by Norris (2006) as well as by Cronjäger, Klapheck, Krätzschmar & Walter (2009), Eckes (2007, in press), and Reichert, Keller & Martin (2009). With the exception of Norris (2006), these studies included a comparison of the RSM to either the PCM (Cronjäger et al. 2009) or to yet another Rasch model discussed in the next section (Eckes 2007; Reichert et al. 2009).

Cronjäger et al. (2009) met the PCM's high sample size requirement by collapsing response categories of a five-text C-test, each text containing 25 gaps, into three broad categories. On the basis of the rescored data, the PCM was shown to fare better (in terms of model fit of individual texts) than the RSM. Baghaei (2007) analyzed a four-text C-test, each text containing 25 gaps, using both the PCM (with each text as a superitem) and the dichotomous Rasch model (with each gap as an independent item). Quite as expected, the dichotomous Rasch analysis tended to overestimate test reliability. Jakschik & Klemmert (2006) studied a six-text multiple-choice C-test with five options per gap. Since the number of gaps per text varied between 18 and 22, the RSM was not applicable. The authors conducted a PCM analysis and found that the measurement results provided useful diagnostic information about the functioning of each text. Lee-Ellis (2009) developed a Korean C-test employing a partial credit scoring method; that is, partial credit was given for partial completion of gaps that contained more than one linguistic aspect. PCM analyses based on gaps treated as independent items as well as on texts treated as superitems provided evidence on the appropriateness of this scoring method.

2.2 Continuous response models

Construing C-test texts as rating scales implies that the number of possible response categories is fairly large, much larger than the usually recommended four to seven categories (see, e.g., Lozano, García-Cueto & Muñiz 2008; Preston & Colman 2000). When the number of categories becomes infinitely large, continuous rating scales result as a limiting case. Continuous rating scales are also known as graphic rating scales or visual analogue scales; in the context of

Internet-delivered questionnaires, such scales appear under such names as "sliders" or "slider bars".

For purposes of modeling examinee responses, texts may be viewed as nearly-continuous or quasi-continuous rating scales and analyzed by means of a Rasch model for continuous ratings. One such model is the *continuous rating scale model* (CRSM; Müller 1987, 1999). This model is a direct extension of the (discrete) RSM (Andrich 1978, 1982). The CRSM assumes a response mechanism where a latent response variable, originally unbounded and following a normal distribution, is doubly truncated to fit the response format constraint (i.e., the endpoints of the continuous rating scale are defined, for example, by labels such as "extremely positive" and "extremely negative").

Unlike the RSM, the form of the response distribution depends not only on the difference between person and item measures, but also on the dispersion parameter. This parameter represents the range of the threshold distribution. To put it simply, the dispersion parameter indicates the degree to which the thresholds increase in a strictly monotonic fashion along the continuous rating scale. If respondents use the continuous scale in a continuous manner, the dispersion parameter takes on positive values greater zero. Conversely, negative values of the dispersion parameter indicate violations of model assumptions.[2]

The first application of the CRSM to C-tests was reported in Arras, Eckes & Grotjahn (2002). Consistently positive values of the dispersion parameter, as well as various statistical indicators of model fit (e.g., mean-square statistics), showed that the four texts studied conformed well to the CRSM. Following this research, Baumeister, Dresemann, Traxel & Zahn (2005), Dresemann & Traxel (2005), and Traxel (2006) outlined a CRSM-based approach of calibrating texts for the purpose of item banking. Eckes & Grotjahn (2006b) used the CRSM in a study of the suitability of C-tests as anchoring instruments for the TestDaF. Based on data from four independent samples and employing four different methods of scoring examinee responses to four texts, the researchers provided strong evidence of the CRSM scalability of the C-test. Using a range of model tests, Eckes (2006) found that the CRSM outperformed both the RSM and the PCM. In a study concerned with calibrating texts for inclusion in the onDaF item bank, Eckes (2007) examined the CRSM and the RSM, adopting two different methods for estimating RSM model parameters (i.e., joint maximum likelihood, conditional maximum likelihood). He found that the differences in the results obtained from the model estimation methods were fairly small, and

2 With a similar focus on continuous rating scales, Moosbrugger & Müller (1982) advanced what they called a *classical latent additive test model* (CLA model; see, for some C-test applications, Grotjahn 1987, 1992; Raatz 1985). A major drawback of the CLA model was that it failed to specify the distributional form of the response variable (see Müller 1999). Hence, it was not a probabilistic (or item response theory) model.

that both the RSM and the CRSM were similarly suited to the analysis and calibration of C-test texts. Reichert et al. (2009) provided further evidence on the scalability of C-tests by means of these two models.

Linacre (2001) considered the percentage scale, with the range of 0% to 100%, reported with integers, as approximating a continuous rating scale with 101 categories, and proposed a highly general continuous Rasch model. In this model, different forms of the measurement function are possible. Particular forms include polynomials, trigonometric and logarithmic functions.

3. Rasch Testlet Modeling

According to Wang & Wilson (2005), the use of polytomous test models to calibrate superitems (or testlets) may only be appropriate when the extent of LID within testlets is moderate and the test contains a large proportion of independent items. With strong LID effects present in a test, more complex approaches are required. Wang & Wilson proposed such an approach called the *Rasch testlet model*. This model represents each testlet by a separate dimension that is independent of the general proficiency dimension and of the other testlet-specific dimensions. The Rasch testlet model is a special case of the multi-dimensional random coefficients multinomial logit model (MRCMLM; Adams, Wilson & Wang 1997).

LID effects within a testlet are modeled as random effects of the interaction between persons and items. The variance of these random effects indicates the amount of the testlet effect for a given testlet; that is, the larger the testlet-specific variance, the greater the proportion of total variance of the test score distribution that is attributable to the testlet. Ideally, when the responses were perfectly in line with the local independence assumption, the estimated variance of each testlet-specific dimension would be close to zero. Note also that only the latent proficiency dimension and the random testlet effect variables are assumed to be independently normally distributed.[3]

Recent applications of the Rasch testlet model to the analysis of C-test data (Eckes & Grotjahn 2009; Harsch & Hartig 2009) found considerable between-text differences in testlet-specific variances. An appealing feature of the model is that it enables the researcher to probe into the possible causes of LID within texts.

As already mentioned, the Rasch testlet model assumes that the testlet-specific dimensions are independent of one another. In the *Rasch subdimension*

3 In the related *testlet response theory* approach (Bradlow, Wainer & Wang 1999; see also Wainer, Bradlow & Wang 2007), items are treated as random effects, with item difficulty and item discrimination parameters (in the two-parameter logistic model) following a normal distribution. However, in many applications these distributional assumptions appear to be overly restrictive.

model (Brandt 2008) this assumption is no longer maintained. Application of this model requires estimating the covariances between all testlet-specific dimensions. Evidence presented so far in the context of a mathematics achievement test (Brandt 2008) suggested that the subdimension model yields more precise parameter estimates than the Rasch testlet model.

Testlets can also be examined from the perspective of *multilevel Rasch models* (Kamata & Cheong 2007). For example, the Rasch testlet model can be considered as a two-level approach with items (gaps) nested within testlets. Building on the hierarchical generalized model (HGLM) approach (Kamata 2001), the two-level model may easily be extended to the three-level case, such as when items are nested within testlets and testlets are nested within persons (Jiao, Wang & Kamata 2007).

4. Related Modeling Approaches

Outside the Rasch family of C-test calibration approaches there has been a long tradition of relevant model developments, most of which represent different versions of polytomous item response models (see, for an excellent discussion, Ostini & Nering 2006). I shall mention here only very briefly some more recent approaches that may hold promise for future model development in C-test research.

Ferrando (2001) proposed a *nonlinear congeneric model* for responses to continuous items. Similar to Müller (1987), Ferrando took the bounded nature of the response variable into account and postulated a truncation mechanism; that is, the nonlinear model rests on a truncated distribution which arises from a redistribution of the latent responses that are beyond the endpoints of the rating scale. More recently, Ferrando (2004, 2009) proposed to use *factor analysis*, conceptualized as a *linear* IRT model, for analyzing items with a continuous response scale.

Unlike Müller (1987) and Ferrando (2001), Noel & Dauvier (2007) assumed a response mechanism involving an interpolation process. According to this mechanism respondents put a check at a distance to the left boundary that is proportional to the relative value they give to the extreme answer at the opposite end of the scale. From this assumption the authors derived a *beta distribution model* for the manifest response variable.

5. Rasch Measurement Software

Many computer programs have been developed that are suited to a Rasch modeling approach to C-tests. The following list includes some of the more widely-used or recently-developed programs. The parameters of the RSM and the PCM can be estimated using ConQuest (Wu, Adams, Wilson & Haldane 2007), RUMM2020 (Andrich, Sheridan & Luo 2004), WINSTEPS (Linacre 2008), or the open-source software eRm (Mair & Hatzinger 2007a, 2007b;

Poinstingl, Mair & Hatzinger 2007). The CRSM can be implemented by means of the same-named program (Müller 1999). Both the Rasch testlet model and the Rasch subdimension model are special cases of the MRCMLM. Hence, the parameters of these models can be estimated using ConQuest. Software packages that can be used for estimating multilevel Rasch models are described in Doran, Bates, Bliese & Dowling (2007) and Roberts & Herrington (2007).

References

Adams, Raymond J.; Wilson, Mark R. & Wang, Wen-C. (1997), The multidimensional random coefficients multinomial logit model. *Applied Psychological Measurement* 21, 1-23.

Andrich, David (1978), A rating formulation for ordered response categories. *Psychometrika* 43, 561-573.

Andrich, David (1982), An extension of the Rasch model for ratings providing both location and dispersion parameters. *Psychometrika* 47, 105-113.

Andrich, David; Sheridan, B. E. & Luo, G. (2004), *RUMM2020: Rasch unidimensional measurement models* [Computer software]. Perth, Western Australia: RUMM Laboratory.

Arras, Ulrike; Eckes, Thomas & Grotjahn, Rüdiger (2002), C-Tests im Rahmen des „Test Deutsch als Fremdsprache" (TestDaF): Erste Forschungsergebnisse. In: Grotjahn, Rüdiger (Hrsg.) (2002), *Der C-Test: Theoretische Grundlagen und praktische Anwendungen* (Bd. 4). Bochum: AKS-Verlag, 175-209.

Baghaei, Purya (2007), Local dependency and Rasch measures. *Rasch Measurement Transactions* 21, 1105-1106.

Baumeister, Dirk; Dresemann, Bettina; Traxel, Oliver & Zahn, Rosemary (2005), Multiple Cs: What might the C in C-test stand for twenty-four years down the line? In: Ó Dúill, Micheál; Zahn, Rosemary & Höppner, Kristina D. (Hrsg.) (2005), *Zusammenarbeiten: Eine Festschrift für Bernd Voss*. Bochum: AKS-Verlag, 21-38.

Bond, Trevor G. & Fox, Christine M. (2007), *Applying the Rasch model: Fundamental measurement in the human sciences* (2. Aufl.). Mahwah, NJ: Erlbaum.

Bradlow, Eric T.; Wainer, Howard & Wang, Xiaohui (1999), A Bayesian random effects model for testlets. *Psychometrika* 64, 153-168.

Brandt, Steffen (2008), Estimation of a Rasch model including subdimensions. *IERI Monograph Series: Issues and Methodologies in Large-Scale Assessments* 1, 51-69.

Cronjäger, Hanna; Klapheck, Kristine; Krätzschmar, Maike & Walter, Oliver (2009), Entwicklung eines C-Tests für Lernanfänger der Sek. I mit Methoden der klassischen und probabilistischen Testtheorie. In: Grotjahn, Rüdiger (Hrsg.) (2009), 71-100.

Cureton, Edward E. (1965), Reliability and validity: Basic assumptions and experimental design. *Educational and Psychological Measurement* 25, 326-346.

de Ayala, Rafael J. (2009), *The theory and practice of item response theory*. New York: Guilford.

Doran, Harold; Bates, Douglas; Bliese, Paul & Dowling, Maritza (2007), Estimating the multilevel Rasch model: With the lme4 package. *Journal of Statistical Software* 20: 9.

Dresemann, Bettina & Traxel, Oliver (2005), Ermittlung von Sprachniveaus mittels kalibrierter C-Tests: Ein Projekt zur Entwicklung einer C-Test-Datenbank. In: Gebert, Doris (Hrsg.) (2005), *Innovation aus Tradition: Dokumentation der 23. Arbeitstagung 2004*. Bochum: AKS-Verlag, 277-283.

Eckes, Thomas (2006), Rasch-Modelle zur C-Test-Skalierung. In: Grotjahn, Rüdiger (Hrsg.) (2006), 1-44.

Eckes, Thomas (2007), Konstruktion und Analyse von C-Tests mit Ratingskalen-Rasch-Modellen. *Diagnostica* 53, 68-82.

Eckes, Thomas (2009), Der Online-Einstufungstest Deutsch als Fremdsprache (onDaF): Theoretische Grundlagen, Konstruktion und Validierung. In: Grotjahn, Rüdiger (Hrsg.) (2006), 125-192.

Eckes, Thomas (in press), Standard-Setting bei C-Tests: Bestimmung von Kompetenzniveaus mit der Prototypgruppenmethode. *Diagnostica*.

Eckes, Thomas & Grotjahn, Rüdiger (2006a), A closer look at the construct validity of C-tests. *Language Testing* 23, 290-325.

Eckes, Thomas & Grotjahn, Rüdiger (2006b), C-Tests als Anker für TestDaF: Rasch-Analysen mit dem kontinuierlichen Ratingskalen-Modell. In: Grotjahn, Rüdiger (Hrsg.) (2006), 167-193.

Eckes, Thomas & Grotjahn, Rüdiger (2009), *What's in a C-test: Content and structure words as functionally different components of C-test performance*. Manuscript in preparation.

Embretson, Susan E. & Reise, Steven P. (2000), *Item response theory for psychologists*. Mahwah, NJ: Erlbaum.

Engelhard, George (2008), Historical perspectives on invariant measurement: Guttman, Rasch, and Mokken. *Measurement: Interdisciplinary Research and Perspectives* 6, 155-189.

Ferrando, Pere J. (2001), A nonlinear congeneric model for continuous item responses. *British Journal of Mathematical and Statistical Psychology* 54, 293-313.

Ferrando, Pere J. (2004), Kernel-smoothing estimation of item characteristic functions for continuous personality items: An empirical comparison with the linear and the continuous-response models. *Applied Psychological Measurement* 28, 95-109.

Ferrando, Pere J. (2009), Difficulty, discrimination, and information indices in the linear factor analysis model for continuous item responses. *Applied Psychological Measurement* 33, 9-24.

Fischer, Gerhard H. (1995), Derivations of the Rasch model. In: Fischer, Gerhard H. & Molenaar, Ivo W. (eds.) (1995), *Rasch models: Foundations, recent developments, and applications*. New York: Springer, 15-38.

Grotjahn, Rüdiger (1987), How to construct and evaluate a C-test: A discussion of some problems and some statistical analyses. In: Grotjahn, Rüdiger; Klein-Braley, Christine & Stevenson, Douglas K. (eds.) (1987), *Taking their measure: The validity and validation of language tests*. Bochum: Universitätsverlag Dr. N. Brockmeyer, 219-253.

Grotjahn, Rüdiger (1992), Der C-Test im Französischen: Quantitative Analysen. In: Grotjahn, Rüdiger (Hrsg.) (1992), *Der C-Test: Theoretische Grundlagen und praktische Anwendungen* (Bd. 1). Bochum: Universitätsverlag Dr. N. Brockmeyer, 205-255.

Grotjahn, Rüdiger (Hrsg.) (2006), *Der C-Test: Theorie, Empirie, Anwendungen/The C-test: Theory, empirical research, applications*. Frankfurt am Main: Lang.

Grotjahn, Rüdiger (Hrsg.) (2009), *Der C-Test: Beiträge aus der aktuellen Forschung/The C-test: Contributions from current research*. Frankfurt am Main: Lang.

Grotjahn, Rüdiger; Klein-Braley, Christine & Raatz, Ulrich (2002), C-tests: An overview. In: Coleman, James A.; Grotjahn, Rüdiger & Raatz, Ulrich (eds.) (2002), *University language testing and the C-test*. Bochum: AKS-Verlag, 93-114.

Harsch, Claudia & Hartig, Johannes (2009), Empirische und inhaltliche Analyse lokaler Abhängigkeiten im C-Test. In: Grotjahn, Rüdiger (Hrsg.) (2009), 193-204.

Henning, Grant (1989), Meanings and implications of the principle of local independence. *Language Testing* 6, 95-108.

Jakschik, Gerhard & Klemmert, Hella (2006), Erste Erprobung eines Multiple Choice C-Tests. In: Grotjahn, Rüdiger (Hrsg.) (2006), 195-210.

Jiao, Hong; Wang, Shudomg & Kamata, Akihito (2007), Modeling local item dependence with the hierarchical generalized linear model. In: Smith, Everett V. & Smith, Richard M. (eds.) (2007), *Rasch measurement: Advanced and specialized applications*. Maple Grove, MN: JAM Press, 390-404.

Kamata, Akihito (2001), Item analysis by the hierarchical generalized linear model. *Journal of Educational Measurement* 38, 79-93.

Kamata, Akihito & Cheong, Yuk F. (2007), Multilevel Rasch models. In: von Davier, Matthias & Carstensen, Claus H. (eds.) (2007), *Multivariate and mixture distribution Rasch models: Extensions and applications*. New York: Springer, 217-232.

Klein-Braley, Christine (1997), C-tests in the context of reduced redundancy testing: An appraisal. *Language Testing* 14, 47-84.

Kubinger, Klaus D. (2005), Psychological test calibration using the Rasch model: Some critical suggestions on traditional approaches. *International Journal of Testing* 5, 377-394.

Lee-Ellis, Sunyoung (2009), The development and validation of a Korean C-test using Rasch analysis. *Language Testing* 26, 245-274.

Linacre, John M. (2001), Percentages with continuous Rasch models. *Rasch Measurement Transactions* 14, 771-774.

Linacre, John M. (2004), Optimizing rating scale category effectiveness. In: Smith, Everett V. & Smith, Richard M. (eds.) (2004), *Introduction to Rasch measurement*. Maple Grove, MN: JAM Press, 258-278.

Linacre, John M. (2008), *WINSTEPS Rasch measurement computer program* [Computer software and manual]. Chicago: Winsteps.com.

Lord, Frederick M. & Novick, Melvin R. (1968), *Statistical theories of mental test scores*. Reading, MA: Addison-Wesley.

Lozano, Luis M.; García-Cueto, Eduardo & Muñiz, José (2008), Effect of the number of response categories on the reliability and validity of rating scales. *Methodology* 4, 73-79.

Mair, Patrick & Hatzinger, Reinhold (2007a), CML based estimation of extended Rasch models with the eRm package in R. *Psychology Science* 49, 26-43.

Mair, Patrick & Hatzinger, Reinhold (2007b), Extended Rasch modeling: The eRm package for the application of IRT models in R. *Journal of Statistical Software* 20: 9.

Masters, Geofferey N. (1982), A Rasch model for partial credit scoring. *Psychometrika* 47, 149-174.

Moosbrugger, Helfried & Müller, Hans (1982), A classical latent additive test model (CLA model). *German Journal of Psychology* 6, 145-149.

Müller, Hans (1987), A Rasch model for continuous ratings. *Psychometrika* 52, 165-181.

Müller, Hans (1999), *Probabilistische Testmodelle für diskrete und kontinuierliche Ratingskalen: Einführung in die Item-Response-Theorie für abgestufte und kontinuierliche Items*. Bern: Huber.

Noel, Yvonnick & Dauvier, Bruno (2007), A beta item response model for continuous bounded responses. *Applied Psychological Measurement* 31, 47-73.

Norris, John M. (2006), Development and evaluation of a curriculum-based German C-test for placement purposes. In: Grotjahn, Rüdiger (Hrsg.) (2006), 45-83.

Ostini, Remo & Nering, Michael L. (2006), *Polytomous item response theory models.* Thousand Oaks, CA: Sage.

Poinstingl, Herbert; Mair, Patrick & Hatzinger, Reinhold (2007), *Manual zum Software-package* eRm *(extended Rasch modeling): Anwendung des Rasch-Modells (1-PL Modell)*. Lengerich: Pabst.

Preston, Carolyn C. & Colman, Andrew M. (2000), Optimal number of response categories in rating scales: Reliability, validity, discriminating power, and respondent preferences. *Acta Psychologica* 104, 1-15.

Raatz, Ulrich (1985), Better theory for better tests? *Language Testing* 2, 60-75.

Reichert, Monique; Keller, Ulrich & Martin, Romain (2009), The C-test, the TCF and the CEFR: A validation study. In: Grotjahn, Rüdiger (Hrsg.) (2009), 205-231.

Roberts, J. Kyle & Herrington, Rich (2007), Demonstration of software programs for estimating multilevel measurement model parameters. In: Smith, Everett V. & Smith, Richard M. (eds.) (2007), *Rasch measurement: Advanced and specialized applications*. Maple Grove, MN: JAM Press, 303-328.

Rosenbaum, Paul R. (1988), Item bundles. *Psychometrika* 53, 349-359.

Sigott, Günther (2004), *Towards identifying the C-test construct*. Frankfurt: Lang.

Smith, Everett V. (2005), Effect of item redundancy on Rasch item and person estimates. *Journal of Applied Measurement* 6, 147-163.

Traxel, Oliver (2006), C-test calibration and anchoring: New paths towards comparing C-test difficulties. In: Kötter, Markus; Traxel, Oliver & Gabel, Stephan (eds.) (2006), *Investigating and facilitating language learning: Papers in honor of Lienhard Legenhausen*. Trier: Wissenschaftlicher Verlag Trier, 179-188.

Wainer, Howard; Bradlow, Eric T. & Wang, Xiaohui (2007), *Testlet response theory and its applications*. Cambridge: Cambridge University Press.

Wainer, Howard & Kiely, Gerard L. (1987), Item clusters and computerized adaptive testing: A case for testlets. *Journal of Educational Measurement* 24, 185-201.

Wang, Wen-C. & Wilson, Mark (2005), The Rasch testlet model. *Applied Psychological Measurement* 29, 126-149.

Wilson, Mark (1988), Detecting and interpreting local item dependence using a family of Rasch models. *Applied Psychological Measurement* 12, 353-364.

Wilson, Mark & Adams, Raymond J. (1995), Rasch models for item bundles. *Psychometrika* 60, 181-198.

Wright, Benjamin D. & Masters, Geofferey N. (1982), *Rating scale analysis*. Chicago: MESA Press.

Wu, Margaret L.; Adams, Raymond J.; Wilson, Mark R. & Haldane, Samuel A. (2007), *ACER ConQuest version 2.0: Generalised item response modelling software* [Computer software and manual]. Camberwell, Australia: ACER Press.

Yen, Wendy M. (1993), Scaling performance assessments: Strategies for managing local item dependence. *Journal of Educational Measurement* 30, 187-213.

Yen, Wendy M. & Fitzpatrick, Anne R. (2006), Item response theory. In: Brennan, Robert L. (eds.) (2006), *Educational measurement* (4. Aufl.). Westport, CT: American Council on Education/Praeger, 111-153.

Content standards, Bildung und Fremdsprachenvermittlung

Annette Berndt

In den letzten Jahren bewegten sich die Bemühungen um Kompetenzorientierung in der Fremdsprachenvermittlung primär im Bereich der *performance standards*; diese sind outputorientiert und richten sich nach den eher pragmatischen Gesichtspunkten des Sprachgebrauchs. In den Blickwinkel fremdsprachendidaktischen Interesses rücken derzeit im Rahmen der Diskussion um die Bildungsdimension von Fremdsprachenunterricht allmählich auch inhaltliche Aspekte, die *content standards*. Die vermehrte Implementierung literarischer Texte wird hierbei als bildungsfördernd angesehen, wobei die Frage nach der Messbarkeit bildnerischer Prozesse diskutiert werden muss. Zudem stellt sich die Frage, ob fremdsprachliche Literaturvermittlung einer eher kulturwissenschaftlich orientierten Didaktik oder eher hermeneutisch /rezeptionsästhetischen Ansätzen im Sinne der „area studies" folgen sollte.

1. Standards zwischen *output* und *input*

Die Fremdsprachendidaktiken sind sowohl in der Theorie als auch in der Praxis Moden thematischer Orientierung unterworfen; diese sind keineswegs willkürlich, sondern richten sich vielmehr nach den thematischen Ausrichtungen der Bezugswissenschaften und nach den Richtlinien, die durch internationale und nationale Bildungsdiskussionen vorgegeben werden. Bereits in den 90er Jahren, aber besonders nach Bekanntwerden der ersten PISA-Ergebnisse setzte im europäischen Raum die Erarbeitung von Standards für den Bildungsbereich ein. Für fremdsprachliches Lernen ist das derzeit gültige Kompetenzmodell der Gemeinsame Europäische Referenzrahmen für Sprachen (Europarat 2001), mithilfe dessen es nun möglich ist, die fremdsprachlichen Kompetenzen eines Menschen anhand eines allgemein verständlichen und anerkannten Leistungsrasters differenziert und relativ objektiv einzuschätzen. Über unterschiedliche Arten der Portfolionutzung besteht zudem die Möglichkeit zur Eigendokumentation des Lerners – und das über seine gesamte Sprachlernexistenz hinweg (vgl. Brunner, Häcker & Winter 2008). Natürlicherweise treten durch diese bildungspolitischen Schwerpunktsetzungen die Ergebnisse von Lernprozessen (output-Orientierung) in den Vordergrund, und zwar solche, die zuverlässig über Kann-Beschreibungen einschätzbar sind.

Die Funktion von (Bildungs-)standards wird folgendermaßen beschrieben:

> Standards werden inzwischen international als normative Vorgaben für die Steuerung von Bildungssystemen verstanden. [...] Bildungsstandards [...] sind ergebnisbezogen. Sie zielen auf bereichsspezifische Kompetenzen, sind aber gleichsam nach „oben" und „unten" anschlussfähig: Sie orientieren sich an allgemeinen Bildungszielen, und sie sind prinzipiell umsetzbar (operationalisierbar) in Aufgaben und Testskalen. Außerdem wird empfohlen, im Rahmen von Kompetenzmodellen verschiedene Stufungen von Kompetenzen zu unterscheiden, darunter aber eine bestimmte Kompetenzstufe als Mindeststandard auszuweisen (Klieme & Avenarius 2007: 32f.).

Mit dem Begriff der Kompetenz wird demnach ausgedrückt, dass Bildungsstandards – anders als Lehrpläne – nicht auf Listen von Inhalten zurückgreifen, sondern auf Fähigkeiten und Fertigkeiten zur Lösung verschiedenster Aufgabenstellungen und Probleme zielen, wie sie sich beispielsweise beim Erlernen des Deutschen als Fremdsprache ergeben.

Der Schweizer Experte für Bildungsstandards Urs Moser hierzu: „Standards können sowohl als Input – zur Orientierung der Vermittlung von Kompetenzen im Unterricht – wie auch als Output – zur Überprüfung der Ergebnisse des Unterrichts – genutzt werden" (Moser 2006: 3). Dies, in konsequenter Form umgesetzt, kann auf didaktischer Ebene zu dem eher unerwünschten Phänomen des „teaching to the test" führen. Taxonomisch betrachtet gliedern sich Standards in die drei großen Bereiche *„performance"*, *„content"* und *„opportunity-to-learn"*, wie Abbildung 1 zeigt:

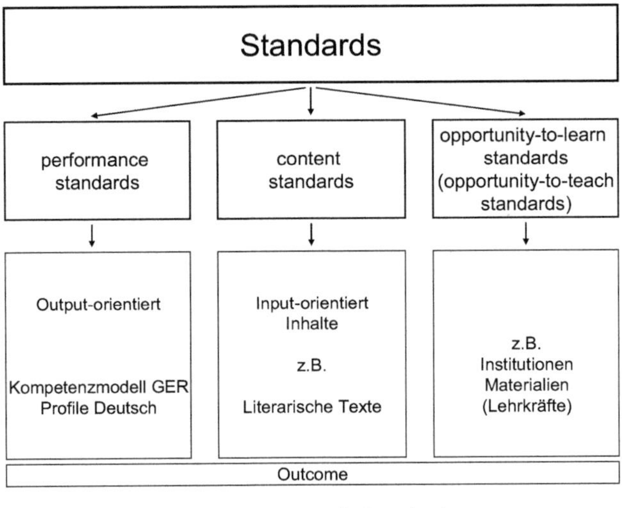

Abbildung 1: Taxonomie Standards

Derzeit bewegen sich die Bemühungen um Kompetenzorientierung in der Fremdsprachenvermittlung primär im Bereich der *performance standards*, sie sind output-orientiert und richten sich nach den eher pragmatischen Gesichtspunkten des Sprachgebrauchs. *Opportunity-to-learn standards* sind meist nicht explizit Thema der Standardisierungsbemühungen im Rahmen der Fremdsprachendidaktiken; im Rahmen einer stärkeren Berücksichtigung der Funktion von Lehrkräften müsste zudem eine Integration von sog. *opportunity-to-teach standards* stattfinden (vgl. De Florio Hansen 2008: 65).

Fremdsprachliche Bildung konstituiert sich aber nicht nur über bestimmte Leistungsniveaus, sondern auch über die Inhalte, die über die fremde Sprache und mit der fremden Sprache vermittelt werden; von Interesse müssten insofern auch die *content standards* sein. Dass *output standards* und fremdsprachliche Bildung wenig kompatibel seien, wird in der Fachliteratur häufig attestiert und unterschiedlich begründet: Stephan Breidbach verortet in seinem Aufsatz „Fremdsprachliche Kompetenzen jenseits der Standardisierbarkeit" (2008) den Grund dafür auf konzeptioneller Ebene und somit in der Unvereinbarkeit der Begriffe Bildung und Standard, denn, so Breidbach (2008: 119): „[...] Bildungsstandards objektivieren, Bildungsprozesse subjektivieren". Zudem sieht Breidbach den Nutzen von Standardisierungen eher im ökonomischen Bereich, in dem Sinne, dass dadurch Institutionen effektiver agieren können – und nicht im Bereich qualitativer Verbesserungen für die an den Bildungsprozessen Partizipierenden. Nimmt man die drei Standardisierungsbereiche aus der Skizze zusammen, so könnte man im Ergebnis von sog. *outcome standards* sprechen.

Das Subjektmodell des Lernenden in standardisierten Lernumgebungen ist ein an seinem output messbarer Mensch; und dies hat auch Folgen für die Modellierung der Lehrersubjekte und reflektiert schließlich auf die Organisation gesamter Institutionen. Das Subjektmodell, das bildnerischen Ansprüchen zugrunde liegt, ist in der von Wilhelm von Humboldt geprägten Tradition vielfach umschrieben worden. Insofern sei kurz zusammengefasst, was Bildung nicht ist: Bildung ist nicht in Kürze zu erlangen und auch nicht punktuell messbar; in ihren Ergebnissen ist sie wenig vorhersehbar. Bildung ist letztendlich die nichtlineare und lebenslange Entwicklung eines Menschen zu einer individuellen Persönlichkeit.[1]

Im Anschluss an Breidbach könnte man in moderater Weise folgendermaßen argumentieren: Kompetenzen und Bildung sind nicht deckungsgleich. Dennoch machen Kompetenzen einen Teil von Bildung aus, sie sind sozusagen die prozedurale Komponente zum deklarativen Bildungswissen. Über die Bildungskomponente lohnt es sich nachzudenken, denn die Inhalte des Fremdsprachenunterrichts sollten nicht beliebig sein und vor allem: Sie sollten nicht einzig von Lehrwerken vorgegeben sein, die ihrerseits wiederum von Standards gesteuert werden.

---

1 Zur Aktualität des Humboldtschen Bildungsgedankens in Fremdsprachenforschung und -didaktik siehe Nünning 2007.

2. Bildungsstandards und literarische Texte

In der Diskussion um *content standards* werden meist literarische Texte als ein Medium fremdsprachlicher Bildung genannt. Ich verweise an dieser Stelle auf das Handbuch „Literaturunterricht, Kompetenzen und Bildung", herausgegeben von Lothar Bredella und Wolfgang Hallet im Jahr 2007, in dem von verschiedenen Autoren der längst notwendige Diskurs um die ergänzende Implementierung literarischer Texte in den von Standards geprägten Fremdsprachenunterricht geführt wird im Sinne einer verstärkten Inhaltsorientierung. Zudem beschäftigen sich die Beitragenden der Anthologien „Literaturdidaktik im Dialog" (Bredella, Delanoy & Surkamp 2007) und „Neue Ansätze und Konzepte der Literatur- und Kulturdidaktik" (Hallet & Nünning 2007) im Rahmen der aktuellen Diskussion mit den fremdsprachendidaktischen Zugängen zu literarischen Texten in der Unterrichtspraxis.

Der Ruf nach mehr Literatur im Fremdsprachenunterricht ist nicht neu; er ist immer dann hörbar, wenn die Fremdsprachendidaktik zu pragmatisch wird, wenn sich ihre (auch) geisteswissenschaftliche Verankerung lockert, die sich einem humanistischen Bildungsideal verpflichtet sieht. Als frühe Verfechter eines rezeptionsästhetisch bzw. hermeneutisch orientierten Fremdsprachenunterrichts wären Namen zu nennen wie Lothar Bredella, Hans Hunfeld und Harald Weinrich. In ihren Schriften umkreisen sie immer wieder die andere Qualität, die eine Fremdsprache erhält, wenn sie durch Literatur zum Lernenden spricht. Als für den Einsatz literarischer Texte sprechend werden dann vornehmlich Argumente genannt wie: Identitätsstiftung, Persönlichkeitsbildung, Authentizität der Diskurse, fremdkulturelles Lernen. Bredella (2007: 49) spricht in diesem Kontext treffend von „Bildung als Interaktion zwischen literarischen Texten und Leser/innen".

Textkompetenzen unterschiedlichster Art erscheinen in die existierenden Kompetenzmodelle ausgiebig integriert, literarische Textkompetenzen kaum, wenn man diese als ganz spezielle Kompetenz mit stark subjektiven Anteilen im Umgang mit dem Medium Text ansieht. So wird literarische Textkompetenz in *Profile Deutsch* (2005) nach Vorgaben des Referenzrahmens für den Bereich Lesen (Rezeption schriftlich) auf B1-Niveau wie folgt exemplifiziert:

- Kann literarische Texte lesen, die im Wesentlichen auf dem Grundwortschatz und einer einfachen konkreten Handlung basieren.
- Kann eine Fabel, die im Lehrbuch steht, verstehen
- Kann einen Krimi, der für fremdsprachliche Lerner vereinfacht oder für diese geschrieben wurde, verstehen. Etc. (Glaboniat & Müller et al. 2005: 139)

Es stellt sich die Frage, ob es mit den gängigen Deskriptoren überhaupt möglich ist, den vielfach attestierten Bildungsmehrwert bei der Beschäftigung mit literarischen Texten zu fassen. Ist die Sprache, die der GER und seine Folgetexte korrekterweise im Sinne ihrer Aussageabsichten nutzen, für ein mögliches inhaltsorientiertes Kompetenzmodell überhaupt sinnvoll? Bedarf die

Beschreibung von Bildungsprozessen nicht einer anderen Sprache? Delanoy meint genau dies, wenn er in seinem Aufsatz: „Literaturunterricht und Bildungsstandards" schreibt:

> [...], dass mit dem *CEF* und seinen Folgetexten große Anstrengungen unternommen wurden, sprachliche Leistungsniveaus im Detail fixierbar zu machen. Umgekehrt fehlt es aber an einer entwickelten Sprache, die der Auseinandersetzung mit der Komplexität von Bildungszielen dient. Es bedarf daher eines Gegengewichtes, um dieses Defizit auszugleichen. Die Arbeit mit Literatur kann dazu einen wichtigen Beitrag leisten [...] (2007: 162).

Eva Burwitz-Melzer hat sich als eine der ersten Fremdsprachendidaktikerinnen mit der Erstellung eines Lesekompetenzmodells für den fremdsprachlichen Literaturunterricht beschäftigt. Ihr Kompetenzmodell umfasst zwei große Bereiche, den der Rezeption und den der Produktion. Beide Großbereiche werden in gestufte Teilkompetenzen differenziert wie Motivation, kognitive und affektive Kompetenzen, interkulturelle Kompetenzen, Anschlusskommunikation und Reflexion. In der folgenden Tabelle werden die Teilkompetenzen „Interkulturelle Kompetenzen" und „Reflexion" in den ersten zwei Rezeptionsphasen dargestellt:

	Interkulturelle Kompetenzen	...	Reflexion	
1a 1b	1c) Sie sollen bei einem ersten Kontakt mit dem Text möglichst selbstständig fremdkulturelle Elemente, Werte und Konflikte im Text erkennen, benennen und diese mit eigenkulturellen Elementen, Werten und Konflikten in der Fremdsprache vergleichen können.	1d	1e) Sie sollen in der Rückschau möglichst selbstständig erkennen, ob ihre Hypothesen richtig oder eher falsch waren und weshalb dies so ist. Das Gespräch soll in der Fremdsprache geführt werden.	Erwartungshaltung aufbauen und erhalten
2a 2b 3 4 5 6 7	2c) Sie sollen beim Leseprozess selbstständig und in der Fremdsprache fremdkulturelle Elemente, Werte und Konflikte im Text erkennen und diese evt. mit den eigenkulturellen Elementen, Werten und Konflikten vergleichen können. Sie sollen auch evt. vorhandene Stereotype im Text erkennen können.	2d	2e) Sie sollen die Erkenntnisse aus dieser Lesephase möglichst selbstständig reflektieren und mit anderen, ähnlichen Lese- und Lernprozessen im fremdsprachlichen oder muttersprachlichen Literaturunterricht vergleichen können. Dazu gehört auch, die Meinung anderer anzuerkennen und zu tolerieren, wenn sie nicht der eigenen entspricht.	Sinnkonstitution I

Tabelle 1: Lesekompetenzmodell für den fremdsprachlichen Literaturunterricht (Nach: Burwitz-Melzer 2007: 40)

Nach einem kurzen Überfliegen der Tabelle, und wenn man die „soll-Anforderungen" durch „kann" ersetzt, wird klar, dass es sich hier eindeutig um eine Ergänzung zum Kompetenzmodell des Referenzrahmens handelt, das allein schon durch die Begriffswahl leicht andockbar ist. Über das Modell werden die gängigen Lesetechniken und Strategien vermittelt, die zur erfolgreichen

Rezeption eines literarischen Textes führen können; so sind beispielsweise die Erkenntnisse der kognitionspsychologischen Leseforschung wie bottom-up- und top-down-Prozesse integriert. In den hier zitierten Bereichen „Interkulturelle Kompetenz“ und „Reflexion“ geht es – teils stark repetitorisch – um das Erkennen kultureller Differenzen und um die Anerkennung kultureller Differenz, um das, was Hans Hunfeld im Kontext seiner kritischen Hermeneutik als „Normalität des Fremden“ bezeichnet (vgl. Hunfeld 2004).

Mit diesem Modell von Burwitz-Melzer zum Lesen fremdsprachlicher Literatur liegt zweifelsohne ein sehr differenzierter Ansatz zum kompetenzorientierten Umgang mit literarischen Texten vor: Es werden darin objektivierbare Teilkompetenzen festgelegt, und insofern bewegt sich dieses Modell wiederum in der Kategorie der *performance standards*. Hierzu Volker Frederking als Vertreter der muttersprachlichen Deutschdidaktik:

> Bildung im Sinne Humboldts entzieht sich der kompetenztheoretischen Modellierung und Operationalisierung, ohne dass sie deshalb ihre Orientierungsfunktion für didaktische Theoriebildung und unterrichtliches Handeln verloren hätte. Dieser prinzipiellen Grenzen sollte sich eine empirisch orientierte und fundierte Literaturdidaktik immer bewusst bleiben (2008: 57).

Noch einmal stellt sich die Frage: Welche Sprache, welche Formen der Beschreibung sind nötig, um die Beschäftigung mit inhaltvollem Material in der Fremdsprache Deutsch, um also bildnerische Prozesse zu spiegeln, wenn sie schon wenig messbar sind?[2] Als Evaluationsinstrument bildnerischer Prozesse könnte sich die Portfolioarbeit anbieten (vgl. Brunner et al. 2008). Dort finden individuelle Bildungsprozesse des Lernenden eine adäquate Plattform, um zu dokumentieren, ob und wie beispielsweise literarischer Input in eigenes – nicht nur fremdsprachliches – Wissen transformiert wurde. Portfolios ermöglichen dabei sowohl Eigen- als auch Fremdevaluation über einen längeren Zeitraum hinweg. Insofern sollte Portfolioarbeit in Theorie und Praxis gerade auch aus bildnerischen Gesichtspunkten viel mehr fokussiert werden: Als Ergänzung zur Entwicklung von Fertigkeiten-bezogenen Kompetenzmodellen wie dem Referenzrahmen und als tragender Bestandteil einer sich weiter entwickelnden Lernkultur.

---

2 In den „Bildungsstandards Französisch: konkret“ (Tesch, Leupold & Köller 2008: 64ff.) werden folgende Kompetenzen als „schwer messbar“ angegeben: Sprechen, Sprachmittlung, Interkulturelle Kompetenz, methodische Kompetenzen, Sprach(en)bewusstheit und Förderung von Mehrsprachigkeit.

3. Ein Resumée – auch im Blick auf das Fach Deutsch als Fremdsprache

Fremdsprachenunterricht und das Erlernen fremder Sprachen steht seit Jahrhunderten im Gefolge zweier großer Traditionen: Einer eher geisteswissenschaftlich ausgerichteten und einer eher ökonomisch orientierten Tradition. Tom McArthur (1998) belegt diese beiden Stränge treffend mit den Begriffen *„monastery tradition"* und *„marketplace tradition"*. Im europäischen Mittelalter ermöglichten primär klerikale Institutionen den Zugang zu fremden Sprachen (vornehmlich Latein). Parallel dazu etablierte sich aber auch die Tradition, eine Sprache zu erwerben, um mit Geschäftpartnern erfolgreich kommunizieren zu können. Die Beliebtheit der Sprachen richtete sich hierbei – und richtet sich in dieser Tradition auch heute noch – nach der ökonomischen Bedeutung der Regionen, in denen die Sprache gesprochen wird. Diese Traditionslinie des Sprachenlernens und der Fremdsprachenvermittlung interessiert vor allem die kommunikative Verwertbarkeit des Erlernten, die Anwendbarkeit in Gesprächen allgemeiner und geschäftlicher Natur, und entsprechend werden auch die Inhalte ausgewählt. Heute bewegt sich besonders der Unterricht in der Fremdsprache Englisch in dieser Tradition der Märkte.

Das deutschsprachige Wort *Bildung* ist ein internationaler Begriff, der in unzähligen Sprachen als Germanismus verwendet wird und ganz bestimmte Inhalte transportiert. Gerade der Bereich Deutsch als Fremdsprache sollte daher auf die Komponente Bildung keinesfalls verzichten. Sprachen haben Images, Deutsch ist eine Bildungssprache – und das auch aufgrund seiner Jahrhunderte währenden Tradition deutschsprachiger Literatur. Eines der Hauptmotive von Deutschlernern ist, Deutsch als die Sprache der Philosophie und der Literatur zu rezipieren. Besonders auch jüngere Lerner des Deutschen als Fremdsprache interessieren die speziellen soziokulturellen Inhalte, denen sie im Unterricht dann auch begegnen möchten. Hierzu Andrea Rössler in ihrem Artikel „Standards ohne Stoff",

> Geschieht dies nur bruchstückhaft, sinkt bei vielen Schülern die Motivation, die betreffende Sprache weiter zu lernen, u.a. auch deshalb, weil sie kein Interesse daran haben, die eigenkulturellen und transkulturellen Inhalte, die sie gegebenenfalls schon im Englischunterricht behandelt haben, noch einmal in ähnlicher Weise in einer weiteren Fremdsprache zu verhandeln. Eine Übergewichtung der eigenkulturellen und transkulturellen Diskurssphäre entspricht einem Lingua-franca-Modell, wie es allenfalls für das Englische interessant sein mag. Für die nachgelernten Fremdsprachen kann dieses Modell nicht in gleicher Weise greifen (2008: 55).

Diese Argumentation bedeutet dann auch, im Sinne der „area studies" zunehmend zielkulturell relevante Texte einzusetzen – und zwar so didaktisiert, dass ihre zielkulturelle Relevanz im Vordergrund steht; hermeneutische und rezeptionsästhetische Ansätze der Fremdsprachenvermittlung könnten in diesem Rahmen eine Renaissance erleben (vgl. Bredella 2007).

Kulturwissenschaftliche Paradigmen wie das Konzept der Intertextualität und dessen didaktische Umsetzung im Fremdsprachenunterricht gilt es für Fächer wie Deutsch als Fremdsprache zu überdenken, da hierdurch eher transkulturelle Aspekte der Sprachen fokussiert werden und weniger die Fremdkultur in ihren spezifischen Facetten.[3]

Sprachen haben Images; das Erlernen einer fremden Sprache ist häufig durch ein bestimmtes Image der Zielsprache motiviert. Deutsch ist nach wie vor die Sprache der Bildung – und das Fach Deutsch als Fremdsprache sollte auf das wertvolle und zeitübergreifende Image als Bildungssprache – abseits unberechenbarer und wechselnder Markttraditionen – nicht verzichten. Im Rahmen der notwendigen Standardisierungen für das Fremdsprachenlernen sollte gerade das Fach Deutsch als Fremdsprache darauf achten, dass Bildungskomponenten in die entsprechenden Modelle weiterhin und vermehrt einfließen.

Literaturverzeichnis

Bredella, Lothar (2007), Bildung als Interaktion zwischen literarischen Texten und Leser/innen. Zur Begründung der rezeptionsästhetischen Literaturdidaktik. In: Hallet, Wolfgang & Nünning, Ansgar (Hrsg.) (2007), 49-68.

Bredella, Lothar; Delanoy, Werner & Surkamp, Carola (Hrsg.) (2007), *Literaturdidaktik im Dialog*. Tübingen: Narr.

Bredella, Lothar & Hallet, Wolfgang (Hrsg.) (2007), *Literaturunterricht, Kompetenzen und Bildung*. Trier: WVT Wissenschaftlicher Verlag.

Breidbach, Stephan (2008), Fremdsprachliche Kompetenzen jenseits der Standardisierbarkeit. In: Lüger, Heinz-Helmut & Rössler, Andrea (Hrsg.) (2008), 117-134.

Brunner, Ilse; Häcker, Thomas & Winter, Felix (Hrsg.) (2008), *Das Handbuch Portfolioarbeit. Konzepte, Anregungen, Erfahrungen aus Schule und Lehrerfortbidung.* Seelze-Velber: Klett-Kallmeyer.

Burwitz-Melzer, Eva (2007), Ein Lesekompetenzmodell für den fremdsprachlichen Literaturunterricht. In: Bredella, Lothar & Hallet, Wolfgang (Hrsg.) (2007), 127-158.

De Florio Hansen, Inez (2008), Wer hat Angst vor Bildungsstandards? Überlegungen zur Kompetenz-, Aufgaben- und Inhaltsorientierung im Fremdsprachenunterricht. In: Lüger, Heinz-Helmut & Rössler, Andrea (Hrsg.) (2008), 59-86.

Delanoy, Werner (2007), Fremdsprachlicher Literaturunterricht und Bildungsstandards. In: Bredella, Lothar & Hallet, Wolfgang (Hrsg.) (2007), 159-176.

Europarat (2001), *Gemeinsamer europäischer Referenzrahmen für Sprachen: lernen, lehren, beurteilen.* Berlin et al.: Langenscheidt.

Frederking, Volker (2008), Literarische bzw. (literatur)ästhetische Kompetenz. Möglichkeiten und Probleme der empirischen Erhebung eines Kernbereichs des Deutschunterrichts. In: Frederking, Volker (Hrsg.) (2008), *Schwer messbare Kompetenzen. Herausforderungen für die Fachdidaktik.* Baltmannsweiler: Schneider Hohengehren, 36-64.

Glaboniat, Manuela & Müller, Martin et al. (Hrsg.) (2005), *Profile Deutsch.* Berlin, et al.: Langenscheidt.

---

3 Zur kulturwissenschaftlichen Einbettung des Fremdsprachenunterrichts siehe Hallet (2002).

Hallet, Wolfgang & Nünning, Ansgar (Hrsg.) (2007), *Neue Ansätze und Konzepte der Literatur- und Kulturdidaktik.* Trier: WVT Wissenschaftlicher Verlag.

Hallet, Wolfgang (2002), *Fremdsprachenunterricht als Spiel der Texte und Kulturen. Intertextualität als Paradigma einer kulturwissenschaftlichen Didaktik.* Trier: WVT Wissenschaftlicher Verlag.

Hunfeld, Hans (2004), *Fremdheit als Lernimpuls. Skeptische Hermeneutik – Normalität des Fremden – Fremdsprache Literatur.* Meran: ALPHA BETA.

Klieme, Eckhard; Avenarius, Hermann et al. (2007, 2003[1]), *Zur Entwicklung nationaler Bildungsstandards. Expertise.* Berlin: BMBF.

Lüger, Heinz-Helmut & Rössler, Andrea (Hrsg.) (2008), *Wozu Bildungsstandards? Zwischen Input- und Outputorientierung in der Fremdsprachenvermittlung. Beiträge zur Fremdsprachenvermittlung.* (Sonderheft 13). Landau: Empirische Pädagogik.

McArthur, Tom (1998), *The English Languages.* Cambridge: Cambridge University Press.

Moser, Urs (2006), Was bringen Bildungsstandards den Lernenden? [online: www.ibe.uzh.ch, aufgerufen im Mai 2009].

Nünning, Ansgar (2007), Bildung durch Sprache(n) und Literatur. Zur Aktualität von Wilhelm von Humboldts Bildungstheorie. *Zeitschrift für Fremdsprachenforschung* 18: 2, 143-164.

Schweizerische Konferenz der kantonalen Erziehungsdirektoren (Hrsg.) (2001), *Europäisches Sprachenportfolio.*

Tesch, Bernd; Leupold, Eynar & Köller, Olaf (Hrsg.) (2008), *Bildungsstandards Französisch: konkret. Sekundarstufe I: Grundlagen, Aufgabenbeispiele und Unterrichtsanregungen.* Berlin: Cornelsen.

Aspekte der Evaluation interkultureller Kompetenzen im Fremdsprachenunterricht

Adelheid Hu

In diesem Beitrag geht es um die Evaluation interkultureller Kompetenzen im Kontext fremdsprachlichen Lernens. Zunächst skizziere ich kurz den eher hermeneutisch-kulturwissenschaftlich orientierten Diskurs innerhalb der interkulturellen Fremdsprachendidaktik und stelle diesen neben den aktuellen Diskurs der Kompetenzorientierung. Es zeigt sich dabei, dass es sich hier um nicht leicht zu vereinbarende Positionen handelt, die auf durchaus unterschiedlichen Prämissen aufbauen. Im Hauptteil des Beitrags stelle ich die wichtigsten Themen und Fragestellungen eines gerade erschienenen Sammelbandes dar, in dem die Möglichkeiten der empirischen Erforschung kultureller Lernprozesse und vor allem auch die Frage ihrer Evaluation interdisziplinär bearbeitet wurden. Zum Schluss erläutere ich einige auch angesichts der aktuellen Forschungslage noch nicht befriedigend gelöste Forschungsfragen.

1. Einleitung

„Interkulturelle Kompetenz“ wird in den derzeitigen kompetenz- und standardorientierten Leitpapieren über (fremd-)sprachliche Bildung als Schlüsselqualifikation und wichtiges Leitziel hervorgehoben (vgl. z. B. entsprechende Passagen im „Gemeinsamen Europäischen Referenzrahmen“ [GER], Europarat 2001: 51, 105, 132 f., 145; vgl. auch die entsprechenden Passagen in den Bildungsstandards für die erste Fremdsprache, Kultusministerkonferenz [KMK] 2003, Abschnitte 1 und 3.3); gleichzeitig erscheint aber die Entwicklung und Förderung gerade dieser Domäne sprachlich-kulturellen Lernens in einem standard- und kompetenzorientierten Unterricht insofern bedroht, als sie zu den wenig operationalisierten und schwer – möglicherweise zum Teil gar nicht – messbaren Bereichen gehört (vgl. Frederking 2008). Da noch nicht absehbar ist, welchen Einfluss die von der KMK geplanten Testungen auf die Gesamtheit des Fremdsprachenunterrichts haben (vgl. die Gesamtstrategie der KMK zum Bildungsmonitoring, KMK 2006), ist zu befürchten, dass diejenigen Aspekte sprachlichen Lernens an den Rand gedrängt werden, die psychometrisch nicht eindeutig messbar sind (vgl. Bredella 2006; Hu 2005; Krumm 2005). Vorstellbar sind nun zwei Szenarien: Entweder wird gewährleistet, dass neben den leichter messbaren Kompetenzen wie z. B. informationsentnehmendem Lese- oder Hörverstehen genügend Freiräume für interkulturelle, reflexive, ethische und ästhetische Aspekte sprachlichen Lernens bleiben – auch wenn sie nicht im strengen Sinne messbar sind. Die andere Option besteht darin, auch die schwer messbaren Kompetenzen so weit zu operationalisieren, zu stufen und durch Aufgaben zu normieren, dass sie – zumindest teilweise – evaluierbar werden.

In diesem Beitrag gehe ich zunächst auf die nicht ohne weiteres zu vereinbarenden Ansätze der interkulturellen Fremdsprachendidaktik und der Kompetenzorientierung ein. Es folgen einige Überlegungen zum Verhältnis von Bildungspolitik, Praxisdruck und Forschung. Im Anschluss daran stelle ich ein Buchprojekt vor, in dem der *state of the art* zum Thema Evaluation interkultureller Kompetenzen abgebildet ist. Ich schließe meinen Beitrag mit einigen offenen Fragen, die für zukünftige Forschungen in diesem Bereich relevant sind.

2. Interkulturalität und Kompetenz: Zusammentreffen unterschiedlicher Diskurse

Die Forschung zu interkulturellen Verstehensprozessen durch das Lernen von Sprachen ist weitgehend durch hermeneutische und kulturwissenschaftliche Ansätze geprägt, die einen deutlichen Akzent auf den *Prozess* von Lernen und Verstehen setzen und die Komplexität wie auch Kontextabhängigkeit z.B. von Identitätsentwicklungsprozessen durch Sprachenlernen beschreiben (vgl. für eine ausführlichere Darstellung Hu 2007, 2008). Im Gegensatz dazu entspringt der Ansatz der Kompetenzorientierung eher ökonomischem Denken und ist gleichzeitig messtheoretisch motiviert. Die von der OECD in Auftrag gegebenen großen Studien über Schülerleistungen im internationalen Vergleich haben zu einer Reformagenda geführt, die das Verständnis von Lernen, Schule und Bildung in bedeutsamer Weise beeinflusst. Insbesondere in Deutschland hat die durch PISA offen gelegte Diskrepanz zwischen den Zielen des Bildungssystems und den tatsächlich erreichten Ergebnissen zu einer Reihe von bildungspolitischen Maßnahmen geführt, die zu einer Verbesserung der Leistungsfähigkeit der deutschen Schülerinnen und Schüler führen soll (vgl. Klieme & Leutner 2006: 876). Die Bildungsstandards, die von der Kultusministerkonferenz bereits 2003 für die Fächer Mathematik, Deutsch und die erste Fremdsprache (Englisch/Französisch) vorgelegt wurden, bilden ein Kernelement innerhalb der anvisierten bildungspolitischen Gesamtsstrategie.

Ein wichtiges Stichwort in diesem Zusammenhang ist ‚Bildungsmonitoring': Es wird geplant, mittel- und langfristig letztlich für das gesamte Bildungssystem (Schulen wie auch Hochschulen) für jedes Fach Ziele in Form von kompetenzorientierten Anforderungskatalogen festzulegen, die evaluierbar sind. Ziel dieses bildungspolitischen Großprojekts ist eine ‚evidence based policy and practice' (vgl. Klieme & Leutner 2006: 877), d.h., Lernergebnisse werden großflächig von Evaluationsagenturen in regelmäßigen Abständen erhoben, verglichen und – je nach Bedarf – an Schulen, Bundesländer oder Länder zurückgemeldet.

Vergleicht man die Schlüsselbegriffe und Leitmetaphern des Kompetenzdiskurses mit denen der hermeneutisch-kulturwissenschaftlich ausgerichteten Interkulturellen Fremdsprachendidaktik, wird deutlich, dass hier zwei unterschiedliche „Philosophien" aufeinander treffen: Ist auf der einen Seite die Rede von ‚Identität', ‚kultureller Komplexität', ‚Mehrsprachigkeit', ‚Hybridität', ‚Verstehen', ‚Deutungsmustern', ‚Vielfalt', ‚Überlappung', ‚Intertextualität', ‚Bedeutung', ‚Sinn' usw., findet man auf der anderen Seite ‚Qualität', ‚Kompetenz', ‚Standardisierung', ‚Strategie', ‚Bildungsmonitoring', ‚Wettbewerb', ‚Tests', ‚Leistungsfähigkeit', ‚Rankings', ‚Evaluation', ‚Effizienzorientierung', ‚Wissensmanagement', ‚Kontrolle', ‚Verwertbarkeit', ‚Exzellenz' u.v.m. (vgl. KMK 2006). Offensichtlich haben wir es hier mit zwei Diskursen zu tun, die in ihren Anliegen, Prämissen und methodischen Zugängen nur schwer vereinbar sind. In dem Konzept der „Interkulturellen Kompetenz" liegt also durch das Zusammentreffen zweier Begriffe aus unterschiedlichen Denktraditionen eine besondere Herausforderung.[1]

3. Bildungspolitik, Praxisdruck, Forschung

Interkulturelle Kompetenz ist – wie anfangs bereits erwähnt – ein bildungspolitisches Schlagwort, das in Präambeln und in politischen Leitpapieren zur Werteerziehung einen zentralen Stellenwert hat, so auch im GER und in den Bildungsstandards für die erste Fremdsprache. Gleichzeitig bleibt das Konzept nach wie vor unscharf und riskiert, eben durch den einsetzenden Druck der Sichtbar- und Messbarmachung von Kompetenzen, kaum konkret in die Curricula Eingang zu finden und im Sprachenunterricht eine tatsächliche Rolle zu spielen.

---

1 Die gerade geschilderte Situation trifft allerdings weniger auf die Ausrichtung interkultureller Kompetenzforschung zu, die sich – insbesondere in den USA – im Kontext von Wirtschaftskommunikation und Internationalem Management (vgl. Mughan 2009) entwickelt hat. Effizienzgesichtpunkte standen hier von Anfang an wesentlich stärker im Mittelpunkt als Identitätsfragen oder Verstehensprozesse. Schönhuth z.B. definiert interkulturelle Kompetenz als die Fähigkeit, in der interkulturellen Begegnung angemessen Kontakt aufzunehmen, die Rahmenbedingungen für eine für beide Seiten befriedigende Verständigung auszuhandeln und sich mit dem Betreffenden effektiv auszutauschen (Schönhuth 2005: 102, hier zitiert nach Rathje 2006: 3). Auch die Komplexität kultureller Lernprozesse sowie des Kulturkonzepts selbst, die Rolle der Sprache als Kommunikationsmedium, sowie die Frage, was grundsätzlich unter interkultureller Kommunikation zu verstehen ist, werden in diesen Ansätzen kaum problematisiert (vgl. dazu ausführlich Rathje 2006). Es verwundert von daher nicht, dass die Bereitschaft zur Messbarkeit und Testbarkeit interkultureller Kompetenz hier ebenfalls wenig in Frage gestellt wird (vgl. dazu Deller & Albrecht 2007; Fleming & Feng 2009).

Zydatiß bringt dieses Dilemma treffend auf den Punkt:

> Es stellt sich der Fremdsprachendidaktik in ihrer Gesamtheit die Frage, ob sie sich diesem ergebnisorientierten Denken (= outcome matters) – zumindest in Teilbereichen (z.B. in der Literaturdidaktik oder der Inhaltsdimension des interkulturellen Lernens) – grundsätzlich verweigert, oder ob sie sich im ureigenen Interesse (z.B. um nicht gänzlich aus dem Curriculum hinauskatapultiert zu werden) in diesen Prozess aktiv einbindet. [...] Wenn die Literaturdidaktik und die Didaktik des interkulturellen Lernens ihre Ziele im Fremdsprachenunterricht verankern wollen, dann müssen sie aktiv an der Konzeption und Validierung von Überprüfungsaufgaben mitwirken bzw. ihre diesbezüglichen Ansprüche gegenüber der Bildungspolitik überhaupt erst einmal mit Nachdruck anmelden (Zydatiß 2006: 258 f.).

Der Zeitdruck ist also groß, und Schulen, Lehrkräfte und Didaktiker sind angehalten, möglichst schnell praktikable Umsetzungsmöglichkeiten für den Unterricht zu finden und anwendungstaugliche Modelle – gerade auch zur Evaluation von interkultureller Kompetenz – vorzulegen. Dieses führt zwar zu wichtigen Versuchen, Aufgaben zu interkulturellen Kompetenzen (vgl. z.B. die Rahmenaufgaben in Tesch, Leupold, Köller 2008; Huber-Kriegler, Lázár & Strange 2003) zu entwickeln und Niveaustufen für interkulturelle Kompetenz vorzulegen (vgl. z.B. Béacco 2004, LOLIPOP-Projekt [www.lolipop-portfolio.eu], INCA.Projekt [www.incaproject.org.uk]). Allerdings besteht dabei das Problem, dass die angenommenen Entwicklungsstufen interkultureller Kompetenz nicht empirisch begründet und dass sie oft allgemeingültig-universell (also kontext- und altersunabhängig) angelegt sind. Hinzu kommt, dass sie – vermutlich durch den Zeit- und Praxisdruck – auf Konzepte von Kultur, Differenz, Identität und Interkulturalität zurückgreifen, die aus kulturwissenschaftlicher Perspektive als fragwürdig gelten müssen. Was unter dem Stichwort „Interkulturelle Kompetenz" – gerade auch in bildungspolitischen Leitpapieren – aufgeführt wird, ist oft ein Konglomerat von alltagssprachlichen Konzepten und Vorstellungen, die die wissenschaftliche Forschung zu den Themen außer Acht lassen. Es besteht also ein unausgeglichenes, z.T. widersprüchliches Verhältnis zwischen kulturwissenschaftlicher Theoriebildung und anwendungsorientierten interkulturellen Positionen. Gleichzeitig ist allerdings auch zu beobachten, dass kulturtheoretisch differenzierte Positionen selten konkrete Ansätze für empirische Forschungsdesigns oder didaktische Praxisentwicklung liefern. Die Herausforderung besteht also zukünftig in der Entwicklung empirischer Designs und Aufgaben für den Unterricht, die nicht hinter die bereits bestehenden theoretischen wie auch empirischen Erkenntnisse zurückfallen.

4. „Interkulturelle Kompetenz und fremdsprachliches Lernen: Modelle, Empirie, Evaluation" – ein Buchprojekt zum *State of the Art*

Ich stelle hier in Kürze einen im Mai 2009 erschienenen Band vor (Hu & Byram 2009), in dem empirische Forschungen zu interkulturellen Lernprozessen sowie die Möglichkeiten der Messung und Evaluation im Zentrum stehen. Um der Komplexität der Fragestellungen gerecht zu werden, ist der Band interdisziplinär und international ausgerichtet. Vertreten sind die Entwicklungspsychologie, die Pädagogische Psychologie, die Erziehungswissenschaft, die Fremdsprachendidaktik, die Kulturwissenschaft und die *Applied Linguistics* – dabei stammen die Autoren aus sechs verschiedenen Ländern. Angesichts der oben skizzierten bildungspolitischen Situation scheint uns dieser Fokus aktuell von besonderer Dringlichkeit.

Die Leitziele richten sich auf folgende Aspekte:

- Kritische Sichtung von theoretischen Modellierungen von Interkultureller Kompetenz und ihrer Entwicklung.
- Kritische Prüfung empirischer Instrumente zu sprachlich-kulturellen Lernprozessen.
- Verschränkung entwicklungspsychologischer und didaktischer Forschung zu interkulturellen Lernprozessen bei Kindern und Jugendlichen aus der Perspektive der Entwicklungspsychologie.
- Prüfung bestehender Ansätze zur Evaluation und psychometrischen Messung von Interkultureller Kompetenz.

Konkrete Forschungsfragen sind z. B:

- Wann ziehen Kinder den Faktor Kultur zur Erklärung von Verhaltensweisen heran? Wie entwickelt sich das subjektive Wissen um die kulturelle Verankerung von Traditionen, Normen und Verhaltensregeln und welche Rolle spielt dabei das Lernen anderer Sprachen? Welche Stadien von interkultureller Kompetenz sind in bestimmten Alters- bzw. kognitiven Entwicklungsstufen zu erreichen?
- Wie entwickelt sich bei Kindern und Jugendlichen das Verständnis über ethnische und nationale Zugehörigkeit und wie entwickeln sich Stereotypen und Vorurteile? Welche Faktoren (inner- und außerhalb des Fremdsprachenunterrichts) begünstigen die Entwicklung von Interkultureller Kompetenz?
- Mit welchen forschungsmethodischen Vorgehensweisen sind kulturelle Lernprozesse rekonstruierbar (Interviews, Diskursanalyse, Unterrichtsvideographien)? Was kennzeichnet „kulturelle Lernprozesse" (Änderung von Deutungsmustern, Selbstrelativierung, Empathiefähigkeit, Versuch von Perspektivenwechsel)?
- In welchem Verhältnis stehen kulturelles und fremdsprachliches Lernen zueinander?
- Welche curricularen Zielsetzungen sind für welche Altersstufe angemessen?

- Mit welchen forschungsmethodisch validen Verfahren kann interkulturelle Kompetenz evaluiert oder gemessen werden?
- Wie sind bisher vorliegende (normative) Modelle von Interkultureller Kompetenz und interkultureller Kompetenzentwicklung aufgrund der existierenden empirischen Forschungsergebnisse zu beurteilen?

Ich kann an dieser Stelle nicht ausführlicher auf die einzelnen Beiträge eingehen, die sich – jeweils aus der Perspektive einer spezifischen Disziplin – diesen Fragen detailliert widmen (vgl. im Einzelnen Hu & Byram 2009). Ich will jedoch auf einige offene Fragen zu sprechen kommen, die sich als Fazit ergeben.

5. Offene Fragen

5.1 Kulturkonzepte und epistemologische Prämissen

Zunächst zeigt sich in den Beiträgen dieses Bandes das Problem unterschiedlicher Konzepte von Kultur. Die zentrale Frage richtet sich dabei nicht nur auf die Konzipierung von Kultur als in sich dynamisches und heterogenes System (im Gegensatz zu der Vorstellung homogener und abgrenzbarer Kulturen). Noch entscheidender ist die Art und Weise, wie Kultur epistemologisch verstanden wird: als stets neu – durch Diskurs – geschaffen (vgl. z.B. Risager 2009 und Kramsch 2009) oder als objektiv von außen zu bestimmende Einheit. So ging es z.B. bei der Messung interkultureller Kompetenz in der DESI-Studie um die Beurteilung deutsch-englischer *critical incidents* – mit dem Akzent auf Besonderheiten *englischer* Kultur (vgl. Hesse 2009; Nold 2009; Göbel 2009; Papenberg 2009). Die extreme kulturelle Heterogenität, gerade im Londoner Raum, wurde ganz ausgeblendet; bei Fleming & Feng (2009) werden *Confucian Heritage Cultures* als kulturelle Einheit zugrundegelegt, was eine nicht empirisch begründete Annahme über bestimmte gemeinsame kulturelle Merkmale impliziert. Aber auch Ansätze, die mit Sinnkonstruktion (und nicht der Herkunft) als zentralem Paradigma arbeiten, wählen Probanden aus unterschiedlichen Ländern aus, um interkulturelles Lernen zu erforschen (vgl. z.B. Altmayer 2009; Bechtel 2009) – die Kategorie der Herkunft kommt so doch indirekt ins Spiel. Gerade im interdisziplinären Diskurs ist ein Offenlegen der kulturtheoretischen Prämissen – gerade auch für die kulturelle Perspektive der Forschenden selbst – unabdingbar. Interessant und umstritten ist in dem Kontext aber auch die Frage, inwieweit essentialistische und differenzorientierte oder homogenisierende Kulturkonzepte je nach Kontext und Funktion akzeptabel sind – z.B. in pädagogischen Kontexten. Einige AutorInnen (Risager 2009; Caspari & Schinschke 2009; Bechtel 2009) sprechen sich durchaus in diesem Sinne für einen pragmatischen Umgang mit dem Kulturbegriff aus. Dennoch bleibt die Frage, inwieweit ein solches Vorgehen nicht ein Zurückfallen hinter kulturtheoretisch anerkannte Konzepte bedeutet, und ob nicht – auch in praxisbezogenen Kontexten interkulturellen Lernens – auf theoretischer Ebene eine

Ausdifferenzierung und eine Reflexion über die Kernkonzepte (Kultur, Stereotype, eigen-fremd, Verstehen etc.) stattfinden sollte.

5.2 Zur Relation einzelner Komponenten von Interkultureller Kompetenz

In vielen Ansätzen besteht Konsens darüber, dass Interkulturelle Kompetenz aus verschiedenen Komponenten besteht. Gängig ist die grobe Unterscheidung in eine Einstellungs-, eine Wissens- und eine Verhaltenskomponente. Dennoch bleiben – trotz dieses Konsenses – Fragen in diesem Zusammenhang offen. Sind die einzelnen Konstituenten/Komponenten jeweils unabdingbar/notwendig? In welcher synergetischen Kombination gelten sie als hinreichend, um interkulturell kompetentes Handeln zu gewährleisten? Stehen sie in einem hierarchischen Verhältnis? Wie wären sie gegebenenfalls zu gewichten? Wie ist die semantische, pragmatische und empirische Beziehung zwischen den Komponenten zu bestimmen? Wie entstehen sie in welcher Art von Lernprozessen (z.B. biographisch-episodisch) und entwickeln sie sich separat/ parallel? Inwieweit können sie durch Instruktion gefördert werden?

Eine weiterführende Forschung könnte die Frage stellen, in welchem Zusammenhang landeskundliches Wissen (z.B. über politische, historische oder geographische Gegebenheiten) und Einstellungen stehen, bzw. unter welchen Bedingungen Wissen mit positiven Einstellungen korreliert.

5.3 Zur Relation von Sprachkompetenz und interkulturellen Kompetenzen

Gerade der interdisziplinäre Blick zeigt, wie unterschiedlich dieser Aspekt gesehen wird. Wie z.B. Mughan (2009) aufzeigt, zeichnet sich die interkulturelle Kompetenzforschung im Kontext von *business communication* durch eine durchgängige Vernachlässigung des sprachlichen Aspekts aus. Fragen wie: In welcher Sprache wird kommuniziert? Welchen Einfluss hat eine lingua-franca-Kommunikation auf den Gesprächsverlauf? stehen hier nicht zur Debatte. Interkulturelle Kompetenz erscheint hier als eine von (fremd-)sprachlicher und kommunikativer Kompetenz losgelöste Kompetenz. Diese Vernachlässigung des sprachlichen Aspekts ist aus diskurstheoretischer und fremdsprachendidaktischer Sicht kaum nachvollziehbar:

> Menschliche Sinnstiftung, intra- oder interkulturelle Kommunikation und Interaktion (…) ist in erster Linie an die Sprache gebunden bzw. sprachlich vermittelt. Das gilt für alle Formen intra- wie interkulturellen Austauschs. Sprache und Kultur sind aufs engste miteinander verwoben. (Göller 2000: 330f).

Ein anderes Extrem findet sich bei Bennett, Bennett & Allen (2003: 255). Hier werden das fremdsprachliche Niveau und die Stufen der interkulturellen Sensitivität, so wie sie bei Bennett entwickelt wurden, in direkten Zusammenhang gesetzt, so dass ein Anfänger in der Fremdsprache typischerweise auch ethnozentrische Einstellungen vertritt, ein Fortgeschrittener ethnorelative

Einstellungen. Auch dies ist schwer nachvollziehbar, da interkulturelle Kompetenzen nicht allein von fremdsprachlichen Kompetenzen (v.a. nicht im Kontext eines Sprachkurses) abhängen. Außerdem ist das Verhältnis von sprachlich-linguistischer Kompetenzentwicklung und der Entwicklung von Einstellungen gegenüber kultureller Andersartigkeit bislang noch nicht empirisch belegt. Hier besteht weiterführender Forschungsbedarf.

5.4 Zur Problematik von Entwicklungsmodellen interkultureller Kompetenz

Ein bekanntes Entwicklungsmodell im Kontext von interkultureller Kompetenz ist das Modell von Milton J. Bennett zur *intercultural sensitivity* (Bennett 1993), das auch bei der Messung interkultureller Kompetenz im Rahmen der DESI-Studie zugrundegelegt wurde (vgl. Hesse 2009; Nold 2009; Göbel 2009; Papenberg 2009). Bei näherer Betrachtung dieses Modells ergeben sich allerdings eine ganze Reihe offener Fragen, die definitiv weiterführender Forschungen bedürfen: Inwieweit handelt es sich bei der Entwicklung der Bennettschen *worldviews* von Ethnozentrismus zu Ethnorelativismus um zwangsläufig zu durchlaufende Stufen, die universellen Anspruch erheben? In Bennett, Bennett & Allen wird dies behauptet: „The model is developmental because it assumes that issues at each stage need to be resolved in some way before the learner can move on to deal with more complex issues at later stages." (Bennett, Bennett & Allen 2003: 246). Aber in welchem Alter und in welchem Lernkontext setzt das Modell an? Um welche Lerner handelt es sich? Um Studierende oder jüngere Schüler? Wie steht es um Lernende mit Migrations- bzw. mit zwei- oder mehrsprachigem Hintergrund? Inwieweit ist die Einstellung gegenüber kultureller Differenz nicht ihrerseits davon abhängig, um welche Art von kultureller Differenz es sich handelt? (vgl. Hesse 2009; vgl. für differenzierende Forschungsergebnisse auch Barrett 2007). Inwieweit ist die starke Differenzorientierung angemessen? Neben diesen grundlegenden Problemen bleibt außerdem die entscheidende Frage, welche Art von Erfahrungen, Einsichten oder kognitivem Zugewinn unter welchen Bedingungen zu einer Einstellungsänderung führt. Weiterführende Forschungen sind hier notwendig, um – gerade auch in Mikrostudien (vgl. Bechtel 2009) – differenziert und kontextabhängig interkulturelle Lernprozesse zu beschreiben. Eine andere zentrale Frage im Kontext von Entwicklungsmodellen interkultureller Kompetenz betrifft die den Modellen selbst inhärenten normativen Prämissen (vgl. v.a. Byram 2009). Inwieweit haben wir es mit einem normativen Interaktionsbegriff zu tun, der Konfrontationen, Aversionen und Regelverstöße ausschließt? Wie wird mit unerwünschten Lerneffekten umgegangen? Inwieweit sind die impliziten moralischen Normen selbst kulturspezifisch? Inwieweit steht die gängige normative Begründung interkultureller Kompetenz (Toleranz, Achtung, Anerkennung etc.) im Gegensatz zu effizienzorientierten Ansätzen bzw. wird zu einer lediglich inszenierten Haltung?

In diesem Zusammenhang sind zukünftig Arbeiten von großer Bedeutung, die in Kooperation mit WissenschaftlerInnen aus unterschiedlichen Regionen der Welt die versteckten (eurozentrischen oder westlichen) Normen gerade von Modellen mit universalem Anspruch relativieren (vgl. Henze 2007).

Literaturverzeichnis

Altmayer, Claus (2009), Instrumente für die empirische Erforschung kultureller Lernprozesse im Kontext von Deutsch als Fremdsprache. In: Hu, Adelheid & Byram, Michael (Hrsg.) (2009), 123-138.

Barrett, Martyn (2007), *Children's Knowledge, Beliefs and Feelings about Nations and National Groups*. Hove: Psychology Press.

Béacco, Jean-Claude (2004), *Niveau B2 pour le Français. Textes et Références*. Paris: Didier.

Bechtel, Mark (2009), Empirische Untersuchung zu interkulturellem Lernen in deutsch-französischen Tandemkursen mit Hilfe der Diskursanalyse. In: Hu, Adelheid & Byram, Michael (Hrsg.) (2009), 139-158.

Bennett, Janet M.; Bennett, Milton J. & Allen, Wendy (2003), Developing intercultural competence in the language classroom. In: Lange, Dale L. & Paige, Michael (eds.) (2003), *Culture as the core*, Greenwich: Information Age Publishing, 237-270.

Bennett, Milton J. (1993), Towards ethnorelativism. A developmental model of intercultural sensitivity. In: Paige, Michael (ed.) (1993), *Education for the intercultural experience*. Yarmouth: Intercultural Press, 21-72.

Bredella, Lothar (2006), Bildungsstandards und ihre Umsetzung. In: Timm, Johannes-Peter (Hrsg.) (2006), *Fremdsprachenlernen und Fremdsprachenforschung: Kompetenzen, Standards, Lernformen, Evaluation. Festschrift für Helmut Johannes Vollmer*. Tübingen: Narr, 105-122.

Byram, Michael (2009), Evaluation and / or Assessment of Intercultural Competence. In: Hu, Adelheid & Byram, Michael (Hrsg.) (2009), 215-234.

Caspari, Daniela & Schinschke, Andrea (2009), Aufgaben zur Feststellung und Überprüfung interkultureller Kompetenzen im Fremdsprachenunterricht. Entwurf einer Typologie. In: Hu, Adelheid & Byram, Michael (Hrsg.) (2009), 273-282.

Deller, Jürgen & Albrecht, Anne-Grit (2007), Interkulturelle Eignungsdiagnostik. In: Straub, Jürgen; Weidemann, Arne & Weidemann, Doris (Hrsg.) (2007), *Handbuch Interkulturelle Kommunikation und interkulturelle Kompetenz. Band II: Forschungs- und Praxisfelder*. Stuttgart: Metzler.

Europarat (2001), *Gemeinsamer europäischer Referenzrahmen für Sprachen: lernen, lehren, beurteilen*. Berlin et al.: Langenscheidt.

Fleming, Mike & Feng, Anwei (2009), Assessing Intercultural Competence: The Sailsa Project. In: Hu, Adelheid & Byram, Michael (Hrsg.) (2009), 232-252.

Frederking, Volker (Hrsg.) (2008), *Schwer messbare Kompetenzen. Herausforderungen für die empirische Fachdidaktik*. Baltmannsweiler: Schneider Hohengehren.

Göbel, Kerstin (2009), Die Bedeutung von Kulturkontakterfahrung der Lehrenden für die Implementierung interkultureller Lerninhalte im Englischunterricht. In: Hu, Adelheid & Byram, Michael (Hrsg.) (2009), 179-198.

Göller, Thomas (2000), *Kulturverstehen. Grundprobleme einer epistemologischen Theorie der Kulturalität und kulturellen Erkenntnis*, Würzburg: Königshausen und Neumann.

Henze, Jürgen (2007), Interkulturelle Kommunikation und Kompetenz. Nicht-westliche Perspektiven. In: Straub, Jürgen; Weidemann, Arne & Weidemann, Doris (Hrsg.) (2007), *Handbuch Interkulturelle Kommunikation und Kompetenz*. Stuttgart: Metzler, 304-311.

Hesse, Hermann-Günter (2009), Zur Messung interkultureller Kompetenz aus psychologischer Sicht. In: Hu, Adelheid & Byram, Michael (Hrsg.) (2009), 161-172.

Hu, Adelheid (2005), Überlegungen zur Einführung von Bildungsstandards aus der Perspektive sprachlichen Lernens und Lehrens. In: Bausch, Karl-Richard; Burwitz-Melzer, Eva; Königs, Frank G. & Krumm, Hans-Jürgen (Hrsg.) (2005): *Bildungsstandards für den Fremdsprachenunterricht auf dem Prüfstand. Arbeitspapiere der 25. Frühjahrskonferenz zur Erforschung des Fremdsprachenunterrichts*. Tübingen: Narr, 123-131.

Hu, Adelheid (2007), Sprachen, Leistung, Bildung. Schulisches Sprachenlernen und -lehren in der Perspektive von Bildungsgangforschung und Bildungsstandards. In: Decke-Cornill, Helene; Hu, Adelheid & Meyer, Meinert (Hrsg.) (2007), *Sprachen lernen und lehren. Die Perspektive der Bildungsgangforschung*. Opladen & Farmington Hills: Barbara Budrich, 233-250.

Hu, Adelheid (2008), Zum Problem der Operationalisierbarkeit von Interkultureller Kompetenz im Fremdsprachenunterricht. In: Frederking, Volker (Hrsg.) (2008), *Schwer operationalisierbare Kompetenzen. Herausforderungen empirischer Fachdidaktik*. Baltmannsweiler: Schneider Hohengehren, 11-35.

Hu, Adelheid & Byram, Michael (Hrsg.) (2009), *Interkulturelle Kompetenz und Fremdsprachliches Lernen. Modelle, Empirie, Evaluation [Intercultural Competence and Foreign Language Learning. Models, Empiricism, Assessment]*. Tübingen: Narr.

Huber-Kriegler, Martina; Lazar, Ildikó & Strange, John (2003), *Mirrors and windows. An intercultural communication textbook*. Graz: Council of Europe Publishing.

INCA Project (= Intercultural Competence Assessment Project), Leonardo da Vinci, European Training in the UK and CILT, The National Centre for Languages, London, UK. [www.incaproject.org (08.08.08)].

Klieme, Eckhard & Leutner, Detlev (2006), Kompetenzmodelle zur Erfassung individueller Lernergebnisse und zur Bilanzierung von Bildungsprozessen. *Zeitschrift für Pädagogik* 52: 6, 876-903.

Kramsch, Claire (2009), Discourse, the symbolic dimension of Intercultural Competence. In: Hu, Adelheid & Byram, Michael (Hrsg.) (2009), 107-121.

Krumm, Hans-Jürgen (2005), Hilfreiche Standardisierung oder fatale Normierung: Gedanken zur Problematik von Bildungsstandards und Lernstandserhebungen. In: Bausch, Karl-Richard; Burwitz-Melzer, Eva; Königs, Frank G. & Krumm, Hans-Jürgen (Hrsg.) (2005), *Bildungsstandards für den Fremdsprachenunterricht auf dem Prüfstand. Arbeitspapiere der 25. Frühjahrskonferenz zur Erforschung des Fremdsprachenunterrichts*. Tübingen: Narr, 151-158.

Lolipop Project (= Language On Line Portfolio Project) [www.lolipop-portfolio.eu (08.08.08)]

Mughan, Terry (2009), Business and management theories and models of Intercultural Competence: Implications for foreign language learning. In: Hu, Adelheid & Byram, Michael (Hrsg.) (2009), 3-14.

Nold, Günther (2009), Assessing components of intercultural competence – reflections on DESI and consequences. In: Hu, Adelheid & Byram, Michael (Hrsg.) (2009), 173-177.

Papenberg, Stefan (2009), Die Überwindung von Ethnozentrismus im Englischunterricht: eine empirische Studie. In: Hu, Adelheid & Byram, Michael (Hrsg.) (2009), 199-212.

Rathje, Stephanie (2006), Interkulturelle Kompetenz. Zustand und Zukunft eines umstrittenen Konzepts. *Zeitschrift für Interkulturellen Fremdsprachenunterricht* 11: 3 [Online: http://zif.spz.tu-darmstadt.de/jg-11-3/beitrag/Rathje1. htm].

Risager, Karen (2009), Intercultural Competence in the Cultural Flow. In: Hu, Adelheid & Byram, Michael (Hrsg.) (2009), 15-30.

Schönhuth, Michael (2005), *Glossar: Kultur und Entwicklung – ein Vademecum durch den Kulturdschungel.* Trier: Trierer Materialien zur Ethnologie.

Ständige Konferenz der Kultusminister der Länder in der Bundesrepublik Deutschland (KMK), Beschlüsse der Kultusministerkonferenz (2003), *Bildungsstandards für die erste Fremdsprache (Englisch/Französisch) für den Mittleren Schulabschluss* [http://www.kmk.org/fileadmin/doc/Bildung/IVA/IVABeschluesse/Bildungsstandards/103-3_MSA-1Fremdspr.pdf (23.04.09)].

Ständige Konferenz der Kultusminister der Länder in der Bundesrepublik Deutschland (KMK) (2006), *Gesamtstrategie der Kultusministerkonferenz zum Bildungsmonitoring* [http://www.kmk.org/fileadmin/doc/Bildung/IVA/IVA-Dokumente/Intern/Gesamtstrategie_Endf.pdf (23.04.09); zitiert als KMK 2006].

Tesch, Bernd; Leupold, Eynar & Köller, Olaf (Hrsg.) (2008), *Bildungsstandards konkret. Französisch.* Berlin: Cornelsen Scriptor.

Zydatis, Werner (2006), Stehen wir vor einem *meltdown* in der Persönlichkeitsbildung im schulischen Fremdsprachenunterricht? – Vermutlich ja, aber gerade deshalb sollten empirisch erprobte, integrierte Lern- und Überprüfungsaufgaben für diese Bereiche entwickelt werden! In: Bausch, Karl-Richard; Burwitz-Melzer, Eva; Königs, Frank G. & Krumm, Hans-Jürgen (Hrsg.) (2005), *Bildungsstandards für den Fremdsprachenunterricht auf dem Prüfstand. Arbeitspapiere der 25. Frühjahrskonferenz zur Erforschung des Fremdsprachenunterrichts*. Tübingen: Narr, 256-264.

Im Fach Biologie auch Sprache unterrichten? – Anmerkungen zum „Kompetenzbereich Kommunikation" in den Bildungsstandards

Gabriele Kniffka

In die neuen Bildungsstandards für die naturwissenschaftlichen Fächer sind Kompetenzerwartungen im Bereich Sprache („Kompetenzbereich Kommunikation") integriert. Damit werden Möglichkeiten eröffnet, die Sprachkompetenz bildungsbenachteiligter Schülerinnen und Schüler im Fachunterricht zu erweitern und somit ihre Chancen auf einen besseren Schulabschluss zu erhöhen.

1. Sprachkompetenz – Schlüsselkompetenz für Schulerfolg

Sprachliche Kompetenz und Schulerfolg sind eng miteinander verzahnt: Kompetenzen in den bildungssprachlichen Varietäten einer Sprache – im Sinne von Cummins' *Cognititve Academic Language Proficiency (CALP)* – sind eine der Voraussetzungen für den Erwerb von Kenntnissen und Fertigkeiten in allen Fächern und damit mitverantwortlich für den Bildungserfolg und die „Verteilung gesellschaftlicher Chancen" (Lenz 2009: 7).

Mangelnder Schulerfolg ist vor allem bei Kindern aus so genannten bildungsfernen Schichten mit und ohne Migrationshintergrund, die in keiner sprachanregungsreichen Umgebung aufgewachsen sind, festzustellen. Bereits bei Schuleintritt sind sie aufgrund schlechterer Voraussetzungen benachteiligt: Sie verfügen häufig über unzureichende frühkindliche *literacy*-Erfahrungen. Ihre Sprachkompetenzen (Erst- und/oder Zweitsprache) sind bereits in der Grundschule hinsichtlich der *CALP*-Varietäten im Vergleich zu Kindern aus bildungsbewussten, sprachanregungsreichen Elternhäusern unterentwickelt. Sie tun sich schwerer mit dem Schriftspracherwerb und dem Umgang mit ersten Sachtexten und bleiben in ihren Leistungen insgesamt zurück. Es darf nicht vergessen werden, dass mit dem Schriftspracherwerb auch der Erwerb konzeptionell-schriftsprachlicher Varietäten einhergeht (vgl. Günther 1997: 71):

> Das Kind begreift seine Sprache neu, wenn es sie in das neue, konstante Medium der Schrift transportiert sieht [...]. Damit verbunden ist der (vor allem außerhalb der Schulpraxis häufig übersehene) Sachverhalt, daß nicht nur die Sprache in einem anderen Medium gelernt werden muß, sondern vor allem auch die damit verbundenen neuen sprachlichen Formen und kognitiven Operationen (...).

Beim Übergang in die Sekundarstufe I sind die Schülerinnen und Schüler gefordert, sich mit neuen Fächern und Inhalten auseinanderzusetzen – einschließlich der jeweiligen Fachsprachen. Fachsprachen sind sprachliche Varietäten, die der Kommunikation über bestimmte Fachgebiete dienen:

> ‚Fachsprache' ist also heute eine – in berufs- und fachorientierten Zusammenhängen – häufig verwendete Bezeichnung, die alle möglichen verbalen und nicht-verbalen [z. B. Symbole, Formeln, Grafiken] (Text-)Formen der fachbezogenen Verständigung (Fachkommunikation, Fachdiskurs) meint und oft in einen Gegensatz zum Begriff der üblicherweise verwendeten ‚Gemein-, oder Standardsprache' gestellt wird (Fluck 2000: 89 f.).

Je nach weiterführender Schule variiert das fachsprachliche Niveau. Allen Schulformen ist jedoch gemeinsam, dass mit der Erweiterung des Fächerspektrums (a) die schulischen Fachsprachen weiter differenziert werden und (b) fächerspezifische Denk- und Arbeitsweisen eingeführt werden. Dies alles erfordert die **Erweiterung** der sprachlichen Kompetenzen, die die Schülerinnen und Schüler in der Grundschule erworben haben, vgl. Gibbons (2009: 5): „[...] the development of literacy within *any* subject in the school curriculum involves learning to control new language".

Der Stellenwert sprachlicher Bildung in allen Fächern spiegelt sich in den neuen „Bildungsstandards für den Mittleren Schulabschluss" die die Kultusministerkonferenz vor einigen Jahren einführte. Hier werden auch für Mathematik und die naturwissenschaftlichen Fächer Chemie, Physik und Biologie explizit sprachliche Ziele formuliert, und zwar im Sinne einer fachbezogenen sprachlichen Handlungsfähigkeit („Kompetenzbereich Kommunikation"). Die Umsetzung dieser sprachlichen Ziele kann langfristig also zu besseren Bildungschancen und höheren Bildungsabschlüssen von Kindern aus benachteiligten Milieus führen.

2. Sprachliche Ziele in den Bildungsstandards

Die sprachlichen Ziele in den Bildungsstandards stellen Globalziele dar, wie die Beispiele aus den Bildungsstandards für den Mittleren Schulabschluss in den Fächern Biologie und Mathematik zeigen. Der Kompetenzbereich Kommunikation im Fach Biologie enthält beispielsweise folgende Deskriptoren (vgl. KMK 2005: 7):

> Informationen sach- und fachbezogen erschließen und austauschen
> Die Schülerinnen und Schüler ...
> - kommunizieren und argumentieren in verschiedenen Sozialformen
> - beschreiben und erklären Originale oder naturgetreue Abbildungen mit Zeichnungen oder idealtypischen Bildern
> - stellen biologische Systeme, z.B. Organismen, sachgerecht, situationsgerecht und adressatengerecht dar

- erklären biologische Phänomene und setzen Alltagsvorstellungen dazu in Beziehung
- beschreiben und erklären den Bedeutungsgehalt von fachsprachlichen bzw. alltagssprachlichen Texten und Bildern in strukturierter sprachlicher Darstellung

In den Bildungsstandards für das Fach Mathematik heißt es, dass Schülerinnen und Schüler „mathematisch argumentieren“ (KMK 2003: 8) sollen. Dazu zählen folgende Teilkompetenzen:

- Fragen stellen, die für die Mathematik charakteristisch sind („Gibt es…?“, „Wie verändert sich…?“, „Ist das immer so …?“) und Vermutungen begründet äußern,
- mathematische Argumentationen entwickeln (wie Erläuterungen, Begründungen, Beweise),
- Lösungswege beschreiben und begründen (KMK 2003: 8).

Im Kompetenzbereich „Kommunizieren“ finden sich z.B. die Deskriptoren „die Fachsprache adressatengerecht verwenden“ und „Äußerungen von anderen und Texte zu mathematischen Inhalten verstehen und überprüfen“ (KMK 2003: 9).

Offen bleibt in den Bildungsstandards, was sich jeweils hinter „Fachsprache“ verbirgt, durch welche Merkmale die jeweilige Fachsprache gekennzeichnet ist. Auch ist zu klären, was es heißt, einen fachsprachlichen biologischen Text „in strukturierter sprachlicher Darstellung“ zu erklären (vgl. o.) oder einen „Text zu mathematischen Inhalten zu verstehen“.

3. Fachsprachliche Anforderungen und Kompetenzen

Die neuen Bildungsstandards erfordern einen integrierten Ansatz: Zugleich mit den fachlichen Inhalten sollen künftig fach*sprach*liche Kompetenzen vermittelt werden. Das setzt voraus, dass sich Fachlehrer die sprachlichen Anforderungen und Konventionen ihrer Fächer bewusst machen.

Was bedeutet „fachsprachliche Kompetenz“? Vielfach wird angenommen, fachsprachliche Kompetenz beschränke sich auf die Kenntnis von Fachterminologie in einem Fach, der Erwerb von Fachsprache sei gleichzusetzen mit dem Erwerb von Fachwortschatz („Vokabeln lernen“). Das greift zu kurz: Der Erwerb eines Begriffs wie z.B. „Photosynthese“ im Biologieunterricht geht mit dem Erwerb eines neuen, komplexen Konzeptes einher. Fachtermini sind darüber hinaus Teile eines Systems, d.h. sie stehen zu anderen Fachtermini eines Sachgebiets in bestimmten festdefinierten Beziehungen.

Fachsprachliche Kompetenz umfasst aber ebenso die Rezeption und Produktion fachspezifischer Texte und Diskurse, gelegentlich sogar die Deutung fachsprachspezifischer Ableitungsmorpheme: Das Morphem *-it* steht in der Fachsprache der Geographie/Geologie für ein Gestein, vgl. *Granit, Dolomit, Quarzit*, in der Fachsprache der Chemie jedoch für Salze und Ester einer Grundsubstanz, vgl. *Sulfit, Nitrit*.

Sprachliche Inhalte wurden traditionellerweise Sprachfächern zugeordnet. Das ist nur zum Teil gerechtfertigt: Die Reflexion fachsprachlicher Merkmale kann Gegenstand des Deutschunterrichts sein, fachsprachliche Kompetenzen selbst aber können nicht im Deutschunterricht erworben werden.

> Da Fachsprachen fachliche Inhalte ‚transportieren', also nicht losgelöst von den entsprechenden Sachverhalten verwendet und verstanden werden können, kann es in der Regel nicht das Ziel des muttersprachlichen Unterrichts sein, Schüler bestimmte Fachsprachen erlernen zu lassen, ganz abgesehen davon, dass die meisten Sprachlehrer nur sehr begrenzt dazu in der Lage sind. Fachsprachen selbst können nur in Sachfächern gelernt werden, es sei denn, daß es zu Kooperationen zwischen Sprach- und Sachfächern kommt (Hoberg 1997: 955).

Fachsprachen in ihrem authentischen Kontext statt isoliert zu vermitteln, ist auch aus spracherwerblicher Sicht sinnvoll, denn nur in diesem Rahmen können die Inhalte bedeutungsvoll präsentiert und ausgehandelt werden. In integrierten Ansätzen können fachliches und sprachliches Lernen einander unterstützen und ergänzen.

Bislang allerdings sind Fachlehrer auf die Vermittlung fachsprachlicher Kompetenzen in ihrem Unterricht nicht vorbereitet, denn Fachsprachen und ihre Vermittlung werden in der Ausbildung noch unzureichend berücksichtigt.

4. Scaffolding: Ein Weg zur sprachlichen Bildung im Fachunterricht

Im Bereich des fremd-/zweitsprachlichen Unterrichts gibt es schon seit Jahren erfolgversprechende Ansätze, die Wege für einen Fachunterricht weisen, in dem fachliches und sprachliches Lernen miteinander verknüpft werden, vgl. u.a. „Content and Language Integrated Learning" (CLIL), „sprachsensiblen Fachunterricht" und „Scaffolding". Im Folgenden soll beispielhaft das Scaffolding skizziert werden.

Scaffolding (engl. „Baugerüst") bedeutet ganz allgemein, dass die Sprachkompetenz von Schülerinnen und Schülern im Fachunterricht systematisch aus- und aufgebaut wird. Der Scaffolding-Ansatz nach Pauline Gibbons führt Erkenntnisse aus der Textlinguistik, der (Zweit-)Spracherwerbsforschung und der Unterrichtsforschung zusammen (vgl. Gibbons 2002, 2009). Sprachliche und fachliche Inhalte werden systematisch miteinander verknüpft. Unterricht und Unterrichtsdiskurs sollen nach dem Scaffolding-Konzept so gestaltet werden, dass die Schüler/innen sich dem Unterrichtsstoff inhaltlich wie sprachlich über eine bestimmte Abfolge von mehreren Arbeitsschritten annähern. Das Grundprinzip hierbei ist, dass der Unterricht jeweils beim sprachlichen und fachlichen Vorwissen der Schülerinnen und Schüler ansetzt und dieses fachlich und sprachlich Schritt für Schritt ausgebaut wird. Auf der fachlichen Ebene kann dabei von der konkreten Anschauung zur abstrakten Darstellung fortgeschritten werden, auf der sprachlichen Ebene von kontextgebundener Sprache, also konzeptionell-mündlichen/alltagssprachlichen Varietäten, zu kontextentbundener Sprache, d.h. konzeptionell schriftlichen/fachsprachlichen Varietäten (vgl. Kniffka & Neuer 2008: 129):

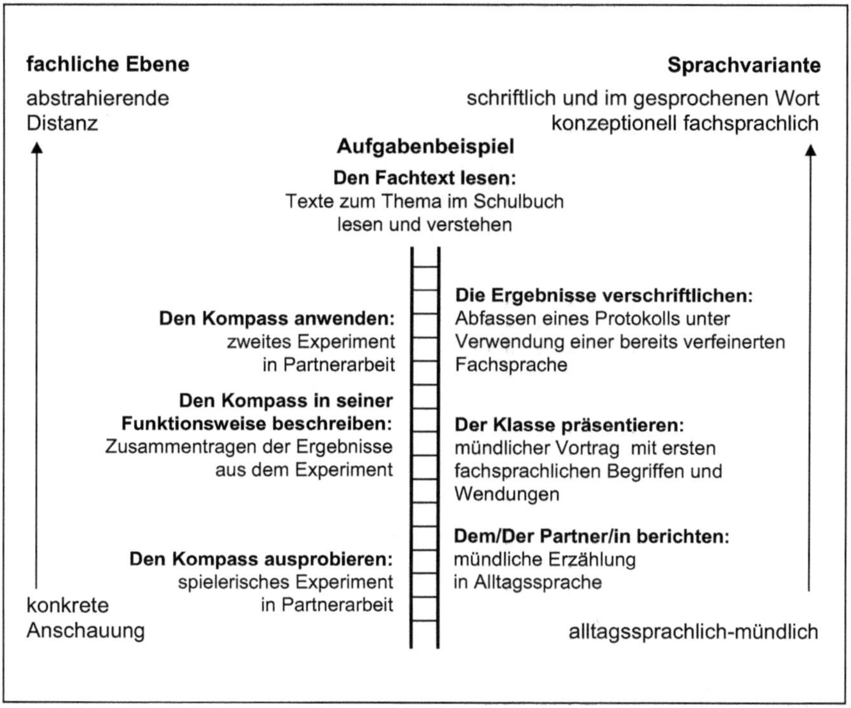

Abbildung 1 (nach Kniffka & Neuer 2008: 129)

Der Scaffolding-Ansatz ist durch vier wichtige Prinzipien gekennzeichnet:

1. Bedarfsermittlung aus fach(sprach)licher Sicht: Was für sprachliche Anforderungen sind mit einem konkreten Unterrichtsmaterial verbunden? Was für Texte müssen gelesen werden? Welche grammatischen Phänomene kommen darin vor etc.?
2. Ermittlung des Lern- und Sprachstandes der Schülerinnen und Schüler: Was wissen sie bereits über den Lerngegenstand? Wie sieht ihre (fach)sprachliche Kompetenz aus?
3. Auf der Basis dieser Daten ist der Unterricht zu planen, der sprachliche und fachliche Lernziele miteinander verknüpft. Ausgangspunkt bildet jeweils das Vorwissen der Schülerinnen und Schüler. Dies impliziert im Übrigen auch, dass Scaffolding temporär geplant wird – je weiter die Kompetenz von

Schülerinnen und Schülern fortschreitet, desto weniger Scaffolding wird benötigt.

4. Das vierte Prinzip betrifft die Unterrichtsinteraktion. Sie sollte so gestaltet werden, dass der Erwerb von Fachsprache unterstützt wird. Den Kern dieser Art von Unterrichtsinteraktion bildet nach Gibbons 2006 das so genannte „micro-mode shifting". Dies umfasst u.a. die Re-Kodierung von Schüleräußerungen, das Explizit-Machen von fachsprachlichen Registern, lehrergestütztes Berichten. Darüber hinaus ist die Lehrer-Schüler-Interaktion insgesamt zu verlangsamen: Schülerinnen und Schülern sollte beispielsweise genug Zeit zum Planen ihrer Äußerungen gegeben werden, Lehrerinnen und Lehrer sollten ihren Schülern aktiv zuhören und auf die individuellen Äußerungen ihrer Schüler reagieren.

Ein Unterricht, der nach den Prinzipien des Scaffolding geführt wird, kann zum Lernfortschritt von Schülerinnen und Schülern beitragen. Das haben Untersuchungsergebnisse gezeigt (vgl. Gibbons 2009). Ein Scaffolding-Unterricht, das wird aus dem Skizzierten aber auch deutlich, erfordert, wie jeder sprachsensible Fachunterricht, Zeit. Er ist kleinschrittiger und langsamer als ein traditioneller Unterricht, so dass Fachlehrerinnen und Fachlehrer in Konflikte geraten können: Sollen Unterrichtsinhalte, die auf dem Lehrplan stehen, zugunsten von Spracharbeit gekürzt oder weggelassen werden? Wenn die Erweiterung sprachlicher Kompetenz im Fachunterricht wirklich ernst genommen wird, so hat das Auswirkungen auf den Umfang des Lernstoffes. In vielen Fällen wird er reduziert werden müssen. Die Entscheidung darüber, was gelehrt wird und was nicht, sollte aber nicht (allein) dem einzelnen Fachlehrer überlassen werden.

5. Fazit

Mit der Integration sprachlicher Lernziele in die Bildungsstandards der Sachfächer wird ein richtiger Weg zur Erweiterung sprachlicher Kompetenzen und somit zur Chancengleichheit für die Bildungsbeteiligung aller Schülerinnen und Schüler beschritten. Damit allein ist es aber noch nicht getan: Fachlehrer bedürfen einer fachsprachlichen Ausbildung, die Fachdidaktiken müssen Ansätze zum sprachsensiblen Fachunterricht integrieren. Lehrpläne und -inhalte sind zu überdenken und in der Folge sind Unterrichtsmaterialien neu zu konzipieren.

Literaturverzeichnis

Cummins, Jim (1979), Cognitive/academic language proficiency, linguistic interdependence, the optimum age question and some other matters. *Working Papers on Bilingualism* 19, 121-129.

Cummins, Jim (2006), BICS and CALP. [online: http://www.iteachilearn.com/cummins/bicscalp.html]

Echevarria, Jana; Vogt, MaryEllen & Short, Deborah (2004), *Making content comprehensible to English language learners: The SIOP model.* Second Edition. Boston: Allyn & Bacon.

Fremdsprache Deutsch (2004), *Deutsch in allen Fächern.* Heft 30/2004.

Gibbons, Pauline (2002), *Scaffolding Language Scaffolding Learning.* Portsmouth: Heinemann.

Gibbons, Pauline (2006a), *Bridging Discourses in the ESL Classroom.* London/New York: Continuum.

Gibbons, Pauline (2006b), Unterrichtsgespräche und das Erlernen neuer Register in der Zweitsprache. In: Mecheril, Paul & Quehl, Thomas (Hrsg.) (2006), 269-290.

Gibbons, Pauline (2009), *English Learners Academic Literacy, and Thinking. Learning in the Challenging Zone.* Portsmouth: Heinemann.

Hoberg, Rudolf (1998), Methoden im fachbezogenen Muttersprachenunterricht. In: Hoffmann, Lothar; Kalverkämper, Hartwig & Wiegand, Herbert E. (Hrsg.) (1998), *Fachsprachen: Languages for special purposes.* Ein Internationales Handbuch zur Fachsprachenforschung und Terminologiewissenschaft. [= Handbücher zur Sprach- und Kommunikationswissenschaft 14.1]. Berlin/New York: de Gruyter, 954-960.

Kniffka, Gabriele & Neuer, Birgit (2008), Wo geht's hier nach ALDI? – Fachsprachen lernen im kulturell heterogenen Klassenzimmer. In: Budke, Alexandra (Hrsg.) (2008), *Interkulturelles Lernen im Geographieunterricht.* Potsdam: Universitätsverlag, 121-135.

Kultusministerkonferenz (2005), *Bildungsstandards der Kultusministerkonferenz. Erläuterungen zur Konzeption und Entwicklung.* München/Neuwied: Luchterhand.

Kultusministerkonferenz (2005), *Bildungsstandards im Fach Biologie für den Mittleren Schulabschluss. Beschluss vom 16.12.2004.* München/Neuwied: Luchterhand.

Leisen, Josef (Hrsg.) (2000/2003), *Methodenhandbuch DFU.* Bonn: Varus Verlag.

Lenz, Friedrich (2009), Sprachliche Kompetenzen als Schlüsselqualifikation. In: Lenz, Friedrich (Hrsg.) (2009), Schlüsselqualifikation Sprache. Frankfurt: Lang, 7-10.

Mecheril, Paul & Quehl, Thomas (Hrsg.) (2006), *Die Macht der Sprachen. Englische Perspektiven auf die mehrsprachige Schule.* Münster: Waxmann.

Ohm, Udo; Kuhn, Christina & Funk, Hermann (2007), *Sprachtraining für Fachunterricht und Beruf.* Münster: Waxmann.

Fremdsprachliche Kompetenzen erkennen, messen, dokumentieren, einstufen und bewerten aus der Perspektive der Lehrerbildung

Lars Schmelter

Die Fremdsprachenvermittlung in Deutschland befindet sich derzeit in einem Wandel, der unterschiedlichste Bereiche betrifft (Implementierung nationaler Standards, frühes Fremdsprachenlernen in Grundschulen, etc.). Viele der Veränderungen ziehen auch Konsequenzen für das Testen und Evaluieren fremdsprachlicher Kompetenzen nach sich. Die Modifikation der Ausbildung von Fremdsprachenlehrern ist in diesem Zuge eine dringende Aufgabe und will wohl überlegt sein.

1. Einleitung

Hinsichtlich der schulischen Vermittlung von Fremdsprachen kann derzeit in Deutschland an vielen Stellen eine umfangreiche Neugestaltung zentraler Rahmenbedingungen beobachtet werden. Sie können an dieser Stelle nur stichwortartig benannt werden:

- Die bundesweite Einführung einer ersten Schulfremdsprache in den Grundschulen, wobei der Unterricht je nach Bundesland in der Klasse 1 oder 3 einsetzt.
- Die in vielen Bundesländern erfolgte Verkürzung der Schulzeit am Gymnasium bis zum Abitur von vormals 9 Jahren auf jetzt 8 Jahre.
- Damit einhergehend die je nach Bundesland anders gehandhabte Vorverlagerung des Unterrichts in einer 2. und 3. Schulfremdsprache in den Gymnasien.
- Neue Übergangsproblematiken, die sich aus der Vorverlagerung der 2. Schulfremdsprache im Gymnasium sowohl in der Orientierungsstufe als auch beim Mittleren Bildungsabschluss ergeben.
- Die in diesem Zusammenhang zu beobachtende und zum Teil auch aus anderen bildungspolitischen Überlegungen heraus forcierte Umstellung von sog. Halbtagsschulen hin zu Ganztagsschulen (siehe hierzu u.a. Kurtz 2007).
- Die Implementierung nationaler Bildungsstandards für die Fächer Deutsch, Mathematik und die 1. Fremdsprache für den Mittleren Bildungsabschluss und deren Überprüfung, um ausgehend von den Regel- später evtl. Mindeststandards formulieren zu können.

- Die zunehmende Einführung zentraler Prüfungen, wie zum Beispiel dem Zentralabitur in Nordrhein-Westfalen.

Bei jedem dieser Punkte geraten auch die fremdsprachlichen Kompetenzen in den Blick und wollen erkannt, bisweilen gemessen und in allen Fällen bewertet werden.

Mittelbar verändern sich die Rahmenbindungen schulischen Fremdsprachenunterrichts auch durch die im Zuge der Hochschulreformen angestoßene Neugestaltung der Lehrerbildung an den Hochschulen, die sich bis in die zweite Ausbildungsphase – und in einigen Bundesländern auch darüber hinaus – fortsetzt. Die Modularisierung der Studiengänge und die damit in der Regel erzwungene Streichung von obligatorischen Studieninhalten geht – soweit ich dies post festum übersehen kann – mit großer Regelmäßigkeit zu Lasten der sprachpraktischen Ausbildung der zukünftigen Lehrkräfte. Wenn zeitgleich beobachtet werden kann, dass Studierende nicht mehr so häufig, und nicht mehr so lang im Rahmen ihres Studiums ins Ausland gehen, wie dies vor einigen Jahren noch der Fall war, dann muss befürchtet werden, dass dies Auswirkungen auf die Sprach- und Kulturkompetenz der zukünftigen Fremdsprachenlehrer[1] haben wird.

Diese veränderten Rahmenbedingungen führen dazu, dass Leistungen des schulischen Fremdsprachenunterrichts und Kompetenzen, die die Schüler in ihm erwerben, anders und zugleich stärker als bislang in den Blick genommen werden müssen. Dies wird besonders einsichtig im Zusammenhang mit der Einführung der nationalen Bildungsstandards. Dabei sollte jedoch nicht übersehen werden, dass Schule als Institution und die in ihr handelnden Personen über ein erhebliches Beharrungsvermögen verfügen, das diese neuen Blicke zum Teil verstellt bzw. gar nicht zulässt. Daher werde ich mich in einem ersten Schritt zunächst skizzenhaft mit diesen Fragen beschäftigen. Dabei wird deutlich werden, wie wichtig die Berücksichtung von Fragen der fremdsprachlichen Leistungsmessung, -diagnose und -bewertung im Rahmen der Lehrerbildung ist. Wie damit in der Fremdsprachenlehrerausbildung umgegangen wird, will ich aus zwei Perspektiven näher beleuchten. Zum einen mit Blick auf die Entwicklung, Überprüfung und Bewertung der fremdsprachlichen Kompetenz von Lehramtsstudierenden am Beispiel der Studienfächer Französisch und Spanisch und zum anderen hinsichtlich der Frage, welche Kompetenzen der Leistungsdiagnose, -messung und -bewertung im Rahmen der Lehrerbildung in diesen Fächern an den Hochschulen vermittelt werden bzw. vermittelt werden könnten.

---

1 „Verbum hoc si quis tam masculos quam feminas complectitur" (Corpus Iuris Civilis Dig. L, 16,1)

2. Neue Blicke auf fremdsprachliche Leistungen im Rahmen des schulischen Fremdsprachenunterrichts!?

2.1 Die Einführung nationaler Bildungsstandards – fremdsprachliche Kompetenzen im Blick

Mit der Einführung der nationalen Bildungsstandards für die 1. Fremdsprache (siehe KMK 2004a) ändert sich in vielfacher Hinsicht der Blick auf die Leistungen der Schüler – aber auch der Lehrenden – im Fremdsprachenunterricht. Schulen, Lehrer und Schüler müssen stärker als bisher schul- und klassenübergreifend ihre Leistungen im Vergleich mit anderen messen lassen, insbesondere aber an kriterialen Bezugsnormen orientiert bewerten lassen. Es kommt im Unterricht nicht länger darauf an, dass spezifische Inhalte mit vorgegebenen Methoden vermittelt werden und dass die Schüler diese zumindest in den bewertungsrelevanten Momenten des Unterrichts auch in der abgeprüften Form irgendwie können.

Lehrer sollen ihre Schüler jetzt zu mehr oder weniger klar vorgegebenen Kompetenzen führen. Die Wege, die sie zu diesem Zwecke einschlagen sind – zumindest vordergründig – gleichgültig; sie werden nicht mehr explizit vorgegeben. Damit entsteht einerseits ein erheblicher Freiraum – oder wenn man es anders betrachten will: ein enormer Arbeitsaufwand – für die angemessene Gestaltung des Unterrichts. Andererseits – so die Hoffnung – üben die Bildungsstandards und die mit ihnen beschriebenen Kompetenzen denjenigen Druck aus, der zu einer modernen, zielgerichteten und effizienten Unterrichtsgestaltung führen wird, da jetzt jeder Lehrer sehr viel stärker als bisher auch für die Ergebnisse seines Unterrichts verantwortlich ist. Schüler müssen jetzt nicht mehr nur im Vergleich zu ihren Klassenkameraden gute Leistungen erbringen, sondern sie müssen gemessen an festgelegten Kompetenzen, die im Idealfall auch mit entsprechend geeichten Tests überprüft und eingestuft werden können, nachweisen, dass sie bestimmte Dinge sprachlich können. Diese Kontrolle erfolgt nicht mehr im Klassenzimmer allein, sondern kommt von außen hinzu.

Bei aller berechtigten Kritik im Detail und bei aller Notwendigkeit, entsprechende Weiterentwicklungen bei der Implementierung der Bildungsstandards zu fordern und voranzutreiben[2], sind die Bildungsstandards im Prinzip begrüßenswert und bergen in sich ein enormes positives Innovationspotenzial für die Gestaltung von Schule im Allgemeinen und für den schulischen Fremdsprachenunterricht im Besonderen.

---

2 Siehe zur Diskussion der Bildungsstandards Bausch, Burwitz-Melzer, Königs & Krumm (2005); siehe zu den Bildungsstandards für Französisch auch Tesch, Leupold & Köller (2008).

2.2 Jenseits der Bildungsstandards – neue Blicke auf fremdsprachliche Kompetenz im Fremdsprachenunterricht

Neben den nationalen und internationalen Vergleichstudien sowie den jetzt erfolgenden empirischen Überprüfungen der vorläufig als Regelstandards fixierten Bildungsstandards haben in den Fremdsprachenunterricht aber auch verstärkt andere Formen einer externen Kontrolle und Leistungsmessung Einzug gehalten. Schulen werben mittlerweile damit, dass ihre Schüler im Rahmen des Fremdsprachenunterrichts auf externe Zertifikatsprüfung (wie z.B. das DELF *scolaire*) vorbereitet werden und in Nordrhein-Westfalen wird auf den Internetseiten des Schulministeriums positiv darauf verwiesen.

Externe Verfahren der Leistungsmessung haben zur Folge, dass Noten im Fremdsprachenunterricht relativiert werden können. Die Schüler können jetzt über das Notenurteil ihres Lehrers hinaus, das noch immer in vielen Fällen allein auf einer sozialen Bezugsnorm gründet, erfahren, wo sie im Vergleich zu anderen Schülern außerhalb ihrer Klasse stehen und über welche sprachlichen Kompetenzen sie verfügen.

Darüber hinaus kann konstatiert werden, dass – zum Teil durch den sanften Druck des Gesetzgebers[3] – im Fremdsprachenunterricht zunehmend systematisch auf Verfahren der Selbstevaluation und der bewussten bzw. bewusstmachenden sowie reflektierenden Auseinandersetzung mit der eigenen Kompetenz und Fehlern zurückgegriffen wird. Zu nennen wären hier beispielsweise die Arbeit mit Sprachenportfolios, ein veränderter Umgang mit Fehlern und Korrekturen z.B. in Klassenarbeiten.

All dies dürfte sowohl bei Schülern als auch bei Lehrern dazu führen, dass die fremdsprachige Kompetenz – sei es die eigene oder die anderer – neu bzw. aus einer anderen Perspektive in den Blick genommen wird.[4]

2.3 Beharrungsvermögen der Institution Schule sowie der institutionellen Lehrerbildung

Neben diesen neuen Blicken auf sprachliche Kompetenzen sollte aber nicht übersehen werden, dass zentrale Stellschrauben der qualitativen Entwicklung von Schule und schulischer Bildung von diesen Neuerungen unberührt geblieben sind. Gerade diese Bereiche und zum Teil gegenläufige Entwicklungen könnten sich als Hindernisse bzw. Gefahren für die Nutzung des

---

3 So ist beispielsweise die Arbeit mit einem Sprachenportfolio im Fremdsprachenunterricht der Grundschulen in Baden-Württemberg verpflichtend festgeschrieben.

4 So fragen muttersprachlich deutsche Schüler in der Studie von Sedeqi (2006), ob ihre Kenntnisse des Badischen bereits als Sprachkenntnisse im Sinne des Portfolios zu bewerten seien. Sie tun dies angesichts von Mitschülern, die z.T. mit mehr als zwei Sprachen aufwachsen und bisweilen sogar mit mehr als drei Schriftsystemen (Kyrillisch, Latein, Hebräisch) umgehen können.

Erneuerungspotenzials der Bildungsstandards und anderer Entwicklungen herausstellen. Zu nennen wären hier u.a. folgende Bereiche:

- Die Bewertung schulischer Leistungen – und zwar nahezu aller schulischen Leistungen – durch Ziffernoten hat auch weiterhin Bestand und könnte, da sie in der Regel nicht an einer kriteriale Bezugsnorm, sondern zumeist an einer sozialen Norm orientiert erfolgt, zumindest im partiellen Widerspruch zu den Leistungen stehen, die mit Blick auf den betreffenden Bildungsstandard erbracht wurden.

  > In Deutschland, aber auch in vielen anderen Ländern, werden die fremdsprachlichen Leistungen der Schülerinnen und Schüler allerdings bisher in erster Linie auf der Basis von mehr oder minder ad hoc konstruierten schriftlichen Arbeiten und mündlichen Leistungsfeststellungen evaluiert, deren messtheoretischen Eigenschaften in der Regel äußerst fragwürdig sind. Zudem spielen die mündlichen Leistungen bei der Notengebung eine eher marginale Rolle (Grotjahn 2007: 7).

- Die Einführung von Bildungsstandards und die damit – je nach Perspektive – geschaffenen Anforderungen an die Lehrenden bzw. Freiräume für deren Unterrichtsgestaltung stoßen auf das Beharrungsvermögen der großen, traditionsreichen und durch Habitus geprägten Institution Schule mit all ihren Anhängseln.
- Lehrerbildung liefert ein weiteres wichtiges Stichwort bei der Einschätzung möglicher Herausforderungen bei der Implementierung der Bildungsstandards und der mit ihnen einhergehenden Unterrichtsphilosophie. Bislang sind die Lehrenden nämlich für viele der ihnen neu zufallenden Aufgaben bei der Unterrichtsgestaltung, Leistungsdiagnose und Kompetenzförderung sowie bei der Entwicklung von Schulprofilen und Aufgabenentwicklung bezogen auf das durch die Bildungsstandards getragene Kompetenzmodell nur bedingt ausgebildet. Zudem fehlen bislang Materialien, Fortbildungen etc., die dieses Manko auffangen könnten. Nimmt man dann noch hinzu, dass die Lehrer in einigen Bundesländern zeitgleich durch vergrößerte Klassenkontingente, zusätzliche Aufgaben (z.B. Beaufsichtigung im Rahmen der verlässlichen Schule, Vergleichsarbeiten und Erhöhung der Lehrdeputate) belastet werden, dann kann man nur konstatieren, dass auf politisch-administrativer Ebene die gleichen Personen, die sich einerseits durch die Einführung von Bildungsstandards um die Qualitätsentwicklung schulischer Bildung verdient machen, andererseits nicht hinreichend darum bemüht sind, den Akteuren in der Schule entsprechende Voraussetzungen und Ressourcen zu schaffen. Die angestrebte „Koschtenneutralität“[5] von Innovationen im Schulbereich – wie es im aus Schwaben regierten Baden-Württemberg

---

5 Ich hoffe, dass meine vergleichsweise kurze Zweitsprachenerwerbsphase unter Immersionsbedingungen zu einer ausreichenden Beherrschung der dialektalen Orthografie geführt hat (siehe hierzu die entsprechenden Prolegomena in Schmelter 2000).

immer wieder heißt – und die Bewertung der Effizienz des Bildungssystems unter ökonomischen Gesichtspunkten könnten sich m.E. als kontraproduktiv bei der Implementierung der nationalen Bildungsstandards erweisen, wenn damit auch die entsprechende didaktisch-methodische Neugestaltung des Unterrichts angestrebt wurde. Ob diese Befürchtungen, die ich mit vielen anderen Beobachtern der Entwicklung teile, sich bewahrheiten, bleibt abzuwarten.[6]

- Darüber hinaus hat sich in der 1. und 2. Phase der Lehrerbildung bislang nur in den wenigsten Ländern etwas dahingehend verändert, dass Kompetenzorientierung, Diagnose- und Testfertigkeiten sowie differenzierte Fördermaßnahmen zum festen Bestandteil der Ausbildung gehören. Zwar steht die Referendarsausbildung in Hessen unter dem Motto „Diagnostizieren und Fördern". Aber die durch die Bildungsstandards, die Ergebnis- und Aufgabenorientierung geforderte Veränderung des Unterrichts wird viele Lehrende vor neue Herausforderungen stellen. Franz-Josef Meißner (2006) schreibt hierzu:

> Dabei stellt die **Aufgaben**- und **Testentwicklung** ein Novum dar, da diese nicht zum traditionellen Repertoire der immer noch weitgehend defizienten Lehrerausbildung der Ersten Phase gehört(e). Aber auch in der Zweiten Phase wurden Themen wie ‚formative' versus ‚summative' Tests, Testvalidität und Aufgabenentwicklung kaum behandelt. Vielmehr bezog sich die Diskussion – etwa zu den ‚Einheitlichen Prüfungsanforderungen für das Abitur' (EPA) – eher auf den ‚Fehlerquotienten' und die Notengebung (Meißner 2006: 241; Hervorhebung im Original).

- Skeptisch stimmen jedoch auch andere Begleiterscheinungen, die im Umfeld der Bildungsstandards für den mittleren Schulabschluss zu beobachten sind. So weist Daniela Caspari (2006: 40) darauf hin, dass beispielsweise die neuen Spielräume der *Einheitlichen Prüfungsanforderungen für das Abitur* (EPA) (KMK 2004b) bei den 2005 in NRW zum Einsatz gekommenen Aufgaben nicht aufgenommen wurden; ja, dass die Aufgaben sogar hinter bereits erreichte Positionen der modernen Literaturdidaktik zurückgingen, indem sie ein detailliertes literarisches Wissen und eine hohe formale Analysekompetenz erwarteten und nicht „etwa die stringente und überzeugende Anwendung einer generellen Analyse- und Interpretationskompetenz". Selbst die produktionsorientierten Aufgaben ließen kaum formalen oder interpretatorischen Freiraum, sondern gründeten auf einem „detailliert vorgegebenen Erwartungshorizont" (Caspari 2006: 40).[7]
- Ähnliche Vereinfachungen oder Rückbezüge auf traditionelle Sichtweisen werden bei der Rezeption des *Gemeinsamen Europäischen Referenzrahmens*

---

6 Siehe hierzu u.a. die entsprechenden Beiträge in Bausch, Burwitz-Melzer, Königs & Krumm (2005).

7 Siehe zu Unstimmigkeiten zwischen den EPA und den Bildungsstandards jetzt auch Bergfelder (erscheint).

für Sprachen (Europarat 2001) konstatiert, der die zentrale Grundlage für die Formulierung der Bildungsstandards für die 1. Fremdsprache bildete. Quetz (u.a. 2005) konstatiert beispielsweise, dass vielerorts im Bereich Lehren und Lernen von Sprachen nurmehr auf die globalen Kompetenzdeskriptoren zurückgegriffen würde. Die vom Referenzrahmen angestrebte Beschreibung unterschiedlicher kommunikativer Sprachkompetenzen in unterschiedlichen Kontexten, bei unterschiedlichen Aktivitäten und in den verschiedenen Sprachen der Personen wird dabei in vielen Fällen gar nicht mehr berücksichtigt. Ein Lerner ist A2, Kurse und Lehrwerke garantieren ihren Abnehmern B1. Ob die Abnehmer dies in allen Bereichen des Sprechens, Verstehens und Schreibens bezogen auf alle denkbaren Verwendungskontexte und -bedingungen erreichen, dürfte fraglich sein. Mal ganz abgesehen davon, dass offensichtlich auch vielerorts zu gelten scheint: Einmal B1 immer B1.

3. Konsequenzen für die Kompetenzen von Fremdsprachenlehrern und die Lehrerbildung

3.1 Aktuelle „Standardkompetenzen" von Lehrenden

Damit Lehrende ihre Lerner zu den vorgegebenen Kompetenzen führen können, d.h., damit sie die Lerner in ihren Aneignungsbemühungen durch entsprechende Lehr-Lernarrangements angemessen unterstützen können, benötigen sie Hinweise dazu, wo ihre Lerner aktuell stehen. Sie benötigen dazu selbst Kompetenzen, die es ihnen ermöglichen vorliegende Kompetenzen der Schüler zu erkennen. Denn allgemein zugängliche, normorientierte Testverfahren können zwar unterstützend für den Lehrer sein. Sie sind aber zumeist auf die Grobziele des Curriculums ausgerichtet und daher wenig instruktionssensitiv. Entsprechend müsste die Lehrkraft selbst oder eine andere Instanz die sachbezogenen Bezugsnormen sehr differenziert aufschlüsseln, damit entsprechend kleinschrittig eine individuelle, lernbegleitende Diagnose vorgenommen werden könnte. Diese Differenzierung ist aber nicht immer möglich bzw. ist sehr aufwendig, insbesondere dann wenn sie empirisch abgesichert sein soll.

Hier scheint aber ein großes Manko zu liegen. Blickt man in die entsprechende Literatur der Fremdsprachenforschung sowie der Lehrerbildungsforschung, so kann man zu dem Eindruck gelangen, dass Lehrer mehr oder weniger gut in der Lage sind, Kompetenzen im Bereich der Verfügung der klassischen sprachlichen Mittel (d.h. Lexik, Grammatik und Lautung) zu erkennen. Mit Blick auf komplexere Sprachhandlungen, den Bereich der paralinguistischen oder pragmatischen Kompetenzen scheint die entsprechende Diagnosekompetenz, die mit Blick auf die Förderung der weiteren Sprachaneignungsbemühungen zentral ist, aber nur noch bedingt vorhanden zu sein. Daher ist die trotz zentraler Tests fortbestehende Notwendigkeit von Leistungsmessung und -diagnose im Fremdsprachenunterricht höchst problematisch. Aus der allgemeinen Lehrerbildungsforschung wissen wir (vgl. u.a. Schrader & Helmke 2001: 50f.):

- dass Lehrerurteile in vielen Fällen den Anforderungen professioneller Diagnostik nicht genügen;
- dass Lehrende zwar die Leistungen innerhalb ihrer Gruppe recht gut einstufen können, d.h. eine angemessene Rangfolge bilden können; sie haben aber enorme Schwierigkeiten das absolute Leistungsniveau ihrer Schüler im Vergleich zu vorgegebenen kriterialen Bezugsnormen einzuschätzen und mit Noten angemessen zu bewerten; hier können zwischen zwei Lehrenden bis zu zwei Noten Unterschied für ein und dieselbe Leistung konstatiert werden.
- Wir wissen schließlich auch, dass Lehrende dazu neigen, die Lern- mit der Leistungssituation zu vermischen. Da das Lernen, d.h. die Aneignung derjenigen Kompetenzen, deren Vorhandensein überprüft werden soll, der Ruhe bedarf und vor allem mit Fehlern verbunden ist, kann eine solche Leistungsdiagnose beim Lernen selbst demotivierend wirken. Denn die Leistungssituation erfordert ja gerade eine möglichst fehlerfreie Darbietung.[8]

3.2 Fremdsprachliche Kompetenzen erkennen, messen, dokumentieren und beurteilen in der aktuellen Lehrerbildung

Betrachtet man die aktuellen Lehramtsprüfungsordnungen der Länder und ihre Umsetzung in Studienordnungen durch die Hochschulen, so fällt auf, dass der gesamte Bereich der Leistungsbeobachtung, -diagnose, -messung, -dokumentation und -bewertung einerseits durch die Modularisierung der Studiengänge bzw. deren Umstellung auf BA und MA durchgängig präsent ist; und zwar immer mit Bezug auf die sprachlichen Leistungen und Kompetenzen der Studierenden. Als Gegenstand von fremdsprachendidaktischen oder sprachwissenschaftlichen Veranstaltungen scheinen sie – wenngleich die hierzu herangezogenen Vorlesungsverzeichnisse, kommentierten Veranstaltungsankündigungen und Prüfungsordnungen selbst nur ein schemenhaftes Bild der Realität abgeben können – wenn überhaupt nur eine marginale Rolle zu übernehmen.

---

8 „Leistung ist der Vollzug und das Ergebnis einer Tätigkeit, die mit Anstrengung verbunden, auf die Erlangung eines Zieles gerichtet und auf Gütemaßstäbe und Anforderungen bezogen ist" (Sacher 2001: 1).

3.2.1 Studierende auf dem Prüfstand

Viele Hochschulen erwarten in den Fächern Französisch und Spanisch, die ich hier und im Folgenden näher betrachte, bereits vor Studienbeginn eine Mindestkompetenz in der studierten Sprache.[9] Das dabei eingeforderte Kompetenzniveau differiert von Hochschule zu Hochschule. Innerhalb einiger Hochschulen wird zudem in Französisch ein anderes – dann in der Regel höheres – Niveau für die Aufnahme des Studiums empfohlen, erwartet bzw. für den Besuch bestimmter Lehrveranstaltungen vorausgesetzt als für Spanisch. Dies lässt sich m.E. zwar damit begründen, dass Spanisch in den meisten Fällen in der Schule erst als 3. Fremdsprache unterrichtet und damit gelernt wird, so dass bei den Studienanfängern aufgrund der kürzeren Lernzeit eine vergleichsweise geringere Sprachbeherrschung wahrscheinlicher ist. Jedoch ergibt sich aus den Erfordernissen und den Zielen des Studiums – und allein die können m.E. als Begründung für Eingangsniveaus herangezogen werden – kein zwingendes Argument für diese Unterscheidung.[10] Die große Bandbreite führt beim außenstehenden Betrachter daher unter fachlichen Gesichtspunkten eher zu dem Eindruck einer gewissen Beliebigkeit bei der Festlegung von Kompetenzniveaus als zu der Gewissheit, hier gehe man mit klaren und allgemein, d.h. hochschulübergreifend anerkannten Kriterien für die Fremdsprachenlehrerbildung heran.[11]

Die von den Studierenden eingangs eingeforderte Kompetenz wird – soweit sich dies aus den im Internet zugänglichen Informationen erkennen lässt[12] – sehr unterschiedlich erhoben. An einigen Hochschulen wie beispielsweise der Universität Göttingen müssen Lehramtskandidaten für die Fächer Spanisch bzw. Französisch entsprechende Zertifizierungen ihrer Kompetenz vorbringen.

---

9 Ich bedanke mich hier bei meinem Mitarbeiter Frank-Ulrich Nädler, der die Datengrundlage für die folgenden Aussagen in der Zeit von Juni bis September 2008, d.h. im Vorfeld des aktuellen Studienjahres durch Sichtung der Internetseiten der romanischen Institute der lehrerausbildenden deutschen Hochschulen geschaffen hat.

10 Königs (2008) stellt bei seiner Diskussion der modularisierten und gestuften Lehramtsstudiengänge die Frage, ob angesichts der begrenzten Studienumfänge die sprachpraktische Ausbildung nicht realistischerweise weitgehend „ausgelagert“ werden müsste; z.B. in Form propädeutischer Kurse, die durch die Universitäten angeboten würden. Auf diese Weise könnten fachliche, didaktische und pädagogische Inhalte stärker berücksichtigt werden, deren Vermittlung im Rahmen des Lehramtsstudiums zwar wünschenswert wäre, aktuell aber u.a. deshalb nicht mehr in das Curriculum aufgenommen werden können, weil auch die sprachpraktischen Lehrveranstaltungen bei der Arbeitsbelastung der Studierenden in den Prüfungsordnungen berücksichtigt werden müssen.

11 Dass daneben sicherlich immer auch hochschulinterne und hochschulpolitische Gründe für die Festlegung auf ein bestimmtes Niveau bedeutsam sind, kann an dieser Stelle nicht weiter ausgeführt werden.

12 Zur Datengrundlage siehe oben Fußnote 9. Zwischenzeitliche Änderungen der Internetseiten konnten nicht in jedem Falle überprüft werden.

Können sie dies in Göttingen nicht, so werden sie in Prüfverfahren geprüft, die sich am französischen DALF bzw. an Diplome des Institut Cervantes anlehnen, und in Göttingen vermutlich von den Lektoraten entwickelt werden. Anderenorts greift man, wenn von den Studierenden keine Zertifikate über die Sprachkompetenzen vorgelegt werden können, auf offensichtlich kalibrierte und damit auf den *Gemeinsamen europäischen Referenzrahmen* beziehbare C-Tests zurück (z.B. Münster; Wuppertal) oder prüft in hausgemachten, zum Teil umfangreichen Verfahren (z.B. Augsburg). Was und wie in diesen Testverfahren im Einzelnen tatsächlich getestet wird, ist mal mehr, mal weniger transparent.

Welche sprachlichen Kompetenzen mit welchen Verfahren in den einzelnen Studiengängen nach diesen hier als „Eingangsprüfungen" bezeichneten Tests erfasst werden, wird nur selten aus den über das Internet zugänglichen Unterlagen ersichtlich. Es ist aber aufgrund meiner – zugestandenermaßen noch sehr begrenzten – Beobachtungen in verschiedenen Hochschulen nicht immer gesichert, dass dabei auf normierte und vor allem relativ objektive, reliable und valide Test- und Prüfungsverfahren zurückgegriffen wird. Dies könnte auch erklären, warum bislang m.W. bundesweit keine Untersuchungen darüber vorliegen, wie sich die Sprachkompetenz in der studierten Sprache bei Lehramtskandidaten bezogen auf eine kriteriale Norm und unter normierten Erhebungsbedingungen entwickelt. Dies ist u.a. auch deshalb schwierig, weil die Lehrerprüfungsordnungen häufig die Sprachkompetenz in nicht immer angemessener Weise durch Performanz in Teilbereichen überprüfen lassen: i.d.R. durch Übersetzungen und durch in der Fremdsprache zu schreibende Klausuren oder mündlichen Prüfungen zu literatur- bzw. sprachwissenschaftlichen Themen, die dann zumeist von Prüfern bewertet werden, die zwar für die Bewertung der fachlichen, selten aber auch für die Bewertung der sprachlichen Kompetenzen als Experten gelten können. Diese unter dem Gesichtspunkt der Fremdsprachenkompetenz nur bedingte Berücksichtigung von Gütekriterien ist vor dem Hintergrund der Bedeutung, die diese Prüfungen für die Absolventen haben, nicht ganz unproblematisch.

Darauf hat Rüdiger Grotjahn bei der Besprechung von Gütekriterien bei Prüfen, Testen und Bewerten immer wieder hingewiesen (siehe u.a. Grotjahn 2003, 2005):

> Hier [in den philologischen Studiengängen] dominieren immer noch traditionelle Überprüfungsformen wie die schriftliche Übersetzung in die Zielsprache. Von einer berufsbezogenen Definition von Leistungsparametern und einer hieran orientierten Unterrichts- und Prüfungspraxis ist man in der Regel noch weit entfernt (Grotjahn 2005: 56).

3.2.2 Kompetenzen erkennen, messen, dokumentieren, einstufen und bewerten als Ausbildungsgegenstand

Als Ausbildungsgegenstand treten Verfahren der Leistungsmessung und -beurteilung im weiteren Verlauf des Studiums und im Examen wie oben gezeigt nur selten in Erscheinung. Dies ist angesichts der oben aufgeführten Bedeutung entsprechender Kompetenzen der Fremdsprachenlehrer bedauerlich.

Feldbeobachtungen und noch nicht systematisierte Befragungen in den Seminaren sowie von Referendaren und Studierenden im Praktikum bestätigen, dass in der Lehrerbildung der Bereich der Leistungserhebung, -dokumentation und -beurteilung vor allem unter formaljuristischen Gesichtspunkten betrachtet wird:

> Er [der Seminarleiter] hat uns gut eine Stunde darüber aufgeklärt, welche rechtlichen Mittel und welche administrativen Hilfen uns zur Verfügung stehen, wenn Eltern oder Schüler andere Noten einklagen wollen. Wie wir überhaupt die Leistungen der Schüler feststellen und dann Noten vergeben können, darüber habe ich bis jetzt nichts erfahren (Referendarin in der 2. Hälfte ihrer Ausbildung).

Welche Konsequenzen könnten für die Lehrerbildung an den Hochschulen gezogen werden, wenn man die aktuellen Erkenntnisse der Lehrerbildungsforschung berücksichtigen will?

Mit Blick darauf, dass Fremdsprachenunterricht und Fremdsprachenlernen an der Hochschule unter dem Prinzip „Vorbild sein; Vorbild werden“ stehen sollte (siehe hierzu u.a. Schmelter 2009), dann wäre beispielsweise eine stärkere Kompetenz- und Berufsfeldorientierung der sprachpraktischen Veranstaltungen wünschenswert. Dies müsste sich dann auch in der Kompetenzmessung und -beurteilung der fremdsprachlichen Kompetenz an den Hochschulen widerspiegeln. Sie sollten gerade auch hinsichtlich der angelegten kriterialen Normen transparenter werden und stärker auch Verfahren der Selbstevaluation sowohl hinsichtlich der Lernergebnisse als auch mit Blick auf die Lernwege erfolgen. Auf diese Weise könnten dann auch außerhalb der pädagogischen, didaktischen und eventuell sprachwissenschaftlichen Lehrveranstaltungen, die bislang kaum Raum für einführende Bemerkungen in Testtheorie und Testverfahren gefunden haben, Test- und Diagnoseverfahren praxisnah thematisiert werden. Derartige Lehrveranstaltungen könnten auch in Kooperation von Sprachlehre und Fachdidaktik erfolgen.

Welches Beharrungsvermögen die traditionsreichen Praktiken an den Hochschulen hier aufweisen, werden die nächsten Jahre und – so ist zu hoffen – nicht Jahrzehnte zeigen.

Literaturverzeichnis

Bausch, Karl-Richard; Burwitz-Melzer, Eva; Königs, Frank G. & Krumm, Hans-Jürgen (Hrsg.) (2005), *Bildungsstandards für den Fremdsprachenunterricht auf dem Prüfstand. Arbeitspapiere der 25. Frühjahrskonferenz zur Erforschung des Fremdsprachenunterrichts*. Tübingen: Narr.

Bergfelder, Angela (erscheint), Schaffen Standards Übergänge? Neuanfänge, Brücke und Brücken im Fremdsprachenunterricht seit den Bildungsstandards. *PRAXIS Fremdsprachenunterricht.*

Caspari, Daniela (2006), Aufgabenorientierung im Fremdsprachenunterricht. In: Bausch, Karl-Richard; Burwitz-Melzer, Eva; Königs, Frank G. & Krumm, Hans-Jürgen (Hrsg.) (2006), *Aufgabenorientierung als Aufgabe. Arbeitspapiere der 26. Frühjahrskonferenz zur Erforschung des Fremdsprachenunterrichts*. Tübingen: Narr, 33-42.

Europarat (2001), *Gemeinsamer europäischer Referenzrahmen für Sprachen: lernen, lehren, beurteilen*. Berlin et al.: Langenscheidt.

Grotjahn, Rüdiger (2003), *Leistungsmessung und Leistungsbewertung* (Erprobungsfassung 6/2003). Hagen: FernUniversität Hagen.

Grotjahn, Rüdiger (2005), Sprachprüfungen als Instrument der Qualitätssicherung in Lehre und Studium. In: Hopbach, Achim & Chalvet, Véronique (Hrsg.) (2005), *Qualität messen – Qualität managen. Leistungsparameter in der Hochschulentwicklung. Dokumentation zur gleichnamigen Tagung am 26./27. Oktober 2004 in Köln*. Bonn: Hochschulrektorenkonferenz, 55-62.

Grotjahn, Rüdiger (2007), Tests im schulischen Fremsprachenunterricht: Qualitätsentwicklung und Qualitätssicherung. *KD Info. Praxisorientierte Zeitschrift der kroatischen DeutschlehrerInnen,* 16: 30/31, 7-16.

Königs, Frank G. (2008), Fremdsprachenlehrerausbildung: Minenfeld oder Artenreichtum? *Zeitschrift für Romanische Sprachen und ihre Didaktik* 2: 1, 9-32.

Kurtz, Jürgen (2007), Englischunterricht an schulischen Ganztagseinrichtungen – auch nach der Mittagspause? *Lehren und Lernen. Zeitschrift für Schule und Innovation in Baden-Württemberg* 33: 6, 24-28.

Meißner, Franz-Josef (2006), Linguistische und didaktische Überlegungen zur Entwicklung von Kompetenzaufgaben im Lernbereich Mündlichkeit. *Französisch heute* 37: 3, 240-282.

Quetz, Jürgen (2005), Bildungsstandards, Sprachstandards. In: Bausch, Karl-Richard; Burwitz-Melzer, Eva; Königs, Frank G. & Krumm, Hans-Jürgen (Hrsg.) (2005), 210-218.

Sacher, Werner (2001), *Leistungen entwickeln, überprüfen und beurteilen. Grundlagen, Hilfen und Denkanstöße für alle Schularten* (3., überarbeitete und erweiterte Auflage). Bad Heilbrunn: Klinkhardt.

Schmelter, Lars (2000), Gelebte Mehrsprachigkeit: ein Schwabe in der westfälischen Diaspora – und Was hat ein Hochschullehrer mit einer Steckdose zu tun? In: Helbig, Beate; Kleppin, Karin & Königs, Frank G. (Hrsg.) (2000), *Sprachlehrforschung im Wandel. Beiträge zur Erforschung des Lehrens und Lernens von Fremdsprachen. Festschrift für Karl-Richard Bausch zum 60. Geburtstag*. Tübingen: Stauffenburg, 573-580.

Schmelter, Lars (2009), Von der Sprachlehrforschung über die Lehrerbildung direkt in den Fremdsprachenunterricht und zurück. In: Dahmen, Wolfgang; Holtus, Günter; Kramer, Johannes; Metzeltin, Michael; Schweickard, Wolfgang & Winkelmann, Otto (Hrsg.) (2009), *Romanische Sprachwissenschaft und Fachdidaktik. Romanistisches Kolloquium XXI*. Tübingen: Narr, 137-156.

Schrader, Friedrich-Wilhelm & Helmke, Andreas (2001), Alltägliche Leistungsbeurteilung durch Lehrer. In: Weinert, Franz E. (Hrsg.) (2001), *Leistungsmessungen in Schulen*. Weinheim/Basel: Beltz, 45-58.

Sedeqi, Gabriele (2006), *Reflexion im Umgang mit Sprachen. Erprobung und Auswertung des Thüringer Sprachenportfolios für Grundschulen im Frühsprachenunterricht Französisch Kl. 4 – unter besonderer Berücksichtigung von Migrantenkindern*. Diplomarbeit, Pädagogische Hochschule Karlsruhe, Karlsruhe.

Sekretariat der Ständigen Konferenz der Kultusminister der Länder in der Bundesrepublik Deutschland (2004a), *Bildungsstandards der Kultusministerkonferenz. Erläuterungen zur Konzeption und Entwicklung*. München: Luchterhand [zitiert als KMK 2004a].

Sekretariat der Ständigen Konferenz der Kultusminister der Länder in der Bundesrepublik Deutschland (2004b), *Einheitliche Prüfungsanforderungen in der Abiturprüfung – Französisch. (Beschluss der Kultusministerkonferenz vom 01.12.1989 i.d.F. vom 05.02.2004)*. Bonn: Ständige Konferenz der Kultusminister der Länder in der Bundesrepublik Deutschland [zitiert als KMK 2004b].

Tesch, Bernd; Leupold, Eynar & Köller, Olar (2008), *Bildungsstandards Französisch: konkret. Sekundarstufe I: Grundlagen, Aufgabenbeispiele und Unterrichtsanregungen*. Berlin: Cornelsen Scriptor.

Test-Taking Strategien

Karin Kleppin & Astrid Reich[1]

Im Kontext der Validierung von Tests und der Analyse von Testleistungen finden häufig auch Überlegungen über das strategische Verhalten von Testteilnehmern statt. Im Gegensatz zur deutschsprachigen Literatur findet man in der englischsprachigen eine ganze Reihe von Arbeiten, die Test-Taking Strategien direkt thematisieren. Der vorliegende Beitrag betrachtet das Forschungsfeld der Test-Taking Strategien aus verschiedenen Perspektiven und Diskussionszusammenhängen und geht dabei u.a. Fragen des Testkonstrukts, der Klassifikation von Test-Taking Strategien und des Strategientrainings nach.

1. Ausgangslage: Unser Erkenntnisinteresse

Ausgelöst wurde unser Interesse an Test-Taking Strategien zum Einen durch die Beobachtung ungewöhnlicher Leistungen von Testteilnehmern bei standardisierten Tests bzw. nichtstandardisierten Kursabschlussprüfungen. So traten z.B. bei Standard-Settings (vgl. u.a. Cisek & Bunch 2007), an denen der Jubilar Rüdiger Grotjahn und die beiden Autorinnen im Rahmen der Überprüfung der Bildungsstandards für die 1. Fremdsprache beim Mittleren Bildungsabschluss teilnahmen,[2] Ergebnisse auf, die aufgrund des Testkonstrukts nur schwer zu erklären waren. Der Eindruck entstand, dass die ungewöhnlichen Ergebnisse nicht nur über die Textschwierigkeit oder die Aufgabenstellung zu erklären waren.[3]

So zeigte sich z.B. in einem Hörverstehenstest Französisch, dass einige Aufgaben der statistischen Analyse zufolge geringe Schwierigkeitswerte aufwiesen, obgleich der Stimulus durch authentische Sprechgeschwindigkeit und

---

1 Die beiden Autorinnen danken Lioudmila Vasilieva und Anette Kamitz für ihre sorgfältige Durchsicht des Manuskripts und wertvolle Kommentare.

2 Es handelt sich um Standard-Settings im Rahmen der Überprüfung der Bildungsstandards für die 1. Fremdsprache beim Mittleren Bildungsabschluss (vgl. Sekretariat der Ständigen Konferenz der Kultusminister der Länder in der Bundesrepublik Deutschland 2004) und um Lernstandserhebungen in den Ländern (VERA-8; s. unter http://www.iqb.hu-berlin.de/vera/#informationen). Für die Standard-Settings nach der ‚Bookmark'-Methode werden Testaufgaben in Testheften nach empirisch gewonnen Schwierigkeitsgraden zusammengestellt. Das konsensorientierte Standard-Setting Verfahren besteht darin, die Aufgaben den Niveaustufen des Gemeinsamen europäischen Referenzrahmens für Sprachen (GeR) (Europarat 2001) über die Setzung so genannter ‚Cut-scores' zuzuordnen.

3 Die spekulativen Überlegungen der am Standard-Setting beteiligten Gruppe durften aber keinen Einfluss auf das Verfahren haben.

mittlere Hörtextlänge gekennzeichnet war. Hält man sich an die Deskriptoren des GeR, in denen für das Hörverstehen allgemein für die Niveaustufe A2 Einschränkungen formuliert werden wie „versteht genug, um Bedürfnisse konkreter Art befriedigen zu können, sofern deutlich und langsam gesprochen wird“ (Europarat 2001: 72), so erstaunt ein solches Ergebnis.

In dieser Situation bieten sich unterschiedliche Interpretationen an: Das Hörverstehen, insbesondere das Hör-Sehverstehen könnte bei Schülern, die an schnell aufeinanderfolgende Hör-Sehsequenzen in Videoclips gewöhnt sind, viel breiter ausgebildet sein als dies zur Zeit der Formulierung der GeR-Deskriptoren vermutet werden konnte.[4] Eventuell haben die Schüler aber auch Strategien verwendet, denen im konkreten Zusammenhang des Standard-Settings nicht nachgespürt werden konnte. Eine solche Ursachenforschung wäre wohl eher über die Analyse von Selbstreporten (zu diesem Verfahren vgl. z.B. Cohen 1984, 2000) oder über andere introspektive Verfahren möglich. Reine Spekulationen einer Standard-Setting Gruppe, auch wenn sie – wie im Rahmen des erwähnten Standard-Setting geschehen – aus unterschiedlichen Personengruppen (Lehrer, Testersteller, Testwissenschaftler, Ministerialbeamte, Fachdidaktiker) besteht, sind letztlich nicht angemessen, valide Aussagen über Einflüsse auf Testleistungen zu treffen.

Ein weiteres auslösendes Moment für unser Interesse an Test-Taking Strategien waren unerwartete Berichte von arabischen Studierenden, die den TestDaF abgelegt hatten. Sie gaben an, besonders bei der ersten Aufgabe im Teil Hörverstehen, der auf die niedrigste TestDaF-Niveaustufe TDN 3 zielt und in dem es sich um Kurzantworten zu einem Hörtext (s. unter http://www.testdaf.de /teilnehmer/tn-vorbereitung_modellsatz3_HV.php?id=2) handelt, die größten Schwierigkeiten zu haben.

Ein Beispiel eines Selbstreports zu diesem Phänomen:

> *Wenn ich das Wort, das in der Frage steht, höre, schreibe ich, was der Gesprächspartner gesagt hat. Obwohl steht kein Zusammenhang zwischen der richtigen Antwort und meiner Antwort, aber schreibe ich alles. Wahrscheinlich habe ich Sorge, dass ich nicht die Frage beantworten kann. Deswegen schreibe ich alles. Manchmal habe ich Sorge um die Note. Manchmal bin ich nicht sicher, was man schreiben sollte. Dann rede ich mit mir selbst und sagte, dass meine Kurzantwort nicht reicht oder falsch ist. Wenn ich viel schreibe, gibt es kein Problem. Der Prüfer wird die zusätzlichen Antworten löschen. Dann werde ich nichts verlieren. Manchmal verliere ich die Konzentration beim Hören. Wenn ich wieder konzentriert bin, schreibe ich automatisch, was ich höre. Es könnte sein, dass meine Antwort nicht zu der Frage passt. Aber für mich ist wichtig, dass ich etwas schreibe.*

---

4 Sollte diese Vermutung zutreffen, müssten die Deskriptoren in diesem Punkt langfristig überarbeitet werden.

Der Selbstreport dieser Studentin zeigt beispielhaft, dass eine zunächst eher naheliegende Interpretation der Schwierigkeiten, nämlich die wenig routinierte Verwendung der lateinischen Schrift, nicht ausschlaggebend zu sein scheint: Vielmehr verwendete die Studierende eine Reihe von Testlösungsstrategien, die als durchaus kontraproduktiv zu betrachten sind und die offensichtlich zu einem Testergebnis führen, das nicht unbedingt Rückschlüsse auf ihre Hörverstehenskompetenz zulässt. Dazu gehören z.B. *Alles aufschreiben, was man erfasst (nicht unbedingt verstanden) hat, damit der Prüfer sich dann das Richtige heraussuchen kann.* Hier entwickelte die Testteilnehmerin offenbar (in diesem Kontext nicht angemessene) Ideen darüber, was Hörverstehen bedeutet und was Beurteiler tun.

2. Test-Taking Strategien in der Fachdiskussion zum Prüfen und Testen

Die Interpretation und Validierung von Testergebnissen findet in der Regel auf der Basis testmethodischer Verfahren statt. Unter Zuhilfenahme statistischer Auswertungen werden z.B. der Schwierigkeitsgrad und/oder die Qualität von Items (z.B. über die Trennschärfe, über Fitwerte) bestimmt. Solchen Anstrengungen liegt in der Regel die Annahme zu Grunde, dass mit dem Test, d.h. den Testaufgaben, den originär fremdsprachlichen Kompetenzen, die dem Testkonstrukt in der realen Anwendung entsprechen, nachgespürt wird.

Erst langsam verstärkt sich die Einsicht, dass Testteilnehmer während eines Tests auch andere als die angenommenen sprachlichen Kompetenzen aktivieren. So lösen Testteilnehmer auf Grund ganz spezifischen Wissens über Testformate Items, die über ihrem aktuellen sprachlichen Niveau liegen. Solche spezifischen Annahmen von Kandidaten können jedoch auch das Gegenteil bewirken (s. auch das Beispiel unter 1.): Füllt z.B. ein Testteilnehmer, um angenommene negative Sanktionen auszuschließen, die Lücken in einem C-Test nur dann aus, wenn er sich der Lösung völlig sicher ist, beraubt er sich der Möglichkeit, für diese Items Punkte zu erhalten[5].

Bei der Fülle der Veröffentlichungen zum Testen und Prüfen beanspruchen Publikationen zum Themenbereich der Test-Strategien bisher nur einen geringen Anteil und beleuchten darüber hinaus völlig unterschiedliche Aspekte (vgl. z. B. Allan 1995; Amer 1993; Cohen 1984, 1994, 2006; Cohen & Apton 2007; Huhta, Kalaja & Pitkänen-Huhta 2006; Lumely & O´Sullivan 2005; Nevo 1989; Phakiti 2003, 2008a, 2008b; Pupura 1998; Rogers & Yang 1996; Storey 1997). Häufig handelt es sich bei der in der Regel englischsprachigen Literatur um empirische

5 Es handelt sich hier um einen authentischen Bericht einer Studentin, die am Zentrum für Fremdsprachenausbildung (ZFA) der Ruhr-Universität Bochum einen C-Test zum Zwecke der Einstufung abgelegt hatte. Vgl. auch Grotjahn & Tönshoff (1992: 52), die bei der Lösung von C-Tests zwischen (scheinbaren) Meidern und (scheinbaren) Riskierern unterscheiden.

Studien. Insbesondere in der deutschsprachigen Fachliteratur ist die Erforschung mentaler Prozesse und des Strategieneinsatzes von Testnehmern bei der Überprüfung fremdsprachlicher Kompetenzen bisher nicht genügend gewürdigt worden (zu den wenigen existierenden Untersuchungen, vgl. z. B. Grotjahn & Stemmer 2002; Stemmer 1991). Will man jedoch ein vollständiges Bild von Testleistungen erlangen, so muss man bei der Interpretation von Testergebnissen auch diese Prozesse und Strategien identifizieren und ihr Wirken verstehen.

Im Folgenden wird das Feld der Test-Taking Strategien mit der groben Darstellung einiger einschlägiger Diskussions- und Forschungszusammenhänge, in denen sie bislang Erwähnung finden, umrissen.

2.1 Test-Taking Strategien im Zusammenhang mit dem Begriff der ‚strategischen Kompetenz' bei Bachman & Palmer

Für Bachman & Palmer (1996: 71ff. und 119f.) ist strategische Kompetenz neben dem Sprachwissen („language knowledge") ein entscheidendes Element von Sprachfähigkeit („language ability"). Strategische Kompetenz konstituiert letztendlich erst die Fähigkeit des Sprachgebrauchs: Sprachgebrauch – sei es in Test- oder Alltagssituationen – heißt nach ihrem Verständnis, dass das individuelle sprachliche Wissen mit dem individuellen Inhaltswissen und affektiven Schemata interagieren müssen:

> We conceive of strategic competence as a set of metacognitive components, or strategies, which can be thought of as higher order executive processes that provide a cognitive management function in language use, as well as in other cognitive activities. Using language involves the language user´s topical knowledge and affective schemata, as well as all the areas of language knowledge [...] (Bachman & Palmer 1996: 70).

Nach dieser Vorstellung kommt nicht nur im allgemeinen Sprachgebrauch, sondern auch bei der Bewältigung von Testaufgaben strategische Kompetenz zur Kontrolle der kognitiven Aktivitäten zum Einsatz (z.B. durch Einschätzung der konkreten Testsituation und ihrer Anforderungen, durch die Planung des Vorgehens usw.). Das von Bachman & Palmer (1996: 74) diskutierte Beispiel einer differentiellen Bildbeschreibung lässt allerdings den Schluss zu, dass die strategische Kompetenz ihrer Auffassung zufolge insbesondere bei der Produktion und Rezeption von größeren Text- bzw. Diskurszusammenhängen eine entscheidende Rolle spielt.

2.2 Test-Taking Strategien im Zusammenhang mit dem Testkonstrukt

Test-Taking Strategien werden häufig dann evoziert (s.o.), wenn erklärt werden soll, warum Testteilnehmer ein spezifisches Item lösen konnten, obgleich sie noch nicht auf die für das Lösen des Items notwendigen ‚fremdsprachlichen Kompetenzen' (so grob wird das Testkonstrukt in der Regel formuliert) zurückgreifen können: Die Beschäftigung mit Test-Taking Strategien (oder wie bei Bachman & Palmer mit ‚strategischer Kompetenz') führt unweigerlich zu der Frage nach dem Testkonstrukt – also der Vorstellung der getesteten bzw. zu testenden Kompetenzen, die der Testkonstruktion zugrunde liegen, und auf deren Basis Testergebnisse interpretiert werden können (vgl. Grotjahn 2008: 166).

Strategien werden in diesem Zusammenhang für den Teil der Lösungsleistung verantwortlich gemacht, der nicht auf den vorhandenen fremdsprachlichen Kompetenzen beruht. Hier zeigt sich, dass eine Wechselbeziehung zwischen Konstrukt und Strategien angenommen wird: Denn würde man Strategien in das Konstrukt integrieren, dann hätte das Konstrukt zwar zusätzliche Merkmale, aber es bestünde im Gegenzug nicht mehr die Notwendigkeit, scheinbar ‚unerklärliche' Leistungen der Testteilnehmer über externe Verarbeitungsprozesse erklären zu müssen.

Auch Bachman & Palmer (1996: 119f.), die strategische Kompetenz für den Sprachgebrauch im Allgemeinen und nicht nur in Testsituationen ansetzen (s.o.), meinen, dass Strategien immer in irgendeiner Form in der Definition des Testkonstrukts impliziert sind. Dennoch betonen sie, dass Testersteller sich entscheiden müssten, ob sie im Zusammenhang einer speziellen Aufgabe Rückschlüsse auf strategische Kompetenzen ziehen möchten oder ob diese Schlussfolgerung unterbleiben sollten. Sie zitieren komplexe Beispiele von Situationen, bei denen die Einbeziehung strategischer Kompetenz sinnvoll ist und solchen, wo dies nicht der Fall ist.

Anderson, Bachman, Perkins & Cohen (1991), die sich über Fragen der Konstruktvalidierung Gedanken machen, sehen es als unerlässlich an, diese über eine Triangulation der folgenden Faktoren zu erreichen:

- von Item-Inhalten (d.h. Lösungsanforderungen wie dem Zugriff auf Hauptideen, auf bestimmte Einzelinformationen bzw. Inferenzieren),
- von statistischen Performanzdaten (zur Itemschwierigkeit und Trennschärfe),
- von strategischen Verhaltensweisen, wie sie über Laut-Denken Protokolle manifest werden („information about how test-takers go about processing test tasks", ibid.: 41f.; vgl. ibid.: 61).

Auch aus dieser Perspektive ist das Konstrukt überhaupt nicht ohne Strategien denkbar.

In der Praxis mag es sich also als nützlich erweisen, das Testkonstrukt so zu formulieren, dass konstruktimmanente von konstruktunabhängigen Strategien unterschieden werden können. Man könnte differenzieren nach Strategien, die in das Konstrukt integriert werden können und solchen, die auch im weiteren Sinn nichts mehr mit fremdsprachlichen Kompetenzen zu tun haben, also als konstruktunabhängig zu bezeichnen wären (vgl. hierzu auch unsere Diskussion unter 4.).

2.3 Test-Taking Strategien im Zusammenhang mit der Diskussion zu Lern- und Gebrauchsstrategien

Die Literatur zu Test-Taking Strategien greift häufig auf die allgemeine Diskussion zu Lern- und Gebrauchsstrategien in der fremdsprachlichen Kommunikation zurück. So definiert Cohen (1994: 119): „*Test-taking strategies* can be viewed simply as learner strategies applied to the area of assessment".

Strategien werden in der Regel als mehr oder minder bewusst, intentional, zielgerichtet und vor allem auch als individuell gesehen. Automatisierte bzw. routinierte Prozesse, deren sich Fremdsprachenbenutzer nicht bewusst sind, werden dagegen meistens nicht zu den Strategien gerechnet (vgl. u.a. Phakiti 2003: 22).[6] Auch andere strategiebezogene Fragestellungen, die in der Fachliteratur zu Lern- und Gebrauchsstrategien (vgl. u.a. O'Malley & Chamot 1990; Oxford 1989, 1990, 1992; Poulisse 1993; Dörnyei & Kormos 1998; Kormos 2006, Reich i.V.) diskutiert werden, sind in der Forschung zu Test-Taking Strategien relevant. Dazu gehört u.a. die Unterscheidung zwischen kognitiven und metakognitiven Strategien (vgl. O'Malley & Chamot 1990: 43ff.).

Test-Taking Strategien gehören zu den Strategien, die den Bereich des Sprachgebrauchs betreffen (vgl. auch Phakiti 2003: 28), da sie in der Mehrzahl auf die (lokal begrenzte) Lösung bzw. Überwindung eines aktuellen Problems und nicht auf einen längerfristigen Kompetenzzuwachs zielen: Die Forschung zu Test-Taking Strategien versucht letztendlich herauszufinden, welche Strategien Testkandidaten in der Situation anwenden, um Testaufgaben so zu lösen, dass sie den Test – auf einem möglichst hohen Niveau – bestehen (zu einem Überblick vgl. Cohen 1994; Cohen & Upton 2007).

Häufig beruhen solche Forschungen auf einer Liste von gebrauchsorientierten Statements, die aus der mutmaßlichen Teilnehmerperspektive formuliert sind. Hier sollen die Testkandidaten entscheiden, ob sie sich mit den aufgezählten Handlungsweisen identifizieren. Die Statements stellen im Grunde allgemeinverständliche Paraphrasierungen von Strategien(bündeln) dar (vgl. u.a. Phakiti 2003; Pupura 1998; Song 2004), wie folgende Beispiele aus einem Fragebogen zu kognitiven und metakognitiven Strategien verdeutlichen:

> 1. I planned what to do before I began to complete this reading test.
> [...]
> 7. I tried to understand the relationship between ideas in the text and tasks.
> [...]
> 19. I guessed meanings of unknown words using root words.
> [...]
> 25. I evaluated my plans or goals of my reading tasks constantly (Phakiti 2003: 42).

6 Dabei ist u.E. noch nicht genügend geklärt, ob es sich bei solchen automatischen Prozessen um originär automatische Prozesse handelt oder ob von Prozessen die Rede ist, die z.B. durch kontinuierliche Wiederholung langsam automatisiert wurden und daher durchaus bewussheitsfähig und somit potentiell bewusst sind (vgl. u.a. Grotjahn 1997: 50f.).

So nützlich solche Befragungen in manchen Kontexten sein mögen bzw. so eingängig die einzelnen Items auf den ersten Blick scheinen, um das Spektrum möglicher Strategien aufzuzeigen und sie bewusst zu machen, so problematisch halten wir sie als Ausgangspunkt von weiterführenden Forschungsprojekten:

- Die in den Listen erfassten Strategien sind häufig solche, die aufgrund von unhinterfragten Erfahrungen als ‚effektiv' erachtet werden. Nicht erfasst werden aber andere, von Testkandidaten ebenfalls verwendete Strategien, die kontraproduktiv sein könnten oder die eben noch nicht a priori benannt werden konnten.
- Das Ankreuzen einer Strategie oder eines Strategienbündels bedeutet nicht unbedingt, dass Kandidaten darunter dasselbe verstehen wie diejenigen, die die Befragung durchführen. Eine gängige und vielfach auch in Empfehlungen aufgelistete ‚Strategie' ist beispielsweise das Achten auf Schlüsselwörter. Diese ‚Empfehlung' bezieht jedoch in keiner Weise die Lernerperspektive ein: Woher denn sollen Lerner im Einzelnen wissen, welche Wörter eines Textes sie als Schlüsselwörter betrachten können, es sei denn, sie sehen, dass bestimmte Elemente mehrfach vorkommen und daher möglicherweise bedeutsam sind. Es wäre also viel sinnvoller aus einer echten Teilnehmerperspektive heraus zu fragen, ob – und ggf. welche – Strategien Testteilnehmer haben, um Schlüsselwörter zu erkennen. Dazu könnten auch Möglichkeiten gehören wie: *Ich überfliege den Text und schaue nach, ob ich Textumgebungen finde, in denen Formulierungen wie z.B. „besonders wichtig", „von Bedeutung" usw. vorkommen. Denn dann kann ich sicher sein, dass ich mich besonders mit dieser Passage auseinandersetzen muss.*
- Das Ankreuzen einer in einem Fragebogen aufgelisteten Strategie bedeutet im Übrigen auch nicht, dass der Testteilnehmer diese Strategie wirklich verwendet, sondern nur, dass er meint, sie sei für ihn wichtig (vgl. zu solchen Effekten auch Allan 1995).

Schon an diesen Beispielen wird deutlich, dass auch der befragende Zugang zu den Test-Taking Strategien um weitere Verfahren der Datenerhebung ergänzt werden muss. Phakiti (2003) verwendet beispielsweise neben der Befragung retrospektive qualitative Interviews, um über eine Datentriangulation die Validität der eigenen Ergebnisse zu erhöhen.

3. Test-Taking Strategien aus der Sicht der am Test Beteiligten

Wer beschäftigt sich mit welchen Absichten mit Test-Taking Strategien? Welche Funktionen hat die Beschäftigung mit Test-Taking Strategien für die verschiedenen am Testgeschehen Beteiligten (‚stakeholder'), im weitesten Sinne also Testersteller, Autoren von Vorbereitungsmaterialien, auf den Test vorbereitende Lehrende und Testteilnehmer?

- Anbieter und Ersteller standardisierter Tests müssen sich insbesondere dafür interessieren, ob die Validität ihres Tests, insbesondere die Konstruktvalidität (vgl. z.B. Rupp, Ferne & Choi 2006), nicht durch den Einsatz von besonderen „konstruktunabhängigen“ Strategien, die zudem ein Fairness-Problem (vgl. Grotjahn 2008: 168) implizieren können,[7] herabgesetzt wird. Die Frage ist, ob Testkandidaten z.B. über den Rückgriff auf Wissen über einen spezifischen Test und seine Konstruktion (Test-Wiseness genannt, s. unter 4.1.) eine Aufgabe lösen, die sie allein auf der Basis ihrer aktuellen fremdsprachlichen Kompetenz nicht hätten lösen können.

Testkonstrukteure sollten sich allerdings nicht nur für Strategien interessieren, mit denen die Testung eines spezifischen Konstrukts regelrecht ‚umgangen‘ werden kann, also für Strategien, die völlig unabhängig von dem zu testenden Konstrukt (z.B. das detaillierte Leseverstehen von akademischen Texten) aktiviert werden. Testkonstrukteure müssen sich vielmehr mit allen Prozessen beschäftigen, die bei der Lösung von Aufgaben relevant werden, also auch für allgemeine Lern- und Gebrauchsstrategien, die z.B. sowohl in der Situation eines Leseverstehenstests wie auch in einer authentischen Lesesituation aktiviert werden (s. unter 4.2.).

- Lehrende bzw. Trainer, die in Sprachkursen oder Formatschulungen auf standardisierte Tests vorbereiten, oder auch Autoren von Vorbereitungsmaterialien werden sich dagegen eher dafür interessieren, wie sie Kandidaten dabei unterstützen können, nicht nur die zu testenden sprachlichen (Teil)-kompetenzen, sondern auch Aspekte von Test-Wiseness und Test-Management Strategien zu entwickeln (s. unter 5.). Solche Strategien bringen den Kandidaten, die sie beherrschen, durchaus Vorteile beim Ablegen eines Tests. Da sie nicht bei jedem Testteilnehmer in gleicher Weise vorhanden sind, wird in der Fachliteratur ein generalisiertes Training von Test-Wiseness für alle Testteilnehmer als sinnvoll erachtet (vgl. Cohen 1994: 152ff.), um dadurch allen die gleiche Ausgangsposition zu ermöglichen.
- Die Testteilnehmer selbst sind die dritte Gruppe von Personen, die sich für Test-Taking Strategien interessieren (sollten). Da, wie bereits angedeutet, ihr Verhalten in der Testsituation durchaus nicht mit den Empfehlungen aus Schulungsveranstaltungen bzw. von Ratgebern unterschiedlicher Provenienz konform geht, ist es sinnvoll, Test-Taking Strategien auch aus ihrer Perspektive zu erfassen.

  In diesen Zusammenhang gehören vielleicht auch lerner-/ testteilnehmergesteuerte selbstevaluative Trainings mit kontinuierlicher Selbstreflektion[8] zu eigenen Vorgehensweisen und Optimierungsmöglichkeiten (vgl. Kleppin & Tönshoff 2000).

---

7 Eine gravierende Verletzung des Gütekriteriums Fairness entsteht dann, wenn diese konstruktunabhängigen Strategien nicht von jedem Testteilnehmer in gleicher Weise „beherrscht“ werden.

8 Ein solch selbstreflektives Vorgehen geht im Übrigen weit über das so häufig kritisierte „teaching to the test“ hinaus.

4. Versuche einer Klassifikation von Test-Taking Strategien

Test-Taking Strategien – dies haben wir in den letzten Kapiteln dargestellt – bieten wissenschaftlich gesehen kein einheitliches Bild, sondern müssen sowohl im Zusammenhang unterschiedlicher Erkenntnis- und Forschungsinteressen als auch im Zusammenhang ihrer Funktion für unterschiedliche Interessengruppen gesehen werden. Allen Kategorisierungen gemeinsam ist zunächst nur, dass unter dem Begriff Strategien solche Verhaltensweisen gerechnet werden, die bewusst ausgewählt und planvoll eingesetzt werden können. Test-Taking Strategien im Besonderen sind Strategien, die sich aus dem Umgang mit einem Test oder einer Prüfung herauskristallisieren lassen (s. o.).

In der Fachliteratur werden durchaus unterschiedliche Zuordnungen vorgenommen: Es werden z.B. mehr oder weniger hierarchisierte bzw. detaillierte Taxonomien vorgestellt, deren Baumstruktur die übergeordneten Kategorien betont. Auf der obersten Ordnungsebene befinden sich Kategoriebezeichnungen wie etwa Test-Management-, Test-Wiseness-, Motivations-, Volitions- und Kontrollstrategien (Phakiti 2003).

Manchmal werden aber auch speziell auf eine Teilkompetenz bezogene Kategorisierungen vorgeschlagen, wie etwa für das Leseverstehen bedeutsame Strategien („comprehending", „memory" und „retrieval strategies" bei Phakiti 2003), oder es werden nur sehr weit gefasste Kategorien betrachtet, die von unterschiedlichen Autoren unterschiedlich benannt werden. So klassifizieren Rogers & Yang (2006) alle hier interessierenden Strategien als Test-Wiseness Strategien, während Cohen (2006) Test-Wiseness von Test-Management Strategien (wie auch Gebrauchsstrategien, s.u.) differenziert. Rogers & Yang beziehen sich in ihrer Definition von Test-Wiseness auf Millman, Bishop & Ebel (1965): Test-Wiseness sei

> […] a subject's capacity to utilize the characteristics and formats of the test and/or test-taking situation to receive a high score. Test-wiseness is logically independent of the subject matter for which the items are supposedly measures (Millman et al. 1965: 707 zitiert in Rogers & Yang 1996: 249).

So zitieren sie von bestimmten Inhalten unabhängige Strategien wie Fehlervermeidung, d.h. das genaue Achten auf die Aufgabenstellung und ihre Fokussierung sowie auf bestimmte Signale in den einzelnen Items (1996: 248). Ähnliche Vorgehensweisen beschreibt Cohen unter der Bezeichnung Test-Management (Cohen 2006: 317f.)

Unserer Meinung nach lassen sich die von Cohen benannten Klassen von Strategien (2006: 311) in der Praxis schwer voneinander abgrenzen. Dies gilt insbesondere für die Test-Wiseness und Test-Management Strategien. Beide Klassen unterscheiden sich allerdings von einer dritten, den Gebrauchsstrategien. Während die Gebrauchsstrategien als zum Testkonstrukt gehörig (konstruktimmanente Strategien) betrachtet werden können (s. unter 2.2.), beziehen sich die beiden ersten Gruppen vor allem auf das Wissen darüber, welchen Konstruktionsregeln Testformate unterliegen und speziell auf Verhaltensweisen in der Testsituation. Denn sie sollen dabei helfen, eine Aufgabe zu lösen, die man allein auf der Basis der erwarteten Kompetenz nicht problemlos lösen könnte.

Man könnte zu dem Schluss kommen, es handele sich hierbei nur um einen trickreichen Weg, um zu einer richtigen Antwort zu gelangen. Bei diesen Kategorien handelt es sich also um konstruktunabhängige Strategien, die die Sprachkompetenz womöglich sogar verschleiern. Denn es ist davon auszugehen, dass testerfahrene und vor allem auch testformaterfahrene Testteilnehmer einen Test möglicherweise eher lösen als unerfahrene und ‚naive' Testteilnehmer – weshalb ein Training der Formate, mit denen Testkandidaten noch wenig vertraut sind, hilfreich sein kann (vgl. Amer 1993).

Im Folgenden fassen wir also Test-Wiseness und Test-Management Strategien in der übergeordneten Kategorie der konstruktunabhängigen Test-Taking Strategien zusammen, erörtern sie allerdings der Einordnung von Cohen folgend getrennt voneinander.

4.1 Konstruktunabhängige Strategien

4.1.1 Test-Wiseness Strategien

Test-Wiseness wird häufig in Bezug auf geschlossene oder halboffene Formate diskutiert (vgl. z.B. Cohen 1992: 104), da sie im Hinblick auf in der Aufgabe vorhandene Informationen besonders wirkungsvoll ist. Bei einem Multiple Choice Test kann der Testteilnehmer beispielsweise so vorgehen, dass er sich die Distraktoren daraufhin anschaut, welcher Distraktor a priori ausgeschlossen werden kann. In der Regel sollten Multiple Choice-Items zwar so konstruiert sein, dass alle Distraktoren im Hinblick auf den Inputtext plausibel sind, doch ist diese Anforderung – insbesondere wenn vier Distraktoren vorliegen – häufig nicht überzeugend realisiert. Manchmal wird die richtige Lösung auch durch einen Distraktor markiert, der genau das Gegenteil der korrekten Lösung beinhaltet. Ein Vorgehen, bei dem die Distraktoren auf solche Plausibilitätserwägungen hin gescannt werden, ist dann sinnvoll, wenn man allein auf der Basis der vorhandenen fremdsprachlichen Kompetenz zu keinem befriedigenden Ergebnis kommt. Als weiteres Beispiel sei möglicherweise vorhandenes Wissen über die Konstruktion eines spezifischen Testformats wie z.B. des C-Tests genannt. Weiß ein Testteilnehmer, dass jeweils genau die zweite Hälfte eines jeden zweiten Wortes getilgt wurde, so bietet dies auch schon Informationen über die Länge des „beschädigten" Wortes. Diese Beispiele werfen die Frage auf, ob Schlussfolgerungen der genannten Art überhaupt wünschenswert sind (vgl. auch Grotjahn 2004: 535f.).

Zu diskutieren wäre auch, ob Test-Wiseness möglicherweise zu ‚Testdummheit' führen kann. Kandidaten könnten sich z.B. so weit auf ihr Wissen um Testkonstruktion und Formate verlassen, dass sie nicht mehr auf ihre Sprachkompetenzen zurückgreifen, sondern sich von Vornherein auf ihre Test-Wiseness verlassen und damit möglicherweise in ‚Fallen' geraten, die Testkonstrukteure verwenden, um den Einfluss von Test-Wiseness zu minimieren.

4.1.2 Test-Management Strategien

Hierunter werden meist solche Strategien gefasst, die den Umgang mit der Testsituation im Hinblick auf die Vorbereitung, das Zeitmanagement vor und während des Tests, den Umgang mit den Testanweisungen und der Endkontrolle betreffen. Es müssen z.B. Entscheidungen darüber getroffen werden, worauf man zunächst seine Aufmerksamkeit lenkt, was man etwa bei einem Leseverstehenstest zuerst macht, ob man erst die gestellten Fragen anschaut oder erst den Text überfliegt. Entscheidungen müssen auch darüber gefällt werden, ob man erst ins Unreine schreibt und dann in das Testheft überträgt und dergleichen mehr.

Test-Management Strategien können auch unabhängig von Testformaten nützlich sein. Sie können u. E. weiter unterteilt werden und zwar im Hinblick auf

- Phasen (vor, während, nach dem Test), wie etwa *Ich starte sehr früh mit meiner Vorbereitung. Dafür begrenze ich mich aber auf nur eine halbe Stunde pro Tag.*
- Teilkompetenzen (Leseverstehen, Hör- und Hör-Sehverstehen, Schreiben, Sprechen, etc). Hierzu würden solche Strategien zählen wie etwa *Ich bereite mich gezielt auf einen Hörtest vor, indem ich Hörtexte zu einem möglicherweise vorkommenden Themenbereich stichwortartig schriftlich oder mündlich in meiner Muttersprache zusammenfasse, damit ich lerne, die wichtigsten Informationen herauszufiltern.* Untersuchungen werden im Übrigen meist mit Bezug auf eine Teilkompetenz vorgenommen wie etwa die Studien von Carrell (2007), Cohen & Upton (2007) oder Phakiti (2003).
- ihren Zugriff auf Testaufgaben (z.B. durch Erstellen von Hypothesen, Abgleich von Hypothesen mit den vorhandenen Distraktoren oder Auswahlverfahren). Hierzu würden solche Strategien zählen wie etwa bei Kurzantworten *Ich lese zunächst die Fragen zum Text, versuche mich besonders auf die gefragten Aspekte zu konzentrieren und schreibe bewusst nur einige Stichwörter auf.* Bei diesem Beispiel wäre jedoch zu diskutieren, ob es sich nicht ebenfalls um eine konstruktimmanente Strategie handelt, da auch in einer authentischen Lesesituation, etwa beim selektiven Lesen, eine Aufmerksamkeitslenkung auf bestimmte Aspekte erfolgen kann. In der Regel wird in authentischen Lesesituationen allerdings selbstbestimmt fokussiert,

wohingegen die Fokussierung in der Testsituation durch die Aufgabenstellung vorgegeben ist.

- metakognitive, kognitive und affektive Faktoren, wie etwa bei *Ich beginne mit einer aus meiner Sicht leichten Aufgabe, damit ich schon mal ein Erfolgserlebnis habe* oder auch das Gegenteil *Ich nehme mir zunächst eine schwere Aufgabe vor, weil ich zu Beginn noch die meiste Konzentration habe* (Eine solche Strategie kann natürlich nur in einem Test angewendet werden, in dem kein rigides Zeitmanagement vorgegeben ist).

Wie sich an den Beispielen zeigen lässt, sind die Kategorien nicht in sich geschlossen. Häufig können Strategien, die man in eine Kategorie einordnet, auch als Instanzen einer anderen Kategorie betrachtet werden. Eine Strategie wie *Ich versuche, vor einem mündlichen Test meine Angst dadurch zu reduzieren, indem ich mit Freunden eine mündliche Testsituation simuliere* kann also in mehrfacher Hinsicht in obige Klassifikationen eingeordnet werden. Es wäre eine Strategie, die sich auf eine bestimmte Phase bezieht, ein Einstellen auf ein Format (etwa eines mündlichen Tests) und ebenfalls eine metakognitive, affektive Strategie. Sie könnte möglicherweise – allerdings sehr aufwändig – kreuzklassifiziert werden.

Man wird sich daher wahrscheinlich in Abhängigkeit von Forschungsinteressen für eine Klassifikationsmöglichkeit entscheiden. Will man z.B. herausfinden, welche Strategien Testnehmer bei einem mündlichen Interview verwendet haben, dann wird man sicher zunächst nur die Strategien (metakognitiver, kognitiver und affektiver Ausprägung) versuchen zusammenzustellen, die sich auf das Sprechen während des Tests mit dem entsprechenden Format beziehen. Eventuell werden z.B. bei Fragebögen oder auch in qualitativen Interviews zusätzliche Fragen zur Testvorbereitung gestellt.

4.2 Konstruktimmanente Gebrauchsstrategien

Hierunter können solche Strategien gefasst werden, die von Lernern auch unabhängig von der Testsituation, auch in der Gebrauchssituation, eingesetzt werden, wie etwa Lesestrategien (etwa Inferieren bei einem Lesetest, bei dem man nicht alles versteht) oder Kommunikationsstrategien (etwa Paraphrasieren in einem mündlichen Test) etc.

In der Fachliteratur finden sich unterschiedliche Vorschläge, die sich an die Klassifikation von Lern- und Gebrauchsstrategien anlehnen, z.B. für den Bereich Lese- und Hörverstehen:

> [...] (a) comprehension and monitoring strategies (b) compensatory strategies (translation and repair in reading and listening and elaboration strategies in listening), and (c) strategies related to attention and task assessment (Yoshizawa 2002 zitiert nach Cohen 2006: 322).

In diese Kategorie fallen also Strategien, die über ihren Gebrauch in authentischen und/oder Unterrichtssituationen hinaus auch in der Testsituation verwendet werden und von daher zumindest im großen Rahmen aller bei Tests zum Einsatz kommenden Strategien zu verorten sind. Zwar könnte man argumentieren, dass man hier nicht mehr von Test-Taking Strategien sprechen sollte, doch können unserer Meinung nach auch kognitive und metakognitive Strategien, die z.B. bei Leseprozessen eingesetzt werden, durchaus Modifikationen unterliegen, wenn sie in einer Testsituation verwendet werden. Der Unterschied mag nur graduell sein, in dem sie z.B. bewusst und verbunden mit stärkerer Selbstkontrolle eingesetzt werden. Es können aber auch in einer Testsituation bewusst bestimmte Strategien gewählt und andere vernachlässigt werden. Möglicherweise eignen sich einige Strategien auch besser als andere für bestimmte Testsituationen. Dies ist z.B. bei Strategien der Fall, die für das selektive Lesen notwendig sind, wenn bei geschlossenen Formaten häufig durch die Aufgabenstellung, den Itemstamm und die einzelnen Items geleitet selektiv vorgegangen werden muss.

5. Auswirkungen auf die Praxis: Zur Vorbereitung auf Tests

In den meisten Vorbereitungskursen und/oder Materialien, die in Deutschland zur Vorbereitung auf Tests kursieren, werden Test-Taking Strategien noch nicht systematisch einbezogen. Dies hängt möglicherweise damit zusammen, dass bisher noch wenig praxisrelevante und auch für Fachfremde verständliche Literatur auf Deutsch vorliegt. Denn meist handelt es sich um empirische Studien (s. unter 2.).

Im Bereich der praxisorientierten Publikationen zu Test-Taking Strategien existiert eine Reihe von meist englischsprachigen Internetseiten, auf denen Tipps und Empfehlungen aufgelistet werden.[9]

Solche Tipps können als ‚generelle Guidelines' wie in dem folgenden Beispiel gelesen werden:

> Here are some very important - and often ignored - guidelines to taking a test successfully.
>
> - **Do not insist on completing each question before going to the next.**
>   This is extremely important. If you spend a lot of time on one question that you don't understand there can be two negative outcomes:
>   - *Losing time*
>   Remember one question may only be worth one point, if you are not able to answer questions later because you have lost time you could lose more points!
>   - *Becoming nervous*
>   Becoming nervous can make you lose your concentration and that leads to worse results.

---

9 Vgl. u.v.a. http://www.testinfo.net/toefl/toefl-tips.htm; http://ocw.kaplan.edu/arts-and-sciences/academic-strategies/course/unit-eight-effective-test-taking; http://www.testtakingtips.com/test/index.htm; http://www.studygs.net/tsttak1.htm.

- **If possible, go through the entire test answering the questions you are sure you know.**
  This results in your being more relaxed and feeling more confident.
- **Go through the test a second time working out the answers to more difficult questions.**
  Now you will feel more confident and this will improve your test taking. However, remember to not waste too much time on any one question.
- **Once you have gone through the test twice, see if any of the questions asked can help you answer those really difficult questions.**
  This is a little used trick. Sometimes questions asked are answered in later questions asking for different things. This should not be tried until you have finished the test and have some time remaining to try the questions you have had problems with again.
- **If you have a strong feeling about a question when you first answer it, don't go back and change it later.**
  Usually (but not always) a strong first impulse means we know the answer and we don't really have to think about it too much. Going back to think about it usually makes you unsure and often causes an error. This is very common so be very careful!
- **Play the odds**
  If you don't know the answer, write something. If you are answering a 4 possibility multiple choice question you will still have a 25% chance of being correct!
- **Do not cheat!!!**
  Taking a test is as much for you as it is for your teacher. If you cheat, you don't help yourself in the long run (Beare o.J.).

Solche Tipps verweisen zum Teil auf ‚echte' Strategien, manchmal handelt es sich hingegen auch nur um – aus dem Blickwinkel des Testerstellers – ‚empfohlenes Verhalten'.[10]

Erkennbar ist dennoch, dass es meist Testanbieter sind, die auf ihren Seiten zur Vorbereitung implizit auf Test-Strategien verweisen.[11] In den vorgeschlagenen Vorbereitungsmaterialien werden dann für die einzelnen Fertigkeiten die entsprechenden Itemformate vorgestellt und mutmaßlich angemessene Lösungsstrategien vorgeschlagen (vgl. u.a. Heine & Lazarou 2007; Kniffka & Gutzat 2006).

Ein englischsprachiger Ratgeber zu Test-Strategien wurde im Übrigen schon 1981 von Kesselman-Turkel & Peterson zusammengestellt. Die Autoren geben einen allgemeinen, d.h. nicht fremdsprachenspezifischen Überblick über unterschiedliche Teststrategien und -techniken. Zunächst werden in chronologischer Reihenfolge Strategien zu den Etappen eines Testdurchlaufs zugeordnet und

---

10 So erscheinen auch auf praktische Lebensbewältigung bezogene Tipps auf den Internet-Seiten wie etwa auf der schon erwähnten Seite http://www.testtakingtips.com/test/genpre.htm. Dieser Anbieter empfiehlt als Vorbereitung zum Test nicht nur rechtzeitig zum Test zu kommen, was sicherlich völlig nachvollziehbar und sinnvoll ist, sondern auch etwas Essbares mitzunehmen und rechtzeitig die Toilette zu besuchen.

11 Vgl. in Deutschland auf den Seiten des TestDaF-Instituts (http://www.testdaf.de) die genaue Beschreibung der Subtests mit den entsprechenden Bewertungskriterien und Empfehlungen zur Vorbereitung.

anschließend unterschiedliche Testformate mit geeigneten Strategien in Bezug gesetzt. Im weiteren Verlauf wird auf Strategien hinsichtlich der einzelnen Teilkompetenzen Lesen, und Schreiben eingegangen. Die Monographie schließt mit speziellen Techniken zur Vorbereitung und Durchführung mündlicher Prüfungen.

Wenn es allerdings um die Frage geht, wie Testnehmer ihr eigenes strategisches Verhalten entwickeln bzw. trainieren können, dann liegt hierzu noch relativ wenig Literatur vor (vgl. z.B. Amer 1993). Häufig wird – wie auch bei der genannten Autorin – der Schwerpunkt auf die Vermittlung von Strategien gelegt und weniger darüber nachgedacht, wie Lerner vor dem Hintergrund persönlicher Faktoren (z.B. Extra- versus Intraversion) und individueller Vorlieben selbst angemessene Test-Taking-Strategien entwickeln können. [12]

Hier scheinen uns sehr individualisierte Vorgehensweisen oder auch individuelle Strategienberatungen im Rahmen allgemeiner Sprachlernberatungen (vgl. z.B. Kleppin & Mehlhorn 2005) Möglichkeiten zu sein, welche der Tatsache Rechnung tragen, dass Test-Taking Strategien durch individuelle Variablen stark beeinflusst werden (vgl. u.a. Cohen 1994: 74-83).

Ein solches Vorgehen könnte folgendermaßen aussehen:

1. Zunächst werden bisherige persönliche Erfahrungen mit Tests und Testformaten besprochen (Was ist für die Person gut, angenehm verlaufen, wobei hatte sie besondere Erfolgserlebnisse, wobei sind Ängste entstanden, wo gab es Misserfolgserlebnisse?)
2. Daneben wird Wissen über Tests, Testformate und Bewertungskriterien aufgearbeitet (z.B. Wissen über Item-Abfolge, Wissen über unterschiedliche Verarbeitungsebenen z.B. beim Lese- und Hörverstehen; Verteilung der wichtigen Informationen über die gesamte Aufgabe, wo gibt es besondere Schwierigkeitsquellen?)
3. Dann werden Tests und Testformate selbstevaluativ trainiert. Dies kann z.B. erfolgen über
   - Aufmerksamkeitslenkung auf Schwierigkeiten (z.B.: Welcher Teil der Aufgabe enthält besondere Schwierigkeitsmerkmale? Wie sieht die Aufgabenstellung genau aus? Wie viel Zeit kalkuliere ich wofür?)
   - Einbezug von Bewertungskriterien in das Lösungsverhalten (z.B. bei Notieren von Stichpunkten; Korrektheit versus Risikobereitschaft bei den produktiven Teilen)
   - Peer-Beobachtung und Evaluation bei den produktiven Teilen.

Ein solch selbstevaluatives Training kann unserer Meinung nach nicht mit dem häufig kritisierten *teaching to the test* gleichgesetzt werden; denn bei dem hier vorgestellten Prozedere geht es um die Entwicklung von Kompetenzen, die in

---

12 Es ist durchaus plausibel, dass auch besondere Testlösungsstile existieren (*Ich ziehe es vor, mit dem schwierigen Teil anzufangen* versus *Ich ziehe den leichteren Teil für den Anfang vor).*

authentischen Kommunikationssituationen relevant sind (konstruktimmanente Test-Taking Strategien), die eben nicht automatisiertes Formattraining bedeuten, und die darüber hinaus auch in anderen Situationen nützlich sind, in denen es um Leistung und Leistungsbewertung geht (z.B. auch bei Bewerbungsgesprächen).

Literaturverzeichnis

Allan, Alastair I.C.G. (1995), Begging the questionnaire: instrument effect on readers' responses to a self-report checklist. *Language Testing* 12: 2, 133-156.

Amer, Aly Anwar (1993), Teaching EFL students to use a test-taking strategy. *Language Testing* 10: 1, 71-77.

Anderson, Neil J.; Bachman, Lyle F.; Perkins, Kyle & Cohen, Andrew (1991), An exploratory study into the construct validity of a reading comprehension test: triangulation of data sources. *Language Testing* 8: 1, 41-66.

Bachman, Lyle F. & Palmer, Adrian S. (1996), *Language Testing in Practice.* Oxford: Oxford University Press, 61-82.

Beare, Kenneth (o.J.), Effectively Taking the TOEFL, TOEIC, First Certificate, Proficiency or CAE
[Online: http://esl.about.com/od/toeflieltscambridge/a/ht_taketest.htm (6.7.2009)].

Carrell, Patricia L. (2007), Notetaking Strategies and Their Relationship to Performance on Listening Comprehension and Communicative Assessment Tasks
[Online: http://www.ets.org/Media/Research/pdf/RR-07-01.pdf (15.6.2009)].

Cizek, Gregory J. & Bunch, Michael B. (2007), *Standard setting: A guide to establishing and evaluating performance standards on tests*. Thousand Oaks, Ca: Sage.

Cohen, Andrew D. (1984), On taking language tests: what the students report. *Language Testing* 1: 1, 70-81.

Cohen, Andrew D. (1992), Test-Taking Strategies On ESL Language Tests. *MinneTESOL Journal* 10, 101-115.

Cohen, Andrew D. (1994), *Assessing Language Ability in the Classroom.* Boston: Heinle & Heinle.

Cohen, Andrew D. (2000), Exploring Strategies in Test-Taking: Fine-Tuning Verbal Reports From Respondents. In: Ekbatani, Glayol & Pierson, Herbert (Hrsg.) (2000), *Learner-Directed Assessment in ESL.* Mahwah/London: Lawrence Erlbaum Associates, 127-150.

Cohen, Andrew D. (2006), The coming of age of research on test-taking strategies. *Language Assessment Quarterly* 3, 307–331.

Cohen, Andrew D. & Upton, Thomas A. (2007), 'I want to go back to the text': Response strategies on the reading subtest of the new TOEFL®. *Language Testing* 24: 2, 209-250.

Dörnyei, Zoltán & Kormos, Judit (1998), Problem-solving mechanisms in L2 communication. *Studies in Second Language Acquisition* 20: 3, 349-385.

Europarat (2001), *Gemeinsamer europäischer Referenzrahmen für Sprachen: lernen, lehren, beurteilen*. Berlin et al.: Langenscheidt.

Grotjahn, Rüdiger & Tönshoff, Wolfgang (1992), Textverständnis bei der C-Test-Bearbeitung. Pilotstudien mit Französisch- und Italienischlernern. In: Grotjahn, Rüdiger (Hrsg.) (1992), *Der C-Test. Theoretische Grundlagen und praktische Anwendungen* (Bd. 1). Bochum: Brockmeyer, 19-95.

Grotjahn, Rüdiger (1997), Strategiewissen und Strategiegebrauch. Das Informationsverarbeitungsparadigma als Metatheorie der L2-Strategieforschung. In: Rampillon, Ute & Zimmermann, Günther (Hrsg.) (1997), *Strategien und Techniken beim Erwerb fremder Sprachen.* Ismaning: Hueber, 33-76.

Grotjahn, Rüdiger & Stemmer, Brigitte (2002), C-Tests and language processing. In: Coleman, James A.; Grotjahn, Rüdiger & Raatz, Ulrich (eds.) (2002), *University language testing and the C-Test.* Bochum: AKS-Verlag, 115-130.

Grotjahn, Rüdiger (2004), Der C-Test: Aktuelle Entwicklungen. In: Wolff, Armin; Ostermann, Torsten & Chlosta, Christoph (Hrsg.) (2004), *Integration durch Sprache: Beiträge der 31. Jahrestagung DaF 2003.* Regensburg: Fachverband Deutsch als Fremdsprache, 535-550.

Grotjahn, Rüdiger (2008), Tests und Testaufgaben: Merkmale und Gütekriterien. In: Tesch, Bernd; Leupold, Eynar & Köller, Olaf (Hrsg.) (2008), *Bildungsstandards Französisch: konkret. Sekundarstufe I: Grundlagen, Aufgabenbeispiele und Unterrichtsanregungen.* Berlin, 149-186.

Heine, Carola & Lazarou, Elizabeth (2007), *Prüfungstraining TestDaF.* Berlin: Cornelsen.

Huhta, Ari; Kalaja, Paula & Pitkänen-Huhta, Anne (2006), Discursive construction of a high-stakes test: the many faces of a test-taker. *Language Testing* 23: 3, 326-349.

Kesselman-Turkel, Judi & Peterson, Franklynn (1981), *Test Taking Strategies.* Madison, Wisconsin: University of Wisconsin Press.

Kleppin, Karin & Tönshoff, Wolfgang (2000), Autonomiefördernde Strategievermittlung als Gegenstand und Verfahren in der Ausbildung von Fremdsprachenlehrern. In: Helbig, Beate; Kleppin, Karin & Königs, Frank G. (Hrsg.) (2000), *Sprachlehrforschung im Wandel. Festschrift für Karl-Richard Bausch.* Tübingen: Stauffenburg, 113-128.

Kleppin, Karin & Mehlhorn, Grit (2005), Sprachlernberatung. In: Ahrens, Rüdiger & Weier, Ursula (Hrsg.) (2005), *Englisch für Erwachsene – Erwachsenenbildung im neuen Jahrtausend.* Heidelberg: Universitätsverlag Winter, 71-90.

Kniffka, Gabriele & Gutzat, Bärbel (2006), *Training TestDaF. Trainingsbuch.* Berlin/ München: Langenscheidt.

Kormos, Judit (2006), *Speech production and second language acquisition.* Mahwah, N.J.: Lawrence Erlbaum.

Lumely, Tom & O´Sullivan, Barry (2005), The effect of test-taker gender, audience and topic on task performance in tape-mediated assessment of speaking. *Language Testing* 22: 4, 415-437.

Millman, Jason; Bishop, Carol H. & Ebel, Robert (1965), An analysis of test-wiseness. *Educational and Psychological Research* 59, 273-275.

Nevo, Nava (1989), Test-taking strategies on a multiple-choice test of reading comprehension. *Language Testing* 6: 2, 199-215.

O'Malley, J. Michael & Chamot, Anna Uhl (1990), *Learning Strategies in second language acquisition.* Cambridge: Cambridge University Press.

Oxford, Rebecca L. (1989), Use of Language Learning Strategies: A Synthesis of Studies with Implications for Strategy Training. *System* 17: 2, 235-247.

Oxford, Rebecca L. (1990), *Language Learning Strategies: What Every Teacher Should Know.* Boston: Heinle & Heinle.

Oxford, Rebecca L. (1992), Research on Second Language Learning Strategies and Linguistics. *Annual Review of Applied Linguistics* 13, 175-187.

Phakiti, Aek (2003), A closer look at the relationship of cognitive and metacognitive strategy use to EFL reading achievement test performance. *Language Testing* 20: 1, 26-56.

Phakiti, Aek (2008a), Construct validation of Bachman and Palmer's (1996) strategic competence model over time in EFL reading tests. *Language Testing* 25: 2, 237-272.

Phakiti, Aek (2008b), Strategic Competence as a Fourth-Order Factor Model: A Structural Equation Modeling Approach. *Language Assessment Quarterly* 5, 20-42.

Poulisse, Nanda (1993), A theoretical account of lexical communication strategies. In: Schreuder, Robert & Weltens, Bert (eds.) (1993), *The bilingual lexicon*. Amsterdam: John Benjamins, 157-190.

Purpura, James E. (1998), Investigating the effects of strategy use and second language test performance with high- and low-ability test takers: a structural equation modelling approach. *Language Testing* 15: 3, 333-379.

Reich, Astrid (i.V.), *Communication strategies Revisited. Lexikalische Schwierigkeiten in der zweitsprachlichen Kommunikation*. Tübingen: Stauffenburg.

Rogers, Todd W. & Yang, Ping (1996), Test-Wiseness: Its Nature and Application. *European Journal of Psychological Assessment* 10: 3, 247-259.

Rupp, André A.; Ferne, Tracy & Choi, Hyeran (2006), How assessing reading comprehension with multiple-choice questions shapes the construct: a cognitive processing perspective. *Language Testing* 23: 4, 441-474.

Sekretariat der Ständigen Konferenz der Kultusminister der Länder in der Bundesrepublik Deutschland (Hrsg.) (2004), *Beschlüsse der Kultusministerkonferenz. Bildungsstandards für die erste Fremdsprache (Englisch/Französisch) für den Mittleren Schulabschluss ((Jahrgangsstufe 9)*. München/Neuwied.

Song, Xiaomei (2004), Language Learner Strategy Use and English Proficiency on the Michigan English Language Assessment Battery [Online: http://www.lsa.umich.edu/UMICH/eli/Home/Research/Spaan%20Fellowship/pdfs/spaan_working_papers_v3_song.pdf (8.7.2009)].

Stemmer, Brigitte (1991), *What's on a C-test taker's mind? Mental processes in C-test taking*. Bochum: Universitätsverlag Dr. N. Brockmeyer.

Storey, Peter (1997), Examining the test-taking process: a cognitive perspective on the discourse cloze test. *Language Testing* 14: 2, 214-231.

Yoshizawa, Kiyomi (2002), *Relationships among strategy use, foreign language aptitude, and second language proficiency: A structural equation modelling approach*. Philadelphia (PA), Temple University (unpublished doctoral dissertation).

Internetseiten

http://www.iqb.hu-berlin.de/vera/#informationen (abgerufen am 08.07.2009)

http://ocw.kaplan.edu/arts-and-sciences/academic-strategies/course/unit-eight-effective-test-taking (abgerufen am 08.07.2009)

http://www.studygs.net/tsttak1.htm (abgerufen am 08.07.2009)

http://www.testdaf.de/index.php (abgerufen am 08.07.2009)

http://www.testdaf.de/teilnehmer/tn-vorbereitung_modellsatz3_HV.php?id=2 (abgerufen am 6.7.2009)

http://www.testinfo.net/toefl/toefl-tips.htm (abgerufen am 08.07.2009)

http://www.testtakingtips.com/test/index.htm (abgerufen am 08.07.200)

Notes on Candidates' Other-Initiations of Repair in Oral Proficiency Interviews

Gabriele Kasper

The article examines some environments for other-initiations of repair (OI) in Oral Proficiency Interviews. While on occasion, OIs issued by a candidate are prompted by the speaker's L2 knowledge gaps, the focus in this article is on understanding difficulties in contexts of inapposite topic shift. Two OI practices are considered, open-class repair initiators and try-marked repetitions. Since there is a wide range of possible trouble sources in interaction, including the OPI, no inferences to candidates' L2 proficiency can be drawn based on the frequency of OIs per se.

Introduction

In conversation analysis (CA), other-initiations of repair (OIs) are one of a small number of generic interactional organizations through which participants in interaction address problems in speaking, hearing, and understanding (Schegloff 2000; Schegloff, Jefferson & Sacks 1977). By initiating repair on a co-participant's prior turn, the OI speaker shows that they did not hear or understand the turn, completely or partially, and solicit some action from the producer of the trouble source to address the problem in the next turn at talk. OIs include confirmation and clarification requests for uncertain hearings or understandings. They can target a specific element or the entire (usually but not necessarily) immediately preceding turn. The OI speaker's epistemic stance and the scope of the repair are indexed through different classes of linguistic and other semiotic resources. Open-class repair initiators (eh? pardon? what?) index that the OI speaker did not hear or understand the entire preceding turn (Drew 1997), while question words (who? when? where?) or repetitions of a word or phrase with rising intonation cast the repeated element as problematic. These practices can do other actions besides other-initiating repair, but they are standard resources to implement OIs.

The literature on second language (L2) interaction documents a number of environments in which L2 speakers and their co-participants initiate repair of each other's talk (Egbert, Niebecker & Rezzara 2004; Kurhila 2006; Mazeland & Zaman-Zadeh 2004; Mori 2004). Overwhelmingly, these studies confirm the basic ethnomethodological and conversation-analytic tenet that L2 interaction is *normal* interaction (Wagner & Gardner 2004), that is, speakers with differential *language* competence organize their talk through the same sense-making practices as participants whose competence in the language(s) of interaction is fully developed. As Lee (2006) points out, it is L2 speakers' available *interactional* competence that furnishes the condition for their participation in L2-mediated activities, including teaching and learning in formal classroom settings (Markee 2000; Seedhouse 2004). At the same time, it is precisely in L2 speakers' OIs that Wong (2000) found evidence for a feature of interaction that may well be specific to not-yet-fully-competent L2 participants, viz. delays of the next sequentially due action.

As all interactional organizations, OIs are both context-independent and context-dependent. OIs are context-independent in that they are part of the generic interactional competencies that furnish the procedural infrastructure of interaction (Schegloff 1992), regardless of specific activities, languages, participants, and other "context variables". OIs are also context-dependent in that they are always configured to the interactional occasion at hand, including the constraints and affordances of different speech exchange systems and participants' situational and discourse identities in institutional talk. In second language acquisition research under the interactionist hypothesis, OI is accorded special acquisitional significance. In this framework, OI is conceptualized as a set of "interactional modifications" prompted by learners' difficulties with understanding or producing L2 talk (e.g., Long 1996). In either case, OIs are seen as devices to modify L2 "input" and "output" in response to trouble sources generated by the learners' inadequate L2 competence.

As has been commented in the SLA literature, the interactionist hypothesis takes a very limited view on the range of interactional practices that can be acquisitionally productive (e.g., Aston 1986; Foster & Ohta 2005; Hellermann 2008; Kasper 2009; Markee 2000; Nakahama, Tyler & van Lier 2001). It has been less noted that interactionist SLA also takes a narrow view on what may occasion OIs in L2 interaction, pointing to another critical difference between the etic concept of interaction in interactionist SLA and CA's emic perspective. Schegloff et al. (1977) clarified in their seminal paper that trouble sources in interaction are not limited to error or language incompetence. It bears remembering that the repair apparatus, just as all other interactional organizations, was discovered through examination of extensive corpora of natural talk among competent adult members, where the ethnomethodological notion of "members" refers to speakers of a shared natural language (Garfinkel & Sacks 1970). On principle, participants can treat any bit of interactional conduct as a "repairable". This applies as much to L2 speakers, irrespective of their L2 proficiency, as it does to L1 speakers.

However, if trouble sources that prompt OI are located in the L2 speaker's language incompetence by fiat, as is standardly assumed in interactionist SLA, the logical implication is that the frequency by which OIs occur can be taken as one index of the learner's L2 ability. Such a stipulation can raise potentially serious problems in language assessment contexts such as the Oral Proficiency Interview (OPI).

OIs in OPIs

OPIs serve to assess a person's ability to speak a second or foreign language in interaction (Lazaraton 2002; Young & He 1998). As the interactional organization of the OPI is critical to its functionality as an assessment instrument, there is an extensive literature examining various aspects of interviewer (IR) – candidate (CN) interaction (Brown 2004; Kasper 2006; Kasper & Ross 2003, 2007; Kormos 1999; Norris 2001; Ross 1998, 2007; Young 1995; Young & Milanovic 1992). Kim & Suh (1998) observe that in the OPI, a prime location for candidates to other-initiate repair is the response space following interviewer questions.

OIs prompted by gaps in L2 knowledge

On occasion, candidates display through their OIs that they did not understand the interviewer's question due to lack of target language knowledge (Extract 1).[1; 2]

```
Extract 1 Accommodation
   IR: And after: visiting (.) Aso,=
   CN: Mm-hm.
   IR: =where did you go next?
   CN: Yes, I visited, Kumamoto City, a::nd Miyazaki City,
       and I visited uh Kagoshima City.
   IR: °Mm-hm°. A:nd what did you do about accommodations
       on your trip?
       (0.2)
 ^CN: ↑MM. Please, uh::, pleasuh:, uh, the- >teach me<
       the word- >the means of the word< accommodation.
   IR: Uh::, lodgings,=
   CN: =Mm?
   IR: =where you stayed [at night.
   CN:                   [↑Oh, ye:s
   CN: Oh yes, yes. Ah, half of my, uh, half day of the
       ↑week, mm, about uh five days, I uh:::, slept in
       the:, uh slept at the station,
   IR: Mm-hm.
   CN: and on the other, I slept at the youth hostel.
   IR: Youth hostel.
   CN: Yes,
   IR: I see.
```

1 See transcription conventions in the appendix.

2 The data for this article are based on a collection of over 200 OIs extracted from a corpus of ca. 400 authentic OPIs. The interviews were conducted in Japan as part of a routine in-house EFL testing program in a major electronic company. The interviewers are certified OPI testers (L1 English), the candidates are company employees (L1 Japanese). See Kasper & Ross (2007) for further description of the data.

In the response space following IR's question lines 6/7, CN initiates repair of the word "accommodation" in IR's turn. The delayed turn-start and prosodic shape of the turn-initial response token (increased volume and rise-fall contour) portend a yet unspecified problem with IR's turn. Through the form of the following repair – an explicit request for vocabulary instruction[3] – CN goes on record with the type of problem he is facing, that is, a knowledge gap in his English vocabulary. By requesting that IR "teach" him the "means of the word", and by repeating the problematic word in its correct phonological form, CN unambiguously locates the trouble in his lexical repertoire rather than, for instance, his insecurity of what a known word might mean in the current context or IR's unclear pronunciation. IR's repair "lodgings" (11) does not achieve understanding but again gets an OI from CN. Only after IR's paraphrase "where you stayed" is the problem cleared up, as CN shows by *claiming* understanding turn-initially (↑Oh, ye:s Oh yes, yes, 14/15), followed by *displaying* his understanding through a relevant extended answer to IR's question (15-19). By initiating repair on two common lexical items that are known to competent adult speakers of English, CN reflexively takes up membership in the category of not-yet-competent L2 speaker while orienting to IR as competent. In SLA tradition, CN's orientation to differences in language expertise would be seen to index the categories of "native" and "nonnative" speaker (also Park 2007). However, IR's use of lexical items that CN does not know cast him as a more competent speaker than CN, at that moment, but not as a "native" speaker because "nonnative" speakers of English use these words as well. For the duration of the repair sequence, the OI makes the co-participants' differential language expertise relevant (Hosoda 2006; Kasper 2004).

Extract 1 is an example of the type of trouble source that interactionist SLA is concerned with, i.e. L2 speakers' comprehension difficulties with some linguistic forms that the more competent speaker used. In the OPI too, candidates' OIs are sometimes a site where gaps in L2 knowledge are displayed. However, often CNs' OIs have quite different sources. The next extracts show how trouble is related to the sequential organization of the OPI interaction. In all cases, OIs follow topic-discontinuous questions and either have the form of open-class repair initiators or try-marked repeats of elements from IR's question.

---

3 CN's request appears to be transferred from the Japanese *oshiete kudasai*, lit. 'teach me please' (*oshieru* 'teach'). The conventionalized functional equivalent is 'please tell me'. Thanks to Yumiko Tateyama for providing bilingual language assistance.
Regardless of its origin, IR does not orient to the unidiomatic form of CN's OI but treats it as an intelligible request for word explanation.

Topic-shift questions followed by open-class NTRI

```
Extract 2 Golden Week
     IR:   Okay u:m, what plans do you have for after
           (.)graduating from uh Kansai Gaidai?
     CN:   °tch° I want to::, um, (.) study (.) >more< but (.)
           >maybe< I have to (.) work as a: (0.2) >newspaper
           man< or teacher.
     IR:   Mm.↑Can you tell me about- what- you did over
           Golden Week?
   ∧ CN:   Pardon?
     IR:   >Tell me what you did< for Golden Week, >over
           Golden Week.<
     CN:   °Yah°, I (.) worked as a (.) >assistant< of ca-,
           >cameraman<, anduh one day I (.) met, =I've met my
           (.) parents.=
     IR:   =M↑m
     CN:   in Okayama.
           (2.8)
     CN:   °M-° most, most of all (0.2) the Gold-, the Golden
           Week, (.) I worked.=
     IR:   =You worked.=
     CN:   =Yeah.
```

This segment is from early in the interview. In line 6/7, IR asks a question about CN's activities over Golden Week (an annual holiday week in Japan between April 29 and May 5). Questions about holiday activities are standard in the OPI. Furthermore, the question is formatted as an overt request for a telling ('can you tell me about'), and IR's self-repair directs CN's attention to the goal of his request. Nonetheless, in her response turn (8), CN initiates repair with an open class NTRI (Drew 1997). In order to understand why CN casts as problematic a question that she is perfectly capable of answering, as she demonstrates a little later, we have to retrace our steps and examine the interaction prior to the problematic interviewer question.

At the beginning of the interview, it had been established that CN is currently studying at Kansai Gaidai. Before the start of the extract, CN responded at length to IR's routine request 'tell me a little about yourself'. In line 1 of Extract 2, IR initiates a new topic, flagged by the boundary marker 'okay' and a hesitation token (uh:m). IR's question about CN's future plans harks back to Kansai Gaidai, an already established topic. CN starts her answer turn without delay (line 3) and displays no uncertainty about her understanding of the question.[4] By providing a relevant and complex answer with as many as three propositions (studying more, working as a newspaper man, working as a teacher), CN is treating the topic 'her plans after Kansai Gaidai' as a productive

4 Nor does CN appear to have trouble constructing her answer. The perturbations and short prosodic units in her answer turn are features of her speech production rather than indications of production problems. Bilingual Japanese-English listeners described the "tone" of CN's turn as "confident".

topic about which she has more to say. In fact, her answer offers up three candidate topic components for further elaboration of the current topic. But the interviewer does not take up the offer. Rather than selecting one of the proffered topic components for his next question, IR acknowledges CN's answer with a neutral receipt token ('mm.', line 6), falling intonation, and produces no further talk relevant to the ongoing topic. His next action is a question that initiates an entirely new topic, unrelated not only to the preceding turn but to the entire preceding interview interaction. The topic shift is not entirely unmarked. The falling intonation on the receipt token rather than a more level ('comma') intonation and the rise and slight emphasis on the first element of the question (↑Can) can be heard as announcing topic discontinuation but are evidently too weak for the candidate to catch, given that (a) CN's answer turn strongly invites further talk on the active topic and (b) there is no pause between the receipt and the subsequent question. IR's question is formatted as an overt, polite request for a telling, '↑Can you tell me about-', which explicitly identifies the *action* being performed, whereas the requestive *goal* is first apparent at the very end of the turn. In itself, the 'illocutionary transparent' question format is not indicative of a topic shift; it is also used for questions on continuing topics, even by this interviewer in this OPI. In the subsequent turn (8), CN produces an open-class next-turn repair initiator (NTRI) without gap or hesitation, suggesting unspecifiable receipt problems with the preceding turn. Drew's (1997) analysis of open-class NTRIs in interaction among L1 adult speakers showed that unexpected topic shifts in the prior turn provide a sequential environment for unspecific repair initiation. The location and form of CN's OI conform exactly to Drew's analysis. In the exchange following the OI, it becomes clear that CN did not have linguistic or conceptual problems in understanding IR's question. Following IR's repair completion, CN, without further delay, produces a soft-spoken compliance declaration, followed by the requested telling of her Golden Week activities. So in this instance, the OI is occasioned not by CN's lack of linguistic expertise in understanding the question but by IR's abrupt topic shift.

A very similar case is seen in Extract 3. Here the active topic is the upcoming New Year's holiday.

```
Extract 3 Elections
     IR: Are you >going to:< eat anything special (.) for
         new years?
     CN: At ho[me?
     IR:      [mm
     CN: Yes. Mm, sa£shimi£.
     IR: Sashimi.
     CN: My, my house, um my house is near (.) Ja-, Japa,
         Japan Sea, so, um, sashi-, uhm, sashimi is uh very
         fresh.
     IR: What kind of sashimi?
     CN: I like, uh, hamachi.
     IR: How do you say that in English?
         (0.2)
     CN: I don't know. ((small voice))
     IR: Maybe, mackerel. I'm not sure.
        (0.8)
     IR: Did you hear the: result of the So-, South Korean
         elections?
         (.)
∧    CN: Uh, pardon?
     IR: Did you hear about the result of the South Korean
         (.) presidential elections?
         (.)
     CN: Korean president?
         (3.0)
     CN: This morning, I, I watch, uh, TV, and I hear, but
         I, I forgot his name.
```

In the talk about his food plans during the New Years holidays, CN shows in various ways that he infers the scope and pragmatic import of IR's utterances beyond their literal meaning. For instance, he responds to IR's initial question by specifying in a "try-marked" format his understanding of the location implied in IR's question, 'at home' as opposed to 'in a restaurant' (line 3). A "try-marked" (Sacks & Schegloff 1979; Kurhila 2006) utterance displays the speaker's understanding of a preceding turn or element in that turn as uncertain. Upon IR's confirmation, CN responds with a relevant and elaborated answer to IR's question (line 5). By not only confirming IR's question – he is indeed going to have something special for New Years – but specifying the kind of food he is going to enjoy, CN shows that he understands IR's question as going beyond a confirmation or disconfirmation and de facto pre-empts the projected next question, 'what are you going to eat'. Similarly, he orients to IR's repetition of "Sashimi" (line 6) as a request for elaboration, as he shows by giving an account for why the New Year's food in his family is *sashimi* (7-9).[5] After an unsuccessful shared attempt at finding the English word for *hamachi* ('amberjack', 'yellowtail') and a gap of silence, IR continues the interview with a question on an unrelated topic, the elections in South Korea. Following a micropause and a hesitation marker, CN initiates repair with an open-class NTRI (line 20). In his repair (21/22), IR improves the recipient design of the question by expanding "hear" to "hear about" and "South Korean elections" to "South Korean (.) presidential elections" (Kasper & Ross 2007). In addition to making the critical portions of the question more explicit, the micro-pause after "South Korean" gives more salience to the next element, "presidential". In his next turn, CN offers a candidate hearing of the question, "Korean president?". When the OI does not get a response from IR, a rather long 3 second gap of silence ensues, after which CN confirms that he heard on the news who was elected president of South Korea.

The difficulties to get the new topic under way appear to be related to IR's method of topic introduction. As in Extract 2, IR shifts topic abruptly rather than step-wise (Jefferson 1984), without explicitly marking an upcoming topic shift or a presequence leading up to the question about the new topic (Kasper & Ross 2007, for examples). What is more, whereas in Extract 2, there was a weak link between the previous and the new topic – CN's future plans and her holiday activities in the recent past both relate to CN's personal life – CN's food practices on the imminent New Years holidays and the South Korean elections register under two disparate collections of narrative events, CN's personal life and political news. CN's conduct in response to IR's topic shift question in Extract 3 makes this additional difficulty visible as it takes another OI before he answers IR's topic-discontinuous question.

5 CN's correct inference that IR's repetition should be heard as a request for elaboration shows him as more pragmatically competent than candidates who hear repetitions in structurally identical environments as mere requests for confirmation (Kasper & Ross 2003).

Topic-shift questions followed by try-marked repeats

In the final two extracts, repair is initiated through try-marked hearings of a topic-discontinuous question rather than an open-class NTRI.

```
Extract 4 Vacation
01      IR: So you are from Osaka?
02      CN: uyes=
03      IR: =and you live in Moriguchi now,
04      CN: yes
05      IR: Have you ever, ah:, had a chance to live in any
06           other city? How about the university days, did
07           you?
08      CN: Ah no! Uh, (0.2) hhe no Iuh I have bee::n (.)I
09           have bee:n- in, Osaka, (.) £I NEver£ livuh in
10           (.) other cities.
11      IR: Um hm, °okay°. Er, have you ever (.) taken a
12           vacation (.) over↑seas?
13 ∧   CN: Vacation? (surprised)
14      IR: °um-hm°
15      CN: yes eh. I:: I've bee:n (2.) umm eh last summer
16           >last  summer< vacation,
17      IR: um-hm
18      CN: I:: I wentuh (0.2) United States
19      IR: um-hm
20      CN: with my husband.
21      IR: um-hm. °I see°.
22      CN: um I'm I visited er San Francisco, and Las Vegas,
23      IR: um-hm
24      CN: anduh Los Angeles.
25      IR: uhu, °okay°. When you were in Las Vegas, did you
26           go (tt) to any casinos?
27      CN: yes, ehhehh
28      IR: Um-hm. Did you gamble?
29      CN: Yes a little [hehe=
30      IR:                [um-hm
31      CN:  = We (would) try, a little,
```

Extract 4 shows how differently performed topic shifts provide environments for relevant next actions or repair initiations, respectively. Starting with the boundary marker "so", the question-answer pairs in lines 1-4 reactivate the topic 'places where the candidate has lived' which had been touched upon earlier in the interview. This is accomplished by two confirmation requests performed by IR in separate turns, to which CN responds without delay and with strong confirmation tokens ("yes"). The propositions of the two confirmation requests are iconically sequenced, the first 'so'-marked question referring to CN's hometown, the second to CN's current place of residence. The past-time implicative "<u>from</u>" and the present-time referencing "<u>now</u>" are produced with contrastive stress. So IR proposes here, and CN confirms, two extreme points of a temporal continuum that connects different places of residence in CN's biography. It is against this backdrop that IR launches a question about a new topic component in lines 5-7, "any other city" that CN might have resided in.

The question is performed as a same-turn question doublet with a characteristic sequential structure (Kasper & Ross 2007): the first question in the doublet opens the widest possible time frame ("have you ever"), whereas the second question suggests a specific period in CN's life, her "university days". CN responds to the question without delay. The presequence leading up to the new question, as well as its "stacked" format, provide a sequential environment for a prompt and relevant answer. However, after the artfully crafted pre-sequence and question, CN's answer (8-10) creates a cul-de-sac for further development of topical talk. Her answer is formatted as an elaborated rather than a brief response turn (as opposed to 'no I haven't') and in so far acknowledges IR's interactional work by way of reciprocation. But the answer's prosodic composition – the repeated emphatic markers, the laughter and smiling voice, the matching of IR's "have you ever" with the contrastive "I NEver livuh" - conveys a sense of embarrassment. Both the propositional content of the answer and its affective stance effectively reject the candidate topic 'CN's living experience in other cities'.

IR's next turn (11 & 12) is composed of several actions. He acknowledges receipt ("um hm") and acceptance of CN's response ("°okay°"), that is he accepts CN's response as a relevant answer to his question *and* as a rejection of the candidate topic 'CN's living in other cities'. After a slight hesitation, with his next topic-implicative action, he shifts topic. The sequential organization of this topic shift contrasts sharply with the previous shift earlier in the segment. There is no jointly constructed pre-sequence, no reactivation of a topic from earlier in the interview, and the hesitation prior to the question is a very weak signal of an imminent topic change. CN's response is a repair initiation (12), but unlike the open-class NTRI in Extracts 2 and 3, the OI identifies the trouble source by repeating a specific element from the question. As Sorjonen (1996:286), notes, repeats occurring in response to a sequence-initiating turn are "hearable as an inquiry that minimally invites a confirmation as a response". The display of surprise in the prosodic make-up of "vacation?" suggests that CN has no trouble hearing or understanding the lexical meaning of the repeated item. Furthermore, following IR's confirmation, CN takes up the pending action (14) without further delay by supplying a relevant and elaborated answer to IR's question. The topic of CN's overseas vacation continues over many turns. CN demonstrably did not have trouble answering the question once her candidate understanding of the trouble source had been affirmed. Rather, the repeat OI in line 12 can be heard as casting the topic proposed by IR as unexpected by CN or insufficiently prepared through the interaction preceding the topic-discontinuous question.

The final extract bears close similarity to Extract 4 in its sequential organization and practice of repair initiation.

```
Extract 5 Family
01       IR: From where?
         (lines omitted)
02       CN: Um, mainly, as for me, from Taiwan and, uh, Korea.
03       IR: I see.
04       CN: Because, it, uh, it, uh, they ha-, have: many,
              much cost merit.
05
06            (.)
07       IR: Ah, they're real cheap.=
08       CN: =Yeah, very cheap.=
09       IR: =I see. °I see°. Okay, ahm, (0.2) and=uh, how about
10           your, your family? Do you live with your family?
11 ^     CN: My family?
12       IR: Yeah.
13       CN: Um, n- now I live in a dormitory,
14       IR: Yah:
15       CN: so only one, by myself.
16       IR: Um-hm
```

The extract starts 15 turns into the topic 'CN's job at Morimoto'. CN described his responsibilities in the company's import department and the material he buys. After CN answers IR's question about where he imports materials from (line 2), IR gives an acknowledgment ("I see", line 3) but does not continue the turn. In his following self-selected turn, CN gives an account for why he is buying from the particular suppliers he does, referring to the "cost merit". The micropause before IR starts his next turn and the recognition token "ah" (Heritage 1984) suggest that "cost merit" was not immediately interpretable for IR, but the formulation (Garfinkel & Sacks 1970) "they're real cheap" shows IR's understanding of CN's description (line 7). CN aligns himself to IR's understanding with a latched agreement and repetition "yeah, very cheap" (line 8). Through the repetition of IR's formulation, CN does more than ratifying IR's understanding, he "invokes the presence of that meaning in (his) own immediately prior talk" (Schegloff 1996: 186).[6] In his next turn, IR further affirms their jointly achieved understanding with a repeated acknowledgement tokens ("I see"), both with falling intonation. On second production, IR says "I see" sotto voce, followed by the token "Okay," (Beach 1993). With its emphasis on the initial 'o' sound and level intonation, the prosodic form of the 'okay' marker sets the previous talk apart from what is to come (line 9). At this point, then, CN can anticipate a topic shift, although the direction of the upcoming change is unforeseeable.

6 In a groundbreaking paper on the methodology for an empirically grounded theory of action, Schegloff (1996) analyzes the action described here as "confirming allusions".

After some perturbations that delay IR's next action, he asks a question about a topic unrelated to the previous one, CN's family (9/10). The question is constructed in a two-step format. The first part, although composed as a question ("how about your, your family?") prepares the topical focus but is not in itself answerable. Nor is it designed to be, as IR's turn continues with the question proper "Do you live with your family?" (Kasper & Ross 2007; Schegloff 1980). CN responds to the question with a try-marked partial repetition, "My family?" (line 11). The deictic shift from "your" to "my" shows that CN does understand the question, at least partially, but the rising intonation marks his understanding as uncertain and in need of confirmation. After CN ratifies CN's tentative understanding, CN provides a relevant answer describing his current living arrangements. Although CN's answer to IN's topic-discontinuous question is delayed through the OI, the OI checks on the correctness of CN's understanding (rather than displaying lack of understanding) and does so in a matter-of-fact way, without the marked affective stance seen in Extract 4. It appears that the explicit marking of topic boundaries, the delays, and the topic-introductory pre-sequence orient CN more effectively to the upcoming question on a new topic in the interview.

In summary, the candidates' OIs in Extracts 2 to 5 have a specific sequential environment in common: they follow topic-discontinuous interviewer questions. This raises the question why the OIs in Extracts 2 and 3 are done as open-class NTRIs and those in Extracts 4 and 5 as understanding checks. The analysis suggests that the different OI formats are related to the action preceding the topic shift. In Extract 2, CN's answer offered several directions into which the current topic could be developed; therefore a topic-discontinuous question was not an expected next action. Likewise, in Extract 3, the topic of food for New Years had a brief life span and might have been unfolded into further talk about food or other New Years practices. In Extract 4, by contrast, CN had rejected further development of the current topic and thus provided an occasion for topic shift in IR's subsequent question. The topic shift was therefore not as inapposite as in Extracts 2 and 3. What appeared to be unexpected for CN at this point was not the topic-discontinuous question as such but the specific new topic that it introduced. Finally, in Extract 5, the co-participants jointly brought the previous topic to a close and a question series about a new topic became relevant at this point. The boundary markers and delays projected topic shift, and the pre-sequence nominated a new topic component. All of these enabled CN to understand the actual question, even though his next-turn display of understanding was tentative and needed confirmation.

Discussion

The analysis has located several interactional roles and environments for candidates' OI in OPIs.

1. Candidates' OIs are a prime locus for orientation to differential language expertise. However, candidates' *orientations* to their status as less competent speakers are relatively infrequent in our corpus, whereas *displays* of less-than-expert language use abound throughout the interview interaction. Just as L1 speakers, L2 speakers are recognizably speakers of particular language varieties, but such "transportable identities" (Zimmerman 1998) are not always interactionally relevant for the participants, not even in an activity dedicated to language assessment.

2. When candidates' OIs are not the result of comprehension problems because of defective target language knowledge, they occur with some regularity in specific sequential environments, namely

(1) in response to interviewer questions

(2) which introduce a new topic and

(3) where the topic shift is done abruptly, without sufficient topic-shift implicative prior action on the part of the interviewer,

(4) when the topic shift is not a sequentially projected next action, or

(5) when the topic shift is sequentially projected but the newly introduced topic is unexpected.

Preliminary analysis of our OI collection suggest that under condition (4), the OI tends to be formatted as an open-class NTRI and under condition (5), it tends to target some specific element(s) of the interviewer question. But these conclusions are tentative and have to be tested against more instances in our OPI OI collection.

What appears to be more certain from these and previous analyses is that as a category of repair, candidates' OIs cannot be taken as indicators of L2 knowledge deficits. Like linguistically fully competent speakers, L2 speakers at any level of L2 proficiency engage the repair apparatus to deal with a wide range of trouble sources in interaction. Although L2 knowledge gaps can be the occasion for problems in hearing, speaking, and understanding, they are but one type of trouble source among others.

References

Aston, Guy (1986), Trouble-shooting in interaction with learners: the more the merrier? *Applied Linguistics* 7, 128-143.

Beach, Wayne A. (1993), Transitional regularities for 'casual' "Okay" usages. *Journal of Pragmatics* 19, 325-52.

Brown, Annie (2004), Discourse analysis and the oral interview: Competence or performance? In: Boxer, Diana & Cohen, Andrew D. (eds.) (2004), *Studying speaking to inform second language learning*. Clevedon: Multilingual Matters, 253-282.

Drew, Paul (1997), 'Open' class repair initiators in response to sequential sources of troubles in conversation. *Journal of Pragmatics* 28, 69-101.

Egbert, Maria; Niebecker, Lilo & Rezzara, Sabrina (2004), Inside first and second language speakers' trouble in understanding. In: Gardner, Rod & Wagner, Johannes (eds.) (2004), 178-200.

Foster, Paulina & Ohta, Amy Snyder (2005), Negotiation for meaning and peer assistance in second language classrooms. *Applied Linguistics* 26, 402-430.

Gardner, Rod & Wagner, Johannes (eds.) (2004), *Second language conversations*. London: Continuum.

Garfinkel, Harold & Sacks, Harvey (1970), On formal structures of practical action. In: McKinney, John C. & Tiryakian, Edward A. (eds.) (1970), *Theoretical sociology: perspectives and developments*. New York: Appleton-Century-Crofts, 338-366.

Hellermann, John (2008), *Social actions for classroom language learning*. Bristol, UK: Multilingual Matters.

Heritage, John (1984), A change-of-state token and aspects of its sequential placement. In: Atkinson, John M. & Heritage, John (eds.) (1984), *Structures of social action*. Cambridge: Cambridge University Press, 299-345.

Hosoda, Yuri (2006), Repair and relevance of differential language expertise in second language conversations. *Applied Linguistics,* 27, 25-50.

Jefferson, Gail (1984), On stepwise transition from talk about a trouble to inappropriately next-positioned matters. In: Atkinson, John M. & Heritage, John (eds.) (1984), *Structures of social action*. Cambridge: Cambridge University Press, 191-222.

Kasper, Gabriele (2004), Participant orientations in conversation-for-learning. *The Modern Language Journal* 88, 551-567.

Kasper, Gabriele (2006), When once is not enough: Politeness of multiple requests in oral proficiency interviews. *Multilingua* 25, 323-350.

Kasper, Gabriele (2009), Locating cognition in second language interaction and learning: Inside the skull or in public view? *International Review of Applied Linguistics* 47, 11-36.

Kasper, Gabriele & Ross, Steven (2003), Repetition as a source of miscommunication in oral proficiency interviews. In: House, Juliane; Kasper, Gabriele & Ross, Steven (eds.) (2003), *Misunderstanding in social life*. Harlow, UK: Longman/Pearson Education, 82-106.

Kasper, Gabriele & Ross, Steven (2007), Multiple questions in language proficiency interviews. *Journal of Pragmatics* 39, 2045-2070.

Kim, Kyu-hyun & Suh, Kyung-Hee (1998), Confirmation sequences as interactional resources in Korean language proficiency interviews. In: Young, Richard & He, Agnes Weiyun (eds.) (1998), 297-332.

Kormos, Judit (1999), Simulating conversations in oral-proficiency assessment: a conversation analysis of role-plays and non-scripted interviews in language exams. *Language Testing* 16, 163-188.

Kurhila, Salla (2006), *Second language interaction.* Amsterdam: John Benjamins.

Lazaraton, Anne (2002), *A qualitative approach to the validation of oral language tests.* Cambridge: Cambridge University Press.

Lee, Yo-An (2006), Towards respecification of communicative competence: Condition of L2 instruction or its objective? *Applied Linguistics* 27, 349-376.

Long, Michael H. (1996), The role of the linguistic environment in second language acquisition. In: Ritchie, William C. & Bhatia, Tej K. (eds.) (1996), *Handbook of second language acquisition.* San Diego: Academic Press, 413-468.

Markee, Numa (2000), *Conversation analysis.* Mahwah: Erlbaum.

Mazeland, Harrie & Zaman-Zadeh, Minna (2004), The logic of clarification: Some observations about word clarification repairs in Finnish-as-a-lingua-franca interactions. In: Gardner, Rod & Wagner, Johannes (eds.) (2004), 132-158.

Mori, Junko (2004), Pursuit of understanding: Rethinking "negotiation of meaning" in view of projected action. In: Gardner, Rod & Wagner, Johannes (eds.) (2004), 157-177.

Nakahama, Yuko; Tyler, Andrea & van Lier, Leo (2001), Negotiation of meaning in conversational and information gap activities: A comparative discourse analysis. *TESOL Quarterly* 35, 377-405.

Norris, John M. (2001), Use of address terms on the German Speaking Test. In: Rose, Kenneth & Kasper, Gabriele (eds.) (2001), *Pragmatics in language teaching.* Cambridge: Cambridge University Press, 248-282.

Park, Jae-Eun (2007), Co-construction of nonnative speaker identity in cross-cultural interaction. *Applied Linguistics 28*, 339-360.

Ross, Steven (1998), Divergent frame interpretations in Oral Proficiency Interview interaction. In: Young, Richard & He, Agnes Weiyun (eds.) (1998), 333-353.

Ross, Steven (2007), A comparative task-in-interaction analysis of OPI backsliding. defense of intersubjectivity in conversation. *Journal of Pragmatics* 39, 2017-2044.

Sacks, Harvey & Schegloff, Emanuel A. (1979), Two preferences in the organization of reference to persons in conversation and their interaction. In: Psathas, George (ed.) (1979), *Everyday language: studies in ethnomethodology.* New York: Irvington, 15-21.

Schegloff, Emanuel A. (1980), Preliminaries to preliminaries: "Can I ask you a question?" *Sociological Inquiry* 50, 104-52.

Schegloff, Emanuel A. (1992), Repair after next turn: The last structurally provided defense of intersubjectivity in conversation. *The American Journal of Sociology* 97, 1295-1345.

Schegloff, Emanuel A. (1996), Confirming allusions: Toward an empirical account of action. *American Journal of Sociology* 102, 161-216.

Schegloff, Emanuel A. (2000), When 'others' initiate repair. *Applied Linguistics* 21, 205-243.

Schegloff, Emanuel A.; Jefferson, Gail & Sacks, Harvey (1977), The preference for self-correction in the organization of repair in conversation. *Language* 53, 361-382.

Seedhouse, Paul (2004), *The interactional architecture of the language classroom: A conversation analysis perspective.* Oxford: Blackwell.

Sorjonen, Marja-Leena (1996), On repeats and responses in Finnish conversations. In: Ochs, Elinor; Schegloff, Emanuel A. & Thompson, Sandra A. (eds.) (1996), *Interaction and grammar.* Cambridge: Cambridge University Press, 277-372.

Wagner, Johannes & Gardner, Rod (2004), Introduction. In: Gardner, Rod & Wagner, Johannes (eds.) (2004), 1-17.

Wong, Jean (2000), Delayed next turn repair initiation in native/nonnative speaker English conversation. *Applied Linguistics* 21, 244-267.

Young, Richard (1995), Conversational styles in language proficiency interviews. *Language Learning* 45, 3-42.

Young, Richard & He, Agnes Weiyun (eds.) (1998), *Talking and testing. Discourse approaches to the assessment of oral proficiency.* Amsterdam: Benjamins.

Young, R. & Milanovic, Michael (1992), Discourse validation in oral proficiency interviews. *Studies in Second Language Acquisition* 14, 403-24.

Zimmerman, Don H. (1998), Identity, context and interaction. In: Antaki, Charles & Widdicombe, Sue (eds.) (1998), *Identities in talk.* London: Sage, 87-106.

Appendix

Transcription conventions

(0.8)	Time gap in tenths of a second
(.)	Brief time gap (micropause)
=	Latching of utterance segments
[ ]	Overlapping talk
.hh	In-breath
hh	Out-breath
(( ))	Transcriber comment
-	Cut-off
:	Elongated sound
!	Emphatic tone
.	Falling intonation
,	Continuing intonation
?	Rising intonation
↑	Marked rise of immediately following segment
Under	Emphasis
CAPITALS	Increased volume
°xxx°	Decreased volume
> <	Increased speed
£	“smiley” voice

Validität und Validierung von Sprachprüfungen

Gabriele Kecker

Der vorliegende Beitrag geht von den Qualitätsanforderungen aus, die an Tests gestellt werden, und auf europäischer und internationaler Ebene als Standards und Richtlinien für Testanbieter formuliert worden sind. Er gibt einen kurzen Überblick über die Entwicklung in der Validitätstheorie im pädagogischen und psychologischen Testen in den vergangenen 60 Jahren. Nachweis- und argumentationsbasierte Konzepte und Rahmenmodelle bedeutender Validitätstheoretiker werden dargestellt und auf ihre Anwendbarkeit in der Praxis hin überprüft. Die Autorin geht der Frage nach, inwieweit gesellschaftliche Auswirkungen, die auf Tests und damit in Verbindung stehende Entscheidungen zurückzuführen sind, in Validierungskonzepten berücksichtigt werden.

Sprachprüfungen[1] sind Messverfahren, die in möglichst systematischer und objektiver Weise Aussagen über die sprachliche Fähigkeit von Kandidaten[2] treffen, von denen Entscheidungen abgeleitet werden. Diese Aussagen, formuliert in unterschiedlicher Ergebnisform, werden zum Anlass genommen, um bestimmte Erwartungen an die gemessene Fähigkeit des Kandidaten zu knüpfen, je nachdem, welchem Verwendungszweck dieser Fähigkeitsnachweis dienen soll und welche Konsequenzen und Auswirkungen mit dem Ergebnis verbunden sind. Je gravierender und weitreichender die mit der Prüfung verbundenen Auswirkungen für den Kandidaten sind, desto höhere Qualitätsanforderungen werden an die Sprachprüfung gestellt. Es gilt sicherzustellen, dass, soweit möglich, ausschließlich die zu messende Eigenschaft – hier die Sprachfähigkeit – und kein anderes Merkmal innerhalb oder außerhalb des Kandidaten zum Ergebnis beitragen oder es verfälschen. Einen wichtigen Beitrag leisten dazu die Standardisierung der Prüfungsaufgaben, der Prüfungsdurchführung und der Ergebnisauswertung. Aus der Standardisierung ergibt sich jedoch häufig eine Beschränkung in der Auswahl der zur Verfügung stehenden Möglichkeiten, wenn es darum geht, eine adäquate Auswahl der Messverfahren, u. a. der Prüfungsaufgaben, zu treffen. Insbesondere, wenn große Kandidatengruppen zur

1 Die Begriffe Test und Prüfung werden in diesem Beitrag synonym verwendet. Unter Test oder Prüfung wird jegliches Verfahren verstanden, das Individuen unter kontrollierten Bedingungen zu bestimmten Handlungs- und Verhaltensweisen veranlasst, die Rückschlüsse auf bestimmte Fähigkeiten und Fertigkeiten erlauben sollen (vgl. Grotjahn 2003: 9).

2 Begriffe wie Kandidat, Prüfungsteilnehmer oder Prüfungsentwickler werden in diesem Beitrag im generischen Sinne verwendet.

gleichen Zeit geprüft werden sollen, wird z. B. die Anwendung direkter Methoden der Kompetenzerfassung in den produktiven Fertigkeiten durch die Rahmenbedingungen erschwert und eine zuverlässige Messung der Fähigkeit und eine Auswertung in einem vertretbaren Zeitraum zur Herausforderung. Inwieweit hier im Prüfungsformat oder bei der Auswertung Kompromisse eingegangen werden können, hängt von dem konkreten Verwendungskontext und der Zielsetzung der Prüfung ab (vgl. Bachman & Palmer 1996). Bei einem High-Stakes-Test, von dem wichtige Entscheidungen für die Zukunft der Teilnehmer abhängen, werden kaum Kompromisse toleriert werden, die die Reliabilität der Ergebnisse beeinträchtigen, selbst wenn dies ggf. eine Verengung des abgebildeten Konstrukts bedeuten könnte. Bei einem Test mit weniger bedeutsamen Auswirkungen bleibt dies im Einzelfall zu entscheiden. In jedem Falle gehört es zu den Aufgaben der Prüfungsentwickler, den Prüfungsteilnehmern, den Prüfungsabnehmern, die die Ergebnisse verwenden möchten, und allen anderen Interessierten klar darzulegen, inwieweit das Prüfungsergebnis eines erfolgreichen Teilnehmers die Annahme erlaubt, dass er über eine bestimmte Sprachfähigkeit in dem der Prüfung zugeordneten Kontext verfügt. Genauer gesagt, erfordert eine Prüfungsentwicklung auch den Nachweis (Validierung), dass die Prüfung das adäquat misst, was sie messen soll und dass die Interpretation der Ergebnisse die mit dem Verwendungszweck der Prüfung verbundenen Entscheidungen rechtfertigt (Validität). Die so beschriebene Verpflichtung zum Validitätsnachweis einer Sprachprüfung (vgl. *Standards for Educational and Psychological Testing*, AERA, APA & NCME 1999) wird von Prüfungsanbietern unterschiedlich aufgefasst bzw. je nach ihren Möglichkeiten unterschiedlich umgesetzt. Viele begnügen sich damit, Informationen zu ihren Prüfungen und Beispielaufgaben allgemein zugänglich zu machen und Trainingsmaßnahmen zur Prüfungsdurchführung und -bewertung durchzuführen. Nur einige bieten auch darüber hinaus gehende Informationen an, z. B. über die Analyse der Aufgaben nach psychometrischen Qualitätskriterien oder über wissenschaftliche Begleitforschung etwa zur Beurteilung produktiver Leistungen. In diesem Zusammenhang seien einige Institutionen erwähnt, die in dieser Hinsicht als vorbildlich angesehen werden können (vgl. Grotjahn 2007): ETS (*Educational Testing Service)* in Princeton/USA, der u. a. den Englischtest TOEFL (*Test of English as a Foreign Language*) anbietet, oder Cambridge ESOL (*English for Speakers of Other Languages*) der University of Cambridge in Großbritannien oder Cito in Arnhem/Niederlande oder aus Deutschland das TestDaF-Institut an der FernUniversität Hagen und der Ruhr-Universität Bochum, das kontinuierlich Prüfungsaufgaben für die Durchführung des TestDaF (Test Deutsch als Fremdsprache) entwickelt und validiert.

Seit einigen Jahren gewinnen Vereinigungen von Sprachtestern und Testinstitutionen an Bedeutung, die sich zum Ziel gesetzt haben, Qualitätsentwicklung und Qualitätssicherung in größerem Maße als bisher voranzutreiben. Zu nennen sind hier die ALTE (*Association of Language Testers in Europe*), EALTA (*European Association for Language Testing and Assessment*), ILTA (*International Language Testing Association*), ITC (*International Test Commission*) und die AERA (*American Educational Research Association*). Alle diese Institutionen geben Richtlinien zur Qualitätssicherung beim Prüfen und Testen heraus, die darauf abzielen, Fragen der Validität hinreichend zu berücksichtigen und für Außenstehende transparent zu machen. Auch Aspekte der Fairness und Ethik werden dabei mit eingebunden: *Code of Practice* und *Quality Management System* (van Avermaet, Kuijper & Saville 2004), *Guidelines for Good Practice in Language Testing and Assessment* (EALTA 2006), *Code of Ethics for ILTA* (ILTA 2000), *International Guidelines for Test Use* (ITC 1999), *Standards for Educational and Psychological Testing* (AERA, APA & NCME 1999). Diese Richtlinien beinhalten allgemeine Regeln zur Qualitätssicherung in der Testentwicklung, Testdurchführung, Beurteilung und Auswertung sowie in der Logistik (van Avermaet et al. 2004).

Ein Problem dabei stellen die eher implizit angewendeten Konzepte von Validität in den Richtlinien dar. Sie sind weder erklärt noch werden Beispiele angeführt, die den potenziellen Anwendern erläutern, wie ein Validitätsnachweis zu führen ist. Einzige Ausnahme bilden hier die o. a. *Standards for Educational and Psychological Testing.* Aus diesem Grund erfordert die Beschäftigung mit Validitätsnachweisen zunächst einmal eine Klärung des Begriffs Validität und der damit verbundenen Konzepte und Methoden zur Validierung.

Der Begriff Validität wurde im Laufe der letzten 60 Jahre unterschiedlich definiert. Im folgenden ersten Teil wird zunächst die historische Entwicklung des Begriffs Validität dargestellt. Im zweiten Teil folgt eine Beschreibung unterschiedlicher Methoden und Rahmenmodelle (*frameworks*) zur Validierung von Messverfahren im Bereich des psychologischen und pädagogischen Testens.

1. Die Entwicklung des Begriffs Validität

1.1 Historische Entwicklung

Generell lässt sich die Veränderung in der Auffassung von Validität durch zwei Aspekte charakterisieren (vgl. Messick 1989: 18): Auf der einen Seite gibt es eine Verlagerung von zahlreichen spezifischen kriterienbezogenen Arten der Validität über einige wenige Validitätsarten bis hin zu einem einheitlichen alles umfassenden Konzept von Validität. Auf der anderen Seite eine Entwicklung von der Prognose zukünftiger Fähigkeiten oder zukünftigem Verhalten als zentralem Fokus von Validität hin zu der Interpretation der Testergebnisse. Die Entwicklung in den letzten 20 Jahren ist im Weiteren dadurch charakterisiert, dass über Checklisten und Schlüsselfragen hinausgehende Rahmenmodelle oder Raster zur Validierung von Prüfungen oder Tests entwickelt wurden (Bachman 2005; Bachman & Palmer 1996; Kane 1992, 2001, 2002, 2006; Messick 1989;

Mislevy, Almond & Lukas 2003; Weir 2005), die es Testentwicklern erleichtern sollten, bei der Testvalidierung systematisch vorzugehen.

Im Folgenden wird zunächst die Entwicklung in der praktischen Anwendung des Testens gezeigt, die nicht unbedingt zeitgleich mit der Entwicklung in den theoretischen Konzepten der Testtheoretiker zur Validität einhergeht (Kane 2001). Ein guter Indikator für die Veränderungen in der Praxis des psychologischen und pädagogischen Testens in den USA sind die *Standards for Educational and Psychological Testing* (nachfolgend *Standards* genannt) der AERA, APA & NCME, die im Jahr 1954[3] vier verschiedene Arten von Validität unterschieden: Inhaltsvalidität (*content validity*), Vorhersagevalidität (*predictive validity*), Übereinstimmungsvalidität (*concurrent validity*) und Konstruktvalidität (*construct validity*). In den *Standards* von 1966 sind diese vier Arten auf drei reduziert worden, denn Vorhersage- und Über-einstimmungsvalidität wurden zur kriterienbezogenen Validität *(criterion-related validity)* zusammengefasst. Charakteristisch für die Auffassung von Validität in dieser Zeit war das Bestreben nachzuweisen, dass ein Test selbst als valide angesehen werden kann, im Gegensatz zu späteren Ausgaben der *Standards* (1985, 1999), die den Begriff Validität auf die Interpretation der Testergebnisse und auf die Testverwendung beziehen. Die *Standards* von 1974 behielten die Dreiteilung des Validitätsbegriffs bei und formulierten erstmals Richtlinien für die Verwendung des Tests im Hinblick auf Testmissbrauch und gesellschaftliche Auswirkungen der Testverwendung. In der Ausgabe von 1985 wurde die Ausrichtung auf die Testverwendung und die damit verbundenen Konsequenzen weiter verstärkt. Es wurde zudem nicht mehr auf verschiedene Arten von Validität Bezug genommen, sondern erstmals von einem einheitlichen Validitätskonzept gesprochen und von drei Kategorien von Validitätsnachweisen: inhaltsbezogene, kriterienbezogene und konstrukt-bezogene Nachweise. Die *Standards* von 1999 spiegelten das einheitliche Validitätskonzept von Messick (1989) wider. In diesem Konzept wurde Konstruktvalidität als einziger zentraler Begriff von Validität gesehen, dem kriterienbezogene Validität und Inhaltsvalidität als zum Konstrukt gehörig untergeordnet sind. Zu validieren ist nicht der Test, sondern sind die Schlussfolgerungen, die aus dem Testergebnis gezogen werden und die Entscheidungen, die darauf basieren.

Die drei Begriffe Inhaltsvalidität, kriterienbezogene Validität und Konstruktvalidität haben eine unterschiedliche Entwicklung durchlaufen und über die Jahre hinweg ihre Bedeutung verändert. Sowohl Messick (1989) als auch Kane (2006) geben in ihren Ausführungen zur Validität bzw. zur Validierung in der

---

3 Damals noch *Technical Recommendations* betitelt und von der *American Psychological Association* (APA) allein herausgegeben. Erst im Jahr 1966 wurden die American Educational Research Association (AERA) und der *National Council on Measurement in Education* (NCME) ebenfalls als Autor genannt.

jeweiligen Ausgabe des *Educational Measurement* einen guten Überblick über diese drei Begriffe. Sie werden hier genauer dargestellt, um spätere Modifizierungen in den Rahmenmodellen von Bachman (2005), Bachman & Palmer (1996), Kane (1992, 2001, 2002, 2006), Messick (1989), Mislevy et al. (2003) und Weir (2005) besser verdeutlichen zu können (siehe Ziffer 2).

1.2 Inhaltsvalidität

Inhaltsvalidität wird einem Test zugeschrieben, der repräsentative Beispiele für einen bestimmten inhaltlichen Bereich (*content domain*), zu dem der Test in Beziehung steht, enthält. Dieser inhaltliche Bereich kann aus einem Lehrplan oder Curriculum bestehen, aus einer Beschreibung eines bestimmten Fachgebiets oder aus einer Testbeschreibung, die das Testformat detailliert wiedergibt, eine sogenannte *test specification* (vgl. Alderson, Clapham & Wall 1995; Davidson & Lynch 2002). Inhaltsvalidität interpretiert Testergebnisse, die auf einem bestimmten inhaltlichen Gebiet basieren, als eine Schätzung des allgemeinen Kenntnisniveaus in diesem Gebiet. Kane (2006: 19) akzeptiert einen Zusammenhang zwischen Validität und Testergebnis auf der Grundlage von Inhaltsvalidität jedoch nur für direkt messbare Leistungen, wie etwa Klavierspielen oder am PC tippen. Die Inhaltsvalidität wurde in früheren Jahren häufig zur Validierung von Abschlusstests an der Hochschule untersucht und im Allgemeinen durch Expertenurteile ermittelt. So wurde zum Beispiel für einen Test im wissenschaftlichen Lesen überprüft, ob die Texte und Itemtypen relevant und repräsentativ für den zu testenden inhaltlichen Fachbereich waren. Kane (2001, 2006) kritisiert an dieser Methode, dass sie häufig von den Testentwicklern ausgeführt wird, die zuvor den Test entwickelt haben, und damit von vornherein die Tendenz besteht, ein positives Ergebnis zu erreichen. Messick (1989: 17) sieht die Funktion inhaltsbasierter Nachweise zur Validierung wie Kane als limitiert an, da sie nur die fachliche Relevanz und Repräsentativität der im Test verwendeten Aufgaben unterstützt, aber wichtige Nachweise wie Antwortverhalten oder Leistungsunterschiede auslässt.

1.3 Kriterienbezogene Validität

Die kriterienbezogene Validität untersucht die empirische Beziehung zwischen einem Testergebnis und dem Kriterium, über das Aussagen getroffen werden sollen. Die Beziehung wird in aller Regel durch einen Korrelationskoeffizienten ausgedrückt. Nach Lissitz & Samuelson (2007) war die Validierung eines Tests durch die Vorhersage eines Kriteriums historisch die erste Form des Validitätsnachweises. Ein Beispiel für ein Kriterium ist der Studienerfolg in einem Semesterkurs an der Hochschule, der mit einem Test vor der Zulassung zu diesem Kurs vorausgesagt wird. In diesem Fall kann das Testergebnis mit dem tatsächlichen Erfolg am Semesterende validiert werden. In anderen Fällen wird der Nachweis der Vorhersagevalidität häufig dadurch erschwert, dass er eine aufwändige Langzeitstudie, die die Testteilnehmer über mehrere Jahre begleitet, erfordert. Das zu messende Kriterium ist in solchen Studien äußeren Einflüssen unterworfen, die das Ergebnis beeinflussen oder sogar beeinträchtigen (z. B. finanzielle oder gesundheitliche Probleme), obwohl sie mit der gemessenen Fähigkeit nicht in Verbindung stehen.

Im Fall der Übereinstimmungsvalidität werden solche Probleme vermieden, da der Nachweis durch ein Kriterium erbracht wird, das möglichst zeitnah zum ursprünglichen Test gemessen wird. Das kann z. B. ein anderer zusätzlich durchgeführter Test sein oder auch eine Benotung durch den Lehrer. Der Nachweis kriterienbezogener Validität wird dann schwierig, wenn kein akzeptables Messinstrument (z. B. ein anderer Test) zur Verfügung steht, mit dem das Testergebnis korreliert und auf diese Weise validiert werden kann. Der Vergleich über einen Korrelationskoeffizienten ist nur dann sinnvoll, wenn beide Messinstrumente die gleichen Qualitätsansprüche erfüllen und annähernd das gleiche Kriterium mit entsprechender Reliabilität und Validität messen.

1.4 Konstruktvalidität

Gab es die Konzepte der Inhaltsvalidität und kriterienbezogene Validität schon ab den 20er bzw. 25er Jahren des 20. Jahrhunderts, so wurde das Konzept der Konstruktvalidität erst Anfang der 50er Jahre entwickelt (Cronbach & Meehl 1955). Die Notwendigkeit, ein Konstrukt einzuführen, ergab sich vor allem im Bereich von psychologischen Tests, auf den sich Cronbach & Meehl bezogen. Für das Testen von abstrakten Persönlichkeitsmerkmalen wie z. B. Egostärke (Cronbach 1971) existierte kein inhaltlicher Bezugsbereich (*content domain*) und in vielen Fällen kein vorhersagbares Kriterium zur Ermittlung eines Korrelationskoeffizienten. Der Nachweis von Konstruktvalidität setzte zunächst die Definition des Konstrukts im Rahmen einer Theorie oder eines theoretischen Konzepts voraus, anhand dessen die Validierung durchgeführt werden konnte. Cronbach & Meehl sahen diese Theorie als nomologisches Netzwerk von Beziehungen, die verschiedene beobachtbare Attribute und theoretische Konstrukte miteinander verbinden. Fulcher & Davidson (2007: 8) geben ein Beispiel zur Illustration dieses abstrakten Konzepts: Sprechfähigkeit kann beispielsweise als ein Konstrukt angesehen werden, das die untergeordneten Konstrukte Flüssigkeit und Korrektheit (neben anderen) miteinander in Beziehung setzt. Das Konstrukt Flüssigkeit lässt sich anhand von bestimmten operationalisierbaren und beobachtbaren Variablen definieren (z. B. Sprechgeschwindigkeit, Pausen, Verzögerungen), ebenso wie das Konstrukt Korrektheit (z. B. durch Fehlerhäufigkeit oder Fehlerlosigkeit). Setzt man beide Konstrukte zueinander in Beziehung, so kann man z. B. die Hypothese definieren: je flüssiger die Rede, desto häufiger die Fehler. Diese Hypothese und das damit verbundene Konstrukt lassen sich durch einen Test überprüfen.

Cronbach & Meehl (1955) hatten gefordert, dass alle drei Arten der Validität für einen Test nachzuweisen sind. Messick (1989) ging darüber hinaus und stellte Konstruktvalidität in seinem einheitlichen Rahmenkonzept in den Mittelpunkt der Validierung (siehe 2.1). Inhaltsvalidität und kriterienbezogene Validität bzw. jeglicher anderer Aspekt von Validität sollte unter Konstruktvalidität subsumiert werden:

> Construct validity also subsumes content relevance and representativeness as well as criterion-relatedness, because such information about the content domain of reference and about specific criterion behaviors predicted by the test scores clearly contributes to score interpretation (Messick 1989: 17).

Sowohl Cronbach (1971) als auch Messick (1989) ging es vor allem darum, im Testen ein Zeichen zu setzen gegen die gängige Praxis, sich nur einen Validitätstyp aus den drei o.g. auszuwählen und mit dem betreffenden Nachweis den zu überprüfenden Test bzw. die Interpretation der Testergebnisse als valide hinzustellen (Kane 2006, 2008).

Wie zuvor beschrieben, ist der Begriff Konstrukt in den vergangenen 60 Jahren unterschiedlich interpretiert und verwendet worden. Daher soll im Folgenden kurz dargelegt werden, von welchem Verständnis eines Konstrukts der vorliegende Beitrag ausgeht. Bachman (2007) gibt einen guten historischen Überblick über die Verwendung des Begriffs Konstrukt beim Testen von Sprache. Er unterscheidet ursprünglich zwei Ansätze, die sich seit 1960 bei der Konstruktdefinition herauskristallisiert haben: a) Fokus auf Sprachfähigkeit (*trait/ability-focused*) und b) Fokus auf Aufgaben und Sprachkontext (*task/ context-focused*). Der Versuch ab Mitte der neunziger Jahre, beide Ansätze zu verbinden, stellt den dritten, auf Interaktion zwischen Kontext und Sprachfähigkeit (*interactional approach*) ausgerichteten Ansatz dar. Die einzelnen Ansätze können hier nicht detailliert dargestellt werden, sie dienen lediglich dazu, den breit angelegten, alle Ansätze umfassenden Konstruktbegriff zu veranschaulichen, der hier verwendet wird.

2. Rahmenmodelle zur Validierung

2.1 Das einheitliche Rahmenmodell von Messick

Messick greift in seinem einheitlichen Rahmenmodell Loevingers Vorschlag auf, Konstruktvalidität als zentrales Konzept von Validität darzustellen: „since predictive, concurrent, and content validities are all essentially ad hoc, construct validity is the whole of validity from a scientific point of view“ (Loevinger 1957 zitiert nach Kane 2006: 21). Messick macht deutlich, dass es nicht ausreicht, zur Testvalidierung nur einzelne „Arten“ oder „Typen“ von Validität heranzuziehen, wie etwa Inhalts- oder kriterienbezogene Validität. Seiner Auffassung nach sind Nachweise zu diesen Aspekten von Validität unter Konstruktvalidierung zu subsumieren. Darüber hinaus ist in Messicks Verständnis Validität nicht mehr die Eigenschaft eines Tests, der als valide angesehen wird, sondern eine Auswertung der Nachweise und theoretischen Grundlagen, die zur Unterstützung von Schlussfolgerungen aus Testergebnissen erbracht werden:

> Validity is an integrated evaluative judgement of the degree to which empirical evidence and theoretical rationales support the *adequacy* and *appropriateness* of *inferences* and *actions* based on test scores or other modes of assessment. (Messick 1989: 13, Hervorhebungen im Original).

Cronbach hatte bereits 1971 in der zweiten Ausgabe des *Educational Measurement* (Thorndike 1971) darauf aufmerksam gemacht, dass die Validität von Testergebnissen für jede spezifische Testverwendung erneut nachgewiesen werden muss, um Missbrauch von Tests vorzubeugen. Dass auch die Konsequenzen, die aus einer bestimmten Testverwendung folgen, mit in die Untersuchungen zur Validität einbezogen werden, erscheint als logische Weiterentwicklung. Messick räumt daher in seinem Rahmenmodell (1989: 20) den in der Testinterpretation impliziten Werten und den gesellschaftlichen Auswirkungen der Testverwendung mehr Bedeutung ein:

	Test interpretation	**Test use**
Evidential basis	Construct validity	Construct validity + Relevance / utility
Consequential basis	Value implications	Social consequences

Tabelle 1: Facets of Validity (Messick 1989)

Die linke Spalte enthält die Quelle der Rechtfertigung für einen Test: Nachweis und Auswirkung, die obere Zeile dagegen enthält die Funktion oder das Ergebnis des Tests: Testinterpretation und Testverwendung. Messick betont ausdrücklich, dass die verschiedenen Elemente in seiner Matrix nicht getrennt sind, sondern überlappen (1989: 20) und Konstruktvalidität in jeder Zelle der Matrix eine Rolle spielt. Shepard (1997) sieht die Gefahr, dass diese Überlappung nicht wahrgenommen wird und somit Testentwickler sich nur für den Nachweis von Konstruktvalidität (*construct validity*) zuständig fühlen würden, die Validierung der gesellschaftlichen Auswirkungen (*social consequences*) aber Politikern überlassen.

Besonderes Augenmerk sollten Testentwickler nach Messick auf eine mögliche Beeinträchtigung oder Verfälschung des Konstrukts richten, die auf konstruktirrelevante Varianz zurückgeht, also eine Verzerrung der Messung durch Einflüsse außerhalb des Konstrukts, oder auf eine Konstruktunterrepräsentierung, d. h. einen nicht repräsentativen Ausschnitt von Aufgaben für das gewählte Konstrukt. Messick sieht Validierung als Prozess an, im Verlauf dessen auch Aspekte untersucht werden sollten, die das Konstrukt nicht stützen, sondern eher verfälschen. Dieser Aspekt seines Konzepts findet sich sowohl bei Toulmin (1958, 2003) (*rebuttal*) als auch bei Kane (2006) (*problematic assumptions*) wieder.

Messicks Artikel über Validität (1989) wurde von vielen Wissenschaftlern im Bereich des psychologischen und pädagogischen Testens als richtungsweisender Grundlagenartikel aufgenommen (vgl. Bachman 1990; Fulcher & Davidson 2007; Kane 2006; McNamara 2006b). Kunnan (1998) gibt einen umfassenden Überblick über zahlreiche Untersuchungen, die im Zeitraum von 1980 bis 1996 durchgeführt worden sind und Messicks einheitliches Rahmenmodell oder einzelne Komponenten seiner Matrix als Ausgangspunkt genommen haben. Der Einfluss seiner Arbeit ist auch in den *Standards* (AERA, APA & NCME) von 1985 und 1999 ersichtlich. Allerdings betrachten Bachman (2005), Kane (2001, 2008) und McNamara (2006a) Messicks breit angelegtes Rahmenmodell auch als eine Überforderung für Praktiker, die ihren Test validieren wollen. Andere Kritiker halten das einheitliche Rahmenmodell mit seinem Schwerpunkt auf der Konstruktvalidität für ungeeignet (Borsboom, Mellenbergh & van Heerden 2004) und fordern für pädagogisches Testen eine Beschränkung auf Inhaltsvalidität und Reliabilität (Lissitz & Samuelson 2007). Wiley (1991), Popham (1997) und Borsboom et al. (2004) sehen Untersuchungen über negative Auswirkungen von Tests und Testmissbrauch zwar als notwendig an, aber nicht als Bestandteil der Validität eines Tests.

2.2 Das Modell der Testnützlichkeit von Bachman & Palmer

Ausgehend von Messick (1989) und Bachman (1990) integrieren Bachman & Palmer (1996) in ihr Modell der Testnützlichkeit (*test usefulness*) sowohl Überlegungen zur Testvalidität als auch zur Testverwendung. In ihrem einheitlichen Konzept steht die Nützlichkeit eines Tests für die Testverwendung im Zentrum der Aufmerksamkeit. Im Hinblick darauf werden sechs verschiedene untergeordnete Testeigenschaften benannt, die bei der Entwicklung und späteren Qualitätssicherung eines Tests miteinander auszubalancieren sind: Reliabilität, Konstruktvalidität, Authentizität, Interaktivität, Auswirkung und Praktikabilität. Konstruktvalidität erhält hier als nur ein Element von sechs einen anderen Stellenwert als bei Messick (1989). Bachman & Palmer verstehen unter Konstruktvalidität im Falle eines Sprachtests vor allem die Tatsache, dass dieser Test die Sprachfähigkeit misst, die der Sprachverwendung in der Realsituation entspricht (Bachman & Palmer 1996: 38-39). Obwohl sie zugestehen, dass Interaktivität, Authentizität und Testauswirkung auch der Konstruktvalidität zugeordnet werden können (1996: 42), sehen sie sie doch als genügend bedeutend an, um getrennt erörtert zu werden. Bachman (2005: 6) kritisiert an dem früheren Modell (Bachman & Palmer 1996), dass es nicht gelingt aufzuzeigen, wie die sechs Testeigenschaften zueinander in Beziehung stehen und wie Konstruktvalidität und Testverwendung miteinander verbunden sind. Zwar werden im Modell Fragelisten zur Evaluierung von Konstruktvalidität und der Auswirkung von Interpretation und Verwendung der Testergebnisse zur Verfügung gestellt, sie bieten jedoch keine Hilfestellung, um Testmissbrauch oder unerwünschte Testauswirkungen zu identifizieren. Diesen Schritt vollzieht Bachman erst 2005 mit seinem *Assessment Use Argument* (siehe 2.3.3).

McNamara (2006b) sieht ein großes Verdienst von Bachman (1990) und Bachman & Palmer (1996) darin, Testentwickler dazu angeleitet zu haben, eine klare Definition des Testkonstrukts vorzunehmen (Modell der kommunikativen Sprachkompetenz), die Sprachverwendung in der Realsituation (*target domain*) zu reflektieren und daraus das Testformat abzuleiten. Allerdings gibt es nach McNamara bisher nur wenig in der Literatur dokumentierte praktische Umsetzungen des Modells.

2.3 Argumentationsbasierte Rahmenmodelle

Die hier dargestellten argumentationsbasierten Rahmenmodelle von Kane (1992, 2001, 2002, 2006), Mislevy et al. (2003) und Bachman (2005) gehen auf Toulmins (1958, 2003) Argumentationsstruktur zurück. Diese besteht aus einer Behauptung (*claim* – z. B. Interpretation der Testergebnisse), die auf Daten basiert (*data* – z. B. die Antworten eines Testkandidaten). Diese Beziehung zwischen beiden ist zu stützen durch eine Rechtfertigung (*warrant*) und deren entsprechende Nachweise (*backing* – empirische Daten und Untersuchungen). Der einzige Störfaktor in dieser Argumentationsstruktur kommt von Gegenbehauptungen oder Gegenargumenten (*rebuttals*), die die gewünschte Interpretation der Testergebnisse in Frage stellen. Dahinter verbergen sich Faktoren, die z. B. zu konstruktirrelevanter Varianz oder Konstruktunterrepräsentierung führen können und die es, wenn möglich, zu entkräften gilt.

2.3.1 Michael Kane's *Argument-based Approach*

Kane vermisst in Messicks einheitlichem Rahmenmodell eine konkrete Anleitung für Praktiker, um mit den relativ abstrakten Aussagen der Validitätstheoretiker zurecht zu kommen (Kane 2006: 18). Seine Intention ist es, Testentwicklern Richtlinien zur Verfügung zu stellen, die ihnen bei der Entscheidung über notwendige Validitätsnachweise und durchzuführende Untersuchungen eine Orientierungshilfe bieten (Kane 2001: 331). Er greift Messicks (1989) Forderung auf, die Adäquatheit und Eignung der Schlussfolgerungen und Entscheidungen, die von Testergebnissen abgeleitet sind, zu evaluieren (*evaluative judgment*). Kane geht es um größtmögliche Klarheit und Nachvollziehbarkeit in der Auslegung von Testergebnissen und um eine explizite Formulierung der damit verbundenen Annahmen und Schlussfolgerungen. Inspiriert durch Toulmins (1958, 2003) Beschreibung gut begründeter Argumentation entwickelte Kane (1992, 2001, 2002, 2006; vgl. auch Kane, Crooks & Cohen 1999) eine Argumentationskette, die die Verbindung zwischen der Beobachtung einer Leistung (*observation*) und der Auslegung der Ergebnisse (*target score*) herstellen soll. Als erster Schritt wird eine klare Darstellung der dieser Argumentationskette zugrunde liegenden Annahmen und Schlussfolgerungen formuliert (*interpretive argument*). Als zweiter Schritt folgen dann Untersuchungen und Datenerhebungen, die als Nachweis diese Argumentationskette stützen und im Hinblick auf die Testverwendung validieren (*validity argument*).

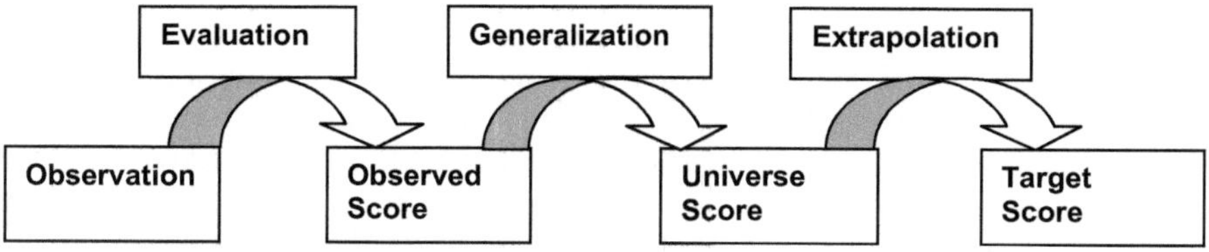

Abbildung 1: Interpretive Argument (Kane et al. 1999)

Die erste Schlussfolgerung (*evaluation*) wird abgeleitet, wenn die Leistung eines Testkandidaten festgestellt und in einem Ergebnis quantifiziert wird (*observed score*). Dabei sind Nachweise für die Annahme zu erbringen, dass die Ergebnisermittlung (etwa für Leistungen in rezeptiven und produktiven Fertigkeiten eines Sprachtests) auf geeigneten Kriterien basiert, wie intendiert durchgeführt wurde und zu der Auslegung der Ergebnisse passt (vgl. Kane et al. 1999). Die zweite Schlussfolgerung (*generalization*) behandelt die Ergebnisse aus einer bestimmten Testversion als eine Ergebnisschätzung (*universe score*) für andere vergleichbare Testaufgaben aus anderen Parallelformen dieses Tests. Diese Übertragbarkeit der Ergebnisse auf andere Parallelformen des Tests muss durch entsprechende Auswertungen nachgewiesen werden, die die Reliabilität und Vergleichbarkeit der Ergebnisse über verschiedene Testereignisse hinweg belegen (z. B. durch standardisierte Testerstellung und -durchführung, Auswertung der Beurteilerkonsistenz und -reliabilität, Itemanalysen und Angleichungen im Schwierigkeitsgrad verschiedener Testversionen). Die dritte Schlussfolgerung (*extrapolation*) besteht darin, dass das Ergebnis eines Testkandidaten als Indikator für seine voraussichtliche Leistung (*target score*) in der Realsituation (z. B. an der Hochschule oder beim Autofahren) gewertet wird. Annahmen, die dieser Schlussfolgerung zugrunde liegen, werden z. B. durch Korrelation mit einem externen Kriterium gestützt, das das gleiche Konstrukt überprüft:

> The inference from the universe score to the target score could be supported empirically by comparing assessment scores to criterion scores based on an especially thorough (and representative) sample of performances from the target domain (Kane et al. 1999: 10).

Sollte eine Schlussfolgerung nicht durch eindeutige Nachweise belegt werden können, müssen neue Untersuchungen dieses schwache Glied in der Kette stützen. Ist dies nicht möglich, muss die Argumentation entsprechend angepasst werden.

Die oben angegebenen Schlussfolgerungen der Argumentationskette führen laut Kane (2002) zu einer deskriptiven Interpretation der Testergebnisse. Dagegen bezeichnete er Interpretationen, die die Testverwendung mit einbeziehen, als entscheidungsbasiert. Die Testverwendung und die Entscheidungen, die auf dem Testergebnis basieren, stellen das letzte Glied in seiner Argumentationskette dar, allerdings sind sie noch nicht in Abbildung 1 enthalten. Erst 2002 geht Kane darauf ein und weist darauf hin, dass die Auslegung von Testergebnissen im Hinblick auf einen inhaltlichen Bereich (*content domain*) zwar valide sein kann, im Hinblick auf die Testverwendung und die damit verbundenen Auswirkungen jedoch nicht. Eine zusätzliche Erweiterung der Argumentationskette im Rahmen der *Extrapolation* bezeichnet er als *Explanation.* Sie ermöglicht eine nähere Bestimmung des Konstrukts durch ein theoretisches Modell (Kane 2002: 31). Chapelle, Enright & Jamieson (2008) haben diese Möglichkeit aufgegriffen und beschreiben detailliert die Anwendung und Adaption von Kanes argumentationsbasiertem Ansatz zur Validierung des neuen iBT-TOEFL von ETS.

Den Vorteil dieses Rahmenkonzepts sehen Fulcher & Davidson (2007: 163) darin, dass implizit vorhandene Annahmen und Schlussfolgerungen, auf denen ein Test basiert, explizit gemacht werden müssen und durch entsprechende Untersuchungen und empirische Daten in einem Validierungsprozess soweit möglich nachgewiesen werden. Durch die Koppelung an die Testverwendung wird klar, dass ein Test nicht für jegliche Testverwendung valide Ergebnisse liefern kann, sondern nur für den Verwendungszweck, der Bestandteil einer solch fundierten Argumentation ist. McNamara & Roever (2006) begrüßen die Konsequenz, mit der Kane die gesellschaftlichen Auswirkungen, die durch die Testverwendung und die damit verbundenen Entscheidungen entstehen können, in seine Argumentationskette einbindet.

2.3.2 Robert Mislevy's *Evidence-centered Design*

Auch das Modell von Mislevy et al. (2003) zur Validierung von Tests basiert auf der Argumentationsstruktur von Toulmin (1958, 2003) und geht auf Messicks einheitliches Rahmenmodell zurück. Mislevy et al. bezeichnen die Entwicklung einer solchen Argumentationsstruktur jedoch nicht als *validity argument*, sondern als *evidentionary reasoning*. Sie stellen die Entwicklung einer Argumentation an den Anfang einer Testentwicklung und berücksichtigen dabei Konstruktdefinition, Zielgruppe, Merkmale der Testaufgaben und psychometrische Modelle zur Auswertung. Mit dieser Argumentationsstruktur wird die Grundlage für die spätere Validierung des Tests und seiner Verwendung gelegt.

Auch Mislevy et al. ist daran gelegen, durch solch eine Struktur oder Rahmenkonzept Annahmen und Schlussfolgerungen, die mit der Auslegung der Testergebnisse verbunden sind, offen zu legen. Am Anfang der Struktur steht eine Bedarfsanalyse (*domain analysis*) des gewünschten Bezugsbereichs (*target domain*), darauf folgt die Beschreibung des Konstrukts und der Aufgaben (*domain modeling*), die dann mithilfe entsprechender Modellierung und unter Berücksichtigung der Rahmenbedingungen in einen operationellen Test umgesetzt werden. McNamara & Roever (2006) kritisieren am Rahmenkonzept von Mislevy et al., dass es die Testverwendung und die gesellschaftlichen Auswirkungen der daran gekoppelten Entscheidungen nicht explizit thematisiert.

Mislevy & Riconscente (2006) bieten im *Handbook of Test Development* (Haladyna & Downing 2006) eine umfangreiche Liste von Anwendungen des nachweis-basierten Ansatzes in der Praxis der Testentwicklung.

2.3.3 Lyle Bachman's *Assessment Use Argument*

Ähnlich wie Kane und Mislevy et al. geht Bachman (2005) von Toulmins (1958, 2003) Argumentationsstruktur aus, kritisiert jedoch daran, dass es die Testverwendung und die damit verbundenen Konsequenzen nicht berücksichtigt. Bachman modifiziert Toulmins Argumentationsstruktur insofern, als eine Behauptung (*claim*) nicht mehr wie bei Toulmin die Interpretation der Testergebnisse beinhaltet, sondern die davon abhängende Entscheidung über den Testkandidaten. Die Daten, auf denen diese Entscheidung beruht, bestehen nunmehr aus der Interpretation der Testergebnisse und nicht wie bei Toulmin aus den Kandidatenantworten. Als Rechtfertigung (*warrant*) für die Beziehung zwischen Behauptung und Daten innerhalb dieser Argumentationsstruktur führt Bachman die folgenden vier Aspekte an: Relevanz, Nützlichkeit, gesellschaftliche Konsequenzen und Zulänglichkeit. Die ersten drei davon sind auf Messicks Validitätsmatrix (1989) zurückzuführen. Alle vier Aspekte müssen durch entsprechende Nachweise (*backing*) gestützt werden, ggf. können sie durch Gegenbehauptungen (*rebuttals*) in Frage gestellt werden. Genau wie Kane teilt Bachman seine Argumentationsstruktur in zwei Teile ein: in einen entscheidungsbezogenen Teil (*assessment use argument*) und einen interpretationsbezogenen Teil (*assessment validity argument*). Kane bezeichnet in seinem eigenen Rahmenmodell ersteren als *Validity Argument* und letzteren als *Interpretive Argument*. Bachman sieht genau wie Mislevy et al. die Möglichkeit, die Argumentationsstruktur in zweifacher Hinsicht zu nutzen: zunächst für die Entwicklung eines Tests und in der Folge zur Validierung. Llosa (2008) berichtet über die Verwendung von Bachmans argumentations-basiertem Ansatz zur Validierung von Lehrerbeurteilung im Englischunterricht, die sich nach den *California English Language Standards* richtet.

2.4 Nachweisbasierte Rahmenmodelle

2.4.1 Cyril Weir's *Evidence-based Approach*

Weir (2005) bezieht sich in seinem sozio-kognitiven Rahmenmodell auf Prüfungen aus dem Cambridge ESOL Prüfungsportfolio, für die das Modell entwickelt wurde. Er betont jedoch ausdrücklich, dass das Modell auch zur Validierung von anderen Prüfungen verwendet werden kann.

Cyril Weirs (2005) sozio-kognitives Rahmenmodell zur Validierung eines Tests greift nicht die unter 2.3 beschriebene Argumentationsstruktur auf, sondern stützt sich auf einen nachweisbasierten Ansatz, der die einzelnen chronologischen Schritte einer Testentwicklung berücksichtigt. Weir (2005) geht nicht wie Messick von einem einheitlichen Validitätskonzept aus, sondern unterteilt Validität in verschiedene Validitätsarten, die zueinander in Beziehung stehen: Kontextvalidität (*context validity*), theoriebasierte Validität (*theory-based validity*) – in Weir & Shaw 2006 als kognitive Validität bezeichnet (*cognitive validity*) –, Validität der Ergebnisermittlung (*scoring validity*), Testwirkungsvalidität (*consequential validity*) und kriterienbezogene Validität (*criterion-related validity*).

Diese einzelnen Komponenten des Rahmenmodells sind in chronologischer Folge der Testentwicklung angeordnet und werden durch die Merkmale des potentiellen Testkandidaten ergänzt, die am Ausgangspunkt des Entwicklungsmodells stehen, durch die Antworten des Kandidaten und durch sein Testergebnis. Kontextvalidität (sprachliche Anforderungen, Testaufgaben und Testdurchführung) sowie kognitive Validität (kognitive Prozesse bei der Aufgabenbearbeitung) und Validität der Ergebnisermittlung bilden zusammen die Konstruktvalidität (Weir & Shaw 2006: 11). Weir (2005: 14) hält es für sinnvoll, die traditionelle Trennung zwischen Reliabilität und Validität aufzuheben, da die Reliabilität eines Tests in erheblichem Maß zu seiner Validität beiträgt. Aus diesem Grund hat Weir statistische Methoden zur Ermittlung der Reliabilität in seinem Konzept dem Begriff *Scoring Validity* zugeordnet. Unter der Testwirkungsvalidität *(consequential validity*) versteht Weir einerseits den Ausschluss einer Ergebnisverzerrung (*bias*) durch Faktoren wie Geschlecht/Alter/ Muttersprache, durch Hintergrundwissen oder den kulturellen Hintergrund. Andererseits gehören zur Testwirkungsvalidität auch Auswirkungen auf den Unterricht und das gesellschaftliche Umfeld.

2.5 Zusammenfassung und Diskussion

Die unter Ziffer 1 und 2 dargestellten Definitionen von Validität und die Rahmenmodelle zur Validierung von Tests spiegeln die Heterogenität in der Validitätstheorie wider. Besonders tiefgreifend ist die Heterogenität im Umgang mit dem Begriff Konstruktvalidität. Er wird bei Messick (1989) als zentrales Konzept für Validität generell angesehen, bei Bachman & Palmer (1996) übernimmt diese zentrale Funktion jedoch das Konzept der Testnützlichkeit.

Konstruktvalidität steht bei Bachman & Palmer für die Übertragbarkeit der Leistung eines Testkandidaten im Test auf seine Fähigkeit oder sein Verhalten in der Realsituation. Im sozio-kognitiven Rahmenmodell von Weir (2005) taucht der Begriff Konstruktvalidität gar nicht mehr auf, stattdessen werden neue Begriffe eingeführt: Kontextvalidität, kognitive Validität und Validität der Ergebnisermittlung. Diese drei Begriffe bilden zusammen die Konstruktvalidität (Weir & Shaw 2006), wobei die Validität der Ergebnisermittlung auch die Reliabilität mit einschließt. Es stellt sich die Frage nach der Notwendigkeit dieser neuen Begriffsbildungen von Weir, denn damit wird die bereits bestehende Schwierigkeit, Validierungskonzepte auch für Praktiker verständlich zu präsentieren und in bisherige Entwicklungen einzuordnen, erheblich verstärkt.

Kane (1992, 2002, 2006), Mislevy et al. (2003) und Bachman (2005) wählen in ihren drei Rahmenmodellen zur Validierung eine Argumentationsstruktur, die den kausalen Zusammenhang zwischen der beobachteten Testleistung eines Kandidaten und der Interpretation der Ergebnisse und den davon abgeleiteten Entscheidungen herstellt. Alle bei Messick (1989) oder Kane (2006) genannten Validitätsarten oder -aspekte finden sich in diesen Modellen als Nachweis für die Annahmen und Schlussfolgerungen der einzelnen Kettenglieder wieder. Dadurch wird ein Testentwickler angeregt, die Zielsetzung und das Gesamtkonzept eines Tests nicht aus dem Auge zu verlieren und die Verbindung zwischen den einzelnen Validitätsnachweisen und auch zu anderen Gütekriterien zu beachten. Die Gefahr, die sowohl Messick (1989) als auch Bachman (2005) gesehen haben, wenn bloße Fragelisten oder Checklisten für isolierte Validitätsnachweise abgearbeitet werden, scheint dadurch gebannt.

Das eingangs geschilderte Bemühen von Organisationen wie ALTE, EALTA, ILTA, ITC und auch Testanbietern um Testfairness und Ethik als Teil eines Validitätsnachweises im Testen wird auch in der Literatur zum Prüfen und Testen von Sprache behandelt. Davies (1997, 2004) und Kunnan (1997, 2000) haben sich neben anderen mit der ethischen Verantwortung von Sprachtestern auseinandergesetzt. Alderson & Wall (1996) und Cheng, Watanabe & Curtis (2004) befassen sich unter dem Stichwort *Washback* mit den Auswirkungen von Tests auf den Unterricht. Die Beschäftigung mit den Auswirkungen von Tests sehen Vertreter des sogenannten *Critical LanguageTesting* (vgl. Shohamy 2000, 2001) noch als unzureichend an. Sie prangern die Verwendung von Tests in vielen Ländern z. B. für Immigrationszwecke, Zuerkennung der Staatsbürgerschaft oder den Zugang zu bestimmten Berufsgruppen als Demonstration der Macht und Kontrolle des Staates an. Einen guten Überblick über diese Diskussion bieten McNamara (2006a, 2006b) und McNamara & Roever (2006).

Literaturverzeichnis

Alderson, J. Charles; Clapham, Caroline & Wall, Dianne (1995), *Language test construction and evaluation*. Cambridge: Cambridge University Press.

Alderson, J. Charles & Wall, Dianne (eds.) (1996), Washback (Themenheft). *Language Testing* 13: 3.

American Psychological Association (1954), *Technical Recommendations for Psychological Tests and Diagnostic Techniques*. Psychological Bulletin Supplement 51: 2, 1-38.

American Psychological Association, American Educational Research Association & National Council on Measurement in Education (1966), *Standards for Educational and Psychological Tests and Manuals*. Washington, DC: American Psychological Association.

American Educational Research Association, American Psychological Association & National Council on Measurement in Education (1974), *Standards for Educational and Psychological Tests*. Washington, DC: American Psychological Association.

American Educational Research Association, American Psychological Association & National Council on Measurement in Education. (1985), *Standards for Educational and Psychological Testing*. Washington, DC: American Educational Research Association.

American Educational Research Association, American Psychological Association & National Council on Measurement in Education. (1999), *Standards for Educational and Psychological Testing*. Washington, DC: American Educational Research Association.

Bachman, Lyle F. (1990), *Fundamental considerations in language testing*. Oxford: Oxford University Press.

Bachman, Lyle F. (2005), Building and supporting a case for test use. *Language Assessment Quarterly* 2: 1, 1-34.

Bachman, Lyle F. (2007), What is the construct? The dialectic of abilities and contexts in defining constructs in language assessment. In: Fox, Janna; Wesche, Mari; Bayliss, Doreen; Cheng, Liying; Turner, Carolyn E. & Doe, Christine (eds.) (2007), *Language testing reconsidered*. Ottawa: University of Ottawa Press.

Bachman, Lyle F. & Palmer, Adrian S. (1996), *Language Testing in Practice: Designing and developing useful language tests*. Oxford: Oxford University Press.

Borsboom, Denny; Mellenbergh, Gideon J. & van Heerden, Jaap (2004), The concept of validity. *Psychological Review* 111: 4, 1061-1071.

Chapelle, Carol A.; Enright, Mary K. & Jamieson, Joan M. (2008), *Building a validity argument for the Test of English as a Foreign Language*. New York: Routledge.

Cheng, Liying; Watanabe, Yoshinori & Curtis, Andy (eds.) (2004), *Washback in language testing: Research contexts and methods*. Mahwah, NJ: Lawrence Erlbaum.

Cronbach, Lee J. & Meehl, Paul E. (1955), Construct validity in psychological tests. *Psychological Bulletin* 52: 4, 281-302.

Cronbach, Lee J. (1971), Test validation. In: Thorndike, Robert L. (ed.) (1971), 443-507.

Davidson, Fred & Lynch, Brian K. (2002), *Testcraft: A teacher's guide to writing and using language test specifications*. New Haven, CT: Yale University Press.

Davies, Alan (ed.) (1997), Ethics in language testing (Themenheft). *Language Testing* 14: 3.

Davies, Alan (ed.) (2004), The ethics of language assessment (Themenheft). *Language Assessment Quarterly* 1: 2/3.

Downing, Steven & Haladyna, Thomas (eds.) (2006), *Handbook of test development.* Mahwah, NJ: Lawrence Erlbaum.

EALTA [European Association for Language Testing and Assessment] (2006), *EALTA Guidelines for Good Practice in Language Testing and Assessment* (adopted 20.05.2006) [Online: http://www.ealta.eu.org/guidelines.htm (05.04.2009)].

Fulcher, Glenn & Davidson, Fred (2007), *Language testing and assessment, an advanced resource book.* London /New York: Routledge.

Grotjahn, Rüdiger (2003), *Leistungsmessung und Leistungsbewertung,* Studienbrief, Erprobungsfassung 12/2002. Hagen: FernUniversität Hagen.

Grotjahn, Rüdiger (2007), Testen und Prüfen: Aktuelle Tendenzen. *Neue Beiträge zur Germanistik* 6: 2, 19-38.

ILTA [International Language Testing Association] (2000), Code of ethics for ILTA. *Language Testing Update* 27, 14-22 [Online: http://www.Iltaonline.com/code.pdf].

ITC [International Test Commission] (1999), *International Guidelines for Test Use.* [Online: http://www.intestcom.org (14.04.2009)]

Kane, Michael T. (1992), An argument-based approach to validity. *Psychological Bulletin* 112: 3, 527-535.

Kane, Michael T. (2001), Current concerns in validity theory. *Journal of Educational Measurement* 38: 4, 319-342.

Kane, Michael T. (2002), Validating high-stakes testing programs. *Educational Measurement: Issues and Practice* 21: 1, 31-41.

Kane, Michael T. (2006), Validation. In: Brennan, Robert L. (eds.) (2006), *Educational Measurement,* (4. Auflage). New York: American Council on Education / Praeger, 17-64.

Kane, Michael T. (2008), Terminology, Emphasis, and Utility in Validation. *Educational Researcher* 37: 2, 76-82.

Kane, Michael T.; Crooks, Terence J. & Cohen, Allan S. (1999), Validating measures of performance. *Educational Measurement: Issues and Practice* 18: 2, 5-17.

Kunnan, Antony (1997), Connecting fairness and validation. In: Huhta, Ari; Kohonen, Viljo; Kurki-Suonio, Lisa & Luoma, Sari (Hrsg.) (1997), *Current developments and alternatives in language assessment.* Jyväskylä, Finnland: University of Jyväskylä, 85-105.

Kunnan, Antony (1998), *Validation in language assessment.* Mahwah, NJ: Lawrence Erlbaum.

Kunnan, Antony (2000), Fairness and justice for all. In: Kunnan, Antony (ed.) (2000), *Fairness and validation in language assessment. Selected papers of the 19th Language Testing Research Colloquium.* Orlando, Florida. Cambridge: UCLES & Cambridge University Press, 1-10.

Lissitz, Robert W. & Samuelson, Karen (2007), A suggested change in terminology and emphasis regarding validity and education. *Educational Researcher* 36: 8, 437-448.

Llosa, Lorena (2008), Building and supporting a validity argument for a standards-based classroom assessment of English proficiency based on teacher judgements. *Educational Measurement: Issues and Practice* 27: 3, 32-42.

McNamara, Tim (2006a), Validity and values. Inferences and generalizability in language testing. In: Chaloub-Deville, Micheline; Chapelle, Carol & Duff, Patrick (eds.) (2006), *Language learning and language teaching. Inference and generalizability in applied linguistics, multiple perspectives.* Amsterdam / Philadelphia: John Benjamins, 27-47.

McNamara, Tim (2006b), Validity in language testing: The challenge of Sam Messick's legacy. *Language Assessment Quarterly* 3: 1, 31-51.

McNamara, Tim & Roever, Carsten (2006), *Language testing: The social dimension.* Oxford, UK: Blackwell.

Messick, Samuel (1989), Validity. In: Linn, Robert L. (eds.) (1989), *Educational Measurement* (3. Auflage). New York: Macmillan, 13-103.

Mislevy, Robert; Almond, Russell G. & Lukas, Janice F. (2003), *A brief introduction to evidence-centered design.* Research Report RR-03-16. Princeton: Educational Testing Service.

Mislevy, Robert & Riconscente, Michelle (2006), Evidence-centered assessment design. In: Downing, Steven & Haladyna, Thomas (eds.) (2006), 61-90.

Popham, W. James (1997), Consequential validity: Right concern – wrong concept. *Educational Measurement: Issues and Practice* 16: 2, 9-13.

Shepard, Lorrie A. (1997), The centrality of test use and consequences for test validity. *Educational Measurement: Issues and Practice* 16: 2, 5-8, 13, 24.

Shohamy, Elana (2000), Fairness in language testing. In: Kunnan, Antony J. (eds.) (2000), *Fairness and validation in language assessment. Selected papers of the 19th Language Testing Research Colloquium.* Orlando, Florida. Cambridge: UCLES & Cambridge University Press, 1-10.

Shohamy, Elana (2001), *The power of tests: A critical perspective on the uses of language tests.* London: Pearson.

Thorndike, Robert L. (ed.) (1971), *Educational Measurement.* Washington, DC: American Council on Education.

Toulmin, Stephen E. (1958), *The uses of argument.* Cambridge: Cambridge University Press.

Toulmin, Stephen E. (2003), *The uses of argument* (updated edition). Cambridge: Cambridge University Press.

van Avermaet, Piet; Kuijper, Henk & Saville, Nick (2004), A code of practice and quality management system for international examinations. *Language Assessment Quarterly* 1: 2/3, 137-150.

Weir, Cyril (2005), *Language testing and validation, an evidence-based approach.* Basingstoke: Palgrave / Macmillan.

Weir, Cyril & Shaw, Stuart (2006), Defining the constructs underpinning Main Suite Writing Tests: a socio-cognitive perspective. *Cambridge ESOL: Research Notes* 26, 9-14.

Wiley, David E. (1991), Test validity and invalidity reconsidered. In: Snow, Richard E. & Wiley, David E. (eds.) (1991), *Improving inquiry in the social sciences: A volume in honor of Lee J. Cronbach.* Hillsdale, NJ: Lawrence Erlbaum, 75-107.

Linking the Klagenfurt Item Bank to the CEFR

Guenther Sigott & Hermann Cesnik

This article describes the standard-setting procedure applied to link the Klagenfurt Item Bank (KIB) of the receptive skills of reading and listening to the Common European Framework of Reference (CEFR). Unlike other standard-setting approaches, the approach described here is doubly IRT based as it uses item calibrations based both on test-taker performance and on trained raters' estimates of item difficulty.

1. Statement of Problem

The Klagenfurt Item Bank (KIB) is the pivotal element of the diagnostic testing system developed for the purpose of implementing educational standards for English in the Austrian secondary school system. KIB comprises items for the receptive skills of reading and listening, as well as prompts for the productive skills of writing and speaking. The present report deals with the methodology and process of linking the components of reading and listening to the CEFR. Although different approaches involving different degrees of methodological sophistication are conceivable, all approaches ultimately rest on the availability of trustworthy estimates of item difficulty with regard to the CEFR. Such estimates consist in experts' judgements as to the difficulty of individual items expressed in terms of the six levels of the CEFR. Since neither the processes constituting receptive skills nor the results of such processes are directly observable but rather occur or reside in people's minds, estimating the difficulty of reading or listening items is considerably more demanding than estimating the level of a written or spoken performance. Although KIB also comprises prompts, and, more interestingly, written and spoken performances rated in terms of the CEFR levels, the present report focuses on the linking of the KIB components of reading and listening only.

Since educational standards tests are supposed to be conducted periodically, an IRT-based item-banking approach was adopted. At present, KIB components for reading and for listening contain approximately 200 items each, with new items being added every year after they have undergone a moderation process. This setup enables parallel tests to be used in the same test administration as well as in different test administrations at different points in time. This is an important feature of the testing programme because the candidature spans a wide spectrum of abilities necessitating the use of parallel test versions of different difficulty in order to prevent pupils in high-ability groups being underchallenged and those in low-ability groups being overchallenged. Moreover, and equally importantly, test performances of different subjects in administrations in different years must be relatable to each other. Ultimately, the results of each test version must be reportable in terms of the CEFR levels.

2. The Klagenfurt IRT Approach

Unlike other IRT-based approaches to standard setting (see Cizek & Bunch (2007) for an overview), the Klagenfurt approach is doubly IRT-based. Its principles were first formulated in an article by Baghaei (2007). On the one hand, it uses item calibrations based on test-taker performance (Test-Taker-Based Item Difficulty (TTBID)), and on the other it is based on item calibrations based on Raters' Estimates of Item Difficulty (REID). Once the items have been calibrated using test-taker data and rating data, the calibrations obtained from test-taker performance data can be expressed in the frame of reference of the calibrations obtained from the rating data. As soon as this has been done, cut-off points are available on the common scale and each test taker can be identified as belonging to a particular level of mastery simply on the basis of his or her ability measure.

2.1 Procedure

Measures of TTBID were available from three years of E8-pilot testing in the Austrian secondary school system. TTBID was calculated using the dichotomous Rasch model as implemented in WINSTEPS (Linacre 2008b), whereas REID was arrived at by means of multifaceted Rasch analysis as implemented in FACETS (Linacre 2008a).

In order to obtain REID-based calibrations, a group of 17 practising teachers of English teaching Austrian pupils in grade 8 (14-year-olds) was constituted to perform the rating of a sample of 50 reading and 50 listening items developed for the Austrian English Standards Testing Project. All members of the group were experienced teachers and well familiar with the CEFR levels. Members of the group had been working either as item writers for listening or reading and/or as raters for the productive skills of writing and/or speaking in the context of the Austrian English Standards Testing Project.

The entire team was assembled for a day-long workshop, which started with a standardisation phase in which the raters were presented with publicly available test items for reading and listening which had already been calibrated with reference to the CEFR by various international institutions.[1] After this initial

1 We would like to express our gratitude to Dr. Claudia Mewald, Pädagogische Hochschule Niederösterreich, and Dr. Otmar Gassner, Pädagogische Hochschule Vorarlberg, for conducting the training workshop.

phase the raters were presented with the reading items, for which they were asked to answer the following questions:

1. What level in the CEFR does somebody minimally have to be in order to answer this item correctly?
2. For somebody at this CEFR level, is the item EASY or DIFFICULT?

The raters entered their answers to each question for each item into a rating sheet indicating the CEFR level of the item as well as whether somebody at that level would experience the item as easy or difficult. Table 1 shows an extract from the rating sheet.

	Item ID	**CEF Level (A1 / A2 / B1)**	Difficulty within Level: **E** (Easy) **D** (Difficult)
01	rc_feyertag05_s1		
02	rc_gritscha07_s1		
03	re_brockrai12_s1		
04	re_langnick06_s1		

Table 1: Extract from the rating sheet for Reading

For practical reasons, as all items had been developed for a CEFR difficulty range up to B1, the choice of CEFR levels was restricted to A1, A2 and B1. Since in addition to the CEFR level, each item was rated as either easy or difficult within that level, by combining the data from both columns it was possible to ascribe to each item a value from 1 to 6. On completion of the rating procedure, 17 ratings in both columns were available for each item. After the rating of the reading items, the procedure was repeated for the listening items.

2.2 Data analysis

2.2.1 REID-based data

The data from the rating sheets were recoded into numerical data ranging from 1 to 6 for each item by combining the information from both columns (CEFR and Difficulty within CEFR level). Subsequently, the data was submitted to Multi-faceted Rasch Analysis with the facets *test item*, *rater* and *CEFR level.* The analysis was carried out by means of FACETS (Linacre 2008a). The results of this analysis for the facet *test item*, together with the results for the test-taker-based item difficulties (TTBID) and the corresponding fit statistics are reported in Table 4 below.

In order to ensure that the analyses of the same set of data performed in WINSTEPS and in FACETS yield comparable results, the REID data were analysed using both programmes. If both programmes yield comparable results for the same data, then the difficulty measures for the same items should correlate near 1.00. As the scatterplot in Figure 1 shows, this is indeed the case although due to differences in model-specific standardisations the regression line is displaced to the right.

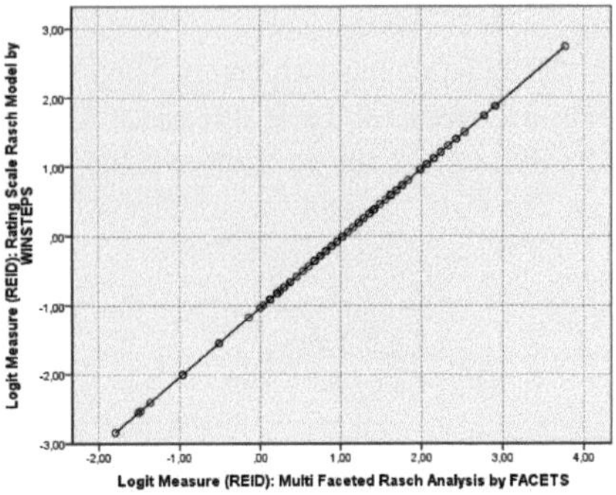

Figure 1: Scatterplot for REID measures calculated in WINSTEPS and in FACETS

Using FACETS for the analysis of the REID data brings about the possibility of taking into account differences in rater severity in estimating the CEFR difficulty of the individual items. This is advantageous because it allows the focus in rater training to be placed on relative, rather than absolute, agreement. Moreover, FACETS also conveniently reports item measures transformed into the original six-level measurement scale as presented in Table 2:

1	A1 easy
2	A1 difficult
3	A2 easy
4	A2 difficult
5	B1 easy
6	B1 difficult

Table 2: Original six-level measurement scale used in item rating

These transformed measures are referred to as *fair measures* as they take into account rater severity effects for each item. Since rater severity effects are modelled in this approach, the relationship between REID fair measures and REID measures obtained from WINSTEPS using a rating-scale Rasch approach is no longer linear, as can be seen in Figure 2.

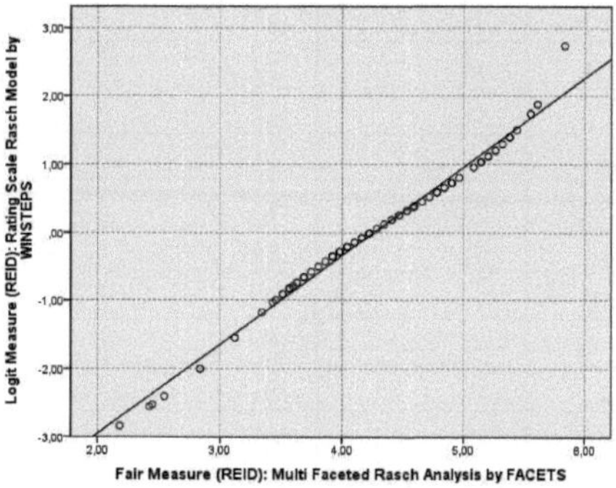

Figure 2: Scatterplot of REID measures calculated in WINSTEPS and REID fair measures from FACETS

Since we assume that the REID fair measures are better estimates of CEFR item difficulty by the panel of experts, the REID fair measures are used as the basis for the linking procedure. Taking into account the nature of standard setting questions 1 and 2 that the raters were asked (see above), the thresholds for the CEFR levels as listed in Table 3 apply:

REID fair measure	**CEFR level**
less than 1.00	below A1
less than 3.00	A1
less than 5.00	A2
equal to or greater than 5.00	B1

Table 3: CEFR thresholds for REID-based item measures

2.2.2 TTBID-based data

TTBID-based data are available from pilot testing carried out from 2006 to 2008 in over 100 Austrian schools. Table 4 lists the TTBID-based item measures as well as the REID-based measures together with their fit statistics.

	item name	REID fair measure	infit mean square	TTBID measure	infit mean square
1	re_isakgabr10_s1	2.18	.99	-2.17	.94
2	rc_fuchseve05_s1	2.42	.93	-2.56	.97
3	re_fuchseve06_s1	2.45	.76	-1.84	.89
4	re_langnick06_s1	2.55	.55	.07	1.02
5	rc_kainighu05_s1	2.84	2.82	-2.26	.91
6	rc_schmolmu07_13	2.84	.57	-.80	.96
7	re_langnick07_12	2.84	.45	.03	1.12
8	ld_poiselev01_s1	3.12	.37	.27	.95
9	ld_schmidbe05_11	3.12	.53	-.31	1.01
10	li_cranegra03_15	3.34	1.05	.11	1.01

11	ld_wurmsmol04_l5	3.43	.40	-.36	1.03
12	ld_madertha02_s1	3.46	1.22	-2.45	.90
13	ld_cranegra03_l3	3.51	.71	-.15	.98
14	ld_hafnerma04_s1	3.51	1.13	-.48	1.08
15	rc_gritscha11_l3	3.51	.88	-.94	.91
16	re_hechenbl05_s1	3.51	1.59	-.83	1.00
17	re_isakgabr11_s1	3.51	.56	.68	.98
18	li_schmolmu02_s1	3.57	.59	-.94	1.01
19	rc_gritscha08_s1	3.57	.70	-1.60	.96
20	re_fuchseve04_s1	3.57	1.02	-.11	.89
21	re_gritscha11_l2	3.57	.98	.18	1.03
22	re_isakgabr17_l4	3.57	1.33	1.42	.94
23	re_wurmsmol06_s1	3.60	1.80	.88	1.02
24	rc_brockrai18_l4	3.63	.78	.28	.99
25	re_poiselev06_s1	3.63	.54	1.98	1.02
26	li_greifene01_s1	3.69	1.20	-2.30	.85
27	li_parthchr01_s1	3.69	.80	.	.
28	re_langnick05_s1	3.69	.92	1.41	1.06
29	rc_gotteinh07_s1	3.75	1.25	-.56	.98
30	li_wurmsmol04_l2	3.80	.55	.82	1.21
31	li_wurmsmol04_l1	3.86	.54	.64	.94
32	ld_cranegra03_l1	3.92	1.20	-1.27	1.01
33	ld_cranegra03_l2	3.92	.76	-.09	.97
34	ld_schmidbe05_l4	3.92	.46	-.67	.90
35	li_gritscha04_s1	3.92	1.04	-2.00	.85
36	re_langnick07_l3	3.92	.55	1.46	1.13
37	re_isakgabr12_s1	3.98	.72	-1.19	1.07
38	ld_gotteinh03_s1	3.98	1.02	-.74	.77
39	rc_hospsabi05_s1	3.98	.83	-.73	.97
40	rc_brockrai11_s1	4.04	.90	-.79	.97
41	rc_cranegra07_s1	4.04	1.50	.63	.98
42	rc_gritscha07_s1	4.04	.79	.72	.94
43	re_brockrai12_s1	4.04	1.36	.70	.99
44	ld_greifene02_s1	4.10	1.35	-1.69	1.04
45	ld_hospsabi02_s1	4.10	.49	-1.52	1.13
46	ld_poiselev04_l4	4.16	1.10	-1.07	1.00
47	li_greifene03_s1	4.16	1.27	-.91	.96
48	rc_cranegra05_s1	4.16	1.53	.78	1.09
49	rc_langnick07_l5	4.23	1.54	-.20	.98
50	re_greifene06_s1	4.23	1.17	.99	1.07
51	re_isakgabr17_l5	4.23	.73	-.24	.96

52	re_langnick07_l1	4.29	2.05	1.32	1.06
53	ld_schmidbe05_l2	4.35	1.16	-.31	1.05
54	ld_poiselev04_l3	4.41	1.12	-.42	1.03
55	li_kainighu01_s1	4.41	.50	-.81	.90
56	ld_feyertag02_s1	4.47	.70	1.47	1.04
57	rc_langnick07_l4	4.47	.81	1.81	1.05
58	ld_poiselev04_l1	4.53	.86	-1.03	1.04
59	re_madertha07_s1	4.53	.62	1.08	.98
60	ld_wurmsmol04_l3	4.58	1.21	1.17	1.10
61	ld_cranegra03_l4	4.59	.93	.48	1.09
62	rc_gritscha11_l5	4.59	1.26	.35	.99
63	ld_hospsabi04_s1	4.66	1.36	-.36	.80
64	re_isakgabr17_l3	4.72	1.26	1.41	1.01
65	ld_hafnerma08_l1	4.78	.69	.83	.94
66	ld_hechenbl02_s1	4.78	.99	-2.98	.96
67	ld_wurmsmol04_l4	4.78	.95	.17	.92
68	li_hafnerma08_l4	4.78	1.37	1.42	1.01
69	li_schmidbe05_l5	4.78	.55	.56	.98
70	rc_gritscha11_l4	4.78	1.12	.24	1.03
71	rc_schmolmu07_l2	4.78	1.23	1.57	1.10
72	re_brockrai09_s1	4.78	.88	.83	1.00
73	re_brockrai18_l1	4.78	1.07	1.50	1.00
74	re_gritscha11_l1	4.78	1.10	-.20	1.02
75	re_isakgabr17_l1	4.78	1.63	2.43	1.22
76	li_lackenba02_s1	4.84	.65	2.00	1.07
77	rc_schmolmu07_l4	4.84	1.28	1.37	1.00
78	li_kainighu03_s1	4.90	1.83	1.97	1.02
79	rc_brockrai18_l5	4.90	.65	-.12	.91
80	rc_lackenba05_s1	4.90	.49	.43	.97
81	li_schmidbe01_s1	4.96	1.39	.51	.91
82	ld_hafnerma08_l3	5.08	1.40	.46	.91
83	re_isakgabr17_l2	5.08	1.11	1.30	1.02
84	li_gritscha01_s1	5.14	.72	.57	1.02
85	li_schmidbe05_l3	5.14	.98	-.18	.99
86	re_schmolmu07_l1	5.14	.96	1.77	1.23
87	ld_langnick03_s1	5.20	.86	.28	1.10
88	rc_schmolmu07_l5	5.20	.93	1.86	1.16
89	ld_poiselev04_l2	5.26	.79	.49	1.13
90	ld_wallners01_s1	5.26	.28	-.29	.93
91	re_brockrai18_l2	5.32	1.40	1.00	1.02
92	ld_sturmeli03_s1	5.38	.86	1.06	1.26

93	li_hafnerma08_l5	5.38	1.23	1.13	1.00
94	li_poiselev03_s1	5.38	.85	-1.17	1.01
95	li_cranegra01_s1	5.44	.89	2.06	1.03
96	li_hafnerma06_s1	5.55	2.63	.80	1.07
97	rc_brockrail8_l3	5.55	.76	1.73	1.10
98	li_poiselev04_l5	5.61	1.24	.69	.96
99	rc_feyertag05_s1	5.61	.70	1.32	1.02
100	li_hafnerma08_l2	5.83	1.43	1.66	1.04
Mean		**4.266**		**.156**	
Stddev		**.800**		**1.202**	

Table 4: TTBID-based and REID-based item measures with infit mean squares

2.2.3 Relating REID-based and TTBID-based data

The REID-based item measures and the TTBID-based item measures correlate at r (Pearson) = 0.513. The relationship between the two measures is displayed graphically in the scatterplot in Figure 3.

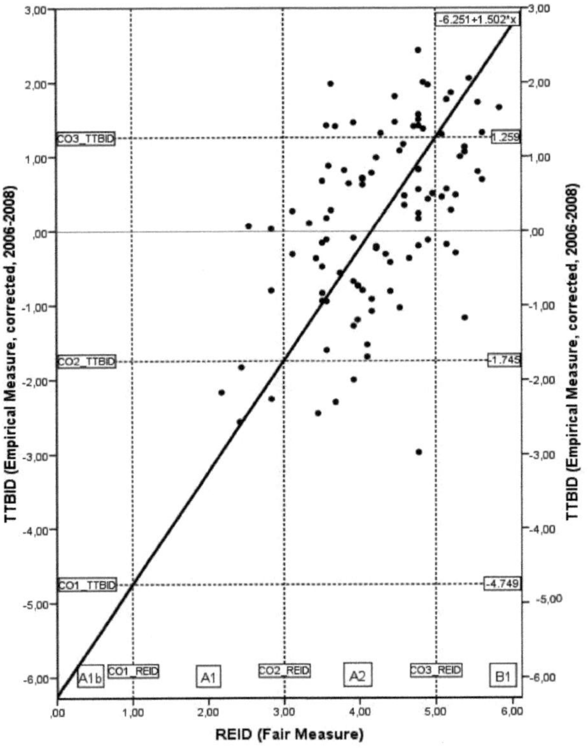

Figure 3: Scatterplot for TTBID-based and REID-based item measures

The regression line in Figure 3 results from the best-fit approach, which is based on Equation 1:

$$(Msr1\text{-}MEAN1)/SD1=(Msr2\text{-}MEAN2)/SD2 \qquad \text{(Equation 1)}$$

It follows that

$$Msr2=(Msr1\text{-}MEAN1)*SD2/SD1+MEAN2 \qquad \text{(Equation 2)}$$

and applied to the present context,

$$TTBID=(REID\text{-}MEAN(REID))*SD(TTBID)/SD(REID)+MEAN(TTBID) \qquad \text{(Equation 3)}$$

or, with concrete values from Table 4,

$$TTBID=(REID\text{-}4.266)*1.202 / 0.8 + 0.156 \qquad \text{(Equation 4)}$$

The relationship between rater-based estimates of item difficulty and test-taker-based item difficulty as expressed in Equation 4 makes it possible to express the cut-off points on the x-axis in terms of person ability measures on the y-axis. Inserting the transition points between below A1 and A1, A1 and A2 as well as between A2 and B1, namely 1, 3 and 5 into Equation 4 yields the cut-off points on the y-axis, which are listed in Table 5.

below A1 – A1	A1 – A2	A2 – B1
-4.749	-1.746	1.259

Table 5: Cut-off points for three CEFR levels expressed as person measures based on KIB

3. Discussion

Unlike other IRT-based approaches to standard setting, which typically let the raters' decisions on cut-off points be guided by an ordered item booklet, the approach described here is doubly IRT based. Consequently, the raters' judgement of item difficulty is not influenced by the rank order of the items in an ordered item booklet. Instead, when judging the difficulty of the individual items, the raters have to rely entirely on their understanding of the test construct. This leads to the following distinctive features of the Klagenfurt approach:

Firstly, discrepancies between raters' estimates of item difficulty and empirical item difficulty become evident in the data analysis and can be quantified in terms of a correlation coefficient between TTBID data and REID data and represented graphically. In approaches involving an ordered item booklet, such discrepancies only become evident in group discussion during the standard setting meeting and may fail to be reported to the public. Secondly, disagreements among raters who, while agreeing on the relative difficulty of items, apply different degrees of leniency/severity, need not be resolved at all cost since the ratings are adjusted for such differences in the light of the leniency/severity of the entire rating panel. Thus, the procedure avoids lengthy discussions during the standard setting meeting among raters who apply different degrees of leniency/severity but agree on the relative difficulty of the items.

Research currently in progress in Klagenfurt will need to determine to what extent the cut-off points resulting from the approach described here differ from those resulting from other standard setting methods.

References

Baghaei, Purya (2007), Applying the Rasch rating scale model to set multiple cut-offs. *Rasch Measurement Transactions* 20: 4 [http://www.rasch.org/rmt/rmt204.pdf (17.11.2008)].

Cizek, Gregory J. & Bunch, Michael B. (2007), *Standard Setting. A Guide to Establishing and Evaluating Performance Standards on Tests.* Thousand Oaks: Sage Publications.

Linacre, John M. (2008a), *Facets Rasch Measurement Computer Program.* Chicago: Winsteps.com.

Linacre, John M. (2008b), *Winsteps Rasch Measurement Computer Program.* Chicago: Winsteps.com.

Empirische Forschungsansätze

L2-Erwerb als soziokognitiver Prozess: Aufmerksamkeit als Mittler zwischen Interaktion und Erwerb

Karin Aguado

Der menschliche Erstsprachenerwerb ist ein illustratives Beispiel für die komplexe Interaktion zwischen Anlage („nature“) und Umwelt („nurture“). Entsprechend besteht in der fachwissenschaftlichen Diskussion inzwischen ein allgemeiner Konsens darüber, dass weder die genetische Ausstattung noch die soziale Umgebung allein bestimmen, welchen Verlauf die sprachliche Entwicklung nimmt, sondern dass beide Komponenten in einem vielschichtigen Wirkungszusammenhang stehen. Inwiefern dieser Zusammenhang in ähnlicher Weise auch für den Fremd- und Zweitsprachenerwerb angenommen werden kann, soll im vorliegenden Beitrag angerissen werden. Hierzu werden zwei derzeit intensiv diskutierte, lerntheoretisch unterschiedlichen Paradigmen zuzuordnende Ansätze der L2-Interaktionsforschung näher betrachtet. Der Darstellung zentraler Annahmen und Ergebnisse der empirischen kognitivistischen und soziokulturellen Interaktionsforschung folgt der Versuch, beide Sichtweisen zueinander in Beziehung zu setzen und sowohl dem kognitiven als auch dem sozialen Aspekt des L2-Erwerbs Rechnung zu tragen.

1. L2-Erwerb aus der Perspektive der kognitivistischen Interaktionsforschung

Die Beobachtung, dass nicht nur Kinder, die ihre Erstsprache (L1) erwerben, sondern auch Lernende, die eine Fremd- oder Zweitsprache (L2) lernen, Äußerungen ihres Interaktionspartners teilweise oder vollständig in eigene nachfolgende Äußerungen übernehmen, war für Wagner-Gough und Hatch (1975) der Anlass für die Annahme, dass Interaktionen nicht nur dazu dienen, erworbenes Wissen zu praktizieren, zu stärken und zu automatisieren, sondern dass die aktive Teilnahme an interaktiven Ereignissen und die damit verbundene Konstruktion sprachlichen Wissens selbst L2-Erwerbsprozesse auslöst und fördert.

Diese Überlegungen wurden von Long (1983) aufgegriffen und – unter Einbeziehung der zentralen Annahmen der Input-Hypothese Krashens (1982) – zur Interaktions-Hypothese ausgebaut. Während es allerdings Krashen zufolge genügt, Lernenden einen minimal über ihrem aktuellen Sprachstand liegenden, prämodifizierten Input („i+1“) zur Verfügung zu stellen, postuliert Long (1983), dass der Input interaktiv ausgehandelt werden müsse. Seiner Hypothese liegen die beiden folgenden Annahmen zugrunde. Erstens: Verständlicher Input fördert den L2-Erwerb. Und zweitens: Interaktive Aushandlungen verbessern die Verständlichkeit des Inputs. Daraus folgt: Interaktive Aushandlungen fördern den L2-Erwerb. Es geht Long um interaktionell modifizierten Input, der Lernenden angeboten werden soll, sobald sie Missverstehen, Nichtverstehen oder sonstige Verstehens- bzw. Kommunikationsschwierigkeiten signalisieren. Die seitens des kompetenteren Sprechers mit der Modifizierung der interaktionellen Struktur verfolgten Ziele sind daher: „(1) to avoid conversational trouble and (2) to repair the discourse when trouble occurs“ (Long 1983: 131). Von besonderer Relevanz sind hier sprachliche Handlungen, mit denen die kompetenteren Sprecher a) das Verständnis der weniger kompetenten Sprecher überprüfen (*comprehension checks*), b) das eigene Verstehen sichern (*confirmation checks*) oder c) um Klärung bitten (*clarification requests*) (vgl. dazu auch Foster & Ohta 2005: 409ff). Da es hierbei in erster Linie um Verständigungssicherung geht, ist Spracherwerb – falls er denn in solchen Kommunikationssituationen überhaupt stattfinden sollte – eher als ein Nebenprodukt konversationeller Reparaturprozesse zu betrachten.

Im Jahr 1996 formulierte Long eine revidierte Fassung seiner Hypothese, bei der er nun die Bedeutungsaushandlung stärker in den Fokus rückte:

> Negotiation for meaning is the process in which, in an effort to communicate, learners and competent speakers provide and interpret signals of their own and their interlocutor's perceived comprehension, thus provoking adjustments to linguistic form, conversational structure, message content, or all three, until an acceptable level of understanding is achieved (Long 1996: 418).

Neu ist ferner die explizite Nennung und Einbeziehung erwerbsrelevanter individueller und kognitiver Faktoren und Prozesse:

> Negotiation for meaning, and especially negotiation that triggers interactional adjustments by the NS or more competent interlocutor, facilitates acquisition because it connects input, internal learner capacities, particularly selective attention, and output in productive ways (Long 1996: 451f.).

Das Ziel der von Long initiierten kognitivistischen Interaktionsforschung besteht seitdem darin, Verbindungen zwischen dem externen Mechanismus der Interaktion und dem internen Mechanismus des Spracherwerbs herzustellen und den Nachweis eines kausalen Zusammenhangs zwischen beiden Mechanismen zu erbringen. Die inzwischen hierzu vorliegende empirische Evidenz ist beträchtlich (vgl. für einen zusammenfassenden Überblick den Artikel von Schoormann & Schlak 2007). Dabei gilt es als unstrittig, dass interaktive Aushandlungen eine positive Wirkung auf das Verstehen haben können; eindeutige Belege für ihre Relevanz hinsichtlich des Behaltens neuen Wortschatzes oder des Erwerbs grammatischer Strukturen waren hingegen lange Zeit eher spärlich (für eine sehr kritische Position vgl. Loschky 1994). Dies hat verschiedene Gründe. Zusätzlich zu dem grundsätzlichen Problem, das die Untersuchung kognitiver Prozesse mit sich bringt – nämlich dass man sie nicht direkt beobachten, sondern nur aus dem jeweiligen Lernerverhalten inferieren kann –

kommt die Tatsache, dass es praktisch unmöglich ist, sämtliche Interaktionen, an denen Lernende teilnehmen, zu erfassen und zu dokumentieren. D.h. ob zu beobachtende Erwerbsfortschritte tatsächlich auf bestimmte Aushandlungsprozesse zurückzuführen sind oder möglicherweise vollkommen andere Ursachen haben, kann nicht zweifelsfrei ermittelt werden. In diesem Zusammenhang ist festzustellen, dass die meisten der zu Beginn der kognitivistischen Interaktionsforschung verwendeten Methoden nicht geeignet waren, um Erwerb festzustellen. Inzwischen werden allerdings immer häufiger Verfahren eingesetzt, mit deren Hilfe nicht nur kurz- und mittelzeitiger, sondern auch langzeitiger Erwerb nachgewiesen werden kann (für diese Terminologie vgl. Henrici 1995). So ist es Mackey (1999) gelungen, mittels verzögerter Posttests einen positiven Effekt der Interaktion auf die Produktion der untersuchten Zielstruktur (= Fragen) nachzuweisen: „These findings suggest that an increase in developmentally more advanced structures was not an immediate effect of treatment but a more delayed one“ (Mackey 1999: 580). Zusammenfassend ist daher an dieser Stelle festzuhalten, dass die offenbar einzig sinnvolle Herangehensweise an die Überprüfung der Interaktions-Hypothese ein longitudinal angelegtes Vorgehen ist.

Eine weitere mögliche Ursache für die Uneindeutigkeit bzw. Heterogenität der Forschungsergebnisse könnte darin liegen, dass in den verschiedenen Studien sehr unterschiedliche Zielstrukturen untersucht worden sind: so fokussieren einige Arbeiten vorrangig den Wortschatzerwerb (Ellis, Tanaka & Yamazaki 1994), andere hingegen untersuchen den Erwerb syntaktischer Strukturen (wie z.B. Mackey 1995 oder Tarone & Liu 1995). In den meisten Studien, die in Bezug auf den Lexikerwerb durchgeführt wurden, konnten eindeutig positive Effekte interaktiver Aushandlungen nachgewiesen werden. So haben Ellis et al. (1994) Belege dafür, dass interaktiv modifizierter Input zu besserem Verstehen sowie einem verbesserten Erwerb neuer Wörter sowie zu Fortschritten bezüglich der Wortstellung führt. In Bezug auf die Ebene der Morphologie hat Sato (1986) in ihrer Studie zum Erwerb morphologischer Strukturen festgestellt, dass die Flexionsmorphologie von Aushandlungen offenbar ausgenommen bleibt (vgl. zu ähnlichen Beobachtungen auch Pica 1992). Auch der Erwerb syntaktischer Strukturen profitiert nicht erkennbar von der durch interaktive Aushandlungsprozesse zur Verfügung gestellten negativen Evidenz (vgl. dazu Schwartz 1993).

Ferner könnten auch die in den verschiedenen Studien untersuchten unterschiedlichen Interaktionssituationen bzw. Interaktionstypen und -konstellationen ein Grund für die z.T. widersprüchlichen Ergebnisse sein. So macht es selbstverständlich einen großen Unterschied, ob Interaktionen in regulären, authentischen und intakten Klassen untersucht werden, in denen sich die beteiligten Personen kennen, miteinander vertraut sind und bereits eine „Interaktionsgeschichte“ miteinander haben oder ob die Untersuchung in eigens zu diesem Zweck arrangierten Interaktionen unter kontrollierten Bedingungen stattfindet. Neben den nicht zu unterschätzenden individuellen Faktoren (Persönlichkeit, Alter oder Motivation) spielen hier insbesondere die sozialen Bedingungsgefüge (Lernumfeld, Rollenverständnis, Statusunterschiede) eine wesentliche Rolle – was auch in der einschlägigen Forschung allmählich erkannt und zunehmend berücksichtigt wird (vgl. dazu auch Mackey 2006).

Ob sich – wie Long annimmt – der durch „kritische" Interaktionsereignisse ausgelöste kommunikative Druck und die daraus resultierenden intensiven Aushandlungen tatsächlich positiv auf den L2-Erwerb auswirken, ist von verschiedenen einschlägigen ForscherInnen kritisch hinterfragt worden. Abgesehen davon, dass nicht sämtliche Kommunikationsprobleme – selbst wenn sie erfolgreich ausgehandelt werden – zwingend zum Erwerb führen (vgl. dazu Faerch & Kasper 1986), sind grundsätzliche Bedenken wie die von Ellis (1999) gegen die starke Fokussierung auf einen einzigen Interaktionstyp durchaus berechtigt: „a theory of second language acquisition based on a single type of interaction (negotiation sequences) which constitutes only a small part of the total interaction a learner experiences would seem unnecessarily restrictive" (Ellis 1999: 14). So ist zu beachten, dass auch intensive L2-Interaktionsprozesse stattfinden, ohne dass ihnen kommunikative Notsituationen vorangehen müssen. Eine von Foster & Ohta (2005) vorgenommene quantitative Auswertung L2-spezifischer Interaktionen erbrachte zum einen das Ergebnis, dass die Zahl der durch Kommunikationsprobleme verursachten interaktiven Aushandlungen relativ gering ist und ihnen somit keine nennenswerte Bedeutung für den L2-Erwerb zukommt; zum anderen ergab eine an denselben Daten durchgeführte qualitative Auswertung zahlreiche Sequenzen intensiver Interaktion, denen wichtige erwerbsförderliche Funktionen zuzuschreiben sind, obgleich in ihnen keinerlei Bedeutung im Sinne Longs ausgehandelt wurde.

Neben der durch Interaktionen ermöglichten Übung und Automatisierung L2-sprachlichen Wissens ist hier ein Prozess, der in der einschlägigen Literatur als *notice-the-gap* bezeichnet wird, von besonderer Relevanz. Dazu Mackey: „Negotiated interaction, during which learners' attention may sometimes be drawn to form, provides an important opportunity in which learners may be led to notice a gap between their IL grammar and the target language" (Mackey 1999: 582). Die hier angesprochene, durch die Interaktion ausgelöste selektive Aufmerksamkeit – durch die Arbeiten von Schmidt (1990, 1995) auch als *noticing* bekannt – gilt in der kognitivistischen L2-Erwerbsforschung als ein zentrales Moment für einen erfolgreichen Spracherwerb: Nur Input, der bewusst wahrgenommen wird, kann zu Intake weiterverarbeitet, behalten und in anderen Kontexten aktiv wieder abgerufen werden.

Zusammenfassend betrachtet wird die Rolle der Interaktion von VertreterInnen kognitivistischer Ansätze jedoch wie folgt relativiert: „Although interaction may provide a structure that allows input to become salient and hence noticed, interaction should not be seen as a cause of acquisition; it can only set the scene for potential learning“ (Gass, Mackey & Pica 1998: 305).

2. L2-Erwerb aus der Perspektive der soziokulturellen Interaktionsforschung

Aus einer soziokulturellen Perspektive sind zielsprachliche Interaktionen weitaus mehr als eine Inputquelle, derer sich L2-Lernende bedienen können, um sprachliche Ausdrücke oder Strukturen zu entnehmen, die sie anschließend für ihre Hypothesenbildung und -überprüfung und somit für ihren Erwerb nutzen. Swain & Lapkin (1998: 321) betrachten die Interaktion als dialogische Ko-Konstruktion sprachlichen Wissens und stellen fest: „Unlike the claim that comprehensible input leads to learning, we wish to suggest that what occurs in collaborative dialogues *is* learning. That is, learning does not happen outside performance; it occurs *in* performance.“ Diese Auffassung von Lernen als einem vorrangig sozialen Prozess entstand durch die insbesondere von Lantolf seit Mitte der 80er Jahre initiierte Anwendung der soziokulturellen Lerntheorie des russischen Entwicklungspsychologen Vygotsky auf das Lehren und Lernen von Zweit- und Fremdsprachen (vgl. Lantolf 2000; Lantolf & Appel 1994; Lantolf & Thorne 2006; Lantolf & Poehner 2008).

Beim Lernen handelt es sich Vygotsky zufolge um eine Entwicklung von der intermentalen Fremdregulation zur intramentalen Selbstregulation. Ausgehend davon, dass Wissen nicht von einer Person auf eine andere übertragen werden kann, basiert die soziokulturelle Lerntheorie auf der Idee, dass Lernende von Lehrenden durch den Prozess der Wissenskonstruktion begleitet werden. Dieser als *scaffolding* bezeichnete Vorgang wird von Donato (1994: 40) wie folgt definiert: „in social interaction a knowledgeable participant can create, by means of speech, supportive conditions in which the novice can participate, and extend current skills and knowledge to higher levels of competence.“ Die zentrale Aufgabe des kompetenteren Partners besteht darin, die Diskrepanzen zwischen dem, was der Lernende produziert und dem anzustrebenden Ideal aufzuzeigen und ihn dabei zu unterstützen, sich diesem Ideal zu nähern. Ziel des *scaffolding* ist letztlich, dass die Lernenden das mit Hilfestellung konstruierte Wissen anschließend selbstständig anwenden können, d.h. sie sollen es in zeitlich und situativ andere Kontexte transferieren können und damit einen zunehmenden Grad an Kontrolle und Autonomie erlangen. Die in der Interaktion angebotene Unterstützung soll dazu beitragen, lernfördernde kognitive Prozesse zu aktivieren und der anschließenden Internalisierung des sozial konstruierten Wissens den Weg zu bereiten. Dieser Prozess verläuft dann besonders erfolgreich, wenn er in der ‚Zone der nächsten Entwicklung‘ stattfindet. Diese Zone definiert Vygotsky (1978: 85) als „the difference between the child's developmental level as determined by independent problem solving and the higher level of potential development as determined through problem solving under adult guidance or in collaboration with more capable peers." Die durch die soziale Interaktion schrittweise geförderte Entwicklung bzw. unterstützte Annäherung an das zielsprachliche Ideal muss nicht ausschließlich zwischen Experten (Lehrende oder MS) auf der einen und Novizen (Lernende oder NMS) auf der anderen Seite verlaufen, sondern kann auch zwischen *peers* erfolgen. Ausschlaggebend ist, dass das Wissen gemeinsam konstruiert wird und sich beide Partner die Verantwortung für diesen Konstruktionsprozess teilen. Ausgehend von der Feststellung, dass die kognitive Belastung der L2-Lernenden zu Beginn des Spracherwerbs besonders hoch ist, kommt Ohta (2001) aufgrund ihrer empirischen Untersuchungen zu dem Schluss, dass die Möglichkeit zur Kollaboration diese individuelle Belastung zu verringern hilft. Da keiner der Interaktionspartner allein für die gesamte Interaktion verantwortlich ist, können sie „arbeitsteilig" vorgehen, indem sie abwechselnd zuhören und sprechen, beobachten und analysieren, Hilfestellungen anbieten sowie Hilfsangebote annehmen, z.B. in Form von Formulierungen, die sie in ihre nachfolgenden Äußerungen übernehmen können. Kollaborative Interaktionen stellen somit ausgezeichnete Gelegenheiten für die Aktivierung und Fokussierung der selektiven Aufmerksamkeit (= *noticing*) sowie auch für die Erhöhung der Kapazität des Arbeitsgedächtnisses dar. Auch Storch (2002: 148) stellt anhand ihrer empirischen Daten fest: „such talk (...) reflects cognitive processes such as noticing, noticing the gap, hypothesis formulation, testing and restructuring and uptake" – allesamt Prozesse, die von der kognitiven Interaktionsforschung als zentral für den L2-Erwerb betrachtet werden.

3. Aufmerksamkeit als zentrales Merkmal eines erfolgreichen L2-Erwerbs

Wie in den beiden vorangegangenen Abschnitten bereits deutlich wurde, hat in der jüngsten Vergangenheit eine Annäherung zwischen der kognitivistischen und der soziokulturellen L2-Interaktionsforschung stattgefunden. Beide Ansätze schreiben der Aufmerksamkeit eine zentrale Funktion für den L2-Erwerb zu. So meint Gass: „interaction is a priming device, allowing learners to focus attention on areas that they are working on" (Gass 1997: 130). Im Rahmen von Interaktionen kann die Aufmerksamkeit der L2-Lernenden gezielt auf diejenigen sprachlichen Aspekte (Wörter, Ausdrücke, Strukturen etc.) gelenkt werden, die entweder noch gar nicht erworben sind oder der weiteren Anpassung an das zielsprachliche System bedürfen. Ist es hier – wie die Vertreter einer soziokulturellen L2-Erwerbstheorie annehmen – tatsächlich immer erforderlich, dass das zu erwerbende Wissen ko-konstruiert wird? Oder bestehen auch andere

Möglichkeiten, wie L2-Lernende die Interaktion für sich und ihren Erwerbsprozess nutzen können?

Von besonderer Relevanz für den L2-Erwerb scheint – wie Foster und Ohta (2005: 409) durch qualitative Analysen von L2-spezifischen Interaktionsdaten festgestellt haben – die wohlmeinende gegenseitige Unterstützung der Interaktionspartner und der subjektiv wahrgenommene Kommunikationserfolg zu sein. Wenn Lernende zu ihrem Interaktionspartner eine vertrauens- bzw. respektvolle Beziehung haben, die nicht von kommunikativem Druck, sondern von Interesse geprägt ist, sie den Eindruck haben, durch die Interaktion von der Sprachkompetenz ihres Interaktionspartners profitieren zu können und einen an sie gerichteten, personalisierten Input erhalten, werden sie generell eher bereit sein, sich auf Ko-Konstruktionsprozesse einzulassen (zur Aushandlung von Rollenbeziehungen und daraus resultierenden Interaktionsmustern vgl. Storch 2002). Interessant ist in diesem Zusammenhang Bygates Überlegung, Interaktionspartner als „Reflektoren" zu betrachten: „oral work allows a speaker to adjust his choice of expression, using his interlocutor as a sounding board" (Bygate 1988: 75). Die Äußerungen des Interaktionspartners bieten – insbesondere wenn es sich um einen als kompetent wahrgenommenen Sprecher handelt – Modelle an, die wiederholt werden können und so zu einer korrekten und flüssigen Sprachproduktion beitragen. Ejzenberg (2000: 304) hat festgestellt, dass insbesondere eher ‚unflüssige' L2-Sprecher dann die größten Schwierigkeiten haben, wenn sie ihren Redebeitrag ohne jegliche Hilfe eines Interaktionspartners planen, strukturieren und formulieren sollen. Sie konnte weiter zeigen, dass erfolgreiche, flüssige L2-Sprecher die Technik der – partiellen oder vollständigen – Imitation nutzen, indem sie in der Interaktion mit kompetenteren Sprechern auf wiederkehrende Sequenzen achten, diese segmentieren und in ihre eigenen nachfolgenden Äußerungen inkorporieren – Stevick (1989) spricht hier von „deliberate mimicry" (zu einer kognitivistischen Konzeption von Imitation vgl. Aguado 2004). Auch Doughty & Long (2003) meinen:

> If adult foreign language learners are to sound like natives, they need to be exposed to realistic (genuine or elaborated) samples of target language use [...], for example, as input components of pedagogic tasks, and then helped to incorporate, store and retrieve whole chunks of that input as whole chunks. When performing tasks, that is, they must be encouraged to plagiarize (Doughty & Long 2003: 63).

Erforderlich ist also, dass Lernende ein Bewusstsein dafür entwickeln, dass Interaktionen wertvolle Gelegenheiten darstellen, die sie aktiv für ihren L2-Erwerb nutzen können (vgl. dazu Lynch & Maclean 2001). Das in der Interaktion ko-konstruierte oder imitierte Wissen muss sich der Lernende als für den eigenen Lernprozess verantwortlicher Gestalter anschließend über Aktivitäten wie lautes oder leises Wiederholen (*rehearsal*), über kontinuierliches Üben sowie über weiteres Nachdenken aneignen. D.h. Aufmerksamkeit allein, einmaliges Imitieren oder Ko-Konstruieren in der Interaktion ohne weitere Beschäftigung und Übung sind nicht ausreichend, um den Prozess der Appropriation und damit einen langfristigen Erwerb zu bewirken.

Literaturverzeichnis

Aguado, Karin (2004), Imitation als L2-Erwerbsstrategie: kognitive Grundlagen und didaktische Implikationen. In: Quetz, Jürgen & Solmecke, Gert (Hrsg.) (2004), *Brücken schlagen. Fächer, Sprachen, Institutionen.* Dokumentation des Kongresses für Fremdsprachendidaktik der Deutschen Gesellschaft für Fremdsprachenforschung (DGFF) in Frankfurt (1.-4. Oktober 2003). Berlin: Pädagogischer Zeitschriftenverlag, 63-75.

Bygate, Martin (1988), Units of oral expression and language learning in small group interaction. *Applied Linguistics*, 59-82.

Donato, Richard (1994), Collective scaffolding in second language learning. In: Lantolf, James & Appel, Gabriela (eds.) (1994), *Vygotskian approaches to second language research.* Norwood, N.J.: Ablex, 33-56.

Doughty, Catherine J., & Long, Michael H. (2003), Optimal psycholinguistic environments for distance foreign language learning. *Language Learning and Technology* 7: 3, 50-80 [online: http://llt.msu.edu (30.07.2009)].

Ejzenberg, Roseli (2000), The juggling act of oral fluency: A psycho-sociolinguistic metaphor. In: Riggenbach, Heidi (ed.) (2000), *Perspectives on fluency.* Ann Arbor, MI: University of Michigan Press, 287-314.

Ellis, Rod (1999), *Learning a second language through interaction.* Amsterdam: John Benjamins.

Ellis, Rod; Tanaka, Yoshiro & Yamazaki, Asako (1994), Classroom interaction, comprehension and the acquisition of L2 word meanings. *Language Learning* 44, 449-491.

Faerch, Claus & Kasper, Gabriele (1986), The role of comprehension in second-language learning. *Applied Linguistics* 7: 3, 257-274.

Foster, Pauline & Ohta, Amy Snyder (2005), Negotiation for meaning and peer assistance in second language classrooms. *Applied Linguistics* 26, 402-430.

Gass, Susan (1997), *Input, interaction and the second language learner.* Mahwah, NJ: Lawrence Erlbaum.

Gass, Susan; Mackey, Alison & Pica, Teresa (1998), The role of input and interaction in second language acquisition. Introduction to the Special Issue. *The Modern Language Journal* 82: iii, 299-307.

Henrici, Gert (1995), *Spracherwerb durch Interaktion? Eine Einführung in die fremdsprachenerwerbsspezifische Diskursanalyse.* Baltmannsweiler: Schneider.

Krashen, Stephen (1982), *Principles and practice in second language acquisition.* Oxford: Pergamon.

Lantolf, James (ed.) (2000), *Sociocultural theory and second language learning.* Oxford: Oxford University Press.

Lantolf, James & Appel, Gabriela (eds.) (1994), *Vygotskian approaches to second language research.* Norwood, N.J.: Ablex.

Lantolf, James & Poehner, Matthew (eds.) (2008), *Sociocultural theory and the teaching of second languages.* London/Oakville: equinox.

Lantolf, James & Thorne, Steven (eds.) (2006), *Sociocultural theory and the genesis of second language development*. Oxford: Oxford University Press.

Long, Michael (1983), Native speaker/non-native speaker conversation and the negotiation of comprehensible input. *Applied Linguistics* 4, 126-141.

Long, Michael (1996), The role of the linguistic environment in second language acquisition. In: Ritchie, William & Bhatia, Tej (eds.) (1996), *Handbook of second language acquisition*. San Diego/New York/Boston: Academic Press, 413-468.

Loschky, Lester (1994), Comprehensible input and second language acquisition: What is the relationship? *Studies in Second Language Acquisition* 16, 303-324.

Lynch, Tony & Maclean, Joan (2001), 'A case of exercising': effects of immediate task repetition on learners' performance. In: Bygate, Martin; Skehan, Peter & Swain, Merrill (eds.) (2001) *Researching pedagogic tasks. Second language learning, teaching and testing*. Harlow et al.: Longman, 141-162.

Mackey, Alison (1995), *Stepping up the pace: Input, interaction and interlanguage development. An empirical study of questions in ESL*. Unpublished doctoral dissertation. Sydney, Australia: University of Sydney.

Mackey, Alison (1999), Input, interaction and second language development: an empirical study of question formation in ESL. *Studies in Second Language Acquisition* 21, 557-587.

Mackey, Alison (2006), Epilogue. From introspections, brain scans, and memory tests to the role of social context: advancing research on interaction and learning. *Studies in Second Language Acquisition* 28, 369-379.

Ohta, Amy Snyder (2001), *Second Language Acqusition processes in the classroom. Learning Japanese*. Mahwah, N.J.: Lawrence Erlbaum.

Pica, Teresa (1992), The textual outcomes of native speaker – non-native speaker negotiation: What do they reveal about second language learning? In: Kramsch, Claire & McConnell-Ginet, Sally (eds.) (1992), *Text and context*. Cambridge, MA: Heath, 198-237.

Sato, Charlene (1986), Conversation and interlanguage development: Rethinking the connection. In: Day, Richard R. (ed.) (1986), *'Talking to learn': Conversation in second language acquisition*. Rowley, MA: Newbury House, 23-45.

Schmidt, Richard (1990), The role of consciousness in second language learning. *Applied Linguistics* 11, 129-158.

Schmidt, Richard (1995), Consciousness and foreign language learning: a tutorial on the role of attention and awareness in learning. In: Schmidt, Richard (eds.) (1995), *Attention and awareness in foreign language learning*. University of Hawai'i at Manoa: Second Language Teaching & Curriculum Center, 1-63.

Schoormann, Matthias & Schlak, Torsten (2007), Die Interaktionshypothese. Überblick und aktueller Forschungsstand. *Fremdsprache und Hochschule* 79/80, 79-113.

Schwartz, Bonnie (1993), On explicit and negative data effecting and affecting competence and linguistics behavior. *Studies in Second Language Acquisition* 15, 147-163.

Stevick, Earl W. (1989), *Success with foreign languages*. Hemel Hempstead: Prentice Hall.

Storch, Neomy (2002), Patterns of interaction in ESL pair work. *Language Learning* 52: 1, 119-158.

Swain, Merrill & Lapkin, Sharon (1998), Interaction and second language learning: two adolescents French immersion students working together. *The Modern Language Journal* 82, 320-336.

Tarone, Elaine & Liu, Guo-qiang (1995), Situational context, variation, and second language acquisition theory. In: Cook, Guy & Seidelhofer, Barbara (eds.) (1995), *Principles and practice in applied linguistics: studies in honour of H.G. Widdowson*. Oxford: Oxford University Press, 107-124.

Vygotsky, Lev S. (1978), *Mind in society. The development of higher psychological processes*. Cambridge, MA: Harvard University Press.

Wagner-Gough, Judy & Hatch, Evelyn (1975), Effects of proficiency differences and patterns of pair interaction on second language learning: collaborative dialogue between adult ESL learners. *Language Teaching Research* 11, 121-142.

Subjektive Theorien als Faktor bei der Beurteilung fremdsprachlicher Kompetenzen

Ulrike Arras

Subjektive Theorien in einem weitgefassten Sinne, d. h. unter Einschluss von Wissensbeständen, Erfahrungen etc., spielen eine zentrale Rolle bei der Wahrnehmung, Einordnung und Beurteilung fremdsprachlicher Kompetenzen: Dies zeigen die qualitativen Daten aus einer empirischen Untersuchung, die anhand von introspektiven Verfahren während der Beurteilung von schriftlichen Prüfungsleistungen erhoben wurden. Der Beitrag schlägt vor, die Funktion der subjektiven Theorien bei der Beurteilung fremdsprachlicher Kompetenzen systematisch in die Aus- und Weiterbildung von Fremdsprachenlehrkräften und BeurteilerInnen von Prüfungsleistungen zu integrieren, um selbstreflexiv ein kritisches Bewusstsein für ihren Einfluss und ihre Rolle auszubilden und damit zur Qualitätssicherung bei der Leistungsbeurteilung beizutragen.

1. Problemaufriss

Die Erforschung subjektiver Theorien im Kontext Fremdsprachenunterricht ist relativ neu. In den letzten beiden Jahrzehnten sind jedoch in Fremdsprachendidaktik und Sprachlehrforschung etliche empirische Arbeiten auf diesem Gebiet entstanden, die zeigen, dass subjektive Theorien eine zentrale Rolle spielen beim Lehren und Lernen fremder Sprachen – seitens der Lehrkräfte ebenso wie seitens der Lernenden. Aus der deutschsprachigen Forschung seien exemplarisch genannt die Arbeiten zu subjektiven Theorien zum Fremdsprachenlernen (Kallenbach 1996; Schmelter 2004) sowie zum Selbstkonzept von Lehrkräften (Duxa 2001; Caspari 2003). Dabei wird deutlich, dass subjektive Theorien einen bedeutenden Einfluss, ja eine handlungsleitende Funktion haben und damit einen wichtigen Faktor im Kontext Fremdsprachenunterricht darstellen, denn didaktische Entscheidungen wie die Erstellung oder Auswahl von Lehrmaterialien, das *timing* und die Gestaltung des Unterrichts sind eng verknüpft mit zugrunde liegenden Wissensbeständen (Erfahrungswissen, deklaratives Wissen), mit Überzeugungen und subjektiven Theorien. Es ist naheliegend, dass auch die Beurteilung fremdsprachlicher Leistungen – das tägliche Brot aller Lehrkräfte – von solchen Faktoren gesteuert wird. Die Erforschung dieses Referenzsystems ist also von Bedeutung und sollte im Hinblick auf das Lehren und Lernen fremder Sprachen eine besondere Rolle nicht zuletzt im Kontext der Ausbildung spielen (Grotjahn 1998).

Die Studie, die dem vorliegenden Beitrag zugrunde liegt (Arras 2007), weist in diese Richtung: Sie widmet sich den Strategien und Prozessen bei der Beurteilung von Prüfungsleistungen, also der Frage, welche Faktoren die Beurteilung(sarbeit) beeinflussen. Dabei erweisen sich unsere, das Testkonstrukt konstituierenden, Erwartungen, unsere Erfahrungen und subjektiven Theorien als ausschlaggebend. Wie sich diese konstituieren können, will ich im Folgenden darstellen. Ich werde zunächst eine Annährung an den Begriff subjektive Theorie vornehmen, um sodann aus den mannigfaltigen Daten der erwähnten Studie Hinweise für die handlungsleitende Funktion subjektiver Theorien bei der Beurteilung fremdsprachlicher (schriftlicher) Prüfungsleistungen anzuführen. Abschließend sollen Perspektiven für die weitergehende Forschung auf diesem Gebiet sowie für die Ausbildung und Schulung von Lehrkräften und BeurteilerInnen aufgezeigt werden.

2. Was sind subjektive Theorien?

Subjektive Theorien sind individuell geprägte kognitive Strukturen, die Überzeugungen, Einstellungen, Theoriewissen, aber insbesondere auch Erfahrungswissen, beinhalten. Der Begriff basiert vor allem auf der in den 70er und 80er Jahren von Groeben und anderen (Scheele & Groeben 1998) im Rahmen des so genannten Forschungsprogramms Subjektive Theorien entwickelten Prämisse, dass der Mensch mit der Fähigkeit des Theoretisierens begabt ist. Er ist in der Lage, rationale Entscheidungen zu treffen, sein Handeln zu reflektieren und dies auch zu kommunizieren. Das Forschungsprogramm Subjektive Theorien gilt im deutschsprachigen Raum als der „theoretisch und methodisch am weitesten ausgearbeitete Ansatz zur Rekonstruktion der Sicht des Subjekts" (Steinke 1999: 53). Groeben & Erb (1997: 33) verstehen im Kontext dieses Forschungsprogramms Subjektive Theorien als „hochkomplexe Denkstrukturen",

> die vor allem auch Hypothesen(-hierarchien) mit zumindest impliziter Argumentationsstruktur aufweisen und nicht zuletzt das intentionale Fundament von Handlungen (als komplexe Begründung von Zielsetzungen, Überzeugungen über Handlungswirkungen et cetera) darstellen. Das Forschungsprogramm Subjektive Theorien ist daher auch als eine höchst differenzierte Ausarbeitung der *handlungstheoretischen* Perspektive anzusehen, die von den individuellen Bedeutungsdimensionen des jeweiligen Handelns ausgeht, die nicht mehr (sicher) durch Beobachtung von außen abbildbar sind, sondern nur durch Kommunikation mit den Handelnden selbst verstanden werden können (Hervorhebung im Original).

Dieser Ansatz basiert auf einem Subjektmodell des „reflexions-, kommunikations-, rationalitäts- und handlungsfähigen Menschen“ (Groeben & Erb 1997: 33).[1]

Prinzipiell wird von einer Strukturparallelität zu wissenschaftlichen Theorien ausgegangen. Demnach definieren subjektive ähnlich wie wissenschaftliche Theorien eine Situation, machen Aussagen zur Vorhersehbarkeit von Sachverhalten, erklären diese und konstruieren und rechtfertigen auf dieser Basis schließlich Handlungsentwürfe: In einer bestimmten Situation X geschieht Y aus diesem und jenem Grund und deshalb handle ich so und nicht anders. Konstruieren wir ein Beispiel: Wenn ich als Deutschlehrerin in China in einer Gruppe erwachsener DeutschlernerInnen auf dem Niveau A2 jeden sprachlichen Fehler korrigiere, dann sagen die Lernenden bald gar nichts mehr im Unterricht, weil sie Angst haben, Fehler zu machen und Fehler als etwas Negatives empfinden, das es zu vermeiden gilt. Diese Hypothese stütze ich durch Erfahrungswissen, das ich mir durch Aufenthalte und Lehrpraktika in dieser Kultur erworben habe sowie durch deklaratives Wissen über die chinesische Kultur. Deshalb korrigiere ich nur in bestimmten Fällen und präferiere, wenn möglich, Initiation zur Selbstkorrektur.

Zusammenfassend können folgende Merkmale und Qualitäten subjektiver Theorien genannt werden:

- Sie sind (zumindest z. T.) bewusstseinsfähig und damit verbalisierbar.
- Sie weisen in gewisser Hinsicht Strukturparallelität mit wissenschaftlichen Theorien auf, vor allem haben sie ähnlich wie wissenschaftliche Theorien die Funktionen, Prognosen zu entwickeln, Handlungen zu planen, diese zu erklären und zu rechtfertigen.
- Ihre potenziell verhaltens- und handlungssteuernde Funktion spielt zusammen mit anderen Faktoren wie Persönlichkeitsmerkmalen.
- Sie beziehen sich damit auf subjektiv erhobene Daten und subjektiv entwickelte Hypothesen.
- Daraus ergibt sich schließlich auch ihre Stabilität, d. h. ihre Gültigkeit wird gestützt durch subjektive Erfahrungen.
- Unter anderem deshalb sind sie unter Umständen bedeutender für unser Handeln als theoretisches Wissen, mit dem Lehrkräfte durch Studium, Lektüre und Fortbildungsmaßnahmen konfrontiert werden.

Auffällig ist, dass in der Fachliteratur der Begriff subjektive Theorie unterschiedlich verwendet wird, teils wird er im Sinne des genannten Forschungsprogramms gebraucht, teils aber wird eine eher weit gefasste Begriffsdefinition zugrunde gelegt, die sich auf subjektive Daten bzw.

1 Aus diesem Ansatz resultiert die Entwicklung so genannter Dialog-Konsens-Methoden, mit denen versucht wird, eine adäquate – d. h. verstehende, valide – Beschreibung zu ermöglichen und zwar eine „Beschreibung dieser zum Teil eben höchst komplexen Intentionaliät des individuellen Handelnden.“ (Groeben & Erb 1997: 33).

subjektive Hypothesen bezieht – so auch üblich in der Sprachlehrforschung. Ich schließe mich im Folgenden dem eher weit gefassten Begriffsverständnis an. Zudem zeigt die Diskussion in der Fachwelt die folgenden Problemfelder, die ich hier nur knapp skizzieren möchte:

- Inwieweit besteht tatsächlich Strukturparallelität zu wissenschaftlichen Theorien? Wie kann sie nachgewiesen werden?
- Wie kann die Validität der rekonstruierten subjektiven Theorien sichergestellt werden? Ist die kommunikative Validierung ausschlaggebend? Oder bedarf es darüber hinaus einer Handlungsvalidierung wie das genannte Forschungsprogramm vorschlägt? Und inwiefern ist dies methodisch überhaupt möglich und notwendig?

Einig ist man sich darin, dass subjektive Theorien eine handlungsleitende Funktion haben. Dies zeigen gerade die Studien mit explorativ-qualitativen Designs zur Erforschung subjektiver Theorien im Bereich Fremdsprachenlehren und -lernen, die seit den 90er Jahren in Deutschland entstehen. Sie weisen nach, dass didaktische Entscheidungen wie die Erstellung oder Auswahl von Lehrmaterialien oder die Gestaltung von Instruktion eng verknüpft sind mit zugrunde liegenden Wissensbeständen, mit Überzeugungen, aber auch mit Emotionen.

3. Subjektive Theorien bei der Beurteilung fremdsprachlicher Leistungen: Erkenntnisse aus einer empirischen Studie

Um spezifische Strategien und Prozesse bei der Beurteilung von Prüfungsleistungen im Kontext der Prüfung TestDaF (Test Deutsch als Fremdsprache) zu eruieren, wurden vier standardmäßig geschulte und erfahrene TestDaF-Beurteilerinnen in Fallstudien bei der Bewertung schriftlicher Leistungen aus der Prüfung TestDaF beobachtet. Dabei wurde deutlich, dass subjektive Theorien, subjektive, aber auch institutionalisierte Konzepte des Testkonstrukts, Erfahrungen, Erwartungen etc. die Beurteilungsarbeit maßgeblich prägen. Im Folgenden werde ich zunächst kurz den TestDaF sowie das Beurteilungsverfahren skizzieren und das Untersuchungsdesign erläutern.

3.1 Der TestDaF

Der Test Deutsch als Fremdsprache ist eine seit 2001 administrierte standardisierte Prüfung, mit der ausländische Studierende nachweisen können, dass sie über die erforderlichen sprachlichen Kompetenzen zum Studium an einer deutschsprachigen Hochschule verfügen. Die Überprüfung erfolgt anhand von vier Subtests zur Messung der Teilkompetenzen Leseverstehen, Hörverstehen, Schriftlicher Ausdruck und Mündlicher Ausdruck. Der TestDaF wird weltweit in nahezu 80 Ländern an eigens lizenzierten Testzentren dezentral durchgeführt.[2] Die Aufgaben werden zentral vom TestDaF-Institut in Deutschland entwickelt, die Leistungen ebenfalls zentral in Deutschland bewertet, wobei die Leistungen aus den produktiven Prüfungsteilen von geschulten BewerterInnen beurteilt werden.[3] Sie gehen kriterienorientiert vor, d. h. die individuelle Leistung wird im Hinblick auf vorgegebene Bewertungskriterien in Form skalierter Deskriptoren, die das Testkonstrukt widerspiegeln, beurteilt. Das Kriterienraster sieht eine Kombination aus holistischen und analytischen Kriterien vor, um sowohl die inhaltlichen und sprachlichen Aspekte des Textes als auch die kommunikative Qualität und „Hochschultauglichkeit" der schriftlichen Leistung erfassen zu können.[4] Die insgesamt neun Beurteilungskriterien sind gleich gewichtet. Das Raster besteht aus skalierten Deskriptoren, die bei der Beurteilung der individuellen schriftlichen Leistungen anzulegen sind.[5]

Das TestDaF-Institut stellt den BeurteilerInnen verschiedene Instrumente für die Beurteilungsarbeit bereit, um ihnen dabei zu helfen, ihre Maßstäbe anzugleichen und so sicherzustellen, dass die Beurteilungen weitgehend reliabel sind. Neben dem definierten Testkonstrukt, den Schulungen und den Bewertungskriterien werden testsatzspezifisch Kalibrierungen vorgenommen, um die BeurteilerInnen auf ihre Arbeit vorzubereiten. Außerdem erhalten die BeurteilerInnen regelmäßig Rückmeldung zu ihrem individuellen Strengemaß und ihrer Konsistenz. Insofern sind die BeurteilerInnen befähigt, ihre Bewertungen rational und begründet auf die zur Verfügung gestellten Instrumente zu gründen. Dennoch zeigen die Daten aus der genannten Untersuchung, dass auch emotionale und affektive Faktoren die Beurteilungsarbeit und Entscheidungen zu einem nicht unerheblichen Teil prägen. Nicht zuletzt ist es die subjektive Prägung von Erfahrungen und Erwartungen, die der Beurteilungsarbeit unterliegen, was ggfs. zu schwachen Interrater-Reliabilitäten führt.

Der Prüfungsteil Schriftlicher Ausdruck besteht aus einer komplexen materialgeleiteten Texterstellungsaufgabe, bei der die Prüflinge unter Beweis stellen sollen, inwiefern sie im Hochschulkontext wichtige Schreibhandlungen – Beschreiben und Argumentieren – angemessen umsetzen können. Der zu

2 Im Jahre 2007 zählte das TestDaF-Institut 378 lizenzierte Testzentren in 79 Ländern, s. TestDaF-Institut (2008: 47).

3 Eine überblicksartige Beschreibung des TestDaF geben beispielsweise Althaus (2004) und Arras (2006).

4 Zur Begriffsbestimmung holistisch versus analytisch s. die Diskussion in Arras (2007: 80ff).

5 Das Beurteilungsverfahren sowie die Schulungskonzeption des TestDaF-Instituts werden ausführlich dargestellt in Arras (2007). Die testmethodische Unterstützung durch Multifacetten-Rasch-Analysen zur Ermittlung des so genannten fairen Durchschnitts erläutert Eckes (2003, 2004, 2005). Basisinformationen zu Konzept, Inhalten, Aufgabenstruktur und Beurteilungsprinzipien sind zudem auf der Internetseite des TestDaF-Instituts abrufbar: www.testdaf.de.

erstellende Text soll eine rezeptionsfreundliche und logische Struktur aufweisen.[6]

3.2 Das Untersuchungsdesign

Die Hauptuntersuchung bestand aus vier Fallstudien. Ihr waren zwei kleinere Vorstudien zur Eingrenzung des Gegenstandes und zur Erprobung geeigneter Methoden vorgeschaltet. Die Hauptuntersuchung selbst bediente sich introspektiver Verfahren: Die vier Versuchspersonen (geschulte, erfahrene TestDaF-Beurteilerinnen) beurteilten je acht schriftliche Leistungen aus einer TestDaF-Prüfung unter Laut-Denken-Bedingungen. Am Tag darauf wurden in retrospektiven Interviews Einzelheiten der Beurteilungsarbeit gezielt nachgefragt, um so aus der Rückschau weitere Daten zum Vorgehen und zu den Beweggründen zu ermitteln.

Die Laut-Denken-Protokolle wurden transkribiert, segmentiert und kodiert, um die Fülle der Daten handhaben zu können. Bei den Daten der retrospektiven Interviews genügte eine einfache Transkription für eine Inhaltsanalyse.[7]

3.3 Befunde

Die Verbaldaten der Studie (Laut-Denken-Protokolle sowie retrospektive Interviews) geben etliche Hinweise darauf, dass subjektive Theorien im weiteren Sinn, also auch Annahmen, Einstellungen, Erwartungen, persönliche Vorlieben und Erfahrungen die Beurteilung und den Beurteilungsprozess maßgeblich steuern. Sie sind Teil diverser Beurteilungsstrategien, beispielsweise wenn eine Einschätzung damit begründet wird, dass ähnliche „Fälle" aus der Berufspraxis bekannt sind. Hier werden strategisch Bezüge und Vergleiche hergestellt zwischen den zu beurteilenden Leistungen und konkreten Erfahrungen und Beobachtungen aus anderen, ähnlichen Zusammenhängen. Freilich sind es gerade diese subjektiven Zugänge, die zu unterschiedlichen Einschätzungen derselben Leistung führen können. Dies soll an einem Beispiel gezeigt werden. Grundsätzlich sind alle neun Bewertungskriterien, wie betont, gleich gewichtet. Dennoch legen die Versuchspersonen einen je unterschiedlichen Wert auf bestimmte Aspekte der Leistung. Dies geschieht nicht arbiträr, sondern wird wohl begründet, wie den Verbaldaten zu entnehmen ist. Beispielsweise gibt Versuchsperson K6 während der Beurteilung von Text 6 an „… die Behandlung der Aufgabe ist ja das Wichtigste, wenn man das liest, ne?" (Seg. 276). In Text 6 wird aus ihrer Sicht die Aufgabe nicht angemessen behandelt (Seg. 283: „ist aber einfach einem wissenschaftlichen Text nicht angemessen, was hier, was

6 Der Aufgabentyp sowie die Anforderungen sind anhand von Modellprüfungen und Hinweisen zu den Beurteilungsmaßstäben über die Webseite des TestDaF-Instituts einsehbar: www.testdaf.de

7 Eine ausführliche Beschreibung der einzelnen Schritte und Analyseverfahren sowie eine Darstellung des Kodier- und Transkriptionssystems finden sich in Arras (2007).

hier geschrieben wird, ne?“). K6s subjektive Theorie enthält als subjektives Konstrukt eine konkrete Vorstellung von der Angemessenheit bzw. Hochschultauglichkeit eines schriftlichen Textes. Diese Vorstellung basiert auf dem vom TestDaF-Institut vorgegebenen Testkonstrukt, bezieht aber auch individuelle, berufliche Erfahrungen im Kontext Deutsch als Fremdsprache sowie Erfahrungen aus der eigenen akademischen Sozialisation („disciplinary enculturation“ Pula & Huot 1993) ein. Für das subjektive Konstrukt werden subjektive Belege angeführt, also Beobachtungen, die als Belege für oder gegen die Erfüllung des Testkonstrukts sprechen. Grundsätzlich werden verschiedene Anhaltspunkte gesucht, die die Wahrnehmung und Hypothese verifizieren, etwa Hinweise auf das Alter wie im zitierten Beispiel: Die Person hinter dem Text wird als sehr jung und damit intellektuell als wenig reif wahrgenommen, sie wohnt evtl. noch bei den Eltern, vermutet K6, was ein weiterer Hinweis auf ihr Alter sein könnte. Zudem werden Anhaltspunkte für die sozio-kulturelle Herkunft des Prüflings ausgemacht. Hierbei wird vermutlich auf konkrete Erfahrungen im Umgang mit Studierenden aus bestimmten Kulturen (im vorliegenden Fall Bulgarien, Lateinamerika) rekurriert. Dies führt, das Testkonstrukt beachtend, schlussendlich zur eigentlichen Frage, die mit der Einstufung der Leistung zu beantworten ist: (Seg. 284): „Jo, Frage ist, kann so jemand studieren?“ K6 kommt zu dem negativen Schluss (Seg. 285): „Der muss noch was anderes lernen außer Deutsch. [..]“.

Versuchsperson K8 hingegen gibt im retrospektiven Interview (RIK8 ab 9:30) an: „Lesefluss ist für mich, sag ich mal, ne, ne relativ wichtige Sache.“ Denn,

> das hat vielleicht einfach nur mit einem ganz subjektiven Wohlfühlgefühl zu tun. Ich fühl mich einfach wohl, wenn ich einen Text durchgängig lesen kann und kann dem Schreiber folgen, gedanklich auch folgen, das ist für mich einfach ein angenehmeres Gefühl. Als wenn ich dauernd hängen bleibe. Ach, jetzt schon wieder ein Punkt. Ah was will der Dichter damit sagen, ne? Das ist ein subjektives Wohlgefühl einmal. Und dann denk ich ist Lesefluss sicher auch ein Indiz für, ja auch sprachliches Ausdrucksvermögen, denk ich mal, wenn einer sprachlich und gedanklich klar hat und das auch sprachlich rüberbringen kann, dann liest sich das auch automatisch gleich flüssiger. Egal ob das jetzt sprachlich anspruchsvoll ist in der Ausdrucksfähigkeit oder nicht. Es kann auch ganz einfach sein mit, nur mit Nebensätzen oder so was. Ohne große Sachen. Also es ist einfach so ein Wohlfühlgefühl.

K8 hierarchisiert also die Beurteilungskriterien. Der Lesefluss scheint für sie ein den anderen Bewertungsmaßstäben übergeordnetes Kriterium zu sein: Wenn der Lesefluss beeinträchtigt ist, liegt das an gedanklich-logischen oder auch an sprachlichen Mängeln.

Hingegen erachtet Versuchsperson K7 gerade den Lesefluss als weniger bedeutsam, wie sie im retrospektiven Interview erläutert (RIK7 ab 24:40),

> denn das ist ja auch wirklich, [.] ja, ich denk das ist schon subjektiv sehr verschieden, ne? Ob eh, was man als flüssig empfindet und was nicht. Also ich denke, ich hab jetzt viel eh Erfahrung und ich mein, so viel Jahre Deutsch als Fremdsprache unterrichtet, da ist man schon manches gewöhnt [lacht]. Da les ich vielleicht schon flüssig über manche Sachen, wo jemand anders stockt. Aber ich denke, na ja, ein gewisses Stocken kann man auch verkraften, ne? Für die Kommunikation ist das nicht so schlimm. Aber wo ich eigentlich schon ein bisschen streng bin ist mit dem Gedankengang, also wenn ich finde, man kann den Gedankengang nicht verstehen, eh das notier ich schon negativ. Weil das ist ja das Wichtigste, ne? Also das ist für mich ein absolut wichtiges Kriterium, eigentlich, der Gedankengang kann man den, eh versteht man das, oder nicht? Bei der Struktur ist es auch so, ja also ich meine, wir sollen drauf achten. [.] Ich mein, es ist ja auch schön, wenn ein Text ne Einleitung hat und einen Schluss und Übergänge hat und das ist, das ist schon ne Störung beim Lesen, wenn auf einmal was anderes kommt. Also das ist sogar ne enorm, also das stört enorm, ne? Weil man muss ja erst gucken, was kommt denn jetzt. Und man erwartet was ganz anderes, ne? Und dann also das kostet einem schon Zeit, bis man sich dann wieder gefunden hat. Aber, also ich finde es nicht so kritisch wie mit dem Gedankengang. Obwohl ich mein natürlich, je nach dem eh, wenn es ein richtiger Bruch ist, je nach dem wie der Bruch ist, eh wirkt es sich auf den Gedankengang auch aus.

Diese wenigen Zitate zeigen zum einen, dass auf Vorlieben, Erfahrungen und Wissensbeständen gründende subjektive Theorien sowie das durch persönliche Berufserfahrung geprägte Testkonstrukt die Wahrnehmung und Beurteilung fremdsprachlicher Prüfungsleistungen steuern und dass diese Faktoren zu unterschiedlichen Einschätzungen führen können. Die Daten zeigen zudem, dass die Versuchspersonen, gerade wenn sie über intensive einschlägige Erfahrungen als Lehrkräfte, evtl. auch als Lernende fremder Sprachen, verfügen, in der Lage sind, ihre subjektiv geprägten Wahrnehmungen zu reflektieren, sie zu begründen, sie sich also bewusst zu machen. Sie zeigen also prinzipiell die Fähigkeit, mit Hilfe von Selbstreflexion zugrundeliegende Konstrukte und subjektive Theorien zu rekonstruieren, was für eine Professionalisierung gewinnbringend eingesetzt werden könnte, wie im Folgenden erläutert werden soll.

4. Schlussfolgerungen

Die Rekonstruktion subjektiver Theorien bei der Beurteilung fremdsprachlicher Leistungen und die Fähigkeit, diese Rekonstruktion selbstreflexiv zu bewerkstelligen, ist von hoher praktischer Relevanz und sollte für die Aus- und Fortbildung von Fremdsprachenlehrkräften nutzbar gemacht werden. Dies ist möglich, indem Lehrkräfte (und damit BeurteilerInnen fremdsprachlicher Leistungen) zur selbstreflexiven Beobachtung ihrer eigenen Beurteilungsarbeit, ihrer Vorgehensweisen und Beurteilungsstrategien animiert werden (s. hierzu Vorschläge in Arras 2007: 460ff.). Die Erforschung dieses Referenzsystems ist erforderlich – nicht allein für die Beurteilung von Leistungen, die im Rahmen von standardisierten *High Stakes-Tests* wie dem TestDaF erbracht werden, sondern auch für die Evaluation von Leistungen im Unterrichtsalltag und in informellen Tests (*classroom embedded testing*). Ziel ist dabei nicht nur die Erhöhung der Interrater-Reliabilität und damit die Verbesserung der Fairness bei der Leistungsbeurteilung. Vielmehr erachte ich dies als logische Konsequenz aus den fremdsprachendidaktischen Neuorientierungen der letzten Jahre: Die Implementierung des Gemeinsamen europäischen Referenzrahmens für Sprachen (Europarat 2001) und die Kompetenzorientierung im Fremdsprachenunterricht haben u. a. zur Folge, dass Lernende (deren Leistungen ja stets auch beurteilt werden) mehr Transparenz seitens der Lehrkräfte und BeurteilerInnen erfahren. Sie haben ein Anrecht darauf zu verstehen, wie die Lernziele konzipiert sind und anhand welcher Maßstäbe ihre Leistungen eingestuft werden. Es genügt dabei offensichtlich nicht, anzugeben, welche ggfs. bereits vorliegenden Skalen und Kriterienraster wir bei der Beurteilung fremdsprachlicher Leistungen verwenden. Vielmehr bedarf es seitens der Lehrkräfte einer Bewusstmachung eigener indizierter Maßstäbe.

Da Beurteilung stets diverse subjektiv geprägte Wissen-, Erfahrungs- sowie Wertebestände aktiviert, sollte die Aus- und Weiterbildung von Lehrkräften um eine soziale Dimension erweitert werden. Fremdsprachenlehrkräfte sind demnach als soziale und „reflexive, (potentiell) rationale und kommunikationsfähige Aktanten zu betrachten, die selbst am besten über ihre Kognitionsinhalte (unter Einschluss von Intentionen und Gründen) Auskunft geben können" (Grotjahn 1998: 50). Insgesamt betrachtet kann festgehalten werden, dass die Beschäftigung mit subjektiven Theorien hierbei folgende Ziele verfolgen sollte:

- Die Rekonstruierung subjektiver Theorien z. B. zum eigenen Lernprozess, zu Lernstrategien in gesteuerten und weniger gesteuerten Kontexten, zu eigenen, durch Erfahrung und Wissen geprägten Lehr- und Lernkonzepten, zur Wirkung von Instruktion und Lehrmaterial, zu den Faktoren, die unsere Wahrnehmung bei der Beurteilung fremdsprachlicher Leistungen bestimmen etc.
- Die praktische Auseinandersetzung mit geeigneten z. B. introspektiven Methoden, um über die Ausbildungsphase hinaus in der Lage zu sein, reflexiv, das sich sicherlich verändernde subjektive Theoriengebäude zu beobachten, zu überprüfen und ggf. Handlungen begründet zu optimieren.
- Die Befähigung zu (metakognitiven) Reflexionen über das eigene Handeln, über die eigenen Lern- bzw. Lehrstrategien bzw. über diejenigen Faktoren, die dieses Verhalten lenken, steuern und determinieren. Für den Bereich Beurteilung fremdsprachlicher Leistungen könnte als Zielvorgabe die Sensibilisierung für Faktoren stehen, die die individuelle Rezeption und Evaluation schriftlicher oder mündlicher Leistungen in der Fremdsprache determinieren; Mit anderen Worten: Die Ausbildung einer *assessment awareness*, also einer „Bewusstheit der eigenen Beurteilungsarbeit, der verwendeten Strategien, der

durchlaufenden Phasen und der Prozesshaftigkeit des Vorgehens auf individueller Ebene" (Arras 2007: 449).

Die Entwicklung einer Reflexionsfähigkeit, um sich die eigenen – sich auch verändernden – Handlungsmuster, die zugrunde liegenden Wissensbestände, Überzeugungen und Einstellungen bewusst zu machen, sie zu hinterfragen und zu evaluieren und auf dieser Basis schließlich begründet eine Revision und Optimierung der Handlung herbeizuführen, sollte integraler Bestandteil der Professionalisierung von BeurteilerInnen, aber auch von Lehrkräften sein. Zumal die Fähigkeit, das eigene Handeln zu reflektieren, ein wichtiges Instrument darstellt bei der lebenslangen oder zumindest für die Dauer der Berufsausübung währenden Professionalisierung. Auf die besondere Rolle dieses Referenzsystems in der Ausbildung von Fremdsprachenlehrkräften hat Rüdiger Grotjahn allerdings bereits Anfang der 90er Jahre (Grotjahn 1991) hingewiesen.

Literaturverzeichnis

Althaus, Hans-Joachim (2004), Der TestDaF. In: DAAD (Deutscher Akademischer Austauschdienst) (Hrsg.) (2004): *Die internationale Hochschule: Ein Handbuch für Politik und Praxis, Band 8.* Bielefeld: Bertelsmann, 80-87.

Arras, Ulrike (2006), Der TestDaF. Konzept und Prinzipien des standardisierten Tests Deutsch als Fremdsprache. In: *Fòrum – Anuari de l'Associació de Germanistes de Catalunya.* Akten des sechsten Kongresses des Katalanischen Deutschlehrer- und Germanistenverbandes (A.G.C.), Tarragona, April 2005, 39-52 [http://www.tinet.org/~asgc2/Forum_2005/Autors/Arras/arras04.html (30.04.08)].

Arras, Ulrike (2007), *Wie beurteilen wir Leistung in der Fremdsprache? Strategien und Prozesse bei der Beurteilung schriftlicher Leistungen in der Fremdsprache am Beispiel der Prüfung Test Deutsch als Fremdsprache (TestDaF).* Giessener Beiträge zur Fremdsprachendidaktik. Tübingen: Narr.

Arras, Ulrike (erscheint), Wie es zu einer Beurteilung kommt. Ein Forschungsbericht zu Strategien bei der Beurteilung schriftlicher Leistungen im Kontext der Prüfung TestDaF. In: Wolff, Armin; Hunstiger, Agnieszka & Koreik, Uwe (Hrsg.) (erscheint), *Chance Deutsch: Schule – Studium – Arbeitswelt.* Beiträge der 34. Jahrestagung DaF 2006. Regensburg: FaDaF.

Arras, Ulrike (erscheint), What's on a rater's mind? Die Erforschung von Beurteilungsstrategien und ihre Bewusstmachung durch Schulungsmaßnahmen als Voraussetzungen für die Testvalidität, erscheint in den Tagungsakten der AILA-Tagung 2008 in Essen.

Caspari, Daniela (2003), *Fremdsprachenlehrerinnen und Fremdsprachenlehrer. Studien zu ihrem beruflichen Selbstverständnis.* Tübingen: Narr.

Duxa, Susanne (2001), *Fortbildungsveranstaltungen für DaZ-Kursleiter in der Weiterbildung und ihre Wirkungen auf das professionelle Selbst der Lehrenden.* Materialien Deutsch als Fremdsprache. Heft 57. Regensburg.

Eckes, Thomas (2003), Qualitätssicherung beim TestDaF: Konzepte, Methoden, Ergebnisse. *Fremdsprachen und Hochschule* 69, 43–68.

Eckes, Thomas (2004), Facetten des Sprachtestens: Strenge und Konsistenz in der Beurteilung sprachlicher Leistungen. In: Wolff, Armin; Ostermann, Torsten & Chlosta, Christoph (Hrsg.) (2004): *Integration durch Sprache*. Regensburg: FaDaF, 485-518.

Eckes, Thomas (2005), Analyse und Evaluation sprachproduktiver Prüfungen beim TestDaF. In: Kühn, Ingrid; Lehker, Marianne & Timmermann, Waltraud (Hrsg.) (2005), *Sprachtests in der Diskussion*. Frankfurt am Main: Lang, 60-93.

Europarat (2001): *Gemeinsamer europäischer Referenzrahmen für Sprachen: Lernen, lehren, beurteilen*. Berlin et al.: Langenscheidt.

Groeben, Norbert & Erb, Egon (1997), Menschenbilder. In: Straub, Jürgen; Kempf, Wilhelm & Werbik, Hans (Hrsg.) (1997), *Psychologie. Eine Einführung. Grundlagen, Methoden, Perspektiven*. München: dtv, 17-41.

Grotjahn, Rüdiger (1991), The Research Programme Subjective Theories: A new approach in second language research. *Studies in Second Language Acquisition* 13, 187-214.

Grotjahn, Rüdiger (1998), Subjektive Theorien in der Fremdsprachenforschung: Methodologische Grundlagen und Perspektiven. *Fremdsprachen Lehren und Lernen* 27, 33-59.

Kallenbach, Christiane (1996), *Subjektive Theorien. Was Schüler und Schülerinnen über Fremdsprachenlernen denken*. Tübingen: Narr.

Pula, Judith J. & Huot, Brian A. (1993), A model of background influences on holistic raters. In: Williamson, Michael & Huot, Brian A. (eds.) (1993), *Validating Holistic Scoring for Writing Assessment: theoretical and empirical foundations*. Cresskill, NJ: Hampton Press, 237-265.

Scheele, Brigitte & Groeben, Norbert (1998), Das Forschungsprogramm Subjektive Theorien. Theoretische und methodologische Grundzüge in ihrer Relevanz für den Fremdsprachenunterricht. *Fremdsprachen lehren und lernen* 27, 12-32.

Schmelter, Lars (2004), *Selbstgesteuertes oder potenziell expansives Fremdsprachenlernen im Tandem*. Tübingen: Narr.

Schocker-von Ditfurth, Marita (2000), *Forschendes Lernen in der fremdsprachlichen Lehrerbildung. Grundlagen, Erfahrungen, Perspektiven*. Tübingen: Narr.

Steinke, Ines (1999), *Kriterien qualitativer Forschung. Ansätze zur Bewertung qualitativ-empirischer Sozialforschung*. Weinheim/München: Juventa.

TestDaF-Institut (Hrsg.) (2008), Jahresbericht 2006/07 [http://www.testdaf.de/institut/pdf/Jahresbericht06_07.pdf (30.04.09)].

Study abroad and SLA: defining goals and variables

James A. Coleman

Study abroad is a centuries-old phenomenon, but has been a research topic for only forty years, during which time the principal focus has been on linguistic gain, within a broad Second Language Acquisition (SLA) paradigm. However, recent changes in SLA (notably the 'social turn'), new qualitative studies, and the recognition that study abroad lies within a broader educational context make it appropriate to re-examine what study abroad is for, and which factors have been identified as influencing its outcomes. This is the objective of Coleman's study abroad taxonomy (2006a, 2007) which is designed to allow greater comparability and generalisation across study abroad research. The taxonomy is here updated and a rationale provided for the selected contextual variables.

The first European overview of study abroad research (Coleman 1997) grew indirectly out of a collaboration between Rüdiger Grotjahn of Bochum University, Ulrich Raatz and Christine Klein-Braley of Duisburg University, and the present author. The C-Test had enabled the collaborators to show the links between study abroad, target language proficiency, and other variables such as attitude (Coleman 1996; cf. Raatz, Grotjahn & Wockenfuß 2006).

Since 1997, the cognitive paradigm has been challenged by socio-cultural approaches, and the near-exclusive focus on language gain has been tempered even within Second Language Acquisition (SLA) by an interest in learner identity (e.g. Norton 2001), while the 'social turn' in SLA research (Block 2003, 2007) has meant greater understanding of the fluid nature of cultures and identities, and let to investigating the group as well as the individual as the locus of meaning-making and knowledge construction.

Thanks to recent book-length studies from Murphy-Lejeune (2002) followed *inter alia* by Dervin (2008), Ehrenreich (2004), Federico (2005), Jackson (2008), Kinginger (2008), Papatsiba (2003), and Pellegrino Aveni (2005), cf. Isabelli-García (2006), a rich qualitative dimension has been added to more conventional quantitative studies, throwing light on social networks, identity, and perceptions of self and other. While they adopt radically different theoretical stances, all seek to address study abroad as a real life experience rather than simply a cognitive change triggered by a new context and a higher quantity of meaningful target-language input and interaction.

But if study abroad research is expanding in scale and scope, it remains hampered by a lack of comparability between published studies. Near-synonymous labels such as *Auslandsaufenthalt*, study abroad or student exchange conceal distinct models, while undefined contextual variables reduce the generalisability of findings. The term 'residence abroad', widely used in the United Kingdom and adopted by three nationally funded educational development programmes in the late 1990s (Coleman 2001a, b, c, 2002, Coleman & Parker 2001) is very different from the 'island model' of study abroad (Haug 1996), yet results have often been conflated. The present author, believing that each label supposes particular settings of the parameters or contextual variables which shape the study abroad experience, has been attempting (2006a, 2007) to devise a list of twenty parameters encompassing all facets of both professional and research-oriented study abroad literature. The present article offers the latest (2009) version (Table 1), incorporating recent feedback and expanding on certain variables, all of which have been identified as influencing the impact which study abroad has on the individual. Space here precludes citing individually the many studies which have informed the observations – a shortcoming to be rectified in the author's forthcoming book on study abroad. The exploration of and personal reflection upon individual variables which follows inevitably rely on unevidenced generalisations. Some variables also demand a lengthier rationale than others.

	Parameter or category	Parameter settings (or variables within the category)					
1	Academic context	Within-program(me)			Whole-program(me)		
2	Learning outcomes	Academic	Cultural	Intercultural	Linguistic	Personal	Professional
3	Age	Secondary education (teenagers)		Higher education (young adults)		Adults (all ages)	
4	Program(me) at home institution	Specialist language degree	Other specialism or modular degree	Postgraduate	Teacher training		
5	Previous language learning	Continuum from very little to ten years or more					
6	Proficiency prior to departure	Continuum from beginner through elementary, intermediate, advanced; CEFR A1 to C1					
7	Preparation	Integrated to previous study for a year or more	Program(me)	Briefing(s)	None		
8	Duration	Two to six weeks	Below one semester	One semester (including summer semester)	One year or two semesters	Full degree program(me)	
9	Outgoing/incoming group	Large and coherent	Small, informal	Individual			
10	L1	X shared by all participants	Mixed but predominantly X	Mixed			
11	L2	English in L1-English host country	English in non-L1-English host country	Other international lingua franca	Other language		
12	Accommodation	Homestay	University residence with other foreign students	University residence (integrated)	School (for assistants)	Individually arranged	
13	Accommodation shared by	Only locals	Only other L1-speakers	Other L1-speakers but in a local family	Other foreigners		
14	Program(me) of non-language courses followed	For the group alone	For foreigners only	Principally for locals (options selected by home institution)	Principally for locals but options selected by student	None	
15	Program(me) of language courses followed	For the group alone	For foreigners only	For both locals and foreigners (e.g. translation)	None		
16	Program(me) taught by	Home institution staff	Host institution staff	Mixture			
17	Program(me) taught in	L2	Lingua franca (usually English)	Mixture			
18	Professional content	Work placement	Teaching / assistantship	Volunteering	None		
19	Institutional support	Bilateral	International office	Home institution only (island model)	None ('free mover', 'spontaneous mobility')		
20	Assessment	By home institution	By host institution	By host but 'interpreted'			

Table 1: Twenty parameters for study abroad research (Coleman 2006, 2007: 45) revised 2009.

The taxonomy

What Coleman has attempted for study abroad is akin to what Susan Herring (2007) has termed 'faceted classification'. Drawing on systems originally designed to classify library books, and subsequently adapted to assist automated search and retrieval for complex and compound subjects, including internet-related domains, she proposed a faceted classification of computer mediated discourse (CMD), designed to facilitate data selection and analysis in research. Her classification identified two over-arching influences – medium (technological) and situation (social). Study abroad requires different headings, but shares many features of her approach.

Several features of faceted classification are worthy of note.

- The facets are listed in an unordered and non-hierarchical relationship: all listed facets have been identified as significant in conditioning variation in at least one study, but which influences may be strongest will depend on empirical testing in specific contexts.
- The facets are open-ended: while the list is intended to be comprehensive, future changes to the phenomenon being studied, and the methods adopted to study it, will probably identify additional significant variables.
- Separate listing does not imply independence. In real life, it would be expected that several would interact, but once again the particular pattern of interaction will vary from context to context, and the approach allows for unpredicted patterns to emerge.
- Each category may be realised by more than one possible value.
- Categories are heterogeneous: some are binary, others scalar, others nominal or discrete-item.
- Values need be assigned only to those facets that are relevant to the analysis.

The disadvantages include the length of the list and the complexity of the table. Such an approach will also provide an aggregation of facets rather than a coherent theoretical definition. And in study abroad, as in all real life, the sum of the parts is greater than their individual contribution, so a truly valid analysis must take into account the interaction of different facets.

It should also be noted that the classification refers to *contexts* of study abroad, rather than individual studies, and therefore ignores variables such as numbers and methods, as well as the individual variation which is the *leitmotif* of study abroad research. It is hoped nonetheless that such a classification might help the reporting, comparison and even design of study abroad research.

The taxonomy in selective detail

1. Within-programme and whole-programme study abroad

Of primordial importance is whether a student is undertaking study abroad *within* a programme of study at an institution in their home country, or whether they have travelled in order to complete a *whole* undergraduate or postgraduate degree qualification in a foreign land. It is particularly when citing big numbers to underline the importance of the domain of study that such confusions between within-programme and whole-programme study abroad tend to occur. Freed's ground-breaking collection of 1995 refers (Freed 1995: 3) to 'half a million international students' in the US in 1993-94. Coleman (1997: 15) cites 'well over a million' mobile students, but these are not in fact the short-term sojourners to whom most of the research literature, at least within Second Language Acquisition, normally applies. There are certainly parallels between the whole-programme and within-programme study abroad experience – the culture shock and need to acculturate to a new educational community of practice, acquisition of academic literacies in the target language, the vagaries of accommodation and of new social networks which may embrace other international sojourners and out-groups rather than locally resident native speakers, and so on.

But a major difference is money. The numbers of whole-programme sojourners are far larger, and this form of academic mobility much more significant because of its economic importance to institutional and national budgets. Not only within Europe, but globally, a market in fee-paying international students has grown up, a market which is linked to the Englishisation of Higher Education (Coleman 2006b), to highly professional collaboration in marketing initiatives such as the Academic Cooperation Association, to a new concern with international rankings which in its turn has triggered national governments to launch initiatives such as Germany's *Exzellenzinitiative* or Spain's *Estrategia Universidad 2015*. Every country wants its Ivy League, Group of Eight or Russell Group, an élite group of research-active universities to which can attach the empty but ubiquitous adjective 'world-class', and which can spearhead the recruitment of whole-programme international students who not only pay fees but may well remain in the country after graduation to contribute to the national economy. The Bologna Process, initially conceived to enhance academic cooperation and student mobility within the European Union, is well on the way to becoming a global framework allowing worldwide competition for international students (Coleman 2009a). The frequency of stories, in the national academic press of most countries, devoted to international comparisons, league tables (rankings), visas, post-graduation residence and work permits, competitors' tactics and successes, and the need for and provision of courses in academic English testifies to the level of obsessive concern with recruiting international students. The narrative of their learning experiences deserves to figure more prominently in the study abroad literature.

There are also, of course, other implications of the distinction between whole-programme and within-programme study abroad. A student who goes from secondary education in, for example, Beijing to undertake a Bachelor's degree in Hong Kong or Singapore will encounter a different learning culture, but will not have to unlearn the indigenous approach to university teaching and learning and accommodate to a new approach in the way a student from the UK going to France or Portugal will have to do. And if one is facing three or more years in a foreign country rather than a single semester, it is probable that there will be an impact on language learning motivation and strategies, residential arrangements, social networks, degree of acculturation, impact on identity and a host of other conditions and outcomes. Moreover, there will probably be more robust linguistic, academic, personal and general support mechanisms, simply because of the greater economic importance of whole-programme mobile students.

Most study abroad research is concerned with within-programme students: but if that is the case for an individual study, the academic authors should say so clearly, while neither closing their eyes to the substantial, mostly national literature on the experience of incoming international students, nor alluding to whole-programme data while ignoring the distinction.

2. Learning outcomes

Maybe belatedly, research has come to accept that study abroad, however defined, is essentially an educational phenomenon. One of its few stable characteristics is that when research subjects spend time in another country, it is *within the context of formal education* – and usually in the tertiary rather than the secondary sector. And the universal educational paradigm insists that for all learning experiences, the desired objectives or outcomes of that learning are specified. The UK's Residence Abroad Project (1997-2001) was a major attempt in Europe to define the potential outcomes in a systematic and comprehensive way, but there have been other approaches, both in Europe (e.g. Stronkhorst 2004, 2005) and in North America (e.g. Engle & Engle 2003).

The intended learning outcome(s) are among the variables which all study abroad research should, but often does not, specify. While the term 'learning objectives' was previously often used in university quality assurance contexts (and also by myself in Coleman 2007: 40-42, where each of the six categories of learning outcome is explored in detail), it has been largely superseded by 'learning outcomes', notably in the Bologna Process which was designed to harmonise European tertiary education, which has been formally adopted by no fewer than 46 signatories, and which, though originally conceived to create a European Higher Education Area, is now influential worldwide (Coleman 2009a).

The Bologna Process, and specifically its quality assurance body, the European Association for Quality Assurance in Higher Education (ENQA), draws substantially on work conducted in the UK in the 1990s, particularly the Teaching Quality Assessments conducted under the aegis of the Quality Assurance Agency for Higher Education (QAA), and the Benchmarking statements which exist in the UK for each subject discipline. The national agencies which make up ENQA have signed up to the ESG (more formally *Standards and Guidelines for Quality Assurance in the European Higher Education Area*, ENQA 2009) which requires that learning outcomes – in other words, what students will be able to do once the course, module or programme is successfully completed – be explicitly stated. The inclusion of learning outcomes marks a movement in continental Europe away from defining university courses merely in terms of workload or study time.

The Bologna Process itself is still ongoing: in the understated words of the most recent Communiqué issued at the meeting of higher education ministers held at Leuven and Louvain-la-Neuve, Belgium in March 2009 (Coleman 2009a), the objectives are still valid but 'not completely achieved'. But since both are administered by the European Commission on behalf of member states, the Bologna Process and its quality assurance processes are already closely linked to the world's largest study abroad exchange programme, ERASMUS. Not only are learning outcomes increasingly recognised as essential for the comparability which underlies a global market in higher education, but the Bologna Process itself is close to achieving international recognition even in North America (Adelman 2008; Steinberg 2008).

Learning outcomes are a useful aid to classifying study abroad literature, both research and professional. Despite the difficulties of disentangling elements of individual studies which address several learning objectives, I have estimated (Coleman 2009b) that SLA still dominates: nearly half (43%) of the published literature on study abroad relates to linguistic outcomes, with intercultural outcomes following at 21%, personal outcomes slightly behind at 15%, and the remainder devoted to cultural (10%), academic (5.5%) and professional (5.5%) outcomes.

3. Age

Age is a significant variable in all SLA. Within study abroad, there is a temptation to conflate studies relating to adults and to teenagers. While there may be common factors, it would be expected that adult students might on average have greater social, affective and cognitive maturity, which would in turn impact upon language learning and other outcomes.

4. Programme at home institution

International terminology tends to follow the North American Higher Education (HE) model. A degree programme is assumed to be modular, although students may major in one or more fields. In such a model, the study abroad participant may have little experience of or commitment to the target language and its associated cultures. This is very different from the traditional European model, where students typically register for a particular named degree programme, within which there may be optional elements, but which from the outset defines the student's specialism and disciplinary allegiance. Such constraints persist despite the major upheaval which the adoption of the Bachelor-Masters structure of the Bologna Process has required across continental Europe.

In the UK, despite moves towards modularisation in the 1990s, those new universities which in the 1960s attempted to broaden the first-year curriculum did not succeed in influencing others, or even in making the innovation stick. From the start, students are disciplinary specialists, even if they also take elective options. Unfortunately, one obstacle to researching language learning in UK HE has been that the Higher Education Statistics Agency has until very recently collected data by headline degree title rather than by modules followed, thus obscuring for many years, during the long collapse of recruitment to specialist language degrees, the buoyant interest shown in acquiring language skills by specialists in other disciplines. Such students demonstrate a different motivational profile towards language learning than do specialist linguists.

The specialist/non-specialist distinction is important when European and American studies are misleadingly conflated, and goes beyond differences in previous language learning and pre-sojourn proficiency. Acculturation, with its concomitant benefits for meaningful target-language interactions, would be expected to be easier for someone who has ten years of prior study of the target culture, has visited it half a dozen times, and has studied nothing else for the past two years, as compared with someone for whom it is one elective module alongside several others.

The distinction also affects, for example, participation in ERASMUS exchanges. The average proportion of language specialists within each national cohort is 15.5% (2005/06 figures), but for the United Kingdom, with its imagined monolingualism and blind hostility to multilingualism (Coleman 2009c), so few students in other disciplines have the necessary linguistic skills – or perhaps the *cojones* to cope with imperfect target-language skills – that specialists represent 38.14% of British ERASMUS participants.

5. Previous language learning

As in other areas of SLA, there is a relationship between extent of previous language learning and language gain during study abroad. However, partly because groups may be made up of students with different biographical profiles, prior learning may be expressed in the vaguest of terms such as 'at least two semesters of Spanish', or else may be taken for granted in the assumption that the readership will be familiar with the educational system in which the programme occurs.

6. Proficiency prior to departure

Pre-sojourn proficiency is often one of the measures adopted in many studies, although again comparability is undermined by unspecific or culture-specific labels such as 'lower intermediate'. While a number of studies find that initially 'weaker' learners benefit more from study abroad, the use of non-standard proficiency measures and the relativity of the word itself do not facilitate generalisable conclusions. Adoption of (or benchmarking against) one of the world's accepted language proficiency scales such as the Common European Framework of Reference or ACTFL would make comparisons easier.

7. Preparation

The UK's national quality enhancement projects mentioned above demonstrated, with the help of practitioners across the country, the need for integrating thorough preparation into a study abroad programme. In the most effective practices, preparation comprising practical guidance is integrated with induction into each of the six potential learning outcomes. In a very different context, the Minnesota project (Cohen et al. 2005) demonstrated empirically how valuable targeted preparation can be. Yet in some circumstances students go abroad with at most an in-flight briefing. No amount of preparation can obviate culture shock entirely, but an absence of preparation can accentuate it and leave the individual student with fewer strategies for taking advantage of the immersion situation.

8. Duration

Perhaps surprisingly, but perhaps as a consequence of other variables, there is no consensus on the impact of the length of the study abroad sojourn. It does, however, seem especially significant for the composition of social networks, for language progress, and for engagement with the local cultures. As with other variables, the label may imply a particular parameter setting. Thus, in the UK, the 'residence abroad' which specialist language students typically undertake is often called the 'year abroad', and the latter may be the most effective literature search term in British contexts. Individual variation – which is frequently shorthand for the combined influence of the other nineteen contextual variables, as well as the profile of the individual participant – means that a four-week group stay can lead to measurable linguistic gain while a three-year whole-programme degree course may not.

9. Outgoing/incoming group

Social networks are formed soon after arriving in the foreign country, and typically remain fairly stable for the rest of the sojourn, although they may expand to include both other outsiders and locals. In many programmes, particularly those involving American or Asian students, there is a deliberate attempt to create a coherent group dynamic before departure and while the students are abroad, in order to counter the potentially debilitating effects of isolation and the stress of constantly using the target language (L2). There is evidence that such a secure base can allow students to take more risks in the L2. However, it also means that much of the time is spent using the mother tongue (L1) and recalling a shared home culture (C1), which can undermine the immersion experience. It also makes contact with locals more difficult.

The traditional British approach is for language students to travel alone as English language assistants, meeting their fellows only for a few days of training at the start, and thereafter benefiting from a ready-made professional position in the local society. The ERASMUS scheme, by the nature of the reciprocal exchange arrangements, tends instead to send small groups to particular locations. However, once there, and especially if accommodation is provided separately from that offered to native students, they can often aggregate into a loose confederation of outsiders. The film *L'auberge espagnole* celebrates such an international grouping, with its tensions and short-term relationships but also its possible linguistic and intercultural benefits. Googling ERASMUS Orgasmus will bring up the fun, partying side of such social arrangements, rather than the more formal educational outcomes.

A very different experience often awaits whole-programme students. Whether or not sponsored by their home state, and despite attempts by the host institution to promote integration, such groups tend to congregate with fellow-country(wo)men, to the detriment of linguistic and other gains.

10. L1

Native speakers of a mother tongue (L1) with wide international currency, especially English, find it harder to engage abroad in target language (L2) interactions. Not only are locals often keen to practise their English, but English is often the most easily available *lingua franca* among the groups of international students which often form the incomer's social networks. On the other hand, native speakers of LWULTS (less widely used and less taught languages) may benefit from using both English as *lingua franca* and the L2. The more systematic features of particular L1-L2 pairs have been researched in both classroom and autonomous contexts.

11. L2

The status of *lingua francas*, and notably educational *lingua francas*, among which English plays a global role (Coleman 2006b), means that the nominal target language may be less prominent in the immersion context than students expect. The number of full programmes delivered in English in Europe's universities tripled between 2002 and 2007 (Wächter & Maiworm 2008) and continues to expand in parallel with universities' international ambitions. With social interactions also taking place in a *lingua franca*, the study abroad context may thus add to the well-documented challenges of specific L2s.

12. Accommodation

Homestay is common in many study abroad programmes, especially those organised for North American students, or, for example, Jackson's (2008) Hong Kong Chinese students in the United Kingdom. Homestay is itself a sub-category of study abroad research, while university residences (or dormitories) provide ready-made social networks, whose role as a source of linguistic and cultural input will depend on their own origins. Longer-term study abroad may see students moving out of organised accommodation into individual or shared apartments, which tends to intensify the relationships with fellow-nationals, other non-locals or locals.

13. Accommodation shared by

Shared accommodation is a major determinant of social networks, whatever the model of study abroad. In the island model, students may be in homestay or a residence, but normally with peers. Within Europe, many universities reserve residence places for ERASMUS students, but the resultant concentration of non-locals often leads to their socialising with each other rather than with locals. This may, however, lead to intercultural gains, and the L2 may well become the *lingua franca*. Heidelberg University is one of many which seek to optimise the social integration of incoming ERASMUS students by offering half of the rooms in its residences to German students, at a reduced rent, in return for a commitment to socialising with the foreign students and supporting their acculturation.

14. Programme of non-language courses followed

Within the island model of study abroad, courses are often arranged by the home institution, and may even be taught by its academic staff. In commercial study abroad programmes with a specific language focus, there may be no other courses, or at most an induction or orientation and a few excursions. Within ERASMUS, most or all of the formal study will consist of 'content' courses, while, for international students, initial or (occasionally) continuing language tuition will form only a minor part of their exposure to courses designed for native speakers. The different models clearly call on different levels of academic literacy and adaptation to the local learning culture, and offer widely divergent exposure to formal genres and registers of the L2.

15. Programme of language courses followed

By no means all studies report the specific extent of formal language teaching included in the study abroad programme, presumably in the assumption that such programmes always includes a certain level of classroom language teaching. This is regrettable, since any generalised conclusions about the impact of linguistic immersion must be assumed to be moderated by classroom instruction. At one extreme, that of in-country language programmes, language classes are the only formal tuition provided. At the other extreme, where students already possess near-native L2 proficiency, language courses are neither required nor provided. Even where the extent of formal tuition *is* given, it may be a complicating factor. An interesting and often-cited example is the authoritative study by Segalowitz & Freed (2004: 178-179), where the study-abroad group actually have *more* classroom hours than the control at-home group.

16. Programme taught by

Students who travel abroad under the wing of home-institution academic staff may find some of all of their classes taught by faculty they already know, which may reduce anxiety but equally reduce exposure to new academic experiences. Within European exchanges, the difference in approach between home and host universities is often one of the earliest and most eye-opening instances of cultural difference, reflected in accessibility of lecturers, size and frequency of classes, timetabling arrangements and just how the institution and the individual share responsibility for structuring and accounting for the latter's learning. For international students and within ERASMUS exchanges, all courses are delivered by local staff, and mostly in the local language.

However, the internationalisation process, especially within Europe, often means that the lecturer or tutor is not a native speaker of the local language. This arises both as a consequence of the deliberate policy of creating a European Higher Education Area, and of the growing international market in academic posts. In a climate of globalised, marketised higher education (GATS is just one example), international teaching experience is more and more a requirement for a successful academic career. It is interesting to note that incoming NNS (non-native speaker) students find understanding easier with other NNS students and NNS lecturers than they do the often idiom-laden and dialectally marked discourse of local staff and students (Coleman 2006b).

17. Language of tuition

As has already been noted, the presumed coincidence between the language(s) of the target country and the language of tuition is no longer automatic. The February 2009 Wulkow Memorandum, a statement from representatives of Language Centres across Europe (http://www.ucml.ac.uk/sites/default/files/events/The%20Wulkow%20Memorandum%20all%20lang.pdf), seeks to reconcile this accelerating Englishisation with Europe's commitment to multilingualism: "Language Centres at Institutions of Higher Education actively recognise and promote the acquisition of all languages as part of an ongoing commitment to multilingualism, while acknowledging and supporting the role of English as a Lingua franca" (p.1). Where formal instruction is part of the study abroad experience – and this applies in most cases – it will be more and more necessary to specify the proportion of instruction in each language.

18. Professional content

It has repeatedly been claimed that a work placement is the most effective form of study abroad, both because the immersion in an entirely L2 environment ensures a maximum of meaningful exposure, and because students acquire professional knowledge, skills and contacts which stand them in good stead for their future career. Evidence tends, however, to be anecdotal, and subjects self-selected. There is as yet insufficient research into related forms of study abroad such as volunteering, military service, or religious missions.

19. Institutional support

Once again, the island model or commercial language placement provides an all-enveloping cocoon, while international whole-programme students may have little or no institutional support. The ERASMUS programme allows for local Programme Coordinators to meet and greet, and sometimes provide ongoing counsel, but such affordance usually depends on the individual academic's willingness to help despite a lack of resources and of professional recognition. Yet the level of host institution support will frequently influence not just academic outcomes, and needs to be addressed in reports.

20. Assessment

Programmes vary considerably in the whether, who and how of assessment. Even linguistic outcomes are often taken for granted and left untested, while personal outcomes may be unquantifiable except through self-report, for example in learner diaries. A whole literature exists on the desirability, feasibility and methodology of assessing gains in intercultural competence. But assessment normally impacts on effort and motivation, and its existence and nature are worth recording.

Conclusion

More needs to be written on just how a particular label sets the taxonomy's parameters – although a start has been made, for example by Shaw, Caudery & Petersen (2008). The discussion would also benefit from the reflections of other researchers who might choose to unpack in very different ways the twenty proposed variables, or indeed offer an alternative set which would help provide more robust generalisations about the goals and outcomes of study abroad.

References

Adelman, Clifford (2008), *The Bologna Club: What US higher education can learn from a decade of European reconstruction*. Washington, DC: Institute for Higher Education Policy [Online:http://www.ihep.org/assets/files/TheBolognaClub.pdf].

Block, David (2003), *The social turn in Second Language Acquisition*. Edinburgh: Edinburgh University Press.

Block, David (2007), *Second language identities*. London: Continuum.

Bolen, Mell C. (ed.) (2008), *A Guide to Outcomes Assessment in Education Abroad*, Carlisle, PA: Forum on Education Abroad.

Cohen, Andrew D.; Paige, R. Michael; Shively, Rachel A.; Emert, Holly A. & Hoff, Joseph G. (2005), *Maximizing Study Abroad through Language and Culture Strategies: Research on Students, Study Abroad Professionals and Language Instructors*. Minneapolis, MN: Center for Advanced Research on Language Acquisition, University of Minnesota.

Coleman, James A. (1996), *Studying Languages: a survey of British and European students. The proficiency, background, attitudes and motivations of students of foreign languages in the United Kingdom and Europe*. London: Centre for Information on Language Teaching and Research.

Coleman, James A. (1997), Residence abroad within language study. *Language Teaching* 30, 1, 1-20.

Coleman, James A. (2001a), Lessons for the future: evaluating FDTL languages. In: Coleman, James A.; Ferney, Derrik; Head, David & Rix, Rob (eds.) (2001), 7-21.

Coleman, James A. (2001b), Residence abroad and university language learning. In: Pürschel, Heiner & Raatz, Ulrich (eds.) (2001), 137-168.

Coleman, James A. (2001c), What is 'Residence Abroad' for? Intercultural competence and the linguistic, cultural, academic, personal and professional objectives of student residence abroad. In: Di Napoli, Roberto; Polezzi, Loredana & King, Anny (eds.) (2001), 121-140.

Coleman, James A. (2002), Translating research into disseminated good practice: the case of student residence abroad. In: Macdonald, Ranald & Wisdom, James (eds.) (2001), 88-98.

Coleman, James A. (2006a), Study abroad research: a new global overview, Paper delivered to American Association for Applied Linguistics/Association Canadienne de Linguistique Appliquée, Montreal, June 2006.

Coleman, James A. (2006b), English-medium teaching in European higher education, *Language Teaching* 39: 1, 1-14.

Coleman, James A. (2007), A new framework for study abroad research. In: Way, Catherine; Soriano, Guadalupe; Limon, David & Amador, Carolina (eds.) (2007), 37-46.

Coleman, James A. (2009a), *Bologna, mobility and the marketisation of higher education.* Paper delivered to the University Council for Modern Languages workshop 'The Bologna Process and its Implications for Languages Schools/Departments in UK HEIs', Kings College, London. 3. July 2009 [Online: http://www.ucml.ac.uk/events/03-07-09.html].

Coleman, James A. (2009b), *New perspectives on study abroad research: goals, variables and methods.* Paper delivered at the University of California at Berkeley, March 2009.

Coleman, James A. (2009c), Why the British do not learn languages: myths and motivation in the United Kingdom. *Language Learning Journal* 37: 1, 111-127.

Coleman, James A. & Parker, Linda (2001), Preparing for residence abroad: staff development implications. In: Klapper, John (ed.) (2001), 134-162.

Coleman, James A.; Ferney, Derrik; Head, David & Rix, Rob (eds.) (2001), *Language Learning Futures: Issues and Strategies for Modern Languages Provision in Higher Education*, London: CILT.

Dervin, Fred (2008), *Métamorphoses identitaires en situation de mobilité.* Turku: Turku Yliopisto.

Di Napoli, Roberto; Polezzi, Loredana & King, Anny (eds.) (2001), *Fuzzy boundaries? Reflecting on modern languages and the humanities.* London: CILT.

Dufon, Margaret A. & Churchill, Eton (eds.) (2006), *Language learners in study abroad contexts.* Clevedon: Multilingual Matters.

Ehrenreich, Susanne (2004), *Auslandsaufenthalt und Fremdsprachenlehrerbildung.* München: Langenscheidt (Münchener Arbeiten zur Fremdsprachen-Forschung, Band 10).

Engle, Lilli & Engle, John (2003), Study abroad levels: towards a classification of program types. *Frontiers: The International Journal of Study Abroad* X, 1-20.

ENQA (European Association for Quality Assurance in Higher Education) (2009), *Standards and Guidelines for Quality Assurance in the European Higher Education Area*, 3rd edition [Online: http://www.enqa.eu/files/ESG_3edition%20(2).pdf].

Federico, Ainhoa de (2005), *Réseaux d'identification à l'Europe. Amitiés et identités d'étudiants européens.* Unpublished PhD thesis, Université des Sciences et Technologies de Lille / Universidad Pública de Navarra.

Freed, Barbara (1995), Language learning and study abroad. In: Freed, Barbara (ed.) (1995), *Second Language Acquisition in a Study Abroad Context.* Amsterdam/Philadelphia: John Benjamin, 3-33.

Haug, Gut (1996), Student Mobility Between Europe and the US. *European Journal of Education* 31: 2, 181-192.

Herring, Susan (2007), A faceted classification scheme for computer-mediated discourse. *Language@internet* 4 [Online: http://www.languageatinternet.de/articles/2007/761].

Isabelli-García, Christina (2006), Study abroad social networks, motivation and attitudes: implications for second language acquisition. In: Dufon, Margaret A. & Churchill, Eton (eds.) (2006), 231-258.

Jackson, Jane (2008), *Language, identity, and study abroad: sociocultural perspectives.* London: Equinox.

Kinginger, Celeste (2008), *Language learning in study abroad: case studies of Americans in France.* Oxford: Blackwell (Modern Language Journal Monograph Series, Vol. 1).

Klapper, John (ed.) (2001), *Teaching languages in Higher Education. Issues in Training and Continuing Professional Development.* London: CILT.

Macdonald, Ranald & Wisdom, James (eds.) (2001), *Academic and Educational Development: Research, Evaluation and Changing Practice in Higher Education.* London: Kogan Page.

Murphy-Lejeune, Elisabeth (2002), *Student mobility and narrative in Europe: the new strangers*. London: Routledge.

Norton, Bonny (2001), *Identity and language learning. Gender, ethnicity and educational change*. Harlow/Essex: Longman.

Papatsiba, Vassiliki (2003), *Des étudiants européens. „Erasmus" et l'aventure de l'altérité*. Bern: Peter Lang.

Pellegrino Aveni, Valerie (2005), *Study abroad and second language use. Constructing the self*. Cambridge: Cambridge University Press.

Pürschel, Heiner & Raatz, Ulrich (eds.) (2001), *Tests and Translation and Language Testing. Papers in Memory of Christine Klein-Braley*. Bochum: AKS-Verlag.

Raatz, Ulrich; Grotjahn, Rüdiger & Wockenfuß, Verena (2006), Das TESTATT-Projekt: Entwicklung von C-Tests zur Evaluation des Fremdsprachenstudiums. In: Grotjahn, Rüdiger (Hrsg.) (2006), *Der C-Test: Theorie, Empirie, Anwendungen*. Frankfurt am Main: Lang, 85-99.

Segalowitz, Norman & Freed, Barbara (2004), Context, contact and cognition in oral fluency acquisition: Learning Spanish in at home and study abroad contexts. *Studies in Second Language Acquisition* 26: 2, 173-199.

Shaw, Philip; Caudery, Tim & Petersen, Margrethe (2008), Development in exchange students' spoken language and their contact network: a longitudinal study. Paper presented at AILA, University of Essen, Germany, August 2008.

Steinberg, Michael (2008), The place of outcomes assessment in higher education today and the implications for education abroad. In: Bolen, Mell C. (ed.) (2008), 7-22.

Stronkhorst, Robert (2004), *Leeropbrengsten van internationale mobiliteit: Een onderzoek aan twee hogescholen*. The Hague, the Netherlands: Nuffic.

Stronkhorst, Robert (2005), Learning outcomes of international mobility at two Dutch Institutions of Higher Education. *Journal of Studies in International Education* 9: 4, 292-315.

Wächter, Bernd & Maiworm, Friedrich (2008), *English-Taught Programmes in European Higher Education. The Picture in 2007*. ACA Papers on International Cooperation in Education. Bonn: Lemmens.

Way, Catherine; Soriano, Guadalupe; Limon, David & Amador, Carolina (eds.) (2007), *Enhancing the Erasmus experience: papers on student mobility*. Granada: Atrio.

Überlegungen zur empirischen Validierung von Sprichwörter-Dummies

Peter Grzybek & Christoph Chlosta

Im Rahmen empirisch experimenteller Erhebungen zur Bekanntheit von Sprichwörtern richtet sich eine zentrale Frage auf geeignete Erhebungsmethoden. Dabei muss der Berücksichtigung sprachlicher Varianten und Variationen besondere Aufmerksamkeit geschenkt werden, weshalb die Methode der Teiltext-Präsentation von Sprichwörtern zunehmend favorisiert wird. Dennoch stellen nach wie vor auch Ganztext-Präsentationen ein in der Sprichwortforschung wichtiges Instrument dar. Die im Hintergrund stehende Untersuchung stellt einen Beitrag zur Prüfung der Validität des Ganztext-Verfahrens dar: In einem Experimental-Korpus von ca. 2000 deutschen Sprichwörtern wurden zusätzlich zu den authentischen Sprichwörtern auch Sprichwort-Dummies präsentiert und auf ihre Bekanntheit hin getestet. Die vorliegende Studie untersucht die sprachliche Struktur dieser Sprichwort-Dummies im Vergleich zu den authentischen Sprichwörtern unter besonderer Berücksichtigung des Grades ihrer Lesbarkeit/ Verständlichkeit.

Im Rahmen des weiten Bereichs von Sprichwortforschungen hat sich in den vergangenen Jahren die Empirische Parömiologie als ein wichtiger Teilbereich der modernen Parömiologie etabliert. Damit haben neben dominant philologischen Vorgangsweisen auch experimentelle und testbasierte Verfahren Eingang in die Parömiologie gefunden. Im Prinzip lassen sich in der Empirischen Parömiologie zwei Fokussierungen unterscheiden, die letztlich beide stark miteinander zusammenhängen. Vereinfacht gesagt, richtet sich auf der einen Seite das empirische Interesse auf das sprichwörtliche Material, auf der anderen Seite auf diejenigen, die mit diesem Material umgehen, d.h. die SprichwortbenutzerInnen. Diese grundsätzliche Aufteilung in zwei Ausrichtungen der empirischen Sprichwortforschung entspricht dem, was wiederholt als *informantenbezogene* vs. *textbezogene* Empirie in der Parömiologie bezeichnet worden ist.

Ausgangspunkt der Empirischen Parömiologie war ursprünglich die Frage nach sogenannten Sprichwörter-Minima; sie zielt in letzter Konsequenz auf die Erhebung derjenigen Menge von Sprichwörtern ab, die allen (oder fast allen) Angehörigen einer bestimmten Kultur oder eines bestimmten Soziums bekannt sind. Es liegt auf der Hand, dass diese Frage sich nur teilweise mit der Frage nach der Dokumentation von Sprichwörtern in (der Geschichte) einer Kultur deckt; allein der positivistische Sammeleifer des 19. Jahrhunderts, der die jeweiligen nationalen Sprichwortgüter in möglichst umfassenden Maße „dokumentieren" wollte (und sich dabei nicht selten durch ausgeprägte Erfinder-

und Übersetzertätigkeit auszeichnete), hat einen noch heute kaum zu hebenden Nebelschleier über die Teilmenge der in den jeweiligen Kulturen tatsächlich zum aktiven Sprichwortbestand gehörenden Sprichwörter geworfen. Damit ist ein Fragenkomplex ins Zentrum der Diskussion gerückt, der sich in maximal komprimierter Form wie folgt zusammenfassen lässt:

> ***Wer innerhalb einer gegebenen Kultur kennt welche Sprichwörter in welcher Form und wovon hängt diese Kenntnis ab?***

Eine Antwort auf diese Frage(n) ist nicht nur von Interesse für Phraseologie und Parömiologie, sondern z.B. auch für spezifisch linguistische und/oder poetologische Untersuchungen von Sprichwörtern, für Fragen des Fremdsprachenunterrichts, für experimentelle Untersuchungen zur Sprichwortkenntnis bestimmter Zielgruppen (z.B. Kinder, Heranwachsende, bestimmte soziale Gruppierungen, Patienten mit psychisch oder neuropsychologisch bedingten Störungen, etc.), u.a.m.

Traditionelle Verfahren mit dem Ziel, auf textbasierter Basis Aufschluss über die Bekanntheit von Sprichwörtern zu erhalten, stoßen zwangsläufig an die Grenze ihrer Leistungsfähigkeit, nicht zuletzt deshalb, weil sie bei genauerer Betrachtung das Konzept der Bekanntheit auf die eine oder andere Art und Weise mit der Vorkommenshäufigkeit gleichsetzen (nicht selten, um die aufwendige informantenbezogene Untersuchung zu umgehen). Zwar gibt es, wie neueste Forschungen zeigen, systematische Zusammenhänge zwischen der Bekanntheit und der Vorkommenshäufigkeit von Sprichwörtern, doch ist dieses Verhältnis weitaus vielschichtiger als bisher vermutet (Grzybek 2008; Grzybek & Chlosta 2009), so dass jegliche Art von Frequenzanalyse Untersuchungen zur Bekanntheit nicht ersetzen kann.

Will man nun wissen, welche Sprichwörter allgemein bekannter Bestandteil einer Kultur sind, so bieten sich experimentelle Untersuchungen an. In der Vergangenheit sind in dieser Hinsicht verschiedene Verfahren angewendet worden; die mit ihnen verbundenen Vor- und Nachteile können hier nicht im Detail erörtert werden (vgl. Grzybek, Chlosta & Grotjahn 2009):

1. Das **spontane Nennen bzw. Aufschreiben** von Sprichwörtern zeigt in der Regel eine Menge von nicht mehr als ca. 30-50 Sprichwörtern je Proband; bei diesen muss es sich nicht, um die tatsächlich bekanntesten Sprichwörter handeln, vielmehr dürfte es sich zu einem großen Teil um (auch in sprachlicher Hinsicht) prototypische Einheiten handeln.
2. Das **Ankreuzen auf einer normierten Skala** – z.B. von 0 („unbekannt“) bis 7 („hochgradig bekannt“) ist ein vor allem im Rahmen der anglo-amerikanischen Psycholinguistik beliebtes Verfahren; ein Problem stellt hierbei die intersubjektiv nur schwer zu vereinheitlichende Skalierung bzw. Anwendung der vorgegebenen Skala dar.
3. **Ganztext-Präsentationen** mit der dichotomischen Frage „Bekannt“ vs. „Unbekannt“. Als ein wesentliches Manko dieser Methode (und z.T. auch der

vorangegangenen) ist u.a. die mögliche Gefahr von Fehleinschätzungen herausgestellt worden.

4. Das Verfahren von **Teiltext-Präsentationen** besteht darin, den befragten Personen nur jeweils den Anfang eines Sprichworts zu präsentieren, den es zu vervollständigen gilt. In Einklang mit der Annahme, dass ein Sprichwort ein sprachliches Klischee im Sinne Permjakovs (1970) ist, das man entweder als Ganzes kennt oder gar nicht, hat das Verfahren eine Reihe von Vorteilen; zu nennen sind hier besonders, dass man Varianten und Variationen eines Sprichworts erheben kann.

Letztendlich wird in der Empirischen Parömiologie das Verfahren der Teiltext-Präsentation favorisiert. Was freilich auf den ersten Blick von der methodischen Einfachheit einleuchtend sein mag, bedeutet aber nicht nur für die Befragten einen vergleichsweise hohen Arbeitsaufwand, sondern auch für die Auswertungen. Nicht zuletzt aus diesem Grunde gibt es bislang zwar eine ganze Reihe von Untersuchungen zu verschiedenen Sprachen mit diesem Verfahren, doch wurde für keine Sprache wirklich das gesamte mit diesem Vorgehen verbundene Programm vollständig umgesetzt. Weit häufiger finden sich die anderen vorgestellten Verfahren, was letztlich aber vor allem an der Ökonomie liegt.

Ohne den Status der verschiedenen Untersuchungen hier darzustellen, wollen wir uns auf das Deutsche beschränken, für das in langjährigen Untersuchungen ein „Experimental-Korpus" von ca. 2000 Sprichwörtern erarbeitet wurde.[1] Aufgenommen wurden nach entsprechenden Studien nicht nur Sprichwörter aus traditionellen Sammlungen, sondern auch weitere, die von Befragten zusätzlich genannt wurden, die als Ergebnis umfangreicher Medienanalysen hervorgingen u.a.m. Diese wurden in Zwischenabfragen vorgetestet, um ihren potentiellen Bekanntheitsgrad sicherzustellen. Da die Sprichwörter aus den verschiedenen Quellen somit nicht einheitlich empirisch validiert wurden, steht derzeit eine vollständige und einheitlich basierte Validierung des Experimental-Korpus mittels Ganztextpräsentation an.

Aus Gründen der Absicherung und Konsolidierung, aber auch um die Zuverlässigkeit der Ganztextpräsentation empirisch zu überprüfen, wurden in das Korpus der 2000 Sprichwörter auch 15 Dummy-Sprichwörter eingebaut und nach dem Zufallszahlenprinzip platziert. Bei diesen Dummy-Sprichwörtern handelt es sich um erfundene, d.h. ausgedachte Texte, die auf intuitive Art und Weise sprachlich so konstruiert wurden, dass sie möglichst echt klingen. Denn es gibt ja ungeachtet der Tatsache, dass man als MuttersprachlerIn offenbar ein „Gefühl" dafür hat, wie ein Sprichwort klingt, im Hinblick auf die sprachliche Struktur des Sprichworts praktisch keine obligatorischen Merkmale, wohl aber eine Reihe von fakultativen Merkmalen; dabei handelt es sich in der Regel um

1 Das Experimental-Korpus soll letztlich alle potenziell allgemein bekannten Sprichwörter der deutschen Sprache beinhalten, damit diese dann mittels Teiltextpräsentation getestet werden können.

intuitive, subjektiv basierte Annahmen zur sprachlichen Struktur wie etwa Tendenz zur Kürze, spezifische Rhythmik, Metaphorizität u.a.m (vgl. Chlosta & Ostermann 2003) – Faktoren, deren Präsenz und Relevanz nur in seltenen Fällen einer systematischen empirischen Überprüfung unterzogen und in der Regel eher nur in Form symptomatischer Beispiele belegt werden. Tabelle 1 enthält die 15 Dummy-Sprichwörter.

1	Bier ist nicht zum Waschen da.
2	Lieber ein Brot als ein Brötchen.
3	Nach der Arbeit schmeckt Wasser wie Wein.
4	Flinke Zunge weiß nicht, was sie spricht.
5	Einen rostigen Nagel soll man nicht hauen.
6	Wein und Essig stammen von derselben Rebe.
7	Die Schnecke gewinnt das Rennen durch Beharrlichkeit.
8	Aus einem Fisch kann man keinen Vogel machen.
9	Je dicker das Seil, desto stärker der Knoten.
10	Der Mensch hat zwei Arme, aber nur einen Kopf.
11	Wie ihr die Blinden behandelt, so werdet ihr behandelt.
12	Im Wald ist die Ameise ein König, im Haus Ungeziefer.
13	Für den Bäcker ist es gestern, für den Studenten morgen.
14	Auch die schönste Rose ist Unkraut, wenn sie beim Nachbarn wächst.
15	Ein Freund schärft Dir das Beil, der Bruder fällt Dir den Baum.

Tabelle 1: Liste der 15 Dummy-Sprichwörter

In Anbetracht dieser Tatsache liegt es nahe, die sprachliche Struktur dieser Dummy-Sprichwörter genauer unter die linguistische Lupe zu nehmen und sie dabei unter Bezugnahme auf Verfahren der Quantitativen Linguistik zu reflektieren. Die methodischen Ansätze der Quantitativen Linguistik haben die Sprichwortforschung bislang nur peripher berührt; erst seit wenigen Jahren gibt es Bemühungen, allgemeine Regularitäten z.B. der Wortfrequenz, der Wort- oder Satzlänge von Sprichwörtern sowie deren Vorkommenshäufigkeiten in Sprichwortkorpora im Sinne allgemeiner Gesetzmäßigkeiten zu formulieren (zur Satzlänge deutscher Sprichwörter etwa vgl. Grzybek & Schlatte 2002).

Zum Vergleich ziehen wir die Sammlung *Deutsche Sprichwörter* von Karl Simrock (1846) mit ihren 12981 sprichwörtlichen Belegen heran. Die durchschnittliche (in der Anzahl der Silben pro Wort gemessene) Wortlänge der Sprichwörter des Dummy-Korpus beträgt $\bar{x} = 1.46$ bei einer Standardabweichung von $s = 0.21$; der Vergleich mit den 12981 Sprichwörtern aus Simrock stellt sich bei einer identischen mittleren Wortlänge von $\bar{x} = 1.46$ ($s = 0.66$) der authentischen Sprichwörter als nicht signifikant heraus ($p > 0.99$).

Die praktisch identische Struktur der Wortlängen in den authentischen und den Dummy- Sprichwörtern drückt sich auch darin aus, dass die Dummy-Items ebenso wie die authentischen Sprichwörter ein und demselben Verteilungsmodell folgen; hierbei handelt es sich freilich nicht um die negative Binomialverteilung, die Grotjahn (1982) zunächst als allgemeines Modell der Häufigkeitsverteilung von Wortlängen ins Spiel brachte, sondern um die Poisson-Verteilung, gegen welche die erstgenannte für *k ƒ ∞, q ƒ 0, kq ƒ a* konvergiert[2]; für beide Sprichworttypen ergibt sich sogar ein und derselbe Parameterwert von a = 0.47. Tabelle 2a/b führt die beobachteten und theoretischen Häufigkeiten auf; die Anpassungsgüte ist in Form des als X^2/N berechneten Determinationskoeffizienten C angegeben, der für $C < 0.02$ eine gute, für $C < 0.01$ eine sehr gute Anpassung indiziert.

Tab. 2a			Tab 2b		
x	f (x)	NP (x)	x	f (x)	NP (x)
1	62719	63793,27	**1**	77	77,68
2	32288	29792,01	**2**	39	36,33
3	5473	6956,56	**3**	6	8,50
4	1166	1082,93	**4**	2	1,50
5	106	126,43			
6	12	12,79			
a = 0,47; C = 0,0054			a = 0,47; C = 0,0089		

Tabelle 2a/b

2 Mittlerweile geht man, nicht zuletzt unter dem Einfluss der Arbeiten von Grotjahn (vgl. Grotjahn & Altmann 1993; Wimmer, Köhler, Grotjahn & Altmann 1994), von einem *System* von Verteilungen aus, innerhalb dessen die negative Binomialverteilung einen der Spezialfälle darstellt (zu einem historischen Überblick siehe Grzybek 2006).

Die Ergebnisse sind graphisch in Abbildung 1a und 1b dargestellt:

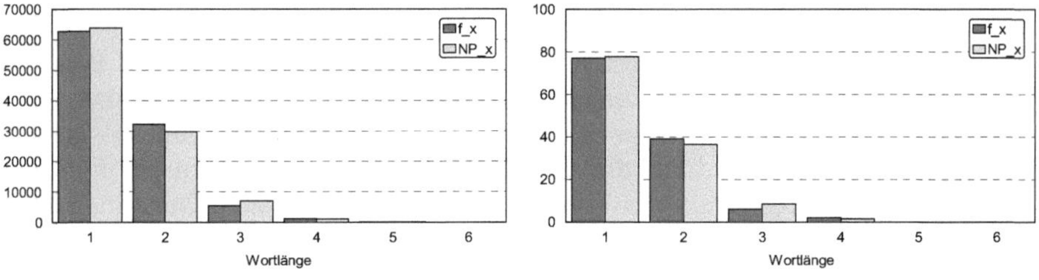

Simrock-Sprichwörter Dummy-Sprichwörter

Abbildung 1: Häufigkeit von Wortlängen in authentischen und Dummy-Sprichwörtern (Anpassung der Poisson-Verteilung)

Auch die durchschnittlichen Satzlängen[3] weisen keine signifikanten Unterschiede auf: Bei den authentischen Sprichwörtern aus Simrock beträgt die mittlere, in der Anzahl der Worte pro Satz gemessene Satzlänge $\bar{x} = 7.84$ (s = 3.40); im Vergleich dazu beträgt die mittlere Satzlänge der Dummy-Sprichwörter $\bar{x} = 8.27$ ($s = 1.83$). Berechnet man die Satzlänge in der Anzahl der Silben pro Satz, so beläuft sich der Durchschnitt der Simrock-Sprichwörter auf $\bar{x} = 11.46$ (s = 4.85), derjenige der Dummies auf $\bar{x} = 12.00$ ($s = 2.73$). Beide Unterschiede erweisen sich als nicht signifikant ($z = 0.91$, $p = 0.37$ bzw. $z = 0.76$, $p = 0.44$.

Aufgrund der Analyse von Wort- und Satzlänge können wir also festhalten, dass sich die Sprichwörter unseres Dummy-Korpus „normgerecht" verhalten und sprachlich nicht von den authentischen Sprichwörtern abweichen.

Aufgrund von Textuntersuchungen im Kontext der Quantitativen Linguistik ist bekannt, dass Wort- und Satzlänge in einem spezifischen Verhältnis zueinander stehen, und zwar sowohl intra-textuell vor dem Hintergrund des sog. Menzerath-Gesetzes als auch inter-textuell in Form des sog. Arens-Gesetzes (d.h. in Form eines Mittelwert-Vektors für verschiedene Texte) – zur Relevanz dieser Unterscheidungen für das Verhältnis von Satz- und Wortlänge siehe: Grzybek & Stadlober (2007), Grzybek, Stadlober & Kelih (2007), sowie Grzybek, Kelih & Stadlober (2008). Ebenso ist bekannt, dass diese Abhängigkeit nicht nur textsorten-spezifisch ist, sondern sich gerade in Sprichwörtern vollkommen anders als in „üblichen" Fließtexten darstellt; dies hängt vermutlich damit zusammen, dass bei Sprichwörtern die eigentliche *Text-Ebene* insofern

3 Für die hiesigen Analysen wurde ein Sprichwort jeweils als ein Satz gewertet; bei den Texten aus der Simrock-Sammlung ist das in ca. 4% der Fälle nicht unproblematisch, wenn ein Sprichwort aus mehr als einem „Satz" besteht, wobei freilich einerseits Fragen der Satzdefinition, andererseits Fragen der Interpunktion eine wesentliche Rolle spielen.

fehlt, als jeder einzelne sprichwörtliche Satz einen in sich geschlossenen Text repräsentiert. Vor diesem Hintergrund liegt es nahe, neben der Ermittlung der Satz- und Wortlänge als quasi-isolierter Einheiten (Best 2006) einen weiteren Vergleich zwischen den authentischen Sprichwörtern und den Dummy-Items anzustellen, der sich auf die Textverständlichkeit beider Einheiten bezieht.

Textverständlichkeit ist ein Konzept, das ungeachtet prinzipiell verschiedener Ausgangspunkte in der Forschung der vergangenen Jahre in wesentlichen bestimmten Teilbereichen auch unter dem Stichwort ‚Lesbarkeit' abgehandelt wurde: Lesbarkeit, Verstehbarkeit bzw. Verständlichkeit und Schwierigkeit eines Textes sind somit Konzepte, die in der Forschung zunehmend zueinander in Bezug gesetzt, zum Teil sogar miteinander identifiziert worden sind. In der Tat haben einschlägige Arbeiten aufgrund sich überschneidender Ansätze und Methoden in wesentlichen Teilbereichen miteinander kompatible Ergebnisse gezeigt – insbesondere dann, wenn empirische, textanalytische Verfahren zur Bestimmung der sprachlichen Komplexität eines Textes angewendet wurden, die im Weiteren dann als Schwierigkeitsindex interpretiert und als Erklärung für mangelnde Lesbarkeit/Verständlichkeit herangezogen wurden.

In der Lesbarkeitsforschung wurden zahlreiche Verfahren entwickelt, wobei man heutzutage von mehr als 200 Faktoren und auf diesen aufbauenden Formeln ausgeht, um die Komplexität bzw. Schwierigkeit von Texten zu beschreiben. Den Ausgangspunkt dieser Forschungen stellen amerikanische Untersuchungen der 20er Jahre dar, in denen Verfahren zur Bestimmung der *lexikalischen Last* eines Textes diskutiert wurden; entsprechende Analysen hatten gezeigt, dass die Verständlichkeit eines Texts eng mit dem Vorkommen von häufig gebrauchten bzw. allgemein bekannten Wörtern in Beziehung steht:[4] So schlugen Lively & Pressey (1923) als erste ein Verfahren vor, durch Bezugnahme auf Wortfrequenzlisten die Vokabellast eines Textes zu berechnen. Nicht zu Unrecht sahen sie in ihrer Arbeit den Grundstein gelegt für den Nachweis der Effizienz statistischer Methoden zur Vorhersage von Textschwierigkeit. Interessant ist, dass sie in den Fällen, wo die lexikalische Schwierigkeit niedriger als erwartet war, auf den (von ihnen freilich nicht näher untersuchten) Faktor der syntaktischen Komplexität verwiesen, der offenbar den subjektiven Eindruck der Textkomplexität bedingte. Damit stand bereits ganz am Anfang der Forschung die Vermutung, dass Schwierigkeit eines Textes kein eindimensionaler, sondern vielschichtig verwobener Komplex ist, dessen Faktoren in den folgenden Jahren immer detaillierter unterschieden wurden. Als erste untersuchten Vogel & Washburne (1928) strukturelle Texteigenschaften und setzten diese zu empirisch erhobenen Einstufungen von Textschwierigkeit in Bezug; dabei legten sie

4 Heute wissen wir genauer, dass Bekanntheit und Frequenz zwei verschiedene, wenn auch eng miteinander zusammenhängende Kategorien sind, sowohl auf der Ebene lexikalischer (Köhler & Rapp 2007) als auch sprichwörtlicher Einheiten (Grzybek 2008; Grzybek & Chlosta 2008).

sprachliche Faktoren wie z.B. Satztyp, Wortschwierigkeit, Satzlänge u.a. zugrunde. Da eine Reihe dieser Faktoren statistisch signifikant miteinander korrelierten, reduzierten sie aufgrund der multiplen Korrelation die Gesamtanzahl der eingangs untersuchten Variablen wieder und integrierten diese in einer ersten Regressionsgleichung. Dieses Vorgehen sollte nachhaltig die Weichen für die Lesbarkeitsforschung der folgenden Jahrzehnte stellen, insofern es einerseits um die Erhebung möglicher Einflussgrößen, andererseits um deren Reduktion auf eine möglichst überschaubare Anzahl und die Ableitung handhabbarer, praxistauglicher Berechnungsverfahren gehen sollte.

Von nachhaltigem Einfluss sollten sich in dieser Hinsicht die Forschungen des Wiener Exil-Juristen Rudolf Flesch erweisen, der in den 40er Jahren aufgrund umfangreicher Forschungen verschiedene Lesbarkeitsformeln entwickelte und popularisierte; die heute wohl bekannteste ist die Berechnung der sog. Reading Ease (*RE*), die mit zwei Faktoren, Wortlänge (WOL) und Satzlänge (SAL), auskommt:

$$RE = 206.835 - (1.015 * SAL) - (84.6 * WOL) \qquad (1.1)$$

Flesch (1948) hatte diese Formel auf der Basis von Tests zum Textverstehen abgeleitet; deren Ergebnisse setzte er zu verschiedenen sprachlichen Indikatoren in Beziehung, die er schließlich auf WOL und SAL reduzierte. Nach Flesch, der die Formel (1.1) am amerikanischen Englisch erarbeitete, sollten die Werte von *RE* in der Regel zwischen 0 und 100 liegen, wobei ein kleiner Wert für *RE* als Indiz für maximal schwierige, ein großer Wert für leichte Texte anzusehen ist. Diese Formel wurde mittlerweile für viele Sprachen durch unterschiedliche Gewichtungen von WOL und SAL adaptiert (vgl. Rabin 1988); für das Deutsche dürfte die folgende Berechnung der Textschwierigkeit (TS) von Amstad (1978) die bekannteste sein:

$$TS = 180 - SAL - (58.5 * WOL) \qquad (1.2)$$

Gegenüber diesen – und vielen anderen – Lesbarkeits- und/oder Verstehbarkeitsformeln ist immer wieder Skepsis vorgebracht worden (vgl. Grotjahn 2000). Unter anderem wurde eingewendet, dass auf diese Art und Weise die Komplexität von Textschwierigkeit bestenfalls partiell erfasst werden könne, dass die Formeln theorielos und rein pragmatisch definiert seien, dass ihre Verwendbarkeit aufgrund der jeweiligen Sprachspezifik eingeschränkt sei, u.v.a.m. Bei aller Berechtigung verschiedener Kritikpunkte muss allerdings auch gesagt werden, dass neueste Forschungen, die das Konzept der Textschwierigkeit mit Ansätzen aus der Quantitativen Linguistik verbinden, einige der eingewendeten kritischen Punkte relativieren und damit auch das Konzept der Textschwierigkeit in neuem Licht erscheinen lassen. Auf eine ausführliche Diskussion muss an dieser Stelle jedoch verzichtet werden.

Machen wir stattdessen einen Sprung in die aktuelle Praxis und Anwendung von „Lesbarkeitsformeln“ und unterziehen die obigen Dummy-Items einem Verständlichkeitstest, wie er im Internet unter Bezugnahme auf die obigen Formeln als freie Anwendung angeboten wird, so etwa bei http://www.leicht lesbar.ch (im Folgenden: LL) und http://www.benutzerfreun.de/itext (weiterhin: BF). Im Ergebnis zeigen sich einige Überraschungen, insofern die Basisberechnungen von Wortanzahl, Silbenzahl und Satzlänge nicht nur zwischen beiden Anwendungen deutlich voneinander abweichen, sondern zudem beide einer Überprüfung nicht standhalten.[5]

Tabelle 3 führt die tatsächlichen Längen ebenso wie die von beiden Applikationen ausgegebenen Werte an: SAL1 ist die in der Anzahl der Worte, SAL2 die in der Anzahl der Silben pro Satz berechnete Satzlänge, WOL ist die in der Anzahl der Silben pro Wort berechnete Wortlänge. In Ergänzung dazu enthält Tabelle 3 die sich aufgrund der Formel (1.1) und (1.2) ergebenden Flesch-Werte (F) und Amstad-Werte (A); zusätzlich angeführt ist der weniger bekannte Schwierigkeitsindex T, der von Tuldava (1993, 1994) eingeführt wurde; dieser berechnet sich als einfaches Produkt aus der Wortlänge und der logarithmierten Satzlänge:

$$T = \text{WOL} * \text{LN}(\text{SAL}) \tag{1.3}$$

Zwar ist auch dieser Index nicht theoretisch abgeleitet, hat allerdings eine Reihe potentieller Vorteile (insbesondere die Tatsache, dass er ohne sprachspezifische Konstanten auskommt), was ihn für weiterführende Überlegungen im Hinblick auf eine in der Quantitativen Linguistik fundierte theoretische Begründung prädestiniert.

5 Unterschiede ergeben sich nur zum Teil aufgrund der unterschiedlichen Behandlung des stummen End-E in den beiden Applikationen; dies allein erklärt allerdings die Abweichungen und Fehler nicht, wobei exakte Angaben zur Silbenzählung entweder gar nicht angesprochen sind (http://www.benutzerfreun.de/itext, 17.4.2009) oder der entsprechende Link ins Leere führt (http://www.leichtlesbar.ch/html/faq+9.html, 17.4.2009).

SW-	SAL_1	SAL_2	WOL	F	A	T	SAL_1	SAL_2	WOL	SAL_1	SAL_2	WOL
Nr.							BF				LL	
1	6	7	1,1667	102,05	105,75	2,09	7	9	1,2857	6	7	1,1667
2	6	8	1,3333	87,95	96,00	2,39	7	11	1,5714	6	8	1,3333
3	7	9	1,2857	90,96	97,79	2,50	8	11	1,3750	7	9	1,2857
4	7	9	1,2857	90,96	97,79	2,50	8	11	1,3750	7	7	1,0000
5	7	12	1,7143	54,70	72,71	3,34	8	13	1,6250	7	11	1,5714
6	7	12	1,7143	54,70	72,71	3,34	8	13	1,6250	7	11	1,5714
7	7	13	1,8571	42,62	64,36	3,61	8	14	1,7500	7	12	1,7143
8	8	12	1,5000	71,82	84,25	3,12	9	14	1,5556	8	12	1,5000
9	8	12	1,5000	71,82	84,25	3,12	9	12	1,3333	8	12	1,5000
10	9	12	1,3333	84,90	93,00	2,93	10	14	1,4000	9	11	1,2222
11	9	15	1,6667	56,70	73,50	3,66	10	18	1,8000	9	15	1,6667
12	10	16	1,6000	61,33	76,40	3,68	11	16	1,4545	10	15	1,5000
13	10	15	1,5000	69,79	82,25	3,45	11	17	1,5455	10	15	1,5000
14	11	15	1,3636	80,31	89,23	3,27	12	19	1,5833	11	13	1,1818
15	12	13	1,0833	103,01	104,63	2,69	13	16	1,2308	12	13	1,0833
Σ	124	180					139	208		124	171	
ξ		12,00	1,46	74,91	86,31	3,05	9,27	13,87	1,50	8,27	11,40	

Tabelle 3: Satz- und Wortlängen und Schwierigkeitsindices der 15 Dummy-Sprichwörter

Wie in den zusammenfassenden Berechnungen zu sehen ist, wird immerhin die in der Anzahl der Wörter pro Satz gemessenen Satzlängen einheitlich korrekt gerechnet, wenn man von dem leicht korrigierbaren Fehler absieht, dass die Anzahl bei BF in jedem Satz genau um 1 erhöht ist. Gibt man alle 15 Dummies in Form eines bedingt als „homogen“ zu bezeichnenden „Pseudotextes“ ein, beläuft sich deshalb die Summe der Wörter bei LL korrekt auf $N = 124$, bei BF hingegen auf $N = 139$. Deutlich abweichend hingegen werden allerdings die Silben gezählt, deren Anzahl gemäß LL bei $N = 171$ und BF zufolge bei $N = 208$ liegt – im Vergleich zu $N = 180$ der authentischen Zählung. Aufgrund letzerer ergeben sich durchschnittliche Flesch- und Amstad-Werte von $\Phi = 74.91$ bzw. A = 86.31. Abbildung 2a zeigt den linearen Zusammenhang zwischen beiden Werten für die 15 Sprichwort-Dummies ($r > 0.99$, $p < 0.001$). Während dieser Befund mehr oder weniger so zu erwarten war, weist Abbildung 2b interessanterweise auch den Zusammenhang zwischen den A-Werten und den

Tuldava'schen T-Werten als linear aus ($r = 0.90$, $p < 0.001$), wobei der Durchschnittswert für den Tuldava-Index bei T = 3.05 liegt.

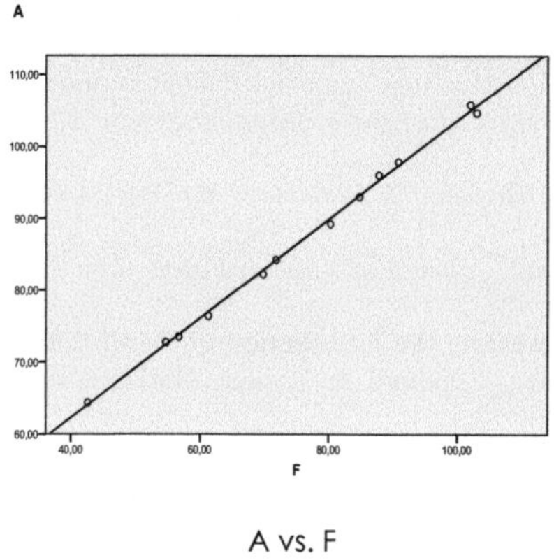

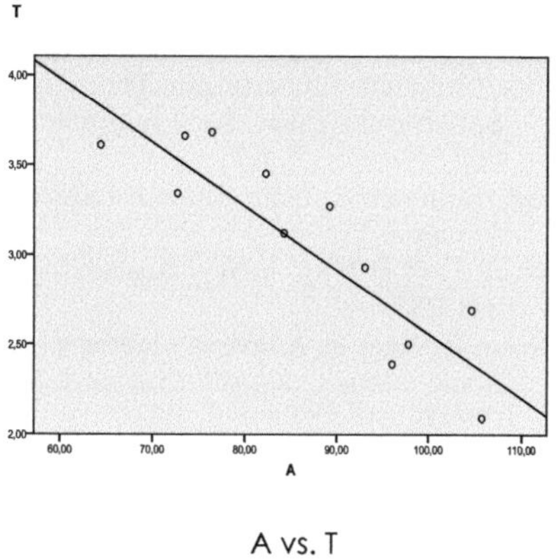

Abbildung 2a/b: Lineare Zusammenhänge zwischen Schwierigkeits-Indices

Diese Beobachtung öffnet weitreichende Perspektiven im Hinblick auf eine Neu-Begründung und theoretische Fundierung eines Index zur Einschätzung der Textschwierigkeit, die hier nicht weiter verfolgt werden können. Im vorliegenden Text wollen und müssen wir uns vielmehr auf die Schlussfolgerung beschränken, dass die Indexwerte der Textschwierigkeit sowohl für die authentischen als auch für die Dummy-Sprichwörter eindeutig in dem Bereich liegen, der üblicherweise als ‚sehr leicht' oder ‚extrem leicht' bezeichnet wird, und in dem Textsorten wie Werbetexte, Slogans u.ä. angesiedelt werden. Damit ist sichergestellt, dass die in das Experimental-Korpus zu Zwecken der Konsolidierung integrierten Dummy-Sprichwörter der sprachlichen Norm authentischer Sprichwörter entsprechen. Die weiteren Untersuchungen werden zeigen, ob auch diese Dummy-Sprichwörter auf einen gewissen Bekanntheitsgrad kommen; das sollte im Falle von Ganztext-Präsentationen durchaus zu erwarten sein – den Nageltest werden dann Teiltext-Präsentationen dieser Dummy-Sprichwörter darstellen.

Literaturverzeichnis

Amstad, Toni (1978), *Wie verständlich sind unsere Zeitungen?* Diss., Zürich.

Best, Karl-Heinz (2006), Sind Wort- und Satzlänge brauchbare Kriterien zur Bestimmung der Lesbarkeit von Texten? In: Wichter, Sigurd & Busch, Albert (Hrsg.) (2006), 21-31.

Chlosta, Christoph & Ostermann, Thorsten (2003), Überlegungen zu einer Laiendefinition des Sprichworts. *Proverbium International Yearbook of Proverb Scholarship* Vol. 20, 51-70.

Decker, Reinhold & Lenz, Hans-J. (eds.) (2007), *Advances in Data Analysis*. Berlin et al.: Springer.

Flesch, Rudolf (1948), A New Readability Yardstick. *Journal of Applied Psychology* 32: 3, 221-233.

Grotjahn, Rüdiger & Altmann, Gabriel (1993), Modelling the Distribution of Word Length: Some Methodological Problems. In: Köhler, Reinhard & Rieger, Burkhart (eds.) (1993), 141-153.

Grotjahn, Rüdiger (1982), Ein statistisches Modell für die Verteilung der Wortlänge. *Zeitschrift für Sprachwissenschaft* 1, 44-75.

Grotjahn, Rüdiger (2000), Determinanten der Schwierigkeit von Leseverstehensaufgaben: Theoretische Grundlagen und Konsequenzen für die Entwicklung des TESTDAF. In: Bolton, Sibylle (Hrsg.) (2000), *TESTDAF: Grundlagen für die Entwicklung eines neuen Sprachtests. Beiträge aus einem Expertenseminar*. Köln: VUB Gilde, 7-55.

Grzybek, Peter (2006), History and Methodology of Word Length Studies. The State of the Art. In: Grzybek, Peter (ed.) (2006), Contributions to the Science of Text and Language. Word Length Studies and Related Issues. Dordrecht, NL: Springer [Paperback ed. [2]2007], 15-90.

Grzybek, Peter (2008), Proverb Frequency and Proverb Familiarity: Two Faces of One Coin or False Friends? Paper presented at the International Congress of the European Society for Phraseology, Helsinki 2008 (To be published).

Grzybek, Peter & Schlatte, Rudi (2002), Zur Satzlänge deutscher Sprichwörter – Ein Neu-Ansatz. In: Piirainen, Elisabeth & Piirainen, Ilpo (Hrsg.) (2002), *Phraseologie in Raum und Zeit, Akten der 10. Tagung des Westfälischen Arbeitskreises »Phraseologie / Parömiologie« (Münster 2001)*. Baltmannsweiler: Schneider, 287-305.

Grzybek, Peter & Stadlober, Ernst (2007), Do We Have Problems With Arens' Law? A New Look at the Sentence-Word Relation. In: Grzybek, Peter & Köhler, Reinhard (eds.) (2007), 205-218.

Grzybek, Peter & Köhler, Reinhard (eds.) (2007), *Exact Methods in the Study of Language and Text. Dedicated to Professor Gabriel Altmann on the Occasion of His 75th Birthday*. Berlin / New York: Mouton de Gruyter.

Grzybek, Peter & Chlosta, Christoph (2009), Some Essentials on the Popularity of (American) Proverbs. In: McKenna, Kevin J. (eds.) (2009), 95-110.

Grzybek, Peter; Stadlober, Ernst & Kelih, Emmerich (2007), The Relation of Word Length and Sentence Length: The Inter-Textual Perspective. In: Decker, Reinhold & Lenz, Hans-J. (eds.) (2007), 611-618.

Grzybek, Peter; Kelih, Emmerich & Stadlober, Ernst (2008), The relation between word length and sentence length: an intra-systemic perspective in the core data structure. *Glottometrics* 16, 111-121.

Grzybek, Peter; Chlosta, Christoph & Grotjahn, Rüdiger (2009), *Empirische Sprichwortforschung: Methoden – Status – Perspektiven* (In print).

Hřebíček, Ludek & Altmann, Gabriel (eds.) (1993), *Quantitative Text Analysis*. Trier: wvt [= Quantitative Linguistics 52].

Köhler, Reinhard & Rapp, Reinhard (2007), Familiarity and frequency: A psycholinguistic application of synergetic linguistics. *Glottometrics* 15, 62-70.

Köhler, Reinhard & Rieger, Burkhart (eds.) (1993), *Contributions to Quantitative Linguistics*. Dordrecht, Boston, London: Kluwer.

Lively, Bertha A. & Pressey, S.L. (1923), A Method for Measuring the 'Vocabulary Burden' of Textbooks. *Educational Administration and Supervision* 9: 7, 389-398.

McKenna, Kevin J. (ed.), *The Proverbial „Pied Piper". A Festschrift Volume of Essays in Honor of Wolfgang Mieder on the Occasion of His Sixty-Fifth Birthday*. New York et al.: Lang.

Permjakov, Grigorij L. (1970), *Ot pogovorki to skazki. Zametki po obščej teorii kliše. Moskva* [Engl.: From proverb to folk-tale. Notes on the general theory of cliché. Moscow, 1979].

Tuldava, Juvan (1993), The Statistical Structure of a Text and its Readability. In: Hřebíček, Ludek & Altmann, Gabriel (eds.) (1993), 215-227.

Tuldava, Juvan (1994), Measuring Text Difficulty. *Glottometrika* 14, 69-81.

Simrock, Karl (1846, 1988), *Die deutschen Sprichwörter*. Stuttgart: Reclam.

Vogel, Mabel & Washburne, Carleton (1928), An Objective Method of Determining Grade Placement of Children's Reading Material. *The Elementary School Journal* 28, 373-381.

Wichter, Sigurd, & Busch, Albert (Hrsg.) (2006), *Wissenstransfer – Erfolgskontrolle und Rückmeldungen aus der Praxis*. Frankfurt am Main: Lang.

Wimmer, Gejza; Köhler, Reinhard; Grotjahn, Rüdiger & Altmann, Gabriel (1994), Towards a Theory of Word Length Distribution. *Journal of Quantitative Linguistics* 1: 1, 98-106.

Diagnostisches mehrsprachiges Schreiben – ein Verfahren zur Identifikation und Förderung von Mehrsprachen- und Lernkompetenz

Franz-Joseph Meißner

Rüdiger Grotjahns weit gespannte Interessen umfassen auch die *Lernersprache* (1982), die rezeptiven Kompetenzen des Lesens und des Hörverstehens (2000, 2005) und die Lernstrategienforschung (1998). Das sich hier ausspannende Interessensnetz lässt sich unschwer zu Fragen der Interkomprehensionsdidaktik hin verlängern. Der Grund für diese Verbindung besteht darin, dass interkomprehensive Ansätze Lernersprache und rezeptive Kompetenzen *in statu nascendi* erfassen und zudem als eine *multi language and learning awareness raising strategy* gelten müssen (Meißner 2005, 2009). Schon diese Bemerkungen deuten, wie vielfach gesagt, an, dass in der Mehrsprachigkeitsdidaktik entwickelte Verfahren auch den ‚regulären' Fremdsprachenunterricht bereichern.

1. ‚Diagnostisches mehrsprachiges Schreiben'. Was ist das?

Allein die zweigliedrige Formel ‚diagnostisches Schreiben' ist keine in der Fremdsprachendidaktik übliche Begrifflichkeit. Dies gilt natürlich erst recht für die dreigliedrige Komposition diagnostisches mehrsprachiges Schreiben (hinfort DMS) (Meißner 2008). Was nun hat es damit auf sich?

1.1 Zur Herleitung des Begriffs: seine Wurzeln in der Praxis

Natürlich kannte man Schreiben zum Zweck der Erfassung des Kenntnisstandes *avant la lettre*, verfolgen doch die verschiedenen Formen des Schreibens seit jeher formative und summative Funktionen: Schreiben in der Zielsprache zur Fixierung von Regularitäten; im Rahmen der Grammatik-Übersetzungsmethode; zur Kontrolle von Anwendungskompetenz grammatikalischer Regeln; zum Zwecke der komplexen (Re)konstruktion von Zielsprache, d. i. als Zusammenfügung unterschiedlicher sprachlicher Elemente gemäß grammatikalischer und lexikalischer Regularitäten; zur Ausbildung und Kontrolle der produktiven Fertigkeit; innerhalb enger Aufgabenformate zum Zweck der Memorisierung und der Routinenbildung; schließlich das freie und das ‚kreative Schreiben' usw. Wie ein rascher Blick auf die Methodengeschichte des Fremdsprachenunterrichts belegt, spielt das Schreiben mit unterschiedlichen Begründungen und Zielen seit jeher seine Rolle. Jede über das Schreiben verlaufende Lernerfolgsüberprüfung soll ja implizit oder explizit zunächst feststellen, über welches zielsprachliche Wissen ein Lerner verfügt und was er noch lernen muss – und ist damit fast immer diagnostisch: Stets ist es notwendig, Defizienzen im Sinne der Beherrschung eines zielsprachlichen Normtyps aufzudecken und die weitere Lernstrecke festzulegen. Dass nicht nur in der Schule übliche Prüfungspraxen traditionell überstark das Schreiben heranziehen, ist bekannt.

1.2 Schreiben und Normen

Schreiben im Fremdsprachenunterricht meinte lange und naiv ‚richtig Schreiben' im Sinne der Zielsprache. Die simplifizierende Definition blendet die Schreib- und Spracherwerbsprozesse aus. Die Fremdsprachendidaktik hat dies vor Jahrzehnten in der Diskussion um den Normbegriff des Fremdsprachenunterrichts erkannt (Königs 1983) und seither differenzierende Positionen entwickelt.

Traditionell folgt der Fremdsprachenunterricht einer mehr oder weniger präskriptiv- oder deskriptiv-linguistischen, an der Zielkultur orientierten Norm, deren Regeln ein Lerner internalisieren soll. Sie ist als Orientierungsmerkmal – *native speaker* – weiterhin gültig. Der Normbegriff lässt sich jedoch auch ‚interkulturell' angehen: Hier legt ein Lernziel fest, welche kommunikativen Funktionen in der Zielsprache angestrebt werden und wie weit bzw. breit die Progression reichen soll. Dabei behält der Lerner explizit seine ausgangskulturelle Identität bei; die Orientierung am nativen Sprecher wird stark abgemildert oder aufgegeben. Des Weiteren kann die Norm im Hinblick auf ein konkretes pädagogisches Ziel (Spracherwerb, Norm des Klassenraums, konkreter Ausschnitt der zielsprachlichen Progression) fixiert werden.

Alle Normbegriffe stehen in engem Verhältnis zu zielsprachlichen Verwendungsweisen und werden in *actes de parole* manifest. Sie sind Ausdruck eines Spannungsfeldes, das sich zwischen dem System einer Sprache, ihrem Gebrauch und ihrer zielkulturellen Norm ausmachen lässt. Selbstredend ist die auf Coseriu (1952) zurückgehende Trias – *sistema, norma, habla* – im Fremdsprachenunterricht anders zu deuten, denn hier geht es ja zunächst einmal weniger um Kommunikation an sich, denn um individuelles und gesteuertes Zielsprachenwachstum. Dennoch sind Systematizität, Normpräskription und Redeweisen auch im fremdsprachlichen Lernraum präsent; selbst wenn die dort produzierte ‚Zielsprache' in deren Diaregister keine wirkliche Entsprechung hat (Abel 1981). Alle Sprechweisen haben eines gemeinsam: Sie sind systemisch. So auch die Lernersprache, von der im Weiteren zu reden sein wird. Sie zeigt jedoch Spuren *mehrerer* einem Individuum verfügbarer Sprachsysteme, ist hoch dynamisch, von einem oft ignorierten Lernweg determiniert und idiolektisch.

DMS visualisiert lernersprachliche Konstrukte, die von einer zielsprachlichen Norm (welcher auch immer) solange entfernt bleiben sollen, wie sie nicht als Ausdruck einer konkreten Progressionsabsicht in einer Zielsprache zu gelten beanspruchen. Es geht also beim DMS allein um die Identifikation relevanten mehrsprachlichen Vorwissens, das allerdings für die Lerndiagnose und für den

Lernfortschritt in einer konkreten Zielsprache eine zentrale Rolle spielt, denn das Vorwissen und seine pädagogische Berücksichtigung gelten zumindest seit Ausubel (1968: vi) als einer der stärksten Einzelfaktoren für erfolgreiches Sprachenlernen.

1.3 Psycholinguistische Verankerung von DMS in der individuellen Mehrsprachigkeit und fremdsprachliche Lernförderung

Bekanntlich erfährt die ‚Spreche' von Kindern in den ersten Lebensjahren ihre Prägung durch die Prinzipien von Kreativität und Systematizität (Butzkamm & Butzkamm 1999): Kinder entwerfen und probieren Sprachhypothesen aus, sind dabei erstaunlich erfinderisch, aber bleiben innerhalb einer Systematizität, wie sie diese zu einem gegebenen Zeitpunkt internalisiert haben. Durch die Überprüfung und Modifizierung der Hypothesen entdecken sie sprachliche Regularitäten und deren Grenzen. So verfeinern und erweitern sie ihre sprachliche Kompetenz, wobei ihre Kreativität durch den von der Umgebung praktizierten Gebrauch gelenkt, aber auch begrenzt wird. Schließlich greift die Schule in den kindlichen Idiolekt ein, indem sie die Kinder mit einer mehr oder weniger verbindlichen normativen Sprachform bekannt macht und deren Beherrschung in einem langen Prozess der Erziehung einfordert.

Erwerber einer zweiten oder dritten Fremdsprache verfügen bereits über zumindest ein hoch entwickeltes sprachliches System, über das sie die Welt auf Begriffe zu bringen gewohnt sind. Hierneben steht ihnen ein zweites und/oder drittes System weitgehend zur Verfügung. Was den Zielsprachenerwerb angeht, so haben sie grundsätzlich zwischen zwei Erwerbswegen die Wahl: Sie können sich der Sprache dort intensiv aussetzen, wo diese die unterschiedlichen kommunikativen Bedürfnisse der Zielgesellschaft realisiert, wobei sie sich der Unterstützung durch zahlreiche kompetente Sprachpartner und vieler Sprechsituationen sicher sein dürfen. Sie können aber auch zu einem Lehrwerk – französisch *méthode* – greifen, das sie in die Zielsprache ‚einführt', ohne die soziale Unterstützung kompetenter Sprecher gewähren zu können. Im Lehrwerk begegnet die Zielsprache pädagogisch aufbereitet, im Sinne eines Sprachcurriculums geordnet, also ‚lernbar'. Allerdings entsprechen weder die Erklärungen noch die Reihenfolge der Elemente immer den internen Spracherwerbsregulatoren der Lerner; oft bleiben die eigentlichen Fragen unbeantwortet, die ein Lerner bei der Aneignung der Zielsprache entwickelt, hingegen werden Fragen beantwortet, die nicht gestellt wurden. Derlei wurde im Gefolge der *teachability*-Hypothese vielfach diskutiert (Pienemann 1989). Zudem ergibt sich eine *Non-Interface*-Problematik zwischen den Kategorien des deklarativen und prozeduralen Wissens: Was man weiß, kann man eben noch lange nicht! Letztlich transportieren ein Lehrwerk oder eine Grammatik immer nur einen Ausschnitt des zielsprachlichen Diaregisters zu den Lernern. Darüber hinaus können diese beide Ansätze miteinander mischen – etwa mit Hilfe einer *méthode*

grundlegendes Wissen aufbauen und dieses durch ‚Sprachbäder' erproben und weiterentwickeln. Im Idealfall kontrollieren sie autonom das eigene zielsprachliche Wachstum und unterstützen es durch den Einsatz entsprechender Strategien bzw. durch die vielfältigen Praxen zielbezogenen Lernverhaltens.

Welchen Erwerbsweg die Lerner auch einschlagen, sie kommen nicht umhin, die Zielsprache immer wieder auf jene kognitiven Schemata zu beziehen, die ihnen bereits zur Verfügung stehen. Die Rolle der Ausgangssprache(n) und der von ihr/ihnen gelieferten Schemata umfasst vor allem zwei Funktionen: Zum einen korrespondiert sie mit der Frage nach den Enkodationsbedürfnissen, wobei die vertrauten Gebräuche der Ausgangssprache(n) als Vergleichsfolie dienen. Ein Beispiel: Was heißt auf Spanisch ‚Sie verwöhnen mich' als verbale Reaktion auf die Überreichung eines kleinen Geschenks? Zum anderen taucht regelmäßig das Bedürfnis der Disambiguierung zielsprachlicher Formen und Funktionen auf: Drückt sp. *mimar* ‚verwöhnen' all die sozialen Funktionen aus, die in dt. (a) ‚Sie verwöhnen mich', (b) ‚lassen wir uns verwöhnen', (c) ‚Maria verwöhnt ihren Sohn sträflich' entsprechen? Wo wären die Gebrauchsunterschiede zwischen frz. *gâter* und sp. *mimar*? Fasst *mimar* auch das Anwendungsfeld von *dorloter*? Oder entspricht *mimar* etwa gar nur *dorloter*? Hat *mimar* Bedeutungen und Anwendungen, die von den deutschen und französischen Mustern abweichen? DMS kann solche Lernerfragen, die sich aus bekannten Schemata verschiedener Sprachen ergeben, sichtbar machen. Der Klassenraumdiskurs kann sie analysieren und weiterführen.

Wohl alle lernersprachlichen Analysen im Bereich der zweiten romanischen Fremdsprache belegen, dass Lerner auf die ihnen disponiblen ‚Transferbasen' zurückgreifen[1], um Kompetenzen in der Zielsprache aufzubauen. Als Regel lässt sich formulieren: Wessen mentales Lexikon bereits mehrsprachig ist, der wird seine disponible Mehrsprachigkeit nutzen, wenn er sich anschickt, eine weitere Fremdsprache zu erwerben, erst recht wenn diese einer Familie angehört, von der ihm bereits eine Sprache bekannt ist. Allerdings zeigen empirische Analysen, dass Novizenlerner nur unzureichend in der Lage sind, ihr vorhandenes Lern- oder Transferpotential zu nutzen. Sie müssen erst ‚lernen', es zu entdecken (Bär 2009).

1.4 Die pädagogische Passung und das mehrsprachige mentale Lexikon

Unter ‚Passung' versteht man in den Wissenschaften vom Lernen die Auswahl und Anpassung eines Inputs an die Erreichbarkeit durch Lerner, so dass sie diesen zu Intake im Sinne der Lehrabsicht machen können. Der Begriff ist in der Fremdsprachendidaktik bislang nicht wirklich heimisch geworden. Nahe kommt ihm Vygotskys (1934) Theorie der *Zone of proximal development* (ZPD).

1 Dies betont auch Selinker, der oft als Vater des Konzepts der Lernersprache (*interlanguage*) bezeichnet wird (De Angelis & Selinker 2001).

Demzufolge sollen die Anforderungen an Lerner knapp oberhalb dessen liegen, was sie ohne Hilfe erreichen können. Auf *scaffolding* basierte Lernverfahren gehen von der ZPD aus. Im Rahmen der Kompetenzdiskussion wird *Passung* auch im Zusammenhang mit Aufgabenformaten genannt. So müssen Aufgabenformate auch die ‚psycholinguistische Passung' berücksichtigen (Meißner 2006). Doyé (2006: 15f.) erörtert die Bedeutung der Passung für den interkomprehensiv basierten Fremdsprachenerwerb in Auseinandersetzung mit den Lernpsychologen Heckhausen (1974) und Ausubel (1968). Er gelangt zu dem Schluss: „Die für die Schule wichtigste (Bedeutung der Passung, Meißner) ist, dass nicht alle Mitglieder einer Lerngruppe über einen Kamm geschoren werden." Genau das aber tut ein Unterricht, der einseitig an einem Sprachcurriculum ausgerichtet ist. Er ignoriert, dass Spracherwerb immer nur individuell durch Faktoren bestimmt wird, die außerhalb jeder Grammatikographie bleiben. Daher muss auch die Lernerdiagnostik eine Individualdiagnostik sein. Dies betrifft bei mehrsprachigen Lernern auch das Lernen ‚zwischen' Sprachen und sprachlichen Varietäten, welche die Mehrsprachigkeit eines Individuums bilden.

1.5 Das ‚Zwischen-Sprachen-Lernen' und DMS

Die mentalen Lexika der Lerner romanischer Sprachen sind zumeist mehrsprachig. Erfahrene Sprachenlerner wissen in der Regel, *zwischen* den ihnen bekannten Sprachen zielführende bzw. transfergenerierende Vergleiche durchzuführen. Über die Identifikation (teil)analoger Strukturen optimieren sie ihren *Intake*. Die Interkomprehensionsdidaktik spricht in Anlehnung an Sharwood Smith (1993) von „input enhancement". Das ‚Zwischen-Sprachen-Lernen' impliziert, dass Lerner Kriterien entwickeln, die ihr weiteres Lernverhalten steuern. Sie betreffen sowohl plurilinguales als auch didaktisches Wissen. Das Monitoring hat ein weiteres wichtiges Charakteristikum: Es führt zu Nachhaltigkeit, denn gute Vergleicher nutzen ihre Fähigkeit immer dann, wenn Sprachen- und Lernfragen implizit an sie herangetragen werden. Das Monitoring hat in diesem Sinne Züge von langfristigen Lernverhaltensattitüden. Es lässt sich nicht ‚abschalten' und stellt sich mit neuen Stimuli stets erneut ein. Lernkompetenz (entwickeln) ist ein Kontinuum und es wächst im Falle von Sprachenlernkompetenz stark, weil Sprachen unserer Umgebung angehören. Allerdings bleiben Sprachen stumm, wenn wir nur eine von ihnen kennen, wie Goethe lehrt: „Wer fremde Sprachen nicht kennt, weiß nichts von seiner eigenen." (1973: 508).

Vor diesem Hintergrund hat die Interkomprehensionsdidaktik die traditionelle Transfertypik erheblich differenziert und erweitert (Meißner 2007). Hier genügen Hinweise auf die Begriffe *Identifikationstransfer von (a) Bedeutungen, (b) Formen und (c) sprachlichen Funktionen, Produktionstransfer von Bedeutungen, Formen und Funktionen, pro-aktiver Transfer* (von einer Brückensprache zur Zielsprache), *retro-aktiver Transfer* (von der Zielsprache zurück auf eine oder mehrere Brückensprachen), *intralingualer brückensprachlicher und zielsprachlicher Transfer* sowie *interlingualer Transfer*. Die erweiterte Transfertypik hat die vorrangige Funktion, die Konstruktion von Transferaufgaben zu optimieren. Selbstverständlich umfassen die verschiedenen Transfertypen alle lernrelevanten Bereiche sprachlicher Architekturen: *Lexik, Morphemik, Phonetik, Phonologie, Graphien* (Doyé 2006). Transfereffekte lassen sich des Weiteren nicht nur auf das sprachliche Material beziehen, sondern betreffen auch Lernerfahrungen bzw. die Lernsteuerung und Lernstrategien, wie sie sich etwa schon in Oxfords (1990) *Strategy Inventory for Language Learning* vorfinden lassen und wie sie die Interkomprehensionsdidaktik erweitert hat. Die Interkomprehensionsdidaktik spricht vom *didaktischen Transfer*, d.h. der Übertragung von Lernwissen auf neue Lernsituationen.

Die vorausgehenden Beobachtungen haben gezeigt, weshalb das diagnostische Schreiben mehrsprachig fassen muss, wenn es seine lernfördernde Funktion entfalten und das lernrelevante mehrsprachliche Vorwissen zur Anschauung bringen will. Es zielt darauf ab, das den Lernern disponible Transferpotential in den Bereichen Sprachen und Lernen verfügbar zu machen. Es will Novizenlernern helfen, Expertenlerner zu werden.

2. Anwendungsfelder des diagnostischen mehrsprachigen Schreibens

Mit den obigen Bemerkungen sind die Anwendungsfelder des DMS bereits vorgezeichnet.

2.1 Das DMS als Mittel zur Transferbasenidentifikation bei jungen Lernern

Kinder beginnen schon früh, über Sprache nachzudenken (Kolb 2007: 253) und Sprachen miteinander zu vergleichen. Schon früh begegnen intralinguale Transferprozesse: Analogien bzw. Transferbasen werden erkannt. Bei der Begegnung einer weiteren Sprache werden Ähnlichkeiten zwischen Sprachen entdeckt. Allerdings fördern ‚monolinguale' Methoden des Muttersprachen- und Fremdsprachenunterrichts das Vergleichen zwischen Sprachen so gut wie nicht. Daher bleibt das ‚Zwischen-Sprachen-Lernen' bis heute eine im Grunde übersehene Dimension des Fremdsprachenunterrichts; selbst wenn sich immer wieder vereinzelt historische Ansätze für das ‚Mehrsprachenlernen' anführen lassen. Mit der Fixierung auf das Deutsche leiten sie kaum zu einer mehrere Sprachen umfassenden Sensibilisierung an (vgl. Luchtenberg 2003).

Dabei kann interlinguale Transferförderung schon früh Platz greifen, z.B. anhand des in der interkomprehensiven Reichweite deutschsprachiger Kinder liegenden Niederländischen:

Tokio Hotel is een poprock-band uit Magdeburg (Duitsland)
Tokio Hotel ist eine Poprock Band aus Magdeburg (Deutschland)
Tokyo Hotel is a pop-rock Band from Magdeburg (Germany)
Tokyo Hotel est un groupe pop-rock de Magdebourg (Allemagne)
Tokyo Hotel es un grupo pop-rock de Magdeburgo (Alemania)

Anwendungsbeispiel: Bereits anhand dieser nur acht Lexeme umfassenden Parallelsätze können Kinder Vergleiche anstellen, die zur Konstruktion einer mehrsprachigen ‚Hypothesengrammatik' führen. Hierbei protokollieren sie ihre Entdeckungen (interlinguale Regularitäten und Korrespondenzbrüche). Gegenstände des Vergleichs sind die Graphien, die Formen des unbestimmten Begleiters (*een, eine, a, un, un*), die Genusdifferenz (*un groupe, un grupo # eine Gruppe*); die prä- oder postdeterminierte Stellung des Epitheton (*een pop-rock-band # un groupe pop-rock*), starke und schwache Formunterschiede auf der Signifikantenebene (*uit, aus # from, de*). Kinder entdecken damit für das Sprachenlernen nützliche Kategorien, die die zielführende Bildung weiterer Sprachen- und Lernhypothesen lenken. Zugleich entwickeln sie Sensibilität gegenüber Graphien bzw. Orthographien und Varietäten: *Gruppe, group, groupe, grupo;* nl. *een* und niederdt. *een (een ball)* oder ähnlich. Ebenso wichtig sind die sich stellenden Fragen. Etwa: „Hat das Holländische auch ein *der, die das?*".

Ein weiteres authentisches Beispiel für kindliches interlinguales Vergleichen: Der *road-runner* ‚Wegeläufer' ist ein im amerikanischen Westen anzutreffender prächtiger Vogel, der mehr läuft als fliegt. Im Französischen heißt er *coureur des routes*; ein deutsch-französisch bilingual aufwachsender Fünfjähriger ‚übersetzt' *road-runner* mit „*Routerenner*". Zur Reichweite der Operation: Frz. *route* ist ihm der Form nach aus *Reiseroute, eine Route wählen* bekannt. Das Suffix *-er* in *Renner* deutet auf einen Agens: *Kocher, Bäcker, the French chief-cooker, hammer...* Ist die Kategorie Agens begriffen, so werden auch die romanischen Entsprechungen transparent: *boulanger, historiador, panadero/ pastelero.* Die Erkenntnis hat Auswirkungen auf das Verstehen von Satzbauplänen.

Mehrsprachige Interlinearversionen erlauben es, interlinguale Entsprechungen in bekannten Fremdsprachen zu kontrastieren, wobei die Kinder von der bekannten zur weniger bekannten Sprache vorgehen. Lakunen werden im Sinne des *intelligent guessing* ‚konstruiert' oder mit Hilfe der Lehrperson gefüllt. Sind die Texte einmal in mehreren Sprachen ‚produziert' und verglichen, so werden Umstrukturierungen möglich. Neben die Erwerbsstrategie *Komposition* treten nun *Dekomposition* und *Rekonstruktion*: Dies geschieht z.B., wenn mit Fragepronomina gearbeitet wird: *Where does the band come from? Uit Magdeburg; D'où vient le groupe? De Magdebourg; w**o** kommt die Band* ***her****?/w**oher** kommt die Band?/* regional: ***wo*** *tut die Band* ***her****kommen?*

***her**?/**woher** kommt die Band?/* regional: ***wo** tut die Band **her**kommen?* Sprachhypothese zu nl. *Van wo komt het band?,* sp. *¿De dónde viene el grupo?.* In Richtung ‚vom Lesen/Schreiben zum Sprechen' ist die Überprüfung der Aussprache und ein Abgleich zwischen Orthographie und Orthoepie möglich.

Das DMS erlaubt es jungen Lernern, fremde Sprachen ‚auszuprobieren' und sich für Transferprozesse zu sensibilisieren. Die hier vorgestellten Verfahren gehen deutlich über das hinaus, was die herkömmliche *language awareness*-Arbeit des Deutschunterrichts oder die Portfolio-Arbeit mit Grundschülern bietet.

2.2 Das DMS zur Identifikation des lernrelevanten lingualen Vorwissens

Der Einsatz des lernrelevanten Vorwissens gilt, wie bereits gesagt, seit Jahrzehnten als einer der wichtigsten Faktoren für den Lernerfolg. Doch sind Novizenlerner (noch) nicht in der Lage, das vorhandene Wissen zielführend auf neue Lernaufgaben einzusetzen. DMS ist daher auch im Sekundarstufenunterricht eine Lehr- / Lernstrategie zur Identifikation möglicher Transferbasen. Mit Nold, Haudeck & Schnaitmann (1997) ist daran zu erinnern, dass Lernkompetenz nicht punktuell und vereinzelt wirkungsvoll gefördert werden kann, sondern dass es zu ihrer Nachhaltigkeit der regulären Praxis implizierter und explizierter Maßnahmen bedarf.

Anwendungsbeispiel im Bereich des Unterrichts einer zweiten oder dritten Fremdsprache: Bei der Bearbeitung von Interkomprehensionstexten werden systematisch alle einem Lerner zugänglichen Transferbasen in den verschiedenen Sprachen notiert. Dies betrifft neben den didaktischen vor allem lexikalische (*progrès, Progress, progress, progreso*), semantische (*progrès, Fortschritt*), morphematische (*narrateur, narratore, narrator* bzw. *boulanger, peluquiero, baker*; *explicitement, explicitamente*) und syntaktische Transferbasen (Relativpronomen und Satzstrukturierung: *der/die/das, who/whom/that, qui/que/ quien/que, lequel, il cuale, el cual, ce que, lo que…*).

Das interkomprehensiv identifizierte Material kann zur Erstellung von Texten in verschiedenen Sprachen herangezogen werden. Während des Schreibvorgangs in verschiedenen Sprachen, der sich eng an eine Vorlage anlehnt, halten die Lerner alle ihre Fragen fest, die sie bezüglich der Norm der einen oder anderen Sprache entwickeln. Auf diese Weise zeichnen sie bereits ihr weiteres konkretes Lernverhalten vor. Die Unterrichtssteuerung nimmt selbstverständlich diese Notizen und Fragen auf, um sie zu diskutieren und Sprachhypothesen zu disambiguieren. In den spät gelernten zweiten romanischen Sprachen benötigen die Lerner, dies sei schon hier gesagt, Grammatiken und Materialien, die kontrastiv beschreiben, wobei sich Erklärungen an der Fragereichweite der Lerner orientieren. So sichern sie pro- und retroaktive Transferprozesse. Leider bestehen solche Materialien zurzeit (soweit ich sehe) noch nicht.

2.3 Das DMS als Strategie zur Identifikation und Förderung von (auto)didaktischer Kompetenz (z.B. im ESP)

Die empirische Lernforschung hat der Bedeutung von kognitiven und metakognitiven Strategien in den letzten Jahrzehnten erhebliche Aufmerksamkeit geschenkt. Das Europäische Sprachenportfolio (ESP) steht im Einklang mit dieser Entwicklung. Der Vergleich vorhandener Portfolio-Muster zeigt jedoch, dass die internen Fragebögen vor allem auf sprachbiographische Daten und durchaus auch auf Lernstrategien zielen. In der Regel initiieren sie aber kaum Aufmerksamkeit für die lernerseitigen Sprachverarbeitungsprozesse im Abgleich mit konkreten Lern- und Sprachhypothesen, wie sie sich bei der Beschäftigung mit der Zielsprache auf der Folie des relevanten Vorwissens einstellen. Dies ist in unseren Augen ein schwerer Steuerungsfehler, da sich Kompetenzen nur in der konkreten Auseinandersetzung mit einem Lerngegenstand entfalten lassen. Gerade bei der Zusammenschaltung von Sprachenverarbeitungs- und Lernprozess- sowie didaktischen Steuerungsdaten konkretisiert sich das Anwachsen an Sprachenlernkompetenz. Das DMS findet hier zwei konkrete Anwendungen, welche auf verschiedenen Ebenen ablaufen:

- Auf kognitiver Ebene werden bei der Produktion komplexer Anwendungen (die über die Einwortgrenze deutlich hinausgehen) Regularitäten aus verschiedenen Sprachen aktiviert, erprobt und überprüft. Die Vorauswahl der zu verwendenden Elemente sollte so sein, dass Produktion in der (noch) nicht wirklich bekannten Zielsprache möglich ist. Dies betrifft vor allem den Wortschatz und die Morphemik (es sollten Satzteile identifizierbar bleiben).
- Auf der metakognitiven Ebene protokollieren die Lerner ihre Lernprozesse. Dies geschieht in einer Sprache ihrer Wahl. Die Lernverhaltensprotokolle dienen zur Diskussion im Unterricht.

2.4 Das DMS im Rahmen des interkomprehensiv basierten Unterrichts einer zweiten (romanischen) Fremdsprache

Aus wohl allen dokumentierten Fällen von im Rahmen des Interkomprehensionsansatzes entwickeltem ‚Mehrsprachenunterricht' ergibt sich das Desiderat einer konsequenten Umstellung des herkömmlichen Sprachcurriculums der romanischen Tertiärsprachen zugunsten von interkomprehensiven Verfahren, die das Vorwissen der Lerner möglichst systematisch nutzen. Sein wesentliches Kennzeichen ist die Ablösung einer Progression, die alle Teilfertigkeiten in gleichem Maße ‚fördert' und zugleich ausbremst zugunsten eines Musters, das die von Anfang an gegebene höhere Kompetenz in den rezeptiven Fertigkeiten ausnutzt, um von hierher die Progression aufzubauen. Ein solches Verfahren multipliziert den komprehensiblen Input und die Quantität der (mental) verarbeiteten Sprachdaten. Es setzt zugleich auf die Förderung der Selbststeuerungskompetenz. Die konkrete Progression geht dabei von den zielsprachlichen Fragen der Lerner bzw. ihrer Hypothesengrammatik aus. DMS gewinnt hier als Komplement des Leseverstehens von vornherein eine besondere Funktion, indem es im Sinne des *comprehensible output* (Swain 1985) die Aufgabe der Festigung des Sprachwissens bewirkt. Zugleich übernimmt das Schreiben in der noch zu erschließenden Zielsprache von vornherein eine konkrete Sprachfestigungs- und -erwerbsfunktion.

En guise de conclusion: Erfahrungen mit mehrsprachigem Schreiben

DMS ist ein Novum. Entsprechend gering sind vorliegende Erfahrungen, geschweige denn empirische Forschungen. Im WS 2008/2009 wurde DMS an der Universität Gießen mit ca. 30 Studierenden der Romanistik im Rahmen eines einschlägigen Seminars ‚ausprobiert', um Hypothesen für empirische Arbeiten zu gewinnen. Als Hausarbeit bekamen die Teilnehmerinnen die Aufgabe, nach fünf Interkomprehensionssitzungen in einer von ihnen gewählten, nicht formal erlernten romanischen Sprache, DMS auszuprobieren. Das Mitteilungsmotiv lieferte die Argumentenstruktur des Textes, den es nach zeitlichem Abstand zur interkomprehensiv basierten Rezeption zu ‚rekonstruieren' galt. Die bisher (09.04.2009) eingegangenen Rückläufe bestätigen den lerndiagnostischen Wert von DMS. Es zeigt sich, dass das Schreiben noch genauer als die bloße Rezeption dazu zwingt, Transferbasen anzuwenden und Sprachhypothesen zu überprüfen. Grund genug, DMS in künftige Interkomprehensionsforschung einzubeziehen.

Literaturverzeichnis

Abel, Fritz (1981), Die Zielsprache des Fremdsprachenunterrichts. In: Dietrich, Wolf & Geckeler, Horst (Hrsg.) (1981), *Logos Semantikos III. Studia linguistica in honorem Eugenio Coseriu, 1921-1981.* Berlin et al.: de Gruyter, 7-18.

Ausubel, David P. (1968), *The Psychology of Meaningful Verbal Learning.* New York: Grune & Stratton 1963.

Bär, Marcus (2009), *Förderung von Mehrsprachigkeit und Lernkompetenz. Fallstudien zu Interkomprehensionsunterricht der Klassen 8 bis 10.* Tübingen: Narr (im Druck).

Butzkamm, Wolfgang & Butzkamm, Jürgen (1999), *Wie Kinder sprechen lernen. Kindliche Entwicklung und die Sprachlichkeit des Menschen.* Tübingen/Basel: Francke Verlag.

Coseriu, Eugenio (1952), *Sistema, norma y habla. Teoría del lenguaje y lingüística general. Cinco estudios.* Madrid: Gredos (1971; 3a ed.).

De Angelis, Gessica & Selinker, Larry (2001), Interlanguage Transfer and Competing Linguistic Systems in the Multilingual Mind. In: Cenoz, Jasone; Hufeisen, Britta & Jessner, Ulrike (eds.) (2001), *Cross-linguistic Influence in Third Language Acquisition.* Clevedon: Multilingual Matters, 42-58.

Doyé, Peter (2006), Allgemein-pädagogische Aspekte einer Didaktik der Interkomprehension. In: Martinez, Hélène & Reinfried, Marcus (Hrsg.) (2006), *Mehrsprachigkeitsdidaktik gestern, heute und morgen. Festschrift für Franz-Joseph Meißner zum 60. Geburtstag.* Tübingen: Narr, 13-26.

Goethe, Johann Wolfgang von (o.J.), *Goethes Werke*. Hamburger Ausgabe. München: Beck 1973 (7. überarb. Aufl.) Bd. XII.

Grotjahn, Rüdiger (1982), Quantitative Analyse von *interlanguage*. In: Kühlwein, Wolfgang & Raasch, Albert (Hrsg.) (1982), *Stil: Komponenten-Wirkungen. II: Kongreßberichte der 12. Jahrestagung der GAL, Mainz 1981*. Tübingen: Narr, 87-91.

Grotjahn, Rüdiger (1998), Lernstile und Lernstrategien: Definition, Identifikation, unterrichtliche Relevanz. *Der fremdsprachliche Unterricht – Französisch* 34: 6, 11-16.

Grotjahn, Rüdiger (2000), Determinanten der Schwierigkeit von Leseverstehensaufgaben: Theoretische Grundlagen und Konsequenzen für die Entwicklung von TESTDAF. In: Bolton, Sybille (Hrsg.) (2000), *TESTDAF: Grundlagen für die Entwicklung eines neuen Sprachtests. Beiträge aus einem Expertenseminar*. München: Goethe Institut, 7-56.

Grotjahn, Rüdiger (2005), Testen und Bewerten des Hörverstehens. In: Ó Dúill, Micheál, Zahn; Rosemary & Höppner, Kristina D. C. (Hrsg.) (2005), *Zusammenarbeiten. Eine Festschrift für Bernd Voss*. Bochum: AKS-Verlag, 115-144.

Heckhausen, Heinz (1974), Förderung der Lernmotivierung und der intellektuellen Tüchtigkeiten. In: Roth, Heinrich (Hrsg.) (1974), Begabung und Lernen. Stuttgart: Klett, 193-228.

Kolb, Annika (2007), *Portfolioarbeit. Wie Grundschulkinder ihr Sprachenlernen reflektieren*. Tübingen: Narr.

Königs, Frank G. (1983), *Normenaspekte im Fremdsprachenunterricht. Ein konzept-orientierter Beitrag zur Erforschung des Fremdsprachenunterrichts*. Tübingen: Narr.

Luchtenberg, Sigrid (2003), Mehrsprachigkeit und Deutschunterricht: Widerspruch oder Chance? Zu den Möglichkeiten von *Language Awareness* in interkultureller Deutschdidaktik. In: Rastner, Eva-Maria (Hrsg.) (2003), *Sprachaufmerksamkeit*. (Informationen zur Deutschdidaktik 26: 3). Innsbruck et al.: StudienVerlag, 27-46.

Meißner, Franz-Joseph (2005), Mehrsprachigkeitsdidaktik *revisited*: über Interkomprehensionsunterricht zum Gesamtsprachencurriculum. *Fremdsprachen Lehren und Lernen* 34, 125-145.

Meißner, Franz-Joseph (2006), Linguistische und didaktische Überlegungen zur Entwicklung von Kompetenzaufgaben im Lernbereich Mündlichkeit (Schwerpunkt Hörverstehen). *französisch heute* 37: 3, 240-282.

Meißner, Franz-Joseph (2007), Grundlagen der Mehrsprachigkeitsdidaktik. In: Werlen, Erika & Weskamp, Ralf (Hrsg.) (2007), *Kommunikative Kompetenz und Mehrsprachigkeit. Diskussionsgrundlagen und unterrichtspraktische Aspekte*. Baltmannsweiler: Schneider-Hohengehren, 81-102.

Meißner, Franz-Joseph (2008), Vom Lesen zum Schreiben. Diagnostisches und erwerbsorientiertes mehrsprachiges Schreiben als Strategie zur Förderung von Mehrsprachigkeit und Lernkompetenz. *französisch heute* 39: 3, 267-293.

Meißner, Franz-Joseph (2009), Teaching and learning intercomprehension: a way to learner autonomy. In: De Florio-Hansen, Inez (ed.) (2009), *Towards Multilingualism and Cultural Diversity. Perspectives from Germany*. Frankfurt am Main: Lang (forthcoming).

Nold, Günter; Haudeck, Helga & Schnaitmann, Gerhard W. (1997), Die Rolle von Lernstrategien im Fremdsprachenunterricht. *Zeitschrift für Fremdsprachenforschung* 8, 27-50.

Oxford, Rebecca (1990), *Language Learning Strategies. What Every Teacher Should Know*. New York: Newbury House.

Pienemann, Manfred (1989), Is language teachable? *Applied Linguistics* 10, 52-79.
Sharwood-Smith, Michael (1993), Input enhancement in instructed SLA: Theoretical Bases. *Studies in Second Language Acquisition* 15, 165-179.
Swain, Merrill (1985), Communicative competence: some roles of comprehensible input und comprehensible output in its development. In: Gass, Susan M. & Madden, Carolyn G. (eds.) (1985), *Input in Second Language Acquisition.* Rowly Mass.: Newbury House, 235-253.
Vygotsky, Lev Semjonowitsch (1934), *Denken und Sprechen.* Frankfurt am Main: Fischer Tb 6350 (1969).

Word associations in French

Emília Nemcová
Ioan-Iovitz Popescu
Gabriel Altmann[1]

Word associations being the „private“ part of concepts have their own rank-frequency sequences which can be modelled. At the same time they represent diversifications sharing their regularities with diversifications of other language phenomena. In the article some methods for capturing these regularities are applied to French associations.

Concepts codified in language consist of two parts: the denotative part which is used in standard communication, and the associative part which is present in each concept but is, so to say, created privately. In turn, a part of private components becomes connotations which can be shared by the whole community. The denotative part is the intersection of the same concept with all speakers; the connotative part is adduced by erudition, social environment and the valuation system of the given society or shared experience (e.g. *communism* has some connotations which do not belong to its denotation); and the associative part which is unknown to other participants of the communication is that part which must be explained to the hearer, it is something „known“ only to the speaker and can become object of communication. For example, the concept *father* has a clear denotation, a number of (common) connotations which can differ in different societies, and associative parts which are concealed in the concept of *my father*. The same holds for any other concept.

Usually, the denotative part of a concept represents its meaning and it can be found in monolingual dictionaries. But if we elicit the associations of a word from native speakers, we obtain a number of responses whose affiliation to the above sets is a matter of degree. In all times, the above three parts of a concept may change their status, i.e. a connotation may become part of denotation, an association may become part of connotation etc. The concept – except perhaps for some mathematical concepts – is in a steady motion even if some steps in its development may take centuries or millennia. The set of associations forms a field in which the concept moves and at the same time tells us something about the cultural background or the psychological state of the informants.

1 Die Herausgeberinnen danken Alan Davis für das sorgfältige Korrekturlesen des Artikels.

The associations can be elicited in different ways: (1) The first free association as a reaction of the informant to the stimulus word or (2) all associations within a time limit, (3) restriction to possible synonyms, etc.

Whatever the way of eliciting, the form of presentation of word associations is twofold. (i) In association dictionaries one finds the given word, and its associations are presented in decreasing order of responses: the first response is that which was elicited from the greatest number of speakers, the second response contains the second greatest number of speakers etc. This is the quite usual rank-frequency ranking which can be considered a distribution or a simple decreasing sequence of numbers. The variable is simply the rank r.

(ii) The second ordering is a transformation of the first. Here, the variable x is the number of occurrences of a response in the questionnaire, and the frequency (f_x) is the number of words having this occurrence x. Usually, this is called the frequency spectrum.

In order to illustrate these concepts we present French associations of the word *adresse* elicited in the first way by Thérouanne & Denhière (2004). The result is presented in Table 1. We do not differentiate between different kinds of associations (normal, italic, underlined) in order to preserve in each case 100 responses elicited by the authors. In that case the percentage in the table can be used directly as the absolute frequency.

ADRESSE	22	maison
	14	lieu
	8	rue
	5	e-mail, numéro
	4	nom
	3	habitation, lettre
	2	domicile, endroit, enveloppe, habileté, postale, résidence, téléphone, ville
	1	agilité, calepin, code postal, coordonnée, doué, écriture, habitat, ici, Internet, lien, liste, lotissement, mail, Martigues, pays, quartier, situé, stabilité, vacance, *vie*

Table 1: Assocations of *adresse* in French from Thérouanne & Denhière (2004)

The rank-frequency sequence can simply be written (without words) as a decreasing sequence shown in Table 2.

r	f(r)
1	22
2	14
3	8
4	5
5	5
6	4
7	3
8	3
9	2
10	2
11	2
12	2
13	2
14	2
15	2
16	2
17-36 each	1

Table 2: The rank-frequency sequence from Table 1

The spectrum can be computed from Table 1 directly, or from Table 2 by the transformation

$$x \le f(r) < x + 1$$

yielding the results given in Table 3.

x	f(x)
1	20
2	8
3	2
4	1
5	2
8	1
14	1
22	1

Table 3: The spectrum of *adresse*

In the present study we are interested not in facts concerning French but rather in the general quantitative form of the development of associations. Associations represent an incessant diversification of a concept. Every new experience renders the concept richer for the given person – without the loss of denotation. If the denotation itself changes, then it changes collectively, for all speakers. Since all language phenomena have their own way to diversify (for different phenomena see Rothe 1991; Popescu & Altmann 2008; Fan, Popescu & Altmann 2008; Fan & Altmann 2008; Laufer & Nemcová 2009) we shall try to find the place of associations in the field of other phenomena.

Distributions

The first attempts at modeling the rank-frequency distribution of associations have been performed by Horvath (1963) who introduced the Yule distribution used also by Haight & Jones (1974) and Lánský & Radil-Weiss (1980). Haight (1966) introduced the Borel, the logarithmic and the Haight-zeta distributions, but as has been shown later on (cf. Altmann 1992) none of the models passed successfully the tests using the data collected by Palermo & Jenkins (1994). Dolinskij (1988) used with more success the Zipf-Alekseev distribution and Altmann (1992) modified it and added the negative binomial. For the data in Table 2 all these models would be acceptable because the chi-square test for goodness-of-fit yields satisfactory results:

	P		*P*
zeta	0.95	Negative binomial	0.74
Borel	0.93	Zipf-Mandelbrot	0.66
Yule (positive)	0.88	logarithmic	0.54
Haight-zeta	0.86	Zipf-Alekseev	0.45

but even other simple distributions turn out to be adequate (e.g. Miller $P = 0.96$, trigamma $P = 0.95$, digamma $P = 0.84$, Johnson-Kotz $P = 0.92$, etc. For definitions see Wimmer & Altmann 1999). Though some of the derivations were quite plausible, in the last time one tries to consider linguistic rank-frequency data as joining of different ranked strata with re-ranking the entities. Perhaps all linguistic data are of this kind: words may be classified in complementary parts of speech, phonemes consist of e.g. vowels and consonants, prepositions can have different functions etc. Associations themselves are very stratified in the mind of everybody. Some of them concern the outer world, other ones the inner world, different phases of life etc. And with every stimulus they get reordered in some way. But if we elicit them from different persons, we get very mixed results. If only the strongest association should be elicited, we get answers which are not common to every informant because associations are private. But since the strong ones tend to get connotations, we get insights into different strata of associations. If we put them together, we necessarily obtain a rank-order – and not a uniformly distributed set. In this situation, it is more reasonable to consider a set of ranked associations as strata laid together and capture them as a sum of decreasing exponentials of the form

$$y = A_1\exp(-x/a_1) + A_2\exp(-x/a_2) + \ldots$$

to which a unity should be added because the smallest frequency is 1, i.e.

$$(1)\quad y = 1 + A_1\exp(-x/a_1) + A_2\exp(-x/a_2) + \ldots$$

The decreasing exponentials are used in different sciences as decay functions. The function – which is not a probability distribution – has the advantage of showing the number of strata in the data. If two exponents a_i are equal, one of the components is superfluous. The function has two positive properties: the determination coefficient increases with the number of exponential components but, on the other side, only a limited number of distinct exponential components are possible. Thus, for instance in the case of the word *adresse*, even if we increase the resolving power of the fitting equation up to three possible components, actually only two exponential components can be resolved, namely a main group of high amplitude A and small range a and a smaller satellite group of lower amplitude A and larger range a. Clearly, if we don't want to see any details, the same data can be fitted with only one exponential curve, however with a somewhat lower R^2. Generally, the expansion coefficients (A, a) tell themselves whether we have one, two or more components. The effective fitting occurs in very many (possibly in infinite) ways, with different numerical (A, a) data, however always indicating a main group (stratum) frequently accompanied also by a secondary group (stratum). In very few cases, such as *milieu*, we get even a third group (stratum).

word	**No. of exp. comp.**	A_1	a_1	A_2	a_2	A_3	a_3	R^2
accès	1	7.134	3.234	7.134	3.234	7.134	3.234	0.985
accolade	2	11.138	1.639	10.182	1.639	4.093	7.027	0.988
adresse	2	33.480	1.430	3.039	6.530	2.291	6.530	0.994
affection	1	16.355	2.000	16.355	2.000	16.355	2.000	0.991
air	2	22.402	0.628	21.035	0.628	10.898	5.903	0.986
ampoule	1	85.711	0.720	85.711	0.720	85.711	0.720	0.999
arête	2	12022.816	0.161	12017.920	0.161	62.103	0.917	1.000
artifice	2	20775.103	0.151	20774.263	0.151	15.469	2.210	0.999
aube	1	11.678	2.661	11.678	2.661	11.678	2.661	0.956
aval	2	621.887	0.358	546.570	0.358	3.554	2.454	1.000
avocat	1	5.003	4.668	5.003	4.668	5.003	4.668	0.985
baie	2	5.827	2.347	3.042	2.347	4.040	8.853	0.979
baleine	1	5.295	4.741	5.295	4.741	5.295	4.741	0.977
bâtiment	2	291.349	0.404	70.475	0.404	8.059	4.886	0.998
bide	2	656.860	0.338	432.325	0.338	14.469	1.904	1.000
bidet	2	43.121	0.878	40.862	0.878	16.867	2.994	0.996
bière	1	25.755	1.242	25.755	1.242	25.755	1.242	0.983
bise	2	47.890	0.982	47.352	0.982	6.036	4.152	0.998
blaireau	3	8269.128	0.159	7.612	1.493	5.619	6.330	0.996
bouc	2	3854.963	0.174	3854.447	0.174	19.566	3.185	0.997

bourdon	3	11760.196	0.164	8.166	3.519	8.152	3.594	0.996
bretelle	2	10.627	0.857	15.993	2.620	15.978	2.620	0.983
cachet	1	10.754	2.519	10.754	2.519	10.754	2.519	0.993
cafard	2	69.277	0.564	19.350	0.564	19.056	3.222	0.995
calcul	1	13.321	2.405	13.321	2.405	13.321	2.405	0.958
canapé	2	27.281	1.362	26.856	1.362	3.572	8.260	0.952
cancer	2	240.503	0.481	169.260	0.481	6.314	3.356	1.000
canne	1	10.819	2.807	10.819	2.807	10.819	2.807	0.987
carrière	1	5.688	4.242	5.688	4.242	5.688	4.242	0.985
case	1	5.803	3.897	5.803	3.897	5.803	3.897	0.969
chausson	2	44.822	1.110	41.355	1.110	4.192	4.568	0.990
chemise	2	1135.697	0.204	1134.714	0.204	13.506	4.850	0.994
chenille	2	190.412	0.485	154.972	0.485	5.173	4.531	0.999
cheville	2	37.240	1.115	35.407	1.115	3.008	5.795	0.998
cliché	2	254.499	0.525	134.433	0.525	4.344	2.890	1.000
comté	2	13901.011	0.164	13861.695	0.164	11.026	1.907	1.000
conception	1	4.596	4.821	4.596	4.821	4.596	4.821	0.969
cor	2	5389.566	0.154	5387.906	0.154	27.828	2.567	0.988
couette	2	133.649	0.466	54.698	0.466	15.383	3.954	0.996
cousin	1	16.781	1.843	16.781	1.843	16.781	1.843	0.976
dauphin	1	6.476	4.229	6.476	4.229	6.476	4.229	0.962
dé	1	30025.166	0.139	51.342	1.139	31.216	1.139	0.999
déduction	3	15364.277	0.144	13.416	1.165	10.758	4.250	0.997
devise	2	16.230	1.202	3.812	4.656	3.793	4.656	0.985
discipline	2	299.813	0.305	299.337	0.305	9.232	4.930	0.998
dossier	2	7.435	0.843	3.340	6.933	3.333	6.933	0.976
éclair	1	14.634	2.316	14.634	2.316	14.634	2.316	0.994
élan	2	3082.380	0.162	3079.345	0.162	15.171	3.449	0.992
ellipse	1	4.539	5.254	4.539	5.254	4.539	5.254	0.978
entretien	3	2869.310	0.161	9.465	3.573	9.449	3.623	0.986
esquimau	2	24655.911	0.132	24655.834	0.132	39.258	2.050	0.992
essai	2	24.467	1.022	16.704	1.022	8.495	4.187	0.993
étalon	2	8646.292	0.174	8559.369	0.174	46.114	0.892	1.000
étiquette	3	9479.571	0.140	4.425	2.743	9.257	4.825	0.995
expiration	2	5145.596	0.178	5145.594	0.178	23.666	2.512	0.990
exposant	2	394.973	0.184	393.490	0.184	6.180	9.599	0.972
facture	1	5.705	4.962	5.705	4.962	5.705	4.962	0.939
faculté	2	51.783	0.882	5.785	0.882	9.241	4.695	0.997
farce	2	29.301	1.305	25.828	1.305	3.666	7.039	0.973
feuille	1	19.637	1.716	19.637	1.716	19.637	1.716	0.943
filature	1	7.177	3.351	7.177	3.351	7.177	3.351	0.980
fléau	2	175.838	0.378	6.768	4.721	2.577	4.721	0.997
flûte	2	25.621	0.930	23.969	0.930	25.387	2.552	0.993

forfait	1	18.083	1.809	18.083	1.809	18.083	1.809	0.916
four	1	11.559	2.956	11.559	2.956	11.559	2.956	0.988
fraise	3	20252.461	0.138	25.114	2.545	6.292	2.575	0.996
fronde	1	7.732	3.198	7.732	3.198	7.732	3.198	0.972
fugue	2	814.848	0.234	814.166	0.234	15.479	2.478	0.992
garrot	2	901.227	0.205	900.568	0.205	34.432	2.054	0.997
gratin	2	12.483	1.816	10.231	1.816	10.965	4.539	0.965
gravité	2	11.946	2.062	1.716	7.532	1.695	7.532	0.983
grenade	1	16.827	2.075	16.827	2.075	16.827	2.075	0.973
grève	2	106.046	0.382	89.454	0.382	6.655	6.614	0.995
grue	2	18.712	1.535	17.513	1.535	5.583	4.710	0.991
héroïne	3	1193.799	0.181	16.698	1.347	11.704	4.240	0.997
identité	2	697.130	0.303	7.494	4.220	6.964	4.221	0.996
imposition	2	38.060	0.663	21.654	0.663	10.769	4.917	0.994
index	2	104.456	0.579	11.543	3.383	5.234	3.383	0.990
induction	2	800.514	0.273	712.861	0.273	5.384	3.388	1.000
iris	1	62.099	0.863	62.099	0.863	62.099	0.863	0.993
lama	2	5581.693	0.122	11.626	3.510	11.623	3.509	0.997
latitude	2	23330.127	0.150	23316.249	0.150	13.023	1.754	1.000
légende	1	17.263	2.042	17.263	2.042	17.263	2.042	0.981
lentille	1	11.412	2.424	11.412	2.424	11.412	2.424	0.979
lettre	2	5.302	1.901	5.280	1.901	12.576	4.729	0.986
lézarde	1	5.880	4.100	5.880	4.100	5.880	4.100	0.985
licence	2	2696.603	0.177	2648.744	0.177	21.584	2.966	0.998
livre	1	8.226	3.257	8.226	3.257	8.226	3.257	0.994
maîtresse	2	128.729	0.700	22.345	0.700	8.738	3.944	0.999
majorité	2	19.519	0.994	5.692	4.368	5.510	4.368	0.995
manège	2	26.069	1.726	25.859	1.726	1.085	9.698	0.995
maquereau	2	3808.281	0.197	3795.003	0.197	24.225	2.085	0.999
marabout	2	26.570	1.296	3.617	7.078	3.270	7.078	0.989
melon	1	21.868	1.498	21.868	1.498	21.868	1.498	0.985
mémoire	2	28.044	0.919	15.457	0.919	3.976	8.031	0.986
milieu	3	5756.515	0.195	48.926	0.695	5.251	3.674	1.000
morse	2	1013.862	0.145	8.177	4.338	8.138	4.338	0.994
mortier	2	2535.117	0.173	4.275	4.527	7.208	4.528	0.995
motif	3	3449.864	0.181	15.414	3.349	3.961	3.386	0.994
mousse	2	2378.327	0.151	10.666	3.257	10.942	3.267	0.977
mule	1	35.686	1.079	35.686	1.079	35.686	1.079	0.988
mutation	1	11.554	2.521	11.554	2.521	11.554	2.521	0.948
mystère	2	8.336	1.840	4.191	5.680	3.271	5.680	0.985
navet	2	4901.343	0.175	4901.342	0.175	15.211	3.488	0.998
note	2	13.419	1.428	3.945	1.428	6.916	7.367	0.959
oeillet	2	4084.040	0.185	4082.148	0.185	27.817	1.945	1.000

orbite	2	6765.110	0.151	11.651	3.370	11.082	3.367	0.988
page	1	30.990	1.312	30.990	1.312	30.990	1.312	0.994
palais	2	1542.186	0.188	1542.182	0.188	13.638	4.326	0.995
parabole	1	11.773	2.640	11.773	2.640	11.773	2.640	0.963
parquet	2	140.733	0.676	45.638	0.676	4.241	6.002	0.999
partition	2	650.654	0.244	83.653	0.821	76.161	0.821	0.999
patron	2	19.623	1.615	17.223	1.615	5.941	4.528	0.979
pêche	2	136.629	0.361	130.294	0.361	35.704	2.117	0.997
pensée	2	6.232	1.636	5.319	5.332	3.881	5.332	0.988
pépin	1	11.659	2.952	11.659	2.952	11.659	2.952	0.946
perception	1	10.990	2.576	10.990	2.576	10.990	2.576	0.984
perche	2	1017.942	0.201	1017.367	0.201	12.516	4.576	0.997
pétrin	2	3917.646	0.175	3917.452	0.175	12.666	4.009	0.995
pieu	2	129.319	0.577	55.021	0.577	3.939	7.173	0.998
pignon	2	2440.267	0.202	2439.181	0.202	8.728	3.739	0.998
platine	3	1817.538	0.162	18.164	2.714	18.167	2.726	0.995
plongeur	3	4482.278	0.144	8.569	4.368	8.603	4.382	0.989
police	2	81.393	0.431	3.520	6.371	3.500	6.371	0.989
polo	1	8.613	3.829	8.480	3.829	8.467	3.829	0.976
pouce	2	21178.242	0.131	51.939	1.249	44.965	1.249	0.996
profession	2	59.313	0.616	54.247	0.616	15.755	3.261	0.999
puce	2	8.987	2.359	8.408	2.359	5.874	6.522	0.969
punaise	2	159.562	0.428	121.026	0.428	4.561	6.615	0.998
pupille	2	99.409	0.793	89.025	0.793	2.227	3.627	0.999
quarantaine	2	3149.432	0.176	3149.432	0.176	13.208	3.421	0.997
radiation	3	1807.710	0.161	8.274	3.498	8.246	3.508	0.986
rame	2	3785.196	0.172	3781.104	0.172	30.561	2.262	0.996
rate	1	21.718	1.480	21.718	1.480	21.718	1.480	0.977
recette	3	716.106	0.261	700.648	0.264	95.122	0.940	1.000
réflexion	3	1382.115	0.212	310.487	0.334	10.208	3.913	0.998
remise	2	13.524	2.381	13.403	2.381	1.269	12.293	0.982
réplique	2	3055.723	0.172	12.520	2.979	8.247	2.979	0.994
révolution	2	28.830	0.878	7.528	0.878	6.276	7.220	0.988
secrétaire	2	108.128	0.432	69.253	0.432	8.952	5.424	0.997
sinus	2	103.196	0.708	102.958	0.708	2.229	6.860	0.996
sirène	2	11.889	2.246	9.260	2.246	4.429	7.214	0.947
sol	2	12995.094	0.150	12994.734	0.150	8.586	4.051	0.998
solution	2	50.123	1.171	43.661	1.171	4.111	3.371	0.998
somme	2	6.419	0.834	32.047	1.585	32.017	1.585	0.999
souci	1	22.155	1.435	22.155	1.435	22.155	1.435	0.968
soupir	2	10.474	2.429	10.227	2.429	2.399	7.698	0.981
spectre	2	14634.266	0.148	14630.302	0.148	26.553	2.143	0.999
stade	2	134.782	0.743	3.076	5.063	3.055	5.063	0.997

tare	2	12.728	1.581	12.726	1.581	2.853	6.449	0.993
timbale	3	2693.775	0.170	8.754	3.927	8.744	3.949	0.984
timbre	2	565.735	0.229	66.491	1.001	66.131	1.001	1.000
trafic	2	26012.239	0.122	26012.166	0.122	21.955	3.361	0.985
trapèze	2	3989.101	0.190	3977.430	0.190	7.524	5.323	0.999
treillis	1	17.289	2.195	17.289	2.195	17.287	2.195	0.938
trombone	1	5.515	4.902	5.515	4.902	5.515	4.902	0.957
truffe	2	41.109	0.703	17.005	2.770	10.417	2.770	0.995
tuteur	2	8.801	3.324	8.788	3.324	0.743	13.815	0.981
vase	2	5439.073	0.189	5438.070	0.189	19.163	1.727	1.000
vecteur	2	28.088	1.092	16.700	1.092	8.985	4.280	0.998
vedette	2	3001.901	0.200	2994.619	0.200	28.817	1.766	0.998
vol	1	14.470	1.991	14.470	1.991	14.470	1.991	0.922

Table 4: Fitting (1) to associations of 162 French words
(Data from Thérouanne & Denhière 2004)

Computing 162 word association cases we get Table 4 which shows that the two-component solutions are most common (64 %) while the other ones are more seldom (27 % for one component and 9 % for three components), nevertheless, the model can trace down a possible stratification of data. A graphical survey is given in Figure 1. A possible continuation of this research would be qualitative: which words do not have stratified associations, which words do have them? Can one find an a priori cause in the meaning of the words?

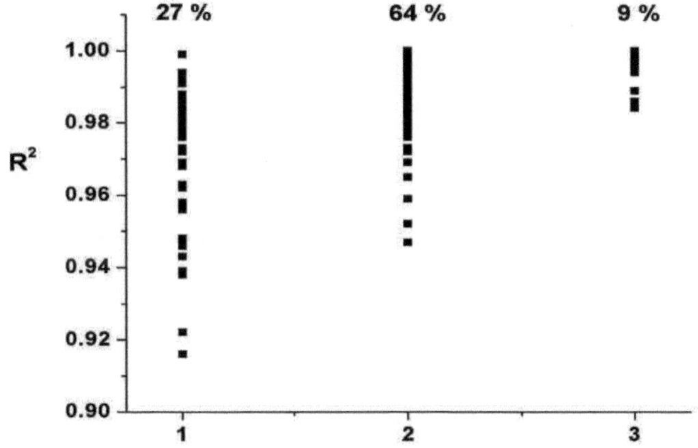

Figure 1: Number and percentage of exponential components
for associations to 162 French words

Properties

As has been shown in different places, the development of diversification is a law-like process, hence some properties of the rank-frequency sequence will display a kind of stability which can be computed (cf. Popescu & Altmann 2008). In other words, there is some relationship between the greatest frequency $f(1)$, the inventory size R, the arc length L between the points <1, $f(1)$> and <R, 1>, and the h-point – a fixed point on the arc which is characteristic for different language phenomena.

The quantities that must be computed in order to set up a comparative indicator

$$(2) \quad p = \frac{L_{\max} - L}{h - 1}$$

are the maximum arc length defined as

$$(3) \quad L_{max} = R - 1 + f(1) - 1,$$

the arc length between <1, $f(1)$> and <R, 1> as the sum of Euclidean distances between the ranked frequencies, i.e.

$$(4) \quad L = \sum_{r=1}^{R-1} [(f(r) - f(r+1))^2 + 1]^{1/2}$$

and the h-point defined as

$$(5) \quad h = \begin{cases} r & \textit{if there is an } r = f(r) \\ \dfrac{f(r_1)r_2 - f(r_2)r_1}{r_2 - r_1 + f(r_1) - f(r_2)} & \textit{if there is no } r = f(r) \end{cases}$$

where we take such neighbouring r_1 and r_2 for which $r_1 < f(r_1)$ and $r_2 > f(r_2)$.

For the above example of the word *adresse* the values of $f(1)$ and R and are given directly by the data, e.g. in Table 2 we see that $f(1) = 22$ and $R = 36$. The other quantities we must compute are

$$L_{max} = 56$$
$$L = 50.96$$
$$h = 5$$

hence

$$p = \frac{56 - 50.96}{5 - 1} = 1.260.$$

All p-values can be found in Table 5 showing that the variation of p-values is not too great. It does not depend of the number of different associations (association types, R) as can be seen in Figure 2. It is rather a cloud without structure and testifies to the fact that whatever the size of R, the arc L and the h-point develop according to an internal mechanism which has been observed with all phenomena analyzed so far.

word	***R***	***f(1)***	***h***	***L***	***p***	**word**	***R***	***f(1)***	***h***	***L***	***p***
accès	42	17	5	52.06	1.235	latitude	24	68	3.33	87.07	1.258
accolade	49	16	4.66	58.68	1.18	légende	21	31	4.66	44.66	1.459
adresse	36	22	5	50.96	1.26	lentille	31	23	4.5	46.92	1.451
affection	27	30	4.66	49.67	1.456	lettre	33	17	5	42.34	1.415
air	33	19	6	45.08	0.984	lézarde	39	14	5.5	45.53	1.216
ampoule	16	65	3	75.87	1.565	licence	28	35	4.75	55.82	1.381
arête	20	71	3.25	86.29	1.204	livre	34	19	5.62	45.03	1.292
artifice	19	65	3.75	78.41	1.305	maîtresse	23	44	4.33	60.38	1.387
aube	25	26	5	44.58	1.105	majorité	47	17	5	56.69	1.328
aval	17	75	2.83	87.52	1.355	manège	25	31	5	49.19	1.203
avocat	38	13	5.66	44.11	1.049	maquereau	14	64	4	72.02	1.327
baie	51	10	4.5	54.65	1.243	marabout	34	19	5	45.65	1.338
baleine	33	13	5.33	38.71	1.222	melon	27	34	4.5	54.37	1.323
bâtiment	33	38	4.5	64.8	1.2	mémoire	50	19	4	63.38	1.207
bide	20	66	3.5	80.35	1.46	milieu	34	51	3.5	79.42	1.432
bidet	19	40	4.5	52.24	1.36	morse	37	15	5.5	44.18	1.293
bière	33	35	3.66	62.13	1.455	mortier	48	18	5	58.95	1.263
bise	25	40	4.5	57.96	1.44	motif	32	29	5.25	54.01	1.174
blaireau	45	25	4	63.92	1.36	mousse	37	20	5.5	50.46	1.009
bouc	23	40	4.8	56.03	1.308	mule	28	43	4	65.3	1.233
bourdon	23	40	4.8	56.62	1.153	mutation	29	23	4	45.62	1.46
bretelle	28	26	5.5	47.46	1.009	mystère	51	12	4.5	56.4	1.314
cachet	34	22	5	48.61	1.348	navet	24	45	5	62.14	1.215
cafard	30	30	5	53.34	1.165	note	38	15	5	46.38	1.155
calcul	25	25	5	42.47	1.383	oeillet	23	54	4.33	70.44	1.369
canapé	25	29	4.5	47.75	1.214	orbite	28	27	5.5	47.84	1.147
cancer	24	57	3.5	75.32	1.472	page	20	44	4.5	57.98	1.149
canne	26	23	5	41.12	1.47	palais	34	27	5.5	53.75	1.167
carrière	37	14	5.5	43.26	1.276	parabole	28	23	4.75	44.26	1.264
case	44	13	5	50.41	1.148	parquet	23	47	4	63.73	1.423
chausson	25	39	4.66	57.54	1.219	partition	23	59	3.5	77.17	1.132
chemise	26	29	5	47.67	1.333	patron	34	25	4.75	52.93	1.085

chenille	30	49	3.5	73.34	1.464	pêche	23	40	4.8	56.28	1.242
cheville	35	33	4	61.49	1.503	pensée	49	12	5	54.4	1.15
cliché	22	62	3	78.89	1.555	pépin	15	24	6	31.92	1.016
comté	21	71	3	87.07	1.465	perception	31	23	5	46.44	1.39
conception	43	11	5.5	47.47	1.007	perche	36	25	5	53.75	1.313
cor	27	36	4.75	57.08	1.045	pétrin	32	37	5.5	62.32	1.04
couette	24	35	5.5	51.84	1.147	pieu	36	37	3.5	67.34	1.464
cousin	31	29	4.6	53.47	1.258	pignon	38	42	3.75	75	1.091
dauphin	31	16	5.71	40.28	1.002	platine	17	30	5.5	38.55	1.433
dé	20	58	3.83	72.42	1.265	plongeur	32	19	5.75	43.53	1.152
déduction	36	30	4.5	59.08	1.406	police	52	15	4.5	60.96	1.154
devise	58	14	4.5	65.88	1.177	polo	20	20	6.5	31.91	1.107
discipline	37	31	4.5	61.33	1.334	pouce	12	55	3.9	60.96	1.393
dossier	56	9	4.5	59.13	1.106	profession	29	35	4.66	56.82	1.415
éclair	22	29	5.5	43.45	1.233	puce	33	17	5	43.27	1.183
élan	42	25	4.5	60.81	1.197	punaise	43	32	4	69.42	1.193
ellipse	39	12	6	43.78	1.044	pupille	19	56	3.66	69.12	1.459
entretien	36	21	5.4	50.07	1.12	quarantaine	41	32	5	66.74	1.065
esquimau	13	50	4	56.96	1.347	radiation	48	17	5	58.67	1.083
essai	45	23	4.5	61.19	1.374	rame	24	43	4.5	60.4	1.314
étalon	17	71	3	83.41	1.295	rate	33	33	3.8	60.03	1.418
étiquette	43	19	5	54.77	1.308	recette	18	65	3.5	77.65	1.34
expiration	18	54	4.83	66.69	0.864	réflexion	36	37	4.33	66.73	1.282
exposant	43	10	4.5	47.19	1.089	remise	35	19	4.66	46.82	1.415
facture	29	13	5.83	35	1.035	réplique	39	25	5	57.05	1.238
faculté	35	27	5	55.36	1.16	révolution	43	18	4	54.66	1.447
farce	30	29	4	52.57	1.477	secrétaire	38	26	5	57.26	1.185
feuille	25	32	4.5	51.1	1.114	sinus	21	53	3	68.88	1.56
filature	43	16	5.5	51.57	1.207	sirène	34	17	5	44.87	1.033
fléau	48	21	4.5	62.35	1.329	sol	38	41	4	73.09	1.303
flûte	22	35	4.83	50.83	1.089	solution	19	44	4	56.39	1.537
forfait	30	29	4	53.21	1.263	somme	25	37	4.75	55.05	1.32
four	18	25	6	34.98	1.204	souci	33	33	4	59.73	1.423
fraise	20	37	5.33	49.75	1.212	soupir	43	16	4.66	52.03	1.358
fronde	38	17	5	47.72	1.32	spectre	24	51	4.66	68.3	1.284
fugue	42	34	3.8	70.38	1.293	stade	26	41	4.5	60.73	1.22
garrot	30	36	4.6	59.31	1.303	tare	55	17	4.33	65.53	1.342
gratin	26	22	5.66	40.51	1.178	timbale	33	22	5.6	48.47	0.985
gravité	58	11	4	62.88	1.373	timbre	16	57	3.82	66.99	1.422
grenade	23	30	5	45.69	1.328	trafic	26	32	6	50.86	1.028
grève	45	21	4.5	59.93	1.163	trapèze	24	49	4.5	67.08	1.12

grue	38	24	5	55.35	1.163	treillis	18	30	4.66	41.44	1.246
héroïne	37	23	5	52.44	1.39	trombone	31	14	5.83	38.33	0.967
identité	22	38	6	53.03	0.994	truffe	24	30	5.4	46.71	1.202
imposition	37	23	5	53.02	1.245	tuteur	41	14	5	47.63	1.343
index	29	32	5.4	55.05	0.898	vase	22	66	3.66	82.31	1.387
induction	45	44	3	84.08	1.46	vecteur	37	26	4.66	55.84	1.41
iris	18	59	3	71.87	1.565	vedette	22	58	3.83	74.17	1.353
lama	29	20	5.5	40.71	1.398	vol	34	25	5	52.92	1.02

Table 5

Table 5: The *p*-values of associations to 162 French words

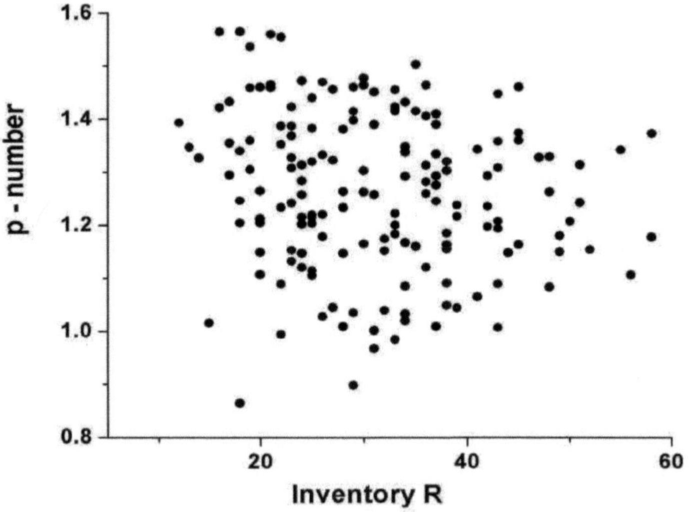

Figure 2: Illustrating the independence of *p* on the inventory size *R* for associations to 162 French words

The mean of all *p* is $\overline{p} = 1.262$ with a standard deviation of $s_p = 0.150$. If we compare these two numbers with *p* of other phenomena as presented in Table 6 (cf. Popescu, Mačutek & Altmann 2009: Table 5.2.1), we can preliminarily state that the category of *French word associations* is in the top position, i.e. its mean is very high and its standard deviation does not differ from the other ones. The high average is caused by the fact that associations are not controlled by self-regulation at their very birth, they are detached both from form and meaning, while all the other phenomena in Table 6 are controlled by the needs of community.

Category	$\bar{p}$	s_p
1. Sounds, phonemes and letters	1.01	0.03
2. Word classes	1.02	0.09
3. Rhythmic patterns (Latin, Greek, German)	1.06	0.11
4. Pitches of 58 musical texts	1.09	0.10
5. Color classes	1.09	0.07
6. Allomorphs of German plural	1.11	0.22
7. Polish paradigmatic classes	1.11	0.05
8. Auxiliaries	1.13	0.14
9. Word frequencies for German	1.17	0.10
10. Affixes (meaning diversification)	1.17	0.03
11. Words (meaning diversification)	1.19	0.19
12. Word frequencies for 20 languages	1.22	0.13
13. French ***et***	1.23	-
14. German genitive	1.26	-
15. French word associations	1.26	0.15

Table 6: The $\bar{p}$-values of other linguistic phenomena
(from Popescu, Mačutek & Altmann 2009)

Needless to say, in order to find systematicity in this table, many further investigations in many languages are necessary. Neverthess, the results obtained so far show that there is some regularity behind this fact which should be found. At the same time, it emphasizes the importance of rank-frequency orders in language.

References

Altmann, Gabriel (1992), Two models for word association data. *Glottometrika* 13, 105-120.

Dolinskij, V. A. (1988), Raspredelenie reakcij v experimentach po verbal'nym associacijam. *Acta et Commentationes Universitatis Tartuensis* 827, 89-101.

Fan, Fengxiang & Altmann, Gabriel (2008), On meaning diversification in English. *Glottometrics* 17, 66-78.

Fan, Fengxiang; Popescu, Ioan-Iovitz & Altmann, Gabriel (2008), Arc length and meaning diversification in English. *Glottometrics* 17, 79-86.

Haight, Frank A. (1966), Some statistical problems in connection with word association data. *Journal of Mathematical Psychology* 3, 217-233.

Haight, Frank A. & Jones, Robert B. (1974), A probabilistic treatment of quantitative data with special reference to word association tests. *Journal of Mathematical Psychology* 11, 237-244.

Horvath, William J. (1963), A stochastic model for word association tests. *Psychological Review* 70, 361-364.

Lánský, Peter & Radil-Weiss, Tomas (1980), A generalization of the Yule-Simon model, with special reference to word association tests and neural cell assembly formation. *Journal of Mathematical Psychology* 21, 53-65.

Laufer, Janja & Nemcová, Emília (2009), Diversifikation deutscher morphologischer Klassen in SMS. *Glottometrics* 18 (submitted).

Palermo, David S. & Jenkins, James J. (1964), *Word Association Norms. Grade School through College.* Minneapolis: University of Minnesota Press.

Popescu, Ioan-Iovitz & Altmann, Gabriel (2008), On the regularity of diversification in language. *Glottometrics* 17, 94-108.

Popescu, Ioan-Iovitz ; Mačutek, Jan & Altmann, Gabriel (2009), *Aspects of word frequencies (submitted).*

Rothe, Ursula (ed.) (1991), *Diversification processes in language: grammar*. Hagen: Rottmann.

Thérouanne, Pierre & Denhière, Guy (2004), Normes d'association libre et fréquences relatives des acceptions pour 162 mots homonymes. *L'Année Psychologique* 104, 537-595.

Wimmer, Gejza & Altmann, Gabriel (1999), *Thesaurus of univariate discrete probability distributions.* Essen: Stamm.

„*Tout le monde* ist doch nicht die ganze Welt, oder?“ Rekonstruktive Studien im Dienste der Unterrichts- und Lernaufgabenforschung

Bernd Tesch

Lernaufgabenforschung ist im Aufschwung. Die 26. Frühjahrskonferenz zur Erforschung des Fremdsprachenunterrichts (Bausch et al. 2006) stellte die Thematik zur Diskussion. „Task based learning and teaching“ und „task based research“ werden periodisch immer wieder ins Bewusstsein gerufen (Ellis 2003; Nunan 2004; Müller-Hartmann & Schocker-v.-Dithfurth 2005), das IQB (Institut zur Qualitätsentwicklung) generiert im Auftrag der KMK Lernaufgabensammlungen (Blum et al. 2006; Bremerich-Vos et al. 2007; Tesch et al. 2008); Dissertationen (Eckerth 2003; Tesch 2009 in Vorbereitung) und Kolloquien (z. B. DGFF-Regionaltagung Uni Wuppertal, Nov. 2008) sind dem Thema gewidmet. Im folgenden Beitrag stelle ich das Potenzial eines methodischen Ansatzes zur Rekonstruktion aufgabenbezogener unterrichtlicher Interaktionen mittels Audiographie vor. Welcher spezifische Gewinn ist von diesem Verfahren für die Lernaufgabenforschung im Bereich des Fremdsprachenunterrichts zu erwarten?

Im Jahr 2006 wurde am Institut zur Qualitätsentwicklung (IQB) in Berlin eine Aufgabensammlung für das Fach Französisch erstellt, die den Zweck haben sollte, die Bildungsstandards für die erste Fremdsprache (KMK 2004, KMK 2005) zu illustrieren bzw. ihre Umsetzung in der Praxis zu befördern. Lehrkräfte aus den Ländern erarbeiteten unter der fachdidaktischen Beratung u.a. Rüdiger Grotjahns insgesamt 22 sog. „Rahmenaufgaben“, d.h. modularisierte Unterrichtssequenzen, die an unterschiedlichen thematischen Schwerpunkten den Stand der fachdidaktischen Reflexion zur „Kompetenzorientierung“ im Fremdsprachenunterricht spiegelten. Während der praktischen Erprobung der Aufgabenentwürfe im Unterricht zeigte sich, wie unterschiedlich Lehrer[1] und Lerner auf diese Aufgaben reagierten, das heißt auf welch unterschiedliche Lehr- und Lernkonzepte diese Aufgabensammlung in der Praxis stieß. Von einigen wurden die Aufgaben als lang erwartete Konkretisierung der Bildungsstandards begrüßt, andere dagegen vermochten nicht, in ihnen eine Innovation zu erkennen. Das Interesse auf der Seite des Forschers lag also nahe, den praktischen Umgang mit einer Innovation in Gestalt kompetenzorientierter

1 Um eine Beeinträchtigung des Leseflusses zu vermeiden, habe ich auf Doppelbezeichnungen zur Markierung des Geschlechts verzichtet und bitte alle Leser und Leserinnen, die dies stören könnte, um Nachsicht.

Lernaufgaben empirisch zu untersuchen und auf diese Weise die Lehr- und Lernkonzepte zu beschreiben, die für eine gelingende Umsetzung der Konzeption als besonders förderlich angesehen werden können bzw. die ihr im Wege stehen.

Im Hinblick auf die von ihr dringend eingeforderte Lernaufgaben- bzw. Wirkungsforschung fordert Schocker-von-Dithfurth (2006) die Beachtung von 5 Prinzipien (s. auch Burwitz-Melzer 2006: 29):

1. „Lernprozesse und -zuwächse sind aufgaben- und lernerspezifisch" (ibd.: 232), d.h. ihre Wahrnehmung und Bearbeitung hängt vom Lernerinteresse ab.
2. Lernaufgabenforschung muss die Lernaktivitäten, die von einer Aufgabe ausgelöst werden, mit darstellen.
3. Lerner sollten über ihre Lernpräferenzen und ihre Lernerfahrungen befragt werden.
4. Die Erforschung von Lernaufgaben sollte auf empirischer Unterrichtsbeobachtung beruhen.
5. Lernaufgabenforschung sollte auch Fallstudien umfassen, die den individuell-sprachbiografischen Aspekt abbilden. D.h. eine ganze Klasse kann genauso wie ein einzelner Schüler als „Fall" definiert werden.

Erste Einblicke in die rekonstruktive Forschungspraxis nach Bohnsack (Bohnsack 2003) brachten mich dazu, ihr Potenzial im Hinblick auf die Erforschung des Fremdsprachenunterrichts abzuschätzen, so dass ich mich auch im Hinblick auf die Erforschung des lernaufgabenbezogenen Französischunterrichts in Anlehnung an Schocker-von-Dithfurth (s. o.) für diesen Weg entschied. Bis dahin hatte ich einer Planung den Vorzug gegeben, die eine Unterrichtsbeobachtung und ihre Auswertung durch qualitativ inhaltsanalytische bzw. kodierende Verfahren vorsah. Bei der qualitativen Inhaltsanalyse werden induktiv Kategorien gebildet, die deduktiv angewendet werden. Das Material wird in Analyseeinheiten zerlegt und kodiert und die Ergebnisse der Kodierung einer Reliabilitätsprüfung unterzogen. Dadurch entsteht eine Nähe zu quantifizierenden Verfahren (s. Mayring 2000; forschungsmethodologischer Überblick bei Grotjahn 2003).

Die von Bohnsack vertretene Dokumentarische Methode schien mir der geeignetere Weg zu sein, der Komplexität des Unterrichts Rechnung zu tragen. Ich versprach mir von dieser Forschungspraxis, die häufig zur Analyse von Gesprächsinteraktionen eingesetzt wird, seltener jedoch in Verbindung mit Schul- und Unterrichtsforschung (Asbrand 2006; Wagner-Willi 2005, 2007), einen offenen Zugang zu den sozialen Bedeutungsebenen unterrichtlichen Verhaltens auf Lehrer- wie auf Schülerseite. Der rekonstruktive Ansatz könnte es auch erlauben, so meine Erwartung, Bedeutungsschichten des Unterrichtsalltags aufzudecken, die bei hypothesengesteuerten experimentellen Forschungsansätzen bisher unbeachtet geblieben waren, nämlich implizite Wissensbestände

Lehrender und Lernender. Ferner könnte sie dazu beitragen, interessengeleitete Fokussierungen bei Forschenden zu hinterfragen.

Allmählich bildete sich so eine andere Fragestellung heraus, als die, die ich ursprünglich als Koordinator des Aufgabenentwicklungsprojekts im Fach Französisch am IQB verfolgt hatte. Jene lautete: „Leisten die Aufgaben, wozu sie konzipiert wurden, nämlich eine Orientierung des Unterrichts an Kompetenzen“? Die Forschungsfrage lautete nun: „Welche Lehr- und Lernkonzepte impliziert die gelingende Umsetzung der Kompetenzorientierung in der Unterrichtspraxis?“ Das Erkenntnisinteresse verlagerte sich also von den Aufgaben auf die soziale Praxis des Unterrichts. Die Forschungspraxis der Dokumentarischen Methode hatte somit einen großen Anteil an der Entwicklung der Forschungsperspektive und der konkreten Fragestellung.

An der folgenden Sequenz „Tout le monde ist doch nicht die ganze Welt, oder“ zeige ich beispielhaft die spezifische Interpretationsleistung und den spezifischen Erkenntnisgewinn der rekonstruktiven Forschungspraxis. Die konkrete Aufgabe, der sich die beobachtete Schülergruppe stellte, bestand in der Auswertung einer Umfrage zur Computernutzung. Diese Aufgabe findet sich in Modul 2 der Rahmenaufgabe „pir@tes du net“ (Tesch et al. 2008, CD-ROM). Transkriptionsbeispiel aus Modul 2, „Faire un sondage“ (Auszug):

Senna:	Also, wir haben ja drei Mal oui und zwei Mal quelques fois.
Conny:	Ich auch.
Rita:	Presque tous.
Senna:	Ja, hab ich auch.
	(.)
Lena:	Äh, kommt dann tous mit s oder tout mit t?
Mari:	Ist ja tous in der Mehrzahl also s.
	(.)
Lena:	Aber das gibt's doch nicht mit t s.
Rita:	Doch gibt es.
Senna:	[Name] mit t, [Name] mit s und [Name] mit t s. Ok, wir haben alles @(.)@
Lena:	Ich hab tout noch nie gemocht.
	(.)
Rita:	Ich hab tout immer mit t geschrieben und das war immer richtig.
	(.)
Mari:	Wenn man schreibt tout le monde wird es mit t geschrieben.
Senna:	Ok, dann schreiben wir tout le monde.
Rita:	@Die ganze Welt@
Mari:	Nein, tout le monde ist doch nicht die ganze Welt, oder?
Inga:	Das heißt jeder.
Mari:	Ehem.
Senna:	Tout le monde ist ja im Grunde genommen schon die ganze Welt.
Mari:	(.) wie man es sagt, das heißt es ja

Die beiden zentralen Arbeitsschritte der Dokumentarischen Methode sind die „formulierende" und die „reflektierende Interpretation". Bei der *formulierenden Interpretation* wird der Diskursverlauf nachgezeichnet und die Aussagen der Beteiligten so umformuliert, dass die angesprochenen Themen zusammenfassend sichtbar werden:

- Rückmeldungen durch Senna, Conny und Rita
- Frage zur Grammatik durch Lena
- Lena fokussiert auf eine Grammatikfrage, die Angleichung des unbestimmten Pronomens „tous".
- Interaktion Lenas mit Mari, Rita und Senna.
- Mari beantwortet Lenas Frage vorläufig, denn Lena kommt noch mit einem weiteren Problem, diesmal ist die grammatische Orthographie gefragt. Rita und Senna beantworten die Frage. Lena gibt ihre Abneigung gegenüber dem Problemfall „tout" bekannt, und Rita entwickelt eine grammatische Theorie aus eigener Empirie. Mari bringt Faktenwissen ein. Senna zieht einen Schluss, der zu einer pragmatischen Lösung führt.
- Reflexion zur Struktur „tout le monde"
- Rita übersetzt „tout le monde" richtig ins Deutsche. Sie artikuliert ihre Antwort scherzhaft, und Mari fragt in die Gruppe, wie es nun richtig zu übersetzen ist. Inga übersetzt mit „jeder". Mari signalisiert ihr Verstehen. Senna erklärt die Semantik des französischen Ausdrucks. Mari konstruiert einen vollständigen Satz, der das Ergebnis der Umfrage zu Frage 4 zusammenfasst.

Bei der formulierenden Interpretation wird das Relevanzsystem des vorgegebenen Rahmens nicht überschritten (s. Bohnsack 2003: 34). Die formulierende Interpretation bewegt sich innerhalb der Horizonte der Akteure und relativiert sie nicht. Der Forscher zeigt durch sein zusammenfassendes Umformulieren lediglich, dass er die nötige Distanz zu den Aussagen besitzt, um Themen herauszuarbeiten und den Diskursverlauf zu dokumentieren. Dies kann als Voraussetzung für den nächsten Interpretationsschritt, die *reflektierende Interpretation* betrachtet werden:

> Die kurze Interaktion zur Struktur „tout le monde" verrät, dass die Gruppe mit Interesse an sprachlichen Strukturen arbeitet. Die Übersetzungstechnik soll der Klärung lexikalischer Fragen dienen, es werden grammatische Hypothesen diskutiert bzw. ausgehandelt, am Ende sogar ein interkulturell interessantes Detail besprochen. Die Diskussion bleibt in der Gruppe, Frau Böger wird nicht befragt, auch keine anderen Gruppen. Hier findet Bedeutungsaushandeln und implizites Sprachlernen als Konstruktion von Sprachwissen statt, auch wenn es dabei zu (vorläufigen) Fehlkonstruktionen kommt wie das Beispiel „tout mit ts" zeigt. Es handelt sich im Übrigen um eine rein orthographische Konvention ohne Auswirkungen auf die Verständlichkeit. Dass die Gruppe überhaupt an dieser Stelle über die Schreibweise von „tous"

diskutiert, belegt möglicherweise den hohen Stellenwert der Formalgrammatik im Unterricht.

Lena, die die Gruppenaktivitäten generell steuert, steht hier auf gleicher Ebene mit den anderen. Die ganze Gruppe beteiligt sich mit „Expertenwissen".

Nicht immer spiegeln die beobachteten Interaktionen jedoch die gelingende Aufgabenbearbeitung. Nicht selten zeigt sich, dass der gewohnte Unterricht, das Aufgabenmanagement der Lehrkraft und nicht zuletzt problematische Lern- und Selbstwirksamkeitskonzepte der Lernenden die erfolgreiche Bearbeitung einer Aufgabe schon im Vorfeld verhindern:

Fred:	Ja wunderbar solche Typen suchen wa.
Anne:	Wenn Du nicht französisch kannst, kann ich Dich nicht fragen.
Nick:	Doch kann ich sehr wohl.
Anne:	Est-ce que tu as un ordinateur à la maison?
Nick:	Oui oui.
Man:	Ich hab verstanden (.) ich schwöre ich habe verstanden. Ey, Du hast einfach oui gesagt.
Anne:	Combien d'heures par semaine tu utilises – es l'ordinateur?
Nick:	Non. Was heißt diss ?
Fred:	Oah wie oft, wie viel Stunden ihr am Computer sitzt.
Man:	Öh?
Anne:	In der Woche!
Fred:	Aber nicht nein sagen.
Man:	Mh (.) seven. Nein, Mann, ich @(.)@ Ein, zwei Stunden
Anne:	Pro Woche, ja?
Nick:	Gar nicht! Nein.
Man:	Pro Woche ist schon zu wenig.
Nick:	Ich gar nicht.
Anne:	Vier, fünf Stunden ja? Und Du gar nicht?
Nick:	Ja.
Anne:	Und mh benutzt ihr den Computer auch für die Schule?
Nick:	Ja.
Man:	Manchmal.
Fred:	Wenn Du überhaupt was für die Schule machst wa?
Nick:	Mann Freddi Du vergraulst die Leute. @(.)@
Fred:	Nee Mann ich bin einfach nur scheiße ehrlich.

In der *reflektierenden Interpretation* tritt Folgendes zu Tage:

Kontaktaufnahme und Eröffnung des Interviews:

Freddi spielt vermutlich auf eine Frage bzw. Aussage an, die vorausgegangen sein muss, jedoch nicht aufgezeichnet wurde. Er spricht selbst Deutsch in diesem Moment, d.h. die Authentizität der Handlung (Interview) ist für ihn spontan an die Verwendung der deutschen Sprache gekoppelt. Er bezeichnet Nick und Manuel salopp als „solche Typen". Unklar ist, worauf sich diese wertende Benennung bezieht, auf das Geschlecht, die Altersgruppe oder eine vermutete Interessensattribution. Die abwertende Benennung deutet darauf hin, dass neben der Interview-Rahmung eine Rahmung durch Peer-Konkurrenz ins Spiel kommt.

Proposition Annes:

Anne spricht spontan Deutsch, vielleicht unter Freddis Einfluss. Sie stellt ein Junktim her zwischen der Durchführung des Interviews und Nicks Französisch-Kenntnissen. Das heißt, das Thema „Französischkenntnisse als Voraussetzung für das Interview“ macht das Interview selbst zum Test für Französischkenntnisse. Dieses Thema deutet auf eine dritte Rahmung hin, das Interview als Test.

Hier wird deutlich, worin die interpretatorische Leistung der reflektierenden Interpretation besteht, nämlich darin, die Aussagen in der Gruppe als Propositionen[2] und damit als Ausdruck von *Rahmungen* zu erkennen, die mit anderen Propositionen verglichen und in Beziehung gesetzt werden können („Vergleichs-“ oder „Gegenhorizonte“). Dazu bedient sich die Dokumentarische Methode dreier grundlegender Verfahren. Erstens erfolgt ein Wechsel der Analyseeinstellung. Wurde in der formulierenden Interpretation nach dem „Was“ (Themen) gefragt, so richtet sich die Fragestellung der reflektierenden Interpretation nun nach dem „Wie“ der Aussagen. Damit eng verbunden wird die ausgewählte Sequenz zweitens einer Diskursanalyse unterzogen, das heißt, es werden thematisch zusammengehörige Textpassagen im Hinblick auf explizite und implizite Verknüpfungen (z. B. mittels Metaphern) untersucht. Drittens nimmt der Forscher im Rahmen der reflektierenden Interpretation eine komparative Analyse vor, das heißt homologe Fälle werden herangezogen, um im Vergleich typische Handlungspraxen herauszuarbeiten.

Weitere Arbeitsschritte der Dokumentarischen Methode bestehen in der Fallbeschreibung, die die Ergebnisse der reflektierenden Interpretation zum Zwecke der Veröffentlichung zusammenfasst, und der Herausarbeitung einer Typik. Diese konzentriert sich bei einem schulformhomogenen Sampling auf die Milieutypik einer bestimmten Klasse, das heißt typisches habitualisiertes Lehr- und Lernverhalten sowie die Personentypik der beteiligten Lehrer und Schüler. Eine kontrastivere Fallauswahl, etwa ein Vergleich von Hauptschul- und Gymnasialklassen, würde möglicherweise auch typische Verhaltensausprägungen bezogen auf das soziale Milieu der Schülerschaft zu Tage fördern. Auch geschlechtstypische Ausprägungen können bei entsprechender Fallauswahl in den Fokus genommen werden.

2 Begriff nach Garfinkel (1967). Im Kontext der Dokumentarischen Methode ist eine Proposition die erste Station in einem Diskursverlauf. Ein oder mehrere Sprecher formulieren eine Aussage, deren semantischer Gehalt beziehungsweise Orientierungsgehalt als „Proposition“ bezeichnet wird.

Die besondere Leistung dieser Forschungspraxis besteht m. E. zusammenfassend betrachtet darin, den Blick des Forschers auf die soziale Bedingtheit des Lehrens und Lernens von Sprachen, auf das Zusammenfließen von Lehr- und Lernhandeln in einem gemeinsamen Konstruktionsprozess und auf den Prozesscharakter unterrichtlichen Sprachhandelns zu lenken.

Die Auswertung von 28 aufgezeichneten Unterrichtssequenzen sowie einer Fachkonferenz ergab folgendes empirisch begründete Modell unterrichtlicher Konzepte:

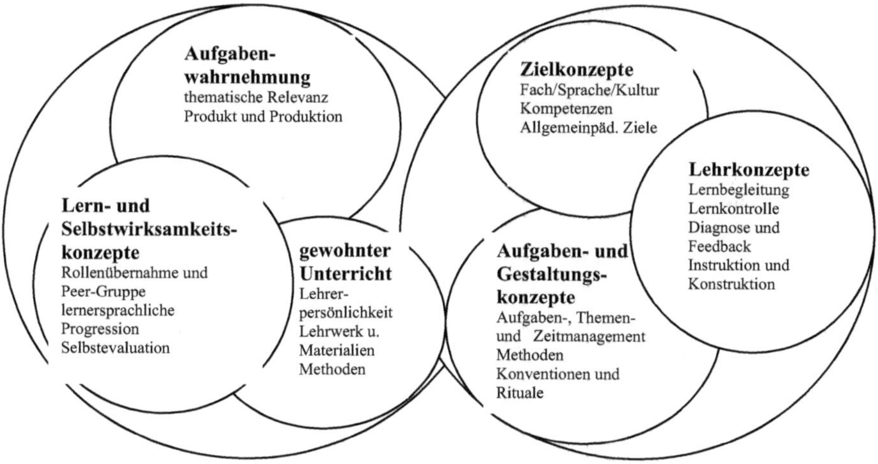

Abbildung 1: Rahmenorientierungen Lehrender und Lernender

Bei den Lernern konnte ich als zentrale Orientierungen den gewohnten Unterricht, die Aufgabenwahrnehmung sowie Lern- und Selbstwirksamkeitskonzepte ermitteln. Bei den Lehrkräften dagegen waren Zielkonzepte, Lehrkonzepte und Aufgaben- und Gestaltungskonzepte dokumentierbar. Der gewohnte Unterricht bietet schülerseitig Orientierungen, die noch nicht auf derselben Ebene zu Konzepten verfestigt sind, wie dies für Lern- und Selbstwirksamkeitskonzepte der Fall ist. Die Orientierung am gewohnten Unterricht kann sich rasch durch neue Unterrichtserfahrungen verändern. Auch die Aufgabenwahrnehmung verändert sich mit der Art der Aufgaben.

Allein dieses Modell der Rahmenorientierungen scheint mir für die fremdsprachlichen Fachdidaktiken einen Gewinn darzustellen, ja einen Reichtum an Detailinformationen über unterrichtliches Interaktionsverhalten. Die abduktive Kategorienbildung erlaubte es, eine Vielzahl von Unterorientierungen zu ermitteln, z. B. die Rollenübernahmen in der Peer-Gruppe, die Orientierung an sprachlicher Progression und Ansätze von Selbstevaluation bei den Schülern und sehr differenzierte Ziel-, Lehr- und Gestaltungskonzepte bei den Lehrkräften. Dies ist für den Fremdsprachenunterricht umso aufschlussreicher, als der Unterricht von außen betrachtet in höchstem Maße ritualisiert erscheint. Gleichzeitig fehlt es noch an breiter qualitativer Unterrichtsforschung zum Alltag des Fremdsprachenunterrichts, das heißt, man weiß wenig empirisch Gesichertes über die sozialen Zusammenhänge des Lernens im Fremdsprachenunterricht. Die Dokumentarische Methode erlaubt es, genau diese Lücke zu schließen. Es konnte dokumentiert werden, wie die Aufgabenbearbeitung im Zusammenspiel kongruenter Lehr- und Lernkonzepte gefördert (z. B. lehrseitige Orientierung an einer interaktionsfördernden Aufgabengestaltung, Orientierung der Lerner an Rollenübernahmen) oder durch Rahmeninkongruenz eher behindert wurde (z. B. lehrseitige Orientierung an sprachlicher Korrektur, Orientierung der Lerner dagegen am Aufbau interimssprachlicher Flüssigkeit).

Keine Einzelerkenntnis ist in diesem Zusammenhang neu – *scaffolding*, Interimsprachen, Partizipationsmuster etc. sind seit langem im Kontext der Zweit- und Tertiärsprachenerwerbsforschung bekannt und untersucht. Neu ist der Fokus der sozialen Interaktion, das Verständnis fremdsprachenunterrichtlicher Phänomene als soziales Verhalten und die Untersuchung des Zusammenspiels dieser Verhaltensweisen vor dem Hintergrund eines fremdsprachenunterrichtlichen Handlungsmodells.

Dieses Zusammenspiel sozialer Verhaltensweisen wird von mir als typisches Verhalten einer Französischlehr- und -lerngemeinschaft bezeichnet. Es ist ein verfestigtes Handlungsmuster, das beim Eintritt der Lehrkraft in den Raum aktiv wird und bei ihrem Verlassen des Raumes wieder ruht. Es äußert sich zum Beispiel in dominanten Zielkonzepten (z.B. die Vermittlung von Sprache und Kultur), an Blick- und Aufmerksamkeitsrichtungen der Lehrkraft als Teil ihrer Lehrkonzepte (z.B. Kontrolle), an der spezifischen Art des Lehrer*feedbacks* (z.B. nur implizit) und an der Art der Instruktion (z.B. nur lehrerzentriert). Dies geht bis in die Wortwahl, Gestik und Mimik – Lehrer wie Lerner kennen sich, ihre Erwartungen und Reaktionen genau. Bestimmte Interaktionspartner in der Lerngemeinschaft sind sozial „eingespielt", sie gehen aktiv aufeinander ein. Ein Teil der Klasse verharrt dagegen in stummer Rollendistanz, mehr oder weniger als „Zuschauer". Erst bei einer Gruppen- oder Partnerarbeitsphase werden sie aktiver. Lernerseitig spiegelt sich typisches Verhalten in Lernroutinen oder in gruppeninternen Rollenfixierungen wie z. B. *Peer*-Rivalitäten. Die Typik einer Lehr-/Lerngemeinschaft zeigt sich auch in Aufgaben- und Gestaltungskonzepten, in mehr oder minder praktizierter Lernerpartizipation, in damit verbundenen methodischen Freiheiten oder Engführungen, in Bearbeitungskonventionen und Ritualen.

Zusammenfassend lässt sich sagen, dass die besondere Leistung der Dokumentarischen Methode für die Fremdsprachendidaktik im genauen Ausbuchstabieren dokumentierter impliziter Orientierungen und in der Bestimmung typischer Ausprägungen in den verschiedenen Schulformen und Klassenzusammensetzungen liegen könnte. Diese Beschreibungen könnten Teilerklärungen für die Trägheit des Systems Schule und Unterricht liefern beziehungsweise Erklärungen für Blockaden bei der Umsetzung innovativer Unterrichtsverfahren.

Literaturverzeichnis

Asbrand, Barbara (2006), *Orientierungen in der Wissensgesellschaft. Eine qualitativ-rekonstruktive Studie zur Konstruktion von Wissen und Handlungsorientierung von Jugendlichen in schulischen Lernarrangements und in der außerschulischen Jugendarbeit*. Habilitationsschrift an der Universität Erlangen-Nürnberg 2006.

Bausch, Karl-Richard; Burwitz-Melzer, Eva; Königs, Frank G. & Krumm, Hans-Jürgen (Hrsg.) (2006), *Aufgabenorientierung als Aufgabe. Arbeitspapiere der 26. Frühjahrskonferenz zur Erforschung des Fremdsprachenunterrichts*. Tübingen: Narr.

Bildungsstandards für die erste Fremdsprache (Englisch/Französisch) für den Mittleren Schulabschluss. Beschluss vom 4.12.2003. Beschlüsse der Kultusministerkonferenz. [www.kmk.org/schul/Bildungsstandards/1.Fremdsprache_MSA_BS_04-12-2003.pdf. (Letzter Zugriff 21.04.2008. Abgekürzt KMK 2004)].

Bildungsstandards für die erste Fremdsprache (Englisch/Französisch) für den Hauptschulabschluss. Beschluss vom 15.10.2004. Beschlüsse der Kultusministerkonferenz. [www.kmk.org/schul/Bildungsstandards/Hauptschule_Erste%20Fremdsprache_BS_307KMK.pdf. (Letzter Zugriff 21.04.2008. Abgekürzt KMK 2005)].

Blum, Werner; Drüke-Noe, Christina; Hartung, Ralf & Köller, Olaf (2006), *Bildungsstandards Mathematik: konkret. Sekundarstufe: Aufgabenbeispiele, Unterrichtsanregungen, Fortbildungsideen*. Berlin: Cornelsen.

Bohnsack, Ralf ([5]2003), *Rekonstruktive Sozialforschung – Einführung in Methodologie und Praxis qualitativer Forschung*. Opladen: Leske und Budrich.

Bremerich-Vos, Albert; Granzer, Dietlinde & Köller, Olaf (Hrsg.) (2007), *Lernstandsbestimmung im Fach Deutsch. Gute Aufgaben für den Unterricht*. Weinheim und Basel: Beltz.

Burwitz-Melzer, Eva (2006), Aufgabenorientierung im Fremdsprachenunterricht. In: Bausch, Karl-Richard; Burwitz-Melzer, Eva; Königs, Frank G. & Krumm, Hans-Jürgen (Hrsg.) (2006), 25-32.

Eckerth, Johannes (2003), *Fremdsprachenerwerb in aufgabenbasierten Interaktionen*. Tübingen: Narr.

Ellis, Rod (2003), *Task-based Language Learning and Teaching*. Oxford: Oxford University Press.

Garfinkel, Harold (1967), *Studies in ethnomethodologie*. Englewood Cliffs, N. J.: Prentice-Hall.

Grotjahn, Rüdiger (2003), Konzepte für die Erforschung des Lehrens und Lernens fremder Sprachen: Forschungsmethodologischer Überblick. In: Bausch, Karl-Richard; Christ, Herbert & Krumm, Hans-Jürgen (Hrsg.) (2003), *Handbuch Fremdsprachenunterricht*. Tübingen und Basel: Francke, 493-499.

Mayring, Philipp (2000), Qualitative Inhaltsanalyse. *Forum Qualitative Sozialforschung* 2 [www.qualitative-research.org/fqs-texte/2-00/2-00mayring-d.htm (Letzter Zugriff 25.06.2008)].

Müller-Hartmann, Andreas & Schocker-von-Ditfurth, Marita (Hrsg.) (2005), *Aufgabenorientierung im Fremdsprachenunterricht. Task-Based Language Learning and Teaching. Festschrift für Michael K. Legutke.* Giessener Beiträge zur Fremdsprachendidaktik. Tübingen: Narr.

Nunan, David (2004), *Task based Language Teaching.* Cambridge: Cambridge University Press.

Schocker-von-Dithfurth, Marita (2006), Lern- und Lernerperspektive integrieren: Lernaufgaben als Möglichkeit der Verzahnung von Fremdsprachenforschung und Fremdsprachenlehre. In: Bausch, Karl-Richard; Burwitz-Melzer, Eva; Königs, Frank G. & Krumm, Hans-Jürgen (Hrsg.) (2006), 228-236.

Tesch, Bernd; Leupold, Eynar & Köller, Olaf (Hrsg.) (2008), *Bildungsstandards: Französisch konkret. Sekundarstufe I: Grundlagen, Aufgabenbeispiele und Unterrichtsanregungen.* Berlin: Cornelsen-Scriptor.

Tesch, Bernd (2009), *Kompetenzorientierte Lernaufgaben im Fremdsprachenunterricht. Konzeptionelle Grundlagen und eine rekonstruktive Fall-Studie zur Praxis des gymnasialen Französischunterrichts* (in Vorbereitung).

Wagner-Willi, Monika (2005), *Kinder-Rituale zwischen Vorder- und Hinterbühne. Der Übergang von der Pause zum Unterricht.* Wiesbaden: Verlag für Sozialwissenschaften.

Wagner-Willi, Monika (2007), Rituelle Interaktionsmuster und Prozesse des Erfahrungslernens im Mathematikunterricht. In: Wulf, Christoph et al. (2007), *Lernkulturen im Umbruch. Rituelle Praktiken in Schule, Medien, Familie und Jugend.* Wiesbaden: VS Verlag für Sozialwissenschaften, 57-90.

Zur Qualität fremdsprachendidaktischer Forschung - Zukunftsperspektiven

Helmut Johannes Vollmer

Der Beitrag analysiert die Situation der fremdsprachendidaktischen Forschung und ihrer Rahmenbedingungen im Hinblick auf ihre zukünftige Entwicklung. Der Fokus liegt dabei auf der notwendigen Verbreitung und Weiterentwicklung einer empirischen Forschungsmethodologie und ihrer Verankerung in den Köpfen und Handlungen der betroffenen Fremdsprachendidaktiker und Fremdsprachendidaktikerinnen an den Hochschulen. Darüber hinaus werden Überlegungen zu einer soliden Qualifizierung des wissenschaftlichen Nachwuchses angestellt und wie diese angesichts hoher Anforderungen und neuer Herausforderungen am besten sicherzustellen ist. Der Beitrag schließt ab mit der Formulierung von Perspektiven für eine starke, selbstbewusste, forschungs- und kooperationsfähige Disziplin als Teil eines größeren Verbundes aller Fachdidaktiken.

1. Einleitung

Die Sorge um die Zukunft einer qualitativ hochwertigen fremdsprachendidaktischen Forschung, um eine solide Qualifizierung des wissenschaftlichen Nachwuchses und um die angemessene Weiterentwicklung einer empirischen Forschungsmethodologie verbindet mich – neben vielen anderen Erkenntnisinteressen – mit dem Geehrten dieser Schrift. Rüdiger Grotjahn hat wiederholt und an verschiedenen Stellen (z.B. 1999, 2005) darüber nachgedacht, wie eine breite Ausbildung in Forschungsmethodik und Forschungsmethodologie sowohl bei den Studierenden als auch auf Seiten der Lehrenden verbessert und institutionell verankert werden kann. Zugleich trieb und treibt ihn immer noch die Frage um, wie eine Basiskompetenz an forschungsmethodischem Wissen und Können unter allen Lehramtsstudierenden in den fremdsprachlichen Fächern aufgebaut und am besten sichergestellt werden kann, so dass diese zumindest die relevante Forschung verstehen, nachvollziehen und kritisch hinterfragen können, sie aber auch mitdenken und mittragen bzw. sich als zukünftige Lehrkräfte daran beteiligen können.

Die folgenden Überlegungen greifen diese gemeinsame Sorge auf, indem sie sie in den Kontext einer notwendigen Qualitätssicherung fremdsprachendidaktischer Forschung stellen, die keineswegs gesichert erscheint. Die Gedanken beanspruchen keine Originalität noch irgendeine Systematik; sie sind entstanden aus dem Bedürfnis nach eigener aktualisierter Rechenschaftslegung und nach der Entwicklung von tragfähigen Perspektiven für die Zukunft unserer Disziplin – angesichts der großen Herausforderungen für die nächste Generation von Fremdsprachenforschern und -forscherinnen. Dabei wird auch nur bedingt zwischen Sprachlehrforschung und Fremdsprachendidaktik unterschieden, weil sich dieser Unterschied mangels substantieller theoretischer oder methodischer Differenzen m. E. lange überholt hat (siehe den Diskurs zu Beginn der 90er Jahre, etwa in Timm & Vollmer 1993a, 1993b). Allenfalls kann man sagen, dass die insistente Beibehaltung unterschiedlicher Begriffe bzw. Bezeichnungen von interessierter Seite eine hochschul- und studiengangspolitische Funktion hat; sie dokumentiert zugleich aber – allein schon im Begriff der Sprach*lehr*forschung (der sich immer noch nicht offiziell und explizit zu dem der *Sprachlehr- und Sprachlernforschung* „gemausert" hat) –, dass der Gegenstandsbereich der Fremdsprachendidaktiken allemal weiter gefasst ist, wenngleich in ihnen das Vergleichsmoment zwischen den Einzelsprachen und damit das Grundsätzliche allen Sprachlernens und allen Sprachlehrens vielleicht bisweilen etwas weniger fokussiert wird. Dennoch: Ich persönlich halte diese Betonung von Differenz eher für eine Schwächung als für eine Stärkung der Disziplin als Ganzes, die sich gerade im Wettbewerb mit anderen Fachdidaktiken sowie mit den Erziehungswissenschaften als einheitlich und unteilbar, wenn nicht gar als konsolidiert und „schlagkräftig" darstellen muss. Deshalb ist es m. E. müßig, ja unfruchtbar, nach jahrzehntelangen Bemühungen der konzeptuellen Annäherung und Vereinheitlichung „Sprachlehrforschung" als gesonderten Label aufrecht zu erhalten und sich damit direkt oder indirekt, bewusst oder unbewusst gegen die Fremdsprachendidaktiken (im Plural) bzw. gegen die Fremdsprachendidaktik (im Singular) abzugrenzen, die ja genau das allen konkreten Lern- und Lehrprozessen Gemeinsame thematisiert und untersucht, von den gesellschaftlichen und institutionellen Rahmenbedingungen bis hin zu den verschiedenen Einflussgrößen der Lernenden und Lehrenden selbst (vgl. auch den Titel des geplanten *Handbuchs Fremdsprachendidaktik*, das von Hallet & Königs (in Arbeit) herausgegeben wird). Warum die Herausgeber der Festschrift für Rüdiger Grotjahn diesen Schritt dennoch getan und am Begriff *Sprachlehrforschung* festgehalten haben, mag historische Gründe haben oder mit der Vita des Geehrten zusammenhängen. Wie dem auch sei: die Herausforderungen sind die gleichen.

2. Herausforderungen

Worin liegen die wesentlichen Herausforderungen für die nachwachsende Generation? Diese Frage soll vor allem unter Forschungsgesichtspunkten angegangen werden. Fremdsprachendidaktiker und -didaktikerinnen der Zukunft brauchen ein gerüttelt Maß an forschungsmethodischem Wissen und Können, um sich an der empirischen Erforschung des Lehrens und Lernens von Fremd- und Zweitsprachen und an der Weiterentwicklung unserer Disziplin angemessen zu beteiligen und einbringen zu können. Dies war zwar bisher auch schon zutreffend, doch sind die Anforderungen an empirische Bildungsforschung –

gerade in Kooperation mit Erziehungswissenschaftlern und Psychologen – komplexer und anspruchsvoller geworden. Und das bei gleichzeitig abnehmender Chance, sich für diese Aufgaben in der Breite funktional zu qualifizieren und gut auf sie vorzubereiten.

2.1 Mangelnde Forschungsorientierung im Studium

War schon bisher eine Forschungsorientierung im normalen Lehramtsstudium eher die Ausnahme, so wird es offenbar zunehmend schwieriger, im Rahmen einer gestuften Ausbildungsstruktur nach dem BA/MA-Modell eine methodologische Basisqualifikation im Studium aller zukünftigen Fremdsprachenlehrer und -lehrerinnen zu verankern. Das gilt für alle neuen Lehramtsstudiengänge ebenso wie tendenziell auch für die Ausbildung der wenigen „Sprachlehr-/lernforscher und -forscherinnen" (z.B. in Bochum oder Hamburg), die vielleicht aufgrund der Studieninhalte und der vorgesehenen Zeitstrukturen am ehesten ein Stück weit methodisch-methodologische Qualifizierung zur Forschungsbefähigung erlangen können. Andererseits haben gerade sie den Nachteil, keine Pädagogen zu sein und nicht als Lehrer oder Lehrerinnen in den Schuldienst eingestellt zu werden.

Die überwiegende Mehrzahl der Auszubildenden in den Fremdsprachenfächern aber durchläuft heute ein Bachelor-Studium fast ohne Berührung mit den drängenden fachdidaktischen Fragestellungen, geschweige denn mit fachdidaktischer Forschung. Und auch in den Master-Studiengängen der unterschiedlichen Hochschulen ist – vor allem angeblich aus Zeitgründen – die mangelnde Auseinandersetzung mit fremdsprachendidaktischen Forschungsfragen vorprogrammiert. Allenfalls könnten relevante Forschungen und deren Ergebnisse in einem Teilmodul rezeptiv zur Kenntnis genommen werden, zu einer kritischen Analyse der Designs und der Erkenntnis- wie Verfahrensweisen kommt es dann jedoch kaum noch, wahrscheinlich nur in Ausnahmefällen. Und das, obwohl „Forschungsfähigkeit", also die aufgeklärte Beteiligung an schul- und unterrichtsbezogener Forschung oder aber zumindest deren kritische Aneignung in der Perspektive anstehender Schul- und Lernentwicklungen einer der fünf Kompetenzbereiche ist, die nach Analyse der Gesellschaft für Fachdidaktik (GFD) jeder Lehrer und jede Lehrerin benötigt – und das nicht erst in ferner Zukunft, sondern schon heute (vgl. die Bestimmung der wesentlichen fachdidaktischen Kompetenzen und Kompetenzbereiche durch GFD aus dem Jahre 2006, an deren Ausarbeitung der Autor maßgeblich beteiligt war und die uneingeschränkt auch für die Fremdsprachenfächer gelten bzw. zu akzeptieren sind). Wenn eine solche basale „Forschungskompetenz" jedoch nicht (oder nicht mehr verbindlich) an alle Lehramtsstudierenden vermittelt wird, entfallen damit – strukturell gesehen – in Zukunft ganze Generationen von Lehrenden in der Schule als kritische Begleiter fachdidaktischer Forschung; sie kommen als Kooperationspartner für traditionelle Untersuchungsansätze und erst recht für

Ansätze von Handlungsforschung kaum noch in Frage (vgl. dazu auch Riemer 2006, in Arbeit). Damit klafft die Schere zwischen Unterrichtspraxis einerseits und Forschungsbemühungen andererseits vermutlich weiter auseinander, was weder der einen Seite noch der anderen zugute kommt. Beide Tätigkeitsbereiche folgen zunehmend unterschiedlichen Zielsetzungen und Regeln.

Ohnehin ist das Verhältnis von fremdsprachendidaktischer Forschung und Unterricht aus meiner Sicht doch recht spröde, wenn nicht sogar weitgehend unfruchtbar geblieben, wobei man diesen Mangel an Effektivität sicherlich nicht einseitig oder eindimensional verrechnen kann. Bevor wir weiter so tun, als würde unsere eigene Forschung die Qualität des Fremdsprachenunterrichts wesentlich beeinflussen, sollten wir verstärkt Wirkungsforschung betreiben, die darauf angelegt ist herauszufinden, was mit unseren großartigen Ideen und Vorschlägen zu einer (veränderten bzw. verbesserten) Gestaltung des Fremdsprachenlernens in Schule und Hochschule (und vielleicht darüber hinaus) tatsächlich passiert, ob und wie sie verstanden und rezipiert werden oder welchen Stellenwert sie im Handlungskontext einzelner Lehrender haben. Es ist zu befürchten, dass es immer wieder auch Strukturbedingungen gibt, die ein individuelles Aufgreifen oder innovatives Umgehen mit Forschungsergebnissen erschwert oder gar verhindert.

Man könnte fast die These vertreten, dass viele Lehrende in der Schule schlicht überfordert oder sogar überrollt sind durch zu viele und wechselnde Anforderungen von außen (von der Schul- und Bildungspolitik) und dass sie sich dann durch inneren Rückzug oder aber durch Rückfall/Rückgriff auf bewährte Methoden und Verfahren des Unterrichtens und der Lehrwerk gestützten Arbeit im Unterrichtsalltag schützen. Man könnte ebenso argumentieren, dass es auch einige gegenläufige Tendenzen gibt, etwa im Zuge der Ausdifferenzierung von Bildungsstandards auf nationaler Ebene oder ihrer Umsetzung in den einzelnen Bundesländern sowie im Gefolge der Entwicklung und Erprobung einer neuen „kompetenzbasierten" Aufgabenkultur, bei denen immerhin viele praktizierende Fachlehrer und Fachlehrerinnen sowie einige Fachdidaktiker bzw. Fachdidaktikerinnen beteiligt sind. Diese Art des Engagements an der Formulierung von motivierenden Aufgaben für ein innovatives, kompetenzorientiertes Unterrichten auf der Basis neuer Curricula oder für Testzwecke (z.B. auch für Zentralarbeiten in einzelnen Bundesländern) ist erfreulich und nicht zu unterschätzen, aber es umfasst eben doch nur eine verschwindend geringe Gruppe von Praktikern und impliziert kein breites System von Multiplikatoren.

2.2 Zur Qualifizierung und Förderung des wissenschaftlichen Nachwuchses

Es ist im Grunde erfreulich zu sehen, wie sehr wissenschaftlicher Nachwuchs sich in den Fremdsprachenfächern langsam entwickelt. Wenn die Analyse unter 2.1 zutrifft, muss dieser Nachwuchs allerdings das Forschenlernen quasi als eine Art Zusatzqualifikation erwerben, die erst im Zuge der Dissertation grundgelegt werden kann, dann aber weiter auszubauen ist, insbesondere im Hinblick auf quantitative Forschungsansätze und -methoden, deren Kenntnis und Beherrschung in der Regel reichlich unterentwickelt ist. Kann das allein in der sog. Qualifikationsphase passieren, entweder vor oder aber nach einer mindestens dreijährigen Unterrichtspraxis, wie sie in fast allen Bundesländern für eine Einstellung als Fachdidaktiker oder Fachdidakterin gefordert wird?[1]

Zum Glück gibt es nicht nur in anderen Fachdidaktiken (in den Naturwissenschaften seit Anfang der 90er Jahre) oder aber Einzelfachdidaktik übergreifend (initiiert durch die Gesellschaft für Fachdidaktik (GFD) seit 2001), sondern auch in der Deutschen Gesellschaft für Fremdsprachendidaktik (DGFF) selbst (initiiert durch Wolfgang Börner und Johannes Vollmer, seit 2000) kleine Programme zur Beratung und Förderung von fremdsprachendidaktischen Forschungsanträgen, inzwischen verallgemeinert als generelle Forschungs- und Karriereberatung. Auch gibt es eine Reihe von lokalen oder regionalen Einzelinitiativen wie z.B. dem inzwischen gut etablierten Mediendidaktischen Kolloquium, den Fremdsprachendidaktischen Kolloquien in Berlin-Brandenburg (z.B. Caspari, Hallet, Wegner & Zydatiß 2007) und in Niedersachsen (NiKolDi) oder den sog. Novembertagungen (Forschungsmethodische Gespräche, seit 2006), bei denen aktuelle Forschungen unter starker Beteiligung des Nachwuchses mit forschungserfahrenen Kollegen und Kolleginnen zwecks Veröffentlichung im Detail kritisch diskutiert werden (vgl. Vollmer 2007; Aguado, Schramm & Vollmer, erscheint). Die jüngsten Beschlüsse der DGFF sehen verschiedene Formen der Nachwuchsförderung vor, z. B. über die Auslobung von Preisen (wie bisher schon), über die Einrichtung von Sommerschulen und über die Vergabe von begrenzten Fördermitteln, u. a. zur Abschlussfinanzierung von Promotionsvorhaben: immerhin ein guter Anreiz, sich dem wissenschaftlichen Wettbewerb und der externen Begutachtung der eigenen Arbeit zu stellen. Das gilt erst recht für die Bewerbungen und Auswahlverfahren für einen Beitrag auf den Fachdidaktik übergreifenden Fachtagungen der GFD mit integrierten Methoden-Workshops (z. B. im August/September 2009 in Berlin zur „Empirischen Fundierung der Fachdidaktiken"; GFD 2009a). Dies sind wichtige

---

1 Bei dem dramatisch eingeleiteten Generationswechsel und dem damit verbundenen Stellenboom für Fremdsprachdidaktiker besteht die Gefahr, dass man mit der Dissertation sehr schnell auf eine Professorenstelle berufen wird, mit viel Verantwortung und neuartigen Belastungen, bei denen die Weiterentwicklung von Forschungsfähigkeit zunächst leicht auf der Strecke bleiben könnte.

Schritte auf dem Weg zu einer Steigerung von Forschungsqualität und zur Ausbildung eines entsprechenden Qualitätsbewusstseins, innerhalb der Fremdsprachendidaktik wie zwischen Fachdidaktiken allgemein. Auch Formen der Selbstorganisation des wissenschaftlichen Nachwuchses (mit eigenen Foren und Diskussionsplattformen) tragen zu einer deutlichen Verbesserung der Qualifikationssituation bei. Dennoch bleibt es dabei im Wesentlichen bei einem Informations- und Gedankenaustausch im kleinen Rahmen.

Was fehlt und was entscheidend ist, sind einschlägige Forschungsprojekte (möglichst größere, länger andauernde), in denen mehrere Nachwuchsstellen angesiedelt sind und die allein dazu führen könnten, dass darin vielfältige Forschungserfahrungen in der Verfolgung konkreter Fragestellungen mit konkreten Erkenntniszielen gemacht werden. Denn erst damit tritt jene Ernstsituation ein, die den Simulationscharakter einer allgemeinen oder abstrakten Schulung überwinden hilft. Erst damit werden forschungsmethodische Fragen lebendig, drängend, unabweisbar, erst damit steigert sich die Motivation zu deren Aneignung und zu einer nachhaltigen, lernintensiven Anwendung. Alles andere ist gut gemeint, bleibt aber Trockenübung. Es ist eben doch etwas grundlegend anderes, ob man in solche Kontexte eingebunden ist oder nicht und damit auch die kritischen Debatten und Entscheidungen nicht von außen, sondern quasi von innen erfährt und mitbekommt. Das ist im eigentlichen Sinne qualifizierend für den wissenschaftlichen Nachwuchs in Vorbereitung auf die Wahrnehmung professoraler Aufgaben in Forschung und Lehre.

2.3 Doktoranden-Kolloquien, Promotionsstudiengänge

In diesem Zusammenhang müssen natürlich begleitend Doktoranden-Kolloquien stattfinden, in denen der Nachwuchs auch selbst regelmäßig vorträgt und sich so seines Fortschritts in inhaltlicher Hinsicht sowie an Methodenkompetenz vergewissert. Zusätzlich sind möglichst kompetente Experten aus dem eigenen Fach oder aus benachbarten Fächern einzuladen, die nicht nur einen Vortag halten, sondern sich auf einen halb- oder ganztätigen Workshop einlassen sollten, möglichst mit Arbeit an realen Daten aus deren Forschungszusammenhang oder aber aus dem der Doktoranden. Im Rahmen meines eigenen DFG-Projekts „Fachlernen und (Fremd-)Sprachlichkeit: Aufgabenbasierte Kognition, Kommunikation, Kooperation“ (Vollmer 2006, 2008) haben wir mit Erfolg erprobt, bereits im Vorfeld Projektdaten an die jeweiligen Referenten zu verschicken oder aber umgekehrt sich vorweg schon in die Datenlage und die Interpretationsansätze der eingeladenen Referenten einzulesen, so dass es relativ schnell zu relevanten Erörterungen und einem gezielten Informationsaustausch kommen konnte.

In jüngster Zeit wird verstärkt die Einrichtung von fachübergreifenden Promotionsstudiengängen (pro Hochschule) diskutiert, eine dringend notwendige, ergänzende Initiative, die dafür sorgen könnte, dass Doktoranden und

Doktorandinnen gut betreut in lernökonomischer Weise auf ihre Qualifikationen hingeführt werden, einschließlich der angemessenen Abfassung von Abstracts, von Überblicksartikeln, von Forschungsaufsätzen oder ganzen Fachbüchern (z.B. Veröffentlichung der eigenen Dissertation) in einer klaren, verständlichen Wissenschaftssprache (eventuell auch in der Kommunikationssprache Englisch, Französisch oder Spanisch). Insgesamt könnten dabei auch die Besonderheiten der Textsorte „Forschungsantrag“ entwickelt und eingeübt werden.

3. Zur Qualität und Relevanz fremdsprachendidaktischer Forschung

Es ist dies nicht der Ort, über fremdsprachendidaktische Forschung in Deutschland als Ganze zu reden oder gar zu urteilen. Erfreulich sind die vielen Initiativen und Projekte, die in den letzten Jahren entstanden sind und die eine deutliche Erhöhung von Forschungsaktivitäten und von Forschungsbereitschaft anzeigen. Dennoch sind die Beratungsrunden für die Beantragung von Drittmittelprojekten nach ersten anfänglichen Erfolgen nicht systematisch weiter ausgebaut und wahrgenommen worden.

Man mag darüber streiten, ob der Erfolg in der Einwerbung von Drittmitteln über die Deutsche Forschungsgemeinschaft als ein wichtiges Kriterium für gute Forschung gelten kann (DFG-Fähigkeit von Forschungsanträgen). Meines Erachtens ist das so; aber natürlich ist auch eine Förderung etwa durch das Bundesministerium für Bildung und Forschung (BMBF) oder durch vergleichbare Forschungsförderungseinrichtungen und Stiftungen mit Sicherheit ebenso ein Ausweis für die Güte und Qualität von Forschungsanträgen aus der Fremdsprachendidaktik, für überzeugende Ideen und ein klares Design. Entscheidend ist *Erfolg bei anonymer Begutachtung*. Niemand kann behaupten, dass die DFG oder andere Drittmittelgeber ausschließlich quantitative Forschungsdesigns unterstützen, aber es ist sicherlich zutreffend, dass qualitativ hochwertige Forschung eben auch zur Ebene von Generalisierung qualitativ gewonnener Erkenntnisse vorstoßen und zum Ausweis des Nutzens der Forschungsergebnisse führen muss (vgl. dazu u.a. Riemer 2006; Vollmer 2006). Dem kann sich und wird sich wohl niemand entziehen.

3.1 Beratung, Unterstützung und Durchsetzung von Drittmittelanträgen

Ich denke, dass alle, die in den letzten Jahren Forschungsanträge entwickelt haben, die möglicherweise nicht auf Anhieb bewilligt wurden, unbedingt „am Zug“ bleiben sollten und ihre Anträge überarbeiten und verbessern sollten, notfalls mit Hilfe von methodischen Experten und in interdisziplinärer Zusammenarbeit. Die Begutachtung der eigenen Forschungsabsichten durch unabhängige Dritte stellt ein hohes Gut dar, das man nicht nur zähneknirschend akzeptieren, sondern außerordentlich wertschätzen sollte (ähnlich wie die anonyme Begutachtung von Plänen zur Veröffentlichung von Ausätzen, z.B. in der *Zeitschrift für Fremdsprachenforschung*). Voraussetzung dafür, dass eine erste kritische externe Begutachtung mit dem Effekt der (vorläufigen) Ablehnung nicht zum totalen Motivationsverlust führt, sind allerdings fundierte schriftliche Hinweise von Seiten des jeweiligen *peers*, worin denn eventuelle Mängel begründet sind und wie diese möglicherweise kurz- oder mittelfristig zu beheben seien. Eine solche Kultur der harten, aber fairen Begutachtung in wohlmeinender kollegialer Einstellung muss dringend ausgebaut werden, ebenso wie die einer kompetenten Beratung und Hilfestellung schon im Prozess der Formulierung von Forschungsanträgen unter den Beteiligten selbst bzw. unter Beteiligung von erfahrenen Forscherkollegen und -kolleginnen (die bisherigen von mir selbst bzw. von der DGFF organisierten Runden dazu müssen dringend belebt und intensiviert werden, getragen von jüngeren Kollegen und Kolleginnen mit Infrastruktur (also in der Regel mit Professorenstatus), die den Bewilligungserfolg suchen und auf diese Weise zugleich (zeitlich befristete) wissenschaftliche Nachwuchsstellen schaffen.[2]

Die DGF selbst hat erkannt, dass sie die Kräfte bündeln und Fachdidaktiker und Fachdidaktikerinnen zusammen mit Erziehungswissenschaftlern und pädagogischen Psychologen an gemeinsame Fragestellungen heranführen muss. Sie tut dies auf zweierlei Weise: durch die Einrichtung von interdisziplinären Strukturen im Rahmen einer „empirischen Bildungsforschung" an bestimmten Universitäten (wie z.B. in Duisburg-Essen) und durch die Einrichtung von Schwerpunktprogrammen (z.B. über die Erfassung und Entwicklung von fachlichen Kompetenzen), innerhalb derer sich fachdidaktische Projekte zeitlich befristet (z.B. für 2 oder 3 Jahre mit Verlängerungsmöglichkeit) etablieren können. Dies ist von den Fremdsprachendidaktiken allerdings bislang viel zu wenig genutzt worden, wobei diese Zurückhaltung schwer zu erklären ist (sollte sie etwa an einem mangelnden Forschungsinteresse oder an einer unzureichenden Kenntnis und Beherrschung der entsprechenden Forschungsmethodologie liegen?). Es besteht die Gefahr, dass Generalisten wie Psychologen und Erziehungswissenschaftler unsere ureigenste Domäne, das Lehren und Lernen von Sprachen/fremder Sprachen, mit ihrem gut ausgebauten, hoch differenzierten und standardisierten Methodenrepertoire erforschen und uns damit die genuine fachdidaktische Kompetenz strittig machen. Das können wir auf keinen Fall zulassen.

---

2 Mein eigenes DFG-Projekt hat immerhin drei Nachwuchsfrauen (Debbie Coetzee, Lena Heine und Randi Troschke) qualifiziert und gefördert, von denen eine allerdings ihre Dissertation abgebrochen hat und „gerade noch rechtzeitig" in der Schule als Lehrkraft untergekommen ist – ein bekannter Konflikt, der individuell recht unterschiedlich gelöst wird.
Selbstkritisch sei angemerkt, dass am Ende des Projekts noch Berge hoch interessanter, nicht ausgewerteter Daten vorhanden sind, mit denen niemand mehr weiterarbeiten wird. Dafür ist der größere Rahmen (siehe Abschnitt 3.2) nicht rechtzeitig entwickelt worden.

3.2 Perspektive: Erstellung von Forschungsplänen, Einrichtung von Zentren

Es gibt zu viel zu erforschen, es gibt allzu viele Wissenslücken zu schließen, wie also könnten wir als Disziplin zu Prioritätensetzungen kommen? Bislang macht das jeder mit sich aus – was jedoch eigentlich benötigt wird, sind durchdachte Forschungsprogramme, die arbeitsteilig angegangen werden könnten, die sich über einen längeren Zeitraum erstrecken und bei denen am Ende (hoffentlich) solide und haltbare Ergebnisse herauskommen (Kriterium einer evidenzbasierten Fremdsprachenforschung). Ein solcher konzeptueller Rahmen ist versuchsweise vor einigen Jahren skizziert worden (vgl. die Vorarbeiten in Vollmer, Henrici, Finkbeiner, Grotjahn, Schmid-Schönbein & Zydatiß 2001), der aller Wahrscheinlichkeit nach forschungspraktisch wirkungslos geblieben ist (zumindest gab es keine einschlägigen Reaktionen darauf, außer einer sehr positiven im Ausland (die Quelle ist leider nicht mehr zugänglich). Also scheint dies kein geeigneter Weg der Verständigung und einer möglichen Einigung oder gar Festlegung innerhalb der *scientific community* zu sein. Hat der umfangreiche Beitrag überhaupt orientierende Funktion für den wissenschaftlichen Nachwuchs gehabt? Das lässt sich nur schwer abschätzen, ich fürchte aber: eher nicht.

Was wir brauchen, ist der Zusammenschluss von Forschenden, sind größere Forschungseinheiten, sind Forschungszentren, weil in dieser zergliederten Welt auch an den Hochschulen keine Einzelforscher mehr wahrgenommen werden und existieren können. Effektive und präsente Forschung braucht personen- und fachübergreifende Strukturen, die zwar allein nicht die Einlösung von qualitativ hochwertiger Forschung gewährleisten können, die aber durch ihre Vernetzung und Eigendynamik eine Bewegung in Gang setzen, eine Erhöhung an Bereitschaft, an Risikofreude und an Bündelung von Fähigkeiten schaffen können, die sich positiv auf die Qualität der Ergebnisse sowie auf die Selbst- und Außenwahrnehmung auswirken. Vor allem aber werden viele Beteiligte durch eine solche Plattform, durch ein solches Forum angeregt, ja angestachelt – ohne diese selbstverständlichen und fordernden Kommunikationsstrukturen entstehen keine Hochleistungen im Sinne der gewünschten Synergieeffekte und der gegenseitigen positiven Einflussnahme aufeinander. Erst in einem solchen Kontext kann sich dann auch eine breitere und effektive Nachwuchsförderung bis hin zu einer substantiellen methodischen Weiterqualifizierung etablieren.

3.3 Selbstdarstellung und Evaluation der Fremdsprachendidaktik

Wie für jede Fachdidaktik so gibt es auch für die Fremdsprachendidaktik das Problem einer Anerkennung von Entwicklungsarbeiten bis hin zu unterrichtspraktisch orientierten Modellen oder Beiträgen als ebenbürtiger Teil von Forschung. Diese ist jedoch neben der Grundlagenforschung und einer qualitativ-beschreibenden oder korrelativ-quantifizierenden Forschungsrichtung ein ebenso unabdingbarer Teil unserer Aufgabe als Fachdidaktik. Hier hat es in den letzten Jahren zum Glück mehr oder minder erfolgreiche Abgrenzungs- und Behauptungsversuche gegenüber einem fachwissenschaftlich bornierten oder einem allzu naturwissenschaftlich geprägten Denken in einseitigen Kategorien von Forschungs- und Veröffentlichungsqualität gegeben, gegen das wir uns – gerade in Zeiten einer „ökonomischen" Bewertung unserer Leistungen und unseres „Outputs" – wehren müssen. Entsprechend hat die GFD als Dachorganisation aller fachdidaktisch-wissenschaftlichen Fachgesellschaften *Kriterien zur Bewertung der Qualität und Leistungsfähigkeit fachdidaktischer Forschung und Entwicklung* aufgestellt (GFD 2009b), die sie in die relevanten Gremien und Kanäle, auch international, zu bringen versucht. Ein konkretes Beispiel, an dem sich die Fremdsprachdidaktik in ihrem Selbstverständnis und in der Außendarstellung ihrer Relevanz orientieren könnte, liegt mit dem Entwurf zur *Einschätzung fachdidaktischer Aktivitäten in den Bereichen „Publikationen" und „Drittmitteleinwerbung"* von Seiten der Chemiedidaktik vor (vgl. Tiemann 2009, anzufordern über den Vorstand der GFD).

Machen wir uns nichts vor – anders als manche meinen, wird von vielen Kollegen oder Kolleginnen innerhalb der Fremdsprachendidaktik nicht sonderlich viel geforscht, zumindest nicht jenseits von isolierten kleineren Einzelprojekten mit relativ geringer öffentlicher Sichtbarkeit und Wahrnehmung, außer im Falle von DESI (Deutsch Englisch Schulleistungen International; Beck & Klieme 2007; DESI-Konsortium 2008) und den Untersuchungen zum Bildungsmonitoring sowie zur Umsetzung der KMK-Bildungsstandards. Hier ist die qualifizierende und heranführende Rolle des Instituts zur Qualitätssicherung im Bildungswesen (IQB) nicht zu übersehen: es hat immerhin durch seine Aktivitäten im Bereich der Entwicklung von Fremdsprachentests auf der Basis eines entsprechenden Pools an Testaufgaben und mit der Entwicklung von Lernaufgaben für einen „kompetenzorientierten" Englisch- und Französischunterricht eine Vielzahl von Lehrern und Lehrerinnen, aber auch von fachdidaktischen Kollegen und Kolleginnen einbezogen und damit indirekt vertraut gemacht mit den Grundlagen einer kriterienorientierten Evaluation fremdsprachlichen Könnens und ihre kompetenzspezifischen Interpretationen.

Auch die Rolle des TestDaF-Instituts in Hagen ist nicht zu unterschätzen. Hier sitzt allerdings die geballte Kompetenz von Psychometrikern, die dafür sorgt, dass den Deutschtests die nötige internationale Anerkennung zuteil wird, dass die entwickelten und eingesetzten Tests den strengen Kriterien von Zuverlässigkeit und Validität in jeder Weise genügen und die auf grundlegende Probleme der Bewertung von Schülerleistungen unter dem Aspekt von Bias und Fairness (vgl. hierzu zuletzt Eckes, erscheint). In gewisser Weise gibt es hier die Wiederbelebung einer Testorientierung aus den 70er und 80er Jahren, nur dass sie dieses Mal auf breiterer Basis akzeptiert wird (obwohl es immer noch eine ebenso breite Front der Skepsis oder gar der Ablehnung gegenüber diesem als zu begrenzt angesehenen Instrumentarium zur Erfassung von Bildungszielen und -prozessen gibt; vgl. dazu allerdings die differenzierte Meinungsbildung innerhalb der DGFF in den letzten Monaten; DGFF 2008).

In diesem Zusammenhang ist ein gravierendes Nebenproblem anzusprechen: Viele ältere Fremdsprachendidaktiker können zwar gut darüber räsonieren, was alles forschungsmäßig zu tun sei, haben sich aber offenbar längst mit der Tatsache abgefunden, dass sie selbst dazu weder die Mittel noch die Energie und vielleicht auch nicht das methodische Wissen/Rüstzeug haben, diese Forschungen mit längerfristiger Perspektive zu initiieren oder auch nur zu begleiten. Also liegt die Hoffnung auf eine strukturelle, langfristige Verbesserung der Forschungssituation innerhalb der Fremdsprachendidaktik weitgehend auf der jüngeren und jüngsten Generation.

4. Anforderungen an fachdidaktische Professuren

Mit Recht sehen die Anforderungen an fremdsprachendidaktische Professuren inzwischen eine Reihe von Kompetenzen vor, zu denen wie selbstverständlich exzellente Ausgewiesenheit in Forschung und Lehre, international sichtbare Forschungsleistungen, Managementerfahrung (Leitung von Arbeitsgruppen und Forschungsprojekten), Erfahrung in der Einwerbung von Drittmitteln sowie Bereitschaft und Fähigkeit zu interdisziplinärer Kooperation im Bereich der empirischen Bildungsforschung über das eigene Fach oder den Fachbereich hinaus gehören (siehe z.B. exemplarisch die Ausschreibung der W3-Professur für *Didaktik der englischen Sprache und Literatur* in der ZEIT vom 25.6.2009). Quadratur des Kreises: Es werden also hoch qualifizierte Forschende und Lehrende gesucht, die natürlich mehrjährige schulische Erfahrungen mitbringen und dazu noch möglichst jung sein sollten, um hinreichende Aufbauperspektiven im Fach zu entwickeln bzw. zu garantieren. Die Nähe zum Fach/zur jeweiligen Fachwissenschaft sowie die Beherrschung und Integration von Sprachdidaktik *und* von Literaturdidaktik wird ebenfalls wie selbstverständlich vorausgesetzt – eine Annahme, die kaum von einer Person zu realisieren ist und eher einem Wunschdenken entspricht. Wie wir sehen, können in Zukunft nur die Besten der Besten fachdidaktische Professuren wahrnehmen; die Anforderungen sind sehr hoch gehängt, deuten aber dennoch in die richtige Richtung: sie umfassen neben der Doppelqualifikation ein ausgeprägtes Forschungsprofil, ohne dass sich fremdsprachendidaktische Stelleninhaber und Stelleninhaberinnen in Zukunft nicht werden durchsetzen können (zumal auch externe Evaluierung und Akkreditierung darauf ausgerichtet sind). Und doch: Bei dem momentanen Mangel an ausreichend qualifiziertem fachdidaktischen Nachwuchs sind diese Kriterien nicht immer einzuhalten, im Gegenteil werden sie in der Realität leider häufig unterlaufen – oft mit dem Verweis auf die Notwendigkeit der nachholenden Weiterqualifikation.

Wir haben es hier mit dem bildungspolitisch gewollten Boom in der Etablierung und Erweiterung von Fachdidaktik als unverzichtbarem Teil einer modernen, professionalisierten Lehrerbildung zu tun (fachdidaktische Anteile sollen verstärkt in den Lehramtsstudiengängen verankert kompetenzorientiert vermittelt werden, allerdings wird dies vorübergehend nicht immer mit professoralem Lehrangebot bedient werden können). Wie das bei der relativ rigiden Modulstruktur von BA/MA-Studiengängen genau vonstatten gehen soll, ist noch unklar (siehe Abschnitt 2). Hier wird es in den nächsten Jahren an den Universitäten und Pädagogischen Hochschulen zu heftigen Auseinandersetzungen über Zeitbudgets für die Vermittlung fachwissenschaftlicher Inhalte einerseits und den Aufbau professioneller Handlungskompetenzen andererseits kommen. Aber auch für die Hochschulen ebenso wie die Akkreditierungsagenturen gelten die ländergemeinsamen Beschlüsse und Forderungen der KMK als verbindliche Richtschnur für die Begutachtung der neuen Studiengänge, die auf ein Lehramt hinführen.

5. Elemente zu einer möglichen Verbesserung der Situation

Die im Folgenden angestellten Überlegungen sowie die unterbreiteten Vorschläge zur Verbesserung der Forschungssituation innerhalb der Fremdsprachendidaktik lehnen sich nur teilweise an die von Rüdiger Grotjahn aus dem Jahre 1999 an. Sie sind im Wesentlichen aus eigener (teilweise schmerzlicher) Erfahrung und deren subjektiver Bearbeitung entstanden. Dabei muss unterschieden werden zwischen

- den Anforderungen an eine breitere Qualifizierung von Lehramtsstudierenden aller Richtungen einschließlich in Deutsch als Zweitsprache, das ja möglicherweise sogar ein verpflichtendes Modul in der Ausbildung aller Fachlehrer und -lehrerinnen werden könnte und sollte,
- den Anforderungen an die Qualifizierung des wissenschaftlichen Nachwuchses zwecks Wahrnehmung fachdidaktischer Professuren mit einem klaren, interdisziplinären Forschungsprofil,
- den Anforderungen an die (Weiter)Qualifizierung der bereits Lehrenden, die sich dringend und mit sehr viel mehr Kompetenz in die laufenden Forschungsprozesse einbringen müssen bzw. diese ihrerseits steuernd in die Hände nehmen müssen, bevor Nicht-Fachleute dies tun (siehe oben; dies gilt besonders für alle Dimensionen von Sprachtestforschung und der kritischen Beherrschung eines modernen Methodeninventars, auf dem Stand von heute).

Realisierbare Überlegungen und Forderungen, soweit sie über den bisherigen Text hinausgehen:

1. Jede Hochschule wird vermutlich schon bald ein fachdidaktisch orientiertes und verantwortetes Promotionsprogramm benötigen, ob mit oder ohne Graduiertenschule, einen kleinen gesonderten Ausbildungsgang also, der die Doktoranden und Doktorandinnen verschiedener Fachdidaktiken besser als bisher

organisatorisch betreut und zusammenführt und sie theoretisch wie methodologisch breiter und effektiver qualifiziert. Daran muss auch die Fremdsprachendidaktik mit ihrem großen Potential an Nachwuchskräften ein hochgradiges Interesse haben.

2. Es sollten neben der *Zeitschrift für Fremdsprachenforschung* (ZFF) weitere deutschsprachige Fachzeitschriften unserer Disziplin zu einem anonymen Begutachtungsverfahren übergehen, weil nur so die Qualität potentieller Beiträge erhöht und sichergestellt werden kann. Das gilt im Übrigen auch für praxisorientierte Beiträge und Zeitschriften, die ja ein legitimes Produkt unseres fachdidaktischen Forschens und unseres Selbstverständnisses sind. Dabei wären neben dem Inhalt einer unterrichtspraktischen Sequenz oder der aus Forschungsevidenz begründeten Empfehlung vor allem deren kontextuelle Einbettung und logisch-prinzipienorientierte Herleitung sowie die Stringenz der Argumentation und die Anbahnung von Akzeptanz durch die Lehrerschaft zu beurteilen.

3. Zur Zeit sind alle Fachdidaktiken mit Recht dabei, die Kriterien ihrer Qualität und Evaluation selbst zu bestimmen und sich dagegen zu wehren, dass die Besonderheiten fachdidaktischen Arbeitens und Forschens im Rahmen von allgemeinen Kriterienrastern für wissenschaftliche Leistungsfähigkeit nicht genügend Berücksichtigung finden. Entsprechend hat die Gesellschaft für Fachdidaktik in den letzten Wochen eine eigene Rahmung (siehe Abschnitt 3.3) vorgelegt, die es vor Ort weiter auszufüllen und einzulösen gilt. Je substantieller die eigenen Forschungsarbeiten sind und je selbstbewusster dementsprechend die Kriterien-Debatten ausgefochten werden, so erfordern sie auch ein starkes Zusammengehen aller Fachdidaktiken innerhalb derselben Institution sowie auf nationaler Ebene.

4. Eine systematisch relevante Variante von Nachwuchsförderung könnte es sein, von der Re-Analyse eines gelungenen (fast) abgeschlossenen Forschungsprojekts auszugehen und sodann mit detaillierten Rekonstruktionen von theoretischen und forschungsmethodischen Fragen und Entscheidungen, mit kritischen Diskussionen unter Einbeziehung der Verantwortlichen, mit der Erarbeitung von alternativen Verfahren und der Abschätzung von deren Konsequenzen so etwas wie eine virtuelle Forschungsrealität für effektive Ausbildung zu schaffen. Dies ist eine lang gehegte Idee von mir, bei der es darum geht, sich exemplarisch und in produktiver Workshopmanier für ein bis zwei Tage (oder auch länger) unvoreingenommen auf neue Fragen, auf fremde Designs, auf ein

vorliegendes Prozedere, auf damit generierte Daten und deren Strukturierung, Aufbereitung, Auswertung sowie Interpretation einzulassen.[3]

5. Ein ganz und gar ungelöstes Problem ist die Vermittlung von Forschungsergebnissen an verschiedene Gruppen und in verschiedene Felder des Bildungssystems und der Schule hinein bzw. der gegenseitige Austausch von Schulpraxis und fachdidaktischer Forschung. Mögliche Formen, die es punktuell schon gegeben hat, könnten sein: Fachdidaktische Forschungstage an den Hochschulen oder in Schulverbünden (eventuell mit Zugang auch der interessierten Öffentlichkeit), Posterpräsentationen der fachdidaktisch Forschenden und Lehrenden einschließlich Promotionsstudierenden zu bestimmten Themen oder Handlungsfeldern, gezielte Weiterbildungsangebote für bestimmte Lehrergruppen. Solche und ähnliche Versuche des institutionalisierten Kontakts zu den Schulen sind angesichts der umfassenden Reformperspektiven in Richtung auf die Entwicklung eines kompetenzorientierten Fachunterrichts (zunächst in Englisch und Französisch) nötiger denn je und sollte bewusst von Seiten der Fremdsprachendidaktik gesucht werden.

6. Innerhalb der Hochschulen selbst bedarf es dringend der Einrichtung von fachdidaktischen Forschungsverbünden und/oder von Zentren, wie sie vielerorts ja schon entstehen, und zwar zur Abklärung und Verfolgung gemeinsamer Forschungsinteressen, zur arbeitsteiligen oder gemeinsamen Bearbeitung bestimmter fachübergreifender oder fächerverbindender Fragestellungen, für die Anwendung eines bestimmten Methodenarsenals usw. Denkbar ist die Gründung von sog. lokalen oder regionalen Kompetenzzentren oder explizit von Zentren für fachdidaktische Lehr-/Lernforschung (ZeFaLL), aber nur wenn es in der betreffenden Hochschule schon aktive Forschungssubstanz und erfolgreiche Forschungsinitiativen gibt (ein Club zum Erörtern von Forschungsabsichten und -ideen reicht m. E. nicht aus und bringt wenig). Vielleicht ist sogar ein geisteswissenschaftliches Forschungszentrum auf Bundesebene erstrebenswert, ähnlich dem Institut für die Pädagogik der Naturwissenschaften (IPN) in Kiel.[4] So etwas kann nur von einem jüngeren Kollegen/einer jüngeren Kollegin mit bereits einschlägigen Forschungserfahrungen und -leistungen aufgebaut werden, denn es erfordert Weitsicht, nachhaltiges Engagement und Beharrlichkeit, vor allem

3 Wäre dies eine bloße Trockenübung oder sogar Zeitverschwendung angesichts der Tatsache, dass sich jede Forschungsfrage in ihrem je eigenen Kontext jeweils anders stellt und insofern die entsprechenden Lernerfahrungen kaum übertragbar sind? Ein solcher Typ von Nachwuchsförderung wäre m.E. durchaus produktiv, auf jeden Fall zu erproben (Elemente davon werden bereits innerhalb der Novembertagung genutzt, indem der Fokus auf die Begründung und das Nachdenken über die gewählten Forschungsverfahren und –instrumente sowie ihre Stärken und Probleme gelegt wird, vgl. zuletzt Aguado, Schramm & Vollmer erscheint).

4 Das IPN ist ein Institut der Wissenschaftsgemeinschaft Gottfried Wilhelm Leibniz, seine Aufgabenstellung ist überregional und gesamtstaatlich, es bestehen enge Beziehungen zur lokalen Universität.

aber konzeptuelle Vorleistungen, ohne die so eine Einrichtung nicht durchsetzbar wäre.

7. Graduiertenkollegs könnten ein möglicher Weg zur Vorbereitung und Etablierung eines Forschungszentrums sein, obwohl sie zeitlich befristet sind und von daher unter einem anderen Legitimationsdruck stehen: dennoch kann es zur Bündelung von erheblichen Kompetenzen und von Nachwuchsausbildung kommen, wie es z.B. im Rahmen des Graduiertenkollegs für *Fremdverstehen* an der Universität Giessen der Fall war.

8. Als kleinerer Punkt wäre es m. E. hilfreich und auch überfällig, geeignete schriftliche Unterlagen für die Nachwuchsqualifizierung zusammenzustellen und allen betroffenen Fremdsprachendidaktikern wie Doktoranden zugänglich zu machen. Darüber hinaus ist zu überprüfen, ob es sich lohnt, bestimmte Lehrbücher für empirische Fremdsprachenforschung mit vielen Beispielen und Datensätzen in deutscher Sprache zu schreiben – vielleicht wäre das noch eine Herausforderung und akzeptable Ruhestandsaufgabe für Rüdiger Grotjahn: wer sonst könnte so ein Lehrwerk (oder eine Serie von Lehrwerken) dazu konzipieren und verfassen?

9. Rüdiger Grotjahn hat sich (ebenso wie ich selbst) eine Zeit lang als *Go-between* zwischen deutschen und internationalen (weitgehend angelsächsisch bestimmten) Forschungsgruppen und ihren Diskursen betätigt. Das ehrt ihn – wir brauchen dringend viele Nachwuchskräfte, die in diese Fußstapfen treten. Denn die Konzentration unserer Aktivitäten auf Deutschland bzw. den deutschsprachigen Raum ist ebenso notwendig wie ein großes Problem, zumal sie die räumliche und sprachlich-konzeptuelle Trennung vom Rest der Welt nach sich zieht. Viele von uns versuchen zwar, die internationale Forschungslage und die damit einhergehenden Diskurse nachzuvollziehen, werden aber unsererseits international nur wahrgenommen, wenn wir auf Englisch publizieren. Dies ist leider für viele eine (bittere oder ärgerliche) Realität, sollte jedoch positiv angenommen und gewendet werden (wie es der Geehrte vorgemacht hat).

10. Rüdiger Grotjahn hinterlässt ein Vermächtnis, aber auch eine recht ungeklärte Situation im Hinblick auf die Qualität zukünftiger, vor allem empirischer fremdsprachdidaktischer Forschung, die zu verbessern er angetreten ist und die er in seiner eigenen Person vorbildlich verkörpert hat. Bilden wir frühzeitig viele junge ‚Grotjahns' aus – dies scheint ein Schritt in die richtige Richtung zu sein (egal ob unter dem Label *Fremdsprachendidaktik* oder *Sprachlehrforschung*)!

Literaturverzeichnis

Aguado, Karin; Schramm, Karen & Vollmer, Helmut Johannes (Hrsg.) (erscheint), *Fremdsprachliches Handeln beobachten, messen, evaluieren. Neue methodische Ansätze der Kompetenzforschung und der Videographie*. Frankfurt am Main: Lang (Reihe Kolloquium Fremdsprachenunterricht) (Ergebnisse der Zweiten November-tagung in Kassel).

Beck, Bärbel & Klieme, Eckhard (Hrsg.) (2007), *Sprachliche Kompetenzen. Konzepte und Messungen. DESI-Studie*. Weinheim: Beltz.

Caspari, Daniela; Hallet, Wolfgang; Wegner, Anke & Zydatiß, Wolfgang (Hrsg.) (2007), *Bilingualer Unterricht macht Schule. Beiträge aus der Praxisforschung*. Frankfurt am Main: Lang (Reihe: Kolloquium Fremdsprachenunterricht, Bd. 29).

DESI-Konsortium (Hrsg.) (2008), *Unterricht und Kompetenzerwerb in Deutsch und Englisch*. Ergebnisse der DESI-Studie. Weinheim: Beltz.

Deutsche Gesellschaft für Fremdsprachenforschung (2008), Kompetenzorientierung, Bildungsstandards und fremdsprachliches Lernen – Herausforderungen an die Fremdsprachenforschung. Positionspapier von Vorstand und Beirat der DGFF [online:http://www.dgff.de/fileadmin/user_upload/dokumente/Sonstiges/Kompetenzpapier_DGFF.pdf (15.7.2009)].

Eckes, Thomas (erscheint), Die Beurteilung sprachlicher Kompetenz auf dem Prüfstand: Fairness in der beurteilergestützten Leistungsmessung. In: Aguado, Karin; Schramm, Karen & Vollmer, Helmut Johannes (Hrsg.) (erscheint).

Gesellschaft für Fachdidaktik (GFD) (2006), Fachdidaktische Kompetenzbereiche, Kompetenzen und Standards für die Erste Phase der Lehrerbildung (BA+MA). Kiel: IPN/GFD [online: http://gfd.physik.rub.de/ (15.7.2009)].

Gesellschaft für Fachdidaktik (GFD) (2009a), Programm des Nachwuchsforums und der Fachtagung „Zur empirischen Fundierung der Fachdidaktiken". Berlin: GFD [online: http://gfd.physik.rub.de/ (15.7.2009)].

Gesellschaft für Fachdidaktik (GFD) (2009b), *Kriterien zur Bewertung der Qualität und Leistungsfähigkeit fachdidaktischer Forschung und Entwicklung*. Berlin: GFD.

Grotjahn, Rüdiger (1999), Thesen zur empirischen Forschungsmethodologie. *Zeitschrift für Fremdsprachenforschung* 10: 1, 133-158.

Grotjahn, Rüdiger (2005), Subjektmodelle: Implikationen für die Theoriebildung und Forschungsmethodologie der Sprachlehr- und Sprachlernforschung. *Zeitschrift für Fremdsprachenforschung* 16: 1, 23-56.

Hallet, Wolfgang & Königs, Frank G. (Hrsg.) (in Arbeit), *Handbuch Fremdsprachendidaktik*. Seelze: Kallmeyer/Friedrich Verlag.

Riemer, Claudia (2006), Entwicklungen in der qualitativen Fremdsprachenforschung: Quantifizierung als Chance oder Problem? In: Timm, Johannes-Peter (Hrsg.) (2006), *Fremdsprachenlernen und Fremdsprachenforschung: Kompetenzen, Standards, Lernformen, Evaluation. Festschrift für Helmut Johannes Vollmer*. Tübingen: Narr, 451-464.

Riemer, Claudia (in Arbeit), Empirische Unterrichtsforschung und *Action Research*. In: Hallet, Wolfgang & Königs, Frank G. (Hrsg.) (in Arbeit), geplanter Beitrag Nr. 81.

Tiemann, Rüdiger (2009), Einschätzung fachdidaktischer Aktivitäten in den Bereichen „Publikationen" und „Drittmitteleinwerbung" (am Beispiel der Chemiedidaktik) [Unveröff. Manuskript, anzufordern über den Vorstand der GFD].

Timm, Johannes-Peter & Vollmer, Helmut Johannes (1993a), Fremdsprachenforschung: Zur Konzeption und Perspektive eines Wissenschaftsbereichs. *Zeitschrift für Fremdsprachenforschung* 4: 1, 1-47.

Timm, Johannes-Peter & Vollmer, Helmut Johannes (Hrsg.) (1993b), *Kontroversen in der Fremdsprachenforschung*. Bochum: Universitätsverlag Dr. N. Brockmeyer.

Vollmer, Helmut Johannes (2006), Fachlichkeit und Sprachlichkeit: Zwischenbilanz eines DFG-Projekts. *Zeitschrift für Fremdsprachenforschung* 17: 2, 201-244.

Vollmer, Helmut Johannes (2007), *Synergieeffekte in der Fremdsprachenforschung. Empirische Zugänge, Probleme, Ergebnisse*. Frankfurt am Main: Lang (KFU-Band 27) (Ergebnisse der Ersten Novembertagung in Osnabrück).

Vollmer, Helmut Johannes (2008), Constructing Tasks for Content and Language Integrated Learning and Assessment. In: Eckerth, Johannes & Siekmann, Sabine (Hrsg.) (2008), *Task-Based Language Learning and Teaching. Theoretical, Methodological and Pedagogical Perspectives*. Frankfurt/New York: Lang, 227-290 (Duisburg Papers on Research in Language and Culture).

Vollmer, Helmut Johannes; Henrici, Gert; Finkbeiner, Claudia; Grotjahn, Rüdiger; Schmid-Schönbein, Gisela & Zydatiß, Wolfgang (2001), Lernen und Lehren von Fremdsprachen: Kognition, Affektion, Interaktion. Ein Forschungsüberblick. *Zeitschrift für Fremdsprachenforschung* 12: 2, 1-145.

Individuelle Faktoren und Individualisierung

Kritisches Alter, Frühbeginn und individuelle Unterschiede

Willis J. Edmondson

In diesem Artikel wird argumentiert, dass sich aus den Ergebnissen bisheriger empirischer Erforschungen des natürlichen Erwerbs einer Zweitsprache keinerlei Begründung des mittlerweile heiß geliebten Konzepts des schulischen Frühbeginns ableiten lässt. Auch schulische Studien konnten bisher nicht zeigen, dass sich dann erkennbare Vorteile ergeben, wenn mit dem Fremdsprachenunterricht bereits in der Grundschule begonnen wird. Individuelle Variablen bei Lernern und Lehrkräften scheinen wichtiger zu sein als das Alter der Lerner und / oder das didaktische Konzept einer Lehrkraft.

1. Einführung

Seit einiger Zeit wird in Deutschland und in anderen europäischen Ländern intensiv versucht, mit der Fremdsprachenvermittlung so früh wie möglich anzufangen. Schon 2000 schrieb Legutke: „Der Trend, Fremdsprachenlernen bereits in der Primarstufe anzubieten, ist in Europa nicht mehr aufzuhalten" (Legutke 2000: 38). Zunächst ist es wichtig anzuerkennen, dass diese politisch unterstützte und offensichtlich von vielen Eltern auch befürwortete Entwicklung (der sog. „Frühbeginn") im Prinzip auf der Annahme basiert, dass dieser Frühbeginn etwas Besonderes mit sich bringt, was die Qualität der Fremdsprachenbeherrschung betrifft. Möglicherweise sind auch andere Bildungsziele mit dem Frühbeginn des Fremdsprachenunterrichts verbunden: ein ernsthaftes Argument aus dieser Perspektive zur Begründung des Frühbeginns ist mir jedoch nicht bekannt.[1]

Die Frage muss daher gestellt werden, woher die Annahme kommt, dass der Frühbeginn etwas Besonderes für den schulischen Spracherwerb bzw. für die Qualität der dadurch gewonnenen Sprachkenntnisse leisten kann. Es bieten sich zwei Möglichkeiten an: lerntheoretische Argumente und empirische Erkenntnisse. Wenn beide sich gegenseitig unterstützen würden, dann wäre dies optimal. Ich möchte daher beide Perspektiven in diesen Beitrag behandeln.

1 Man setzt dies als *zusätzliches* Argument ein, vor allem wenn die sprachbezogenen Vorteile nicht deutlich sichtbar sind. Genau dieses Argument hat übrigens lange Zeit Latein als Schulfach unterstützt. Das Argument war in etwa: Lateinkenntnisse sind in sich sinnlos, aber für die Vermittlung sprachanalytischer Kenntnisse, für kulturgeschichtliche Kenntnisse, für Kenntnisse klassischer literarischer Formen und für das Erlernen moderner Fremdsprachen ist Latein eine hervorragende Grundlage...

Zunächst wird die „je jünger, desto besser" Hypothese aus der Zweitsprachenerwerbsforschung bzw. aus der Linguistik betrachtet. Seit über zwanzig Jahren ist aus dieser Forschungsrichtung gefragt worden, ob es ein „kritisches Alter" für den erfolgreichen Zweitsprachenerwerb gibt, welches möglicherweise eine neurologische Grundlage hat und daher ausschließt, dass nach diesem kritischen Alter eine Fremdsprache wie beim Erstsprachenerwerb gemeistert werden kann. Was den schulischen Frühbeginn betrifft, so ist die Frage, wo genau dieses kritische Alter liegt, offensichtlich wichtig, wenn man durch dieses Argument eine wissenschaftliche Grundlage für ein Frühbeginnprogramm gewinnen möchte. Wenn zum Beispiel dieses kritische Alter schon erreicht worden ist, bevor Kinder verpflichtet sind, die Schule zu besuchen, dann kann das Bildungsprinzip des Frühbeginns aus dieser Hypothese keine Berechtigung finden.

Im zweiten Teil der Arbeit werde ich der Frage nachgehen, ob der schulische Frühbeginn anhand empirischer Erfahrungen und Ergebnisse begründet werden kann. D.h. gibt es Beweise dafür, dass Kinder, die mit einer Fremdsprache in der Grundschule oder sogar im Kindergarten anfangen, später deutlich „besser" beim Lernen dieser Sprache im schulischen Unterricht in der Sekundarstufe sind? Aus dieser Formulierung ist es bereits klar, dass es nicht ganz einfach ist, diese Frage empirisch zu überprüfen. Wenn zum Beispiel gezeigt werden könnte, dass Kinder mit zwei Jahren Englischunterricht in der Grundschule konsistent bessere Leistungen in der Sekundarstufe erbringen als andere Lerner ohne Frühbeginn, dann ist das Ergebnis in sich nicht besonders aussagekräftig, da man vermuten würde, dass das Gleiche zum Beispiel für frühen Unterricht in Musik, Mathematik, Kunst, Tanzen und Sport gelten müsste. Hier wird es natürlich auch notwendig sein, genau zu spezifizieren, was wir unter „besser" verstehen. Interessanterweise, wie in Teil 2 dieser Arbeit gezeigt wird, kann diese sowieso nicht allzu aussagekräftige Feststellung empirisch nicht bestätigt werden.

Aus diesen zwei Teilen der Arbeit schließe ich, dass viele individuelle und situative Faktoren den Zweitsprachenerwerb in verschiedenen Altersstufen beeinflussen können, und dass im schulischen Bereich Alter allein überhaupt nicht entscheidend ist. Die sich hieraus ergebende Individualitätshypothese stimmt mit dem Überblicksartikel zum Thema Zweitsprachenerwerb und Frühbeginn von Rüdiger Grotjahn (Grotjahn 2003, 2005) überein, die mich zu den Überlegungen in dieser Arbeit angeregt haben.

2. Gibt es ein „kritisches Alter" beim Spracherwerb?

Die Erstspracherwerbstheorie von Chomsky (vgl. zum Beispiel deren neuere Form in Chomsky 2000: 4) besagt, dass das menschliche Gehirn von Geburt an mit einem Spracherwerbsmechanismus („Language Acquisition Device") ausgestattet ist. Dieser Mechanismus ist dafür verantwortlich, dass der Erstsprachenerwerb nach vorhersehbaren invarianten Entwicklungsstufen abläuft, und dass äußerst komplizierte Satzstrukturen von Kleinkindern vielleicht relativ leicht und schnell beherrscht werden[2]. Darauf basierend wurde die Hypothese einer „Kritischen Periode" aufgestellt (Critical Period Hypothesis – Penfield & Roberts 1959; s. ausführliche Diskussionen in Birdsong 1999). Diese Hypothese basiert auf der Tatsache, dass bestimmte Aspekte des Zweitsprachenerwerbs von Erwachsenen nicht so erfolgreich erworben werden wie von Kleinkindern, und dass sich Erwachsene beim Erwerb einer Zweitsprache individuell stark unterscheiden. Die postulierte Erklärung hierfür lautet, dass der Spracherwerbsmechanismus bei Erwachsenen nicht mehr verfügbar ist. Für den erfolgreichen Zweitsprachenerwerb gibt es also ein kritisches Alter. Bevor dieses Alter erreicht wird, kann eine weitere Sprache genauso erfolgreich erworben werden wie die erste, danach aber ist dies nicht mehr möglich.

Bevor diskutiert wird, wann genau dieses kritische Alter erreicht wird, ist zu betonen, dass die Hypothese einer „kritischen Periode" nicht besagt, dass eine Fremdsprache nach einem bestimmten Alter überhaupt nicht mehr erfolgreich gelernt werden kann, sondern dass bei erwachsenen Lernern bestimmte Aspekte dieser Fremdsprache nicht so souverän wie bei Kleinkindern beherrscht werden und weiterhin, dass individuelle Variation bei Erwachsenen entsteht. In concreto geht es vor allem um die Aussprache und um spezifizierbare Aspekte der Syntax und Morphologie.

Dass zwei Sprachen von Kleinkindern genauso wie *eine* Sprache erworben werden können (der sog. „doppelte L1-Erwerb") wird allgemein akzeptiert – es ist jedoch zu betonen, dass – soweit mir bekannt – niemand genau untersucht hat, wie häufig und unter welchen Bedingungen dieser doppelte Erstsprachenerwerb *nicht* gelingt, auch wenn die externen Bedingungen dafür positiv sind.

Ich möchte an dieser Stelle zwischen ‚bilingualem Spracherwerb' und ‚Zweitsprachenerwerb' unterscheiden. Der bilinguale Spracherwerb findet statt, wenn eine weitere Sprache erworben wird, bevor die „Grundlagen" der ersten Sprache erworben sind – d.h. in etwa bevor der Erstsprachenerwerb „abgeschlossen" ist. Beim bilingualen Spracherwerb werden daher die beiden Sprachen mindestens teilweise simultan erworben, d.h. der Erwerb von Sprache 1 überlappt zeitlich mit dem Erwerb von Sprache 2. Im Prinzip können die beiden (oder natürlich sogar mehrere) Sprachen in dem Sinne simultan erworben werden, dass das Kind von Geburt an Kontakt mit beiden Sprachen hat. Den Begriff „Zweitsprachenerwerb" möchte ich dazu benutzen, um den sequentiellen oder sukzessiven Erwerb zweier Sprachen zu signalisieren. D.h. der Erwerb von Sprache 1 – vor allem in bestimmten grammatischen Bereichen, die spezifiziert

2 Die Ergänzung „vielleicht" wird eingeführt, da bzgl. des Erstsprachenerwerbs im Vergleich zum Erwerb der gleichen Sprache als Zweitsprache bei Erwachsenen bzw. Jugendlichen in der Pubertät häufig festgestellt worden ist, dass die zweite Gruppe viel schneller lernt. Siehe zum Beispiel die in Edmondson & House 2006: 180-181 erwähnten Studien.

werden müssen – ist abgeschlossen. Mit dieser Unterscheidung ist die Hypothese verbunden, dass in Fall 1 – also der bilinguale Spracherwerb – die für den Erstsprachenerwerb relevanten Aufnahmefähigkeiten auch beim Erwerb einer weiteren Sprache verfügbar sind und aktiviert werden können. Wenn jedoch der Erwerb einer ersten Sprache vollzogen oder abgeschlossen ist, dann findet bei einer weiteren Sprache der Zweitsprachenerwerb statt und nicht der simultane oder bilinguale Erstsprachenerwerb. Bei dieser Differenzierung gehe ich davon aus, dass diese Unterscheidung nicht vom Alter des Kindes per se bestimmt wird, sondern vom „Abschluss" oder von der „Vollständigkeit" des Erstsprachenerwerbs.

Diese Verbindung zwischen dem Abschluss des Spracherwerbs bei L1 und dem Verlust der Spracherwerbsfähigkeit bei einer L2 wird nicht allgemein akzeptiert. Eher wird zum Beispiel die Änderung der Spracherwerbskompetenz mit einem allgemeinen Reifungsprozess in Verbindung gebracht, der nicht unbedingt mit dem Erreichen einer bestimmten L1-Kompetenz verbunden ist. In dieser Beziehung werden neuro-biologische Untersuchungen in die Debatte eingebaut, die aber meines Erachtens deutliche Konsequenzen nicht zulassen (vgl. der kurze, aber pointierte Überblick in Meisel 2007: 20-25[3] und die neueren, in Stemmer 2009 resümierten Kenntnisse).

Mir ist diese Abgrenzung der Verfügbarkeit eines Spracherwerbsmechanismus vom „Abschluss" des Spracherwerbs (ob monolingual oder bilingual ist unwichtig) jedoch nicht ganz eindeutig. Eine Verbindung zwischen dem Abschluss des Erstsprachenerwerbs und einem Übergang vom bilingualen Spracherwerb zum Zweitsprachenerwerb scheint eine logische Konsequenz der zwei Postulate Spracherwerbsmechanismus und kritische Periode zu sein. Es bleibt aber die Frage offen, was genau mit „Abschluss" des Spracherwerbs gemeint ist. Weiterhin wird der Übergang von L1-Erwerbsstrategien und Prozeduren zu L2-Lernstrategien nicht über Nacht stattfinden. Für unsere Zwecke hier ist das Thema sowieso nicht allzu wichtig. Wichtig jedoch ist die empirische Frage, ab welchem Alter man zwischen bilingualem Spracherwerb und Zweitsprachenerwerb unterscheiden muss.

Zuerst wurde die Pubertät – ab etwa 12 Jahren – als Übergang vorgeschlagen. So behauptete Lenneberg (1967: 176) zum Beispiel, dass nach der Pubertät „automatic acquisition from mere exposure seems to disappear". Patkowski (1980) hat das Erlernen struktureller und morphosyntaktischer Elemente einer

3 Ein Artikel im *Economist* vom 24.04.2009, S. 79 berichtet auf der Grundlage von Kovacs & Mehler 2009 über die Entscheidungsfähigkeit von Kindern im Alter von sieben Monaten, die schon zu Hause Kontakt mit zwei Sprachen haben im Vergleich mit Kindern, die in einem einsprachigen Haushalt aufwachsen. Bei der ersten Gruppe waren die Ergebnisse bzgl. der Entscheidungsfähigkeit deutlich besser. Der Bericht endet mit dem Hinweis „whether those benefits accrue to children who learn one language at home and another at school remains unclear".

Fremdsprache untersucht und hat auf dieser Grundlage ca. 15 Jahre als kritisches Alter vorgeschlagen. Diese kritische Periode hat sich dann später auf das 6. oder 7. Lebensjahr reduziert (vgl. Hyltenstam & Abrahamsson 2003: 575). In letzter Zeit hat nun Meisel eine Periode zwischen 3 und 5 Jahren mit empirischer Begründung postuliert. So wurde Meisel in der *Süddeutschen Zeitung* vom 16.04.2002 wie folgt zitiert: „Die optimale Phase, in der Kinder am besten die Grammatik und die Phonologie einer Sprache aufnehmen und erlernen, liegt vermutlich zwischen dem dritten und fünften Lebensjahr. Mit zehn Jahren ist es auf jeden Fall zu spät". Das Zitat ist einem Aufsatz von Irmgard Maria Burtscher mit dem Titel „Englisch im Kindergarten" entnommen[4]. Meisel selbst unterscheidet zwischen zwei „optimalen Phasen" unter Berücksichtigung der Tatsache, dass der Spracherwerb eine bestimmte Zeit in Anspruch nimmt und kritische Entwicklungsphasen und Erwerbsfähigkeiten mit den Altersstufen 4 Jahre und 6-7 Jahre verbunden sind (Meisel 2007: 25).

Die Forschungssituation ist aber kompliziert. Die Arbeiten Meisels basieren zum Beispiel auf detaillierten Untersuchungen einzelner Lerner über einen längeren Zeitraum. Ein anderer Forschungssschwerpunkt sind Untersuchungen von Immigranten, die mindestens 5 Jahre in einem Land leben, aber bei der Einwanderung unterschiedlich alt waren. Birdsong (2004) gibt einen informativen Überblick über solche Studien. Diskutiert wird zum Beispiel die Frage, wie man die Ergebnisse interpretieren sollte, wenn bis zu einem kritischen Alter des Erstkontakts mit der Fremdsprache relativ konsistente und erfolgreiche Testergebnisse zu finden sind, während die Ergebnisse bei später Angekommenen viel mehr individuelle Varianz zeigen. Flege (1999: 104) ist zum Beispiel der Meinung, dass „the lack of a non-linearity in the function relating AOA[5] to degree of foreign accent is inconsistent with the view that a critical period exists for learning speech". Mit anderen Worten, wenn das Alter bei der Ankunft und die Beherrschung der Zielsprache nicht ganz systematisch kovariieren – auch weit nach Abschluss der sog. kritischen Periode – dann kann man dem Konzept eines kritischen Alters nicht zustimmen (vgl. Schlak 2003; Birdsong 2004: 89).

In einer weiteren Studie (DeKeyser 2000) wurden Grammatikalitätstests mit 57 ungarischen Englischlernern durchgeführt, die mindestens 10 Jahre lang in den USA gewohnt hatten. Ein erstes Ergebnis unterstützt die Hypothese eines kritischen Alters oder einer „Fundamental Difference" – wobei in dieser Studie erstaunlicherweise 16 Jahre als kritisches Alter herausgekommen ist. Das Hauptziel der Untersuchung war jedoch, der Frage nachzugehen, wieso einige Personen weit über das kritische Alter hinaus bei den Tests genau so viele Punkte erreicht haben wie Jugendliche. DeKeyser hat auf der Grundlage

4 Der Artikel ist online verfügbar in *Kindergartenpädagogik: ein Online-Handbuch,* Herausgeber: Martin R. Textor [online: http://www.kindergartenpädagogik.de/750.html].

5 AOA= „Age of Arrival".

weiterer Tests vorgeschlagen, dass diese „erfolgreichen Erwachsenen" eine bessere Sprachlerneignung hatten – bei den jüngeren Personen gab es jedoch keine Verbindung zwischen den relevanten Eignungstests und ihren Sprachleistungen, bei den Erwachsenen schon. Mit diesem Ergebnis wollte DeKeyser die kritische Altershypothese retten, d.h. individuelle Unterschiede kognitiver Art erklären, weshalb die kritische Altershypothese allein kein deutliches Bild zeigt. Andererseits argumentieren Hyltenstam & Abrahamson (2003: 549), dass die Studie von DeKeyser nicht unproblematisch ist, u.a. deshalb, weil einer der erwachsenen Lerner, der bei den Sprachtests genauso gute Ergebnisse wie die jungen Teilnehmer erreicht hat, ein ganz schlechtes Ergebnis im Eignungstest erzielt hatte.

3. Erforschungen des Frühbeginns des schulischen Fremdsprachenunterrichts

Wenn man versucht, die obige Diskussion zu berücksichtigen, um Gründe dafür zu finden, weshalb der Frühbeginn des Fremdsprachenunterrichts in der Zwischenzeit so verbreitet ist und vielerorts befürwortet wird, dann wird man mit mehreren Problemen konfrontiert.

Zunächst haben alle bisher erwähnten Studien den Zweitsprachenerwerb und den bilingualen Spracherwerb bei Kindern und Erwachsenen miteinander verglichen. D.h., es wurden bisher gar keine Studien erwähnt, die die schulische Fremdsprachenvermittlung untersucht haben. Es ging bisher ausschließlich um Kinder, die per naturam rerum mit zwei Sprachen konfrontiert wurden, entweder innerhalb der Familie, oder auch in der Familie und der Familienumgebung. Es liegt aber auf der Hand, dass z.B. die Situation ungarischer Immigrantenkinder in Amerika kaum vergleichbar ist mit der Situation deutscher Kinder, die mit dem Fremdsprachenunterricht Englisch in der Grundschule mit einer deutschen Lehrkraft in n Stunden in der Woche konfrontiert werden, auch wenn die betroffenen Kinder in diesen zwei Kontexten gleich alt sind.

Auch waren die bisher erwähnten Ergebnisse ziemlich gemischt bzgl. des Konzepts und des Zeitpunkts eines kritischen Alters. So wurden 16 Jahre, 12 Jahre, 6 Jahre und 3 Jahre als wichtiges oder kritisches Alter bzgl. verschiedener oder sogar aller Aspekte des Fremdsprachenerwerbs auf der Grundlage verschiedener empirischer Forschungen vorgeschlagen. Eine bestimmte Ironie liegt weiterhin in dem Versuch, mit dem Englischunterricht bereits in der Grundschule statt am Anfang der Sekundarstufe zu beginnen, weil von diesen vier Alternativen (oder vielleicht den kumulativ wirkenden altersbedingten kognitiven Veränderungen) *keine* durch den Frühbeginn erfasst wird. Wenn Sechsjährige mit dem Fremdsprachenlernen in der Grundschule anfangen, und wenn schon im ersten Schuljahr Kontakt mit einer Fremdsprache oder mehreren Fremdsprachen im Unterricht stattfindet, dann treffen möglicherweise einige der Vorteile zu, die gemäß bestimmter Theorien mit circa 6 Jahren prinzipiell nicht mehr verfügbar sind. Das Argument ist jedoch, so möchte ich vorschlagen, mehr als ein bisschen kreativ. D.h. aber, dass die Erforschungen einer „kritischen Periode“ usw. grundsätzlich keine konkrete Begründung für einen Frühbeginn des Fremdsprachenlernens im Schulsystem abgeben können.

Dies schließt auf gar keinen Fall aus, dass sich trotzdem Vorteile ergeben können bzw. sich in der Praxis schon gezeigt haben – unabhängig von in der Forschung postulierten Perioden. Leider aber sind die empirischen Beweise dafür, dass durch den Frühbeginn etwas Besonderes für den Fremdsprachenerwerb, die Einstellung zu ihm oder für seine Effektivität im Hinblick auf später erlernte Sprachen erzielt wird, in der Tat nicht vorhanden.

Schon in den Sechziger Jahren gab es in England ein großangelegtes Projekt (das „Nuffield Language Project“) zum Fremdsprachenunterricht in der Grundschule – in systematisch kontrollierten Grundschulen wurde mit Französisch im achten Lebensjahr begonnnen. Das Projekt wurde nach den ersten Ergebnissen jedoch nicht fortgesetzt, weil sich gezeigt hatte, dass die Frühanfänger später nicht systematisch und überall besser waren als andere Schüler, die mit dem Französischunterricht erst mit elf oder zwölf Jahren begonnen hatten (Burstall, Jamieson, Cohen & Hargreaves 1974).

Auch Düwell (1972) stellt einige frühere Ergebnisse des Projekts vor, die den Eindruck vermitteln, dass das Projekt nicht erfolgreich sein würde. Folgende vorläufige Aspekte des Projekts werden erwähnt:

1. Probleme mit Lehrkräften, die vor allem oft gegen die Teilnahme schwächerer Kinder waren.
2. Die Mehrheit solcher schwächerer Schüler hat „versagt“ – der Bericht vertritt die Meinung, dass die Einstellung der in 1. oben erwähnten Lehrkräfte Schuld daran hatte.
3. Es konnten keine Unterschiede bzgl. der Fähigkeiten in der Muttersprache nach 2 Jahren Frühkontakt mit Französisch festgestellt werden im Vergleich zu Schülern gleichen Alters, die nicht am Französischunterricht teilgenommen hatten. Diese Untersuchung basierte auf der Hoffnung bzw. Annahme, dass der Französischfrühbeginn Einfluss auf das Interesse an und Einstellungen zu Sprache allgemein haben würde bzw. könnte.
4. 44% der beteiligten Schüler hatten bei einer Befragung nach den beiden ersten Jahren auf der Sekundarschule eine negative Einstellung gegenüber dem Fach Französisch.

Legutke 2000 diskutiert das Merry-Go-Round Projekt, in dem Englisch in einer Schule ab Klasse 1 eingeführt wurde. Mitglieder der Universität Gießen hatten versucht, verschiedene Leistungstests mit Schülern durchzuführen, die schon 3 Jahre lang Englischunterricht hatten. In seinem Bericht weist Legutke auf mehrere Probleme des Inhalts und der Durchführung dieser Tests hin – individuelle Unterschiede bei den Lerner wurden nicht bemerkt, nur allgemeine „Trends und Durchschnittswerte“ (41). Die Ergebnisse sind daher nicht sehr aussagekräftig. Die Daten, die Legutke trotzdem zeigen kann, muss man mit dem besten Willen als „enttäuschend“ ansehen. Da aber das Testverfahren nicht problemlos war, sind auch das Ergebnis und meine subjektive Einschätzung unzuverlässig. Legutke resümiert diese Merry-Go-Round Arbeit wie folgt:

> Unsere Untersuchungen bestätigen andere europäische Befunde, die klare Beweise dafür liefern, daß sich die Sprechfähigkeit am langsamsten entwickelt, auch in Ländern, in denen viel Kontakt zur Fremdsprache vorhanden ist.

Interessant bei diesem Zitat ist der Fokus auf Aussprache – genau derjenige Aspekt einer Sprache, der in allen Erforschungen des außerschulischen Frühkontakts mit einer weiteren Sprache auf eine kritische Periode hinweist. Natürlich sind aber Korrektheit und Schnelligkeit nicht identisch. Der Aufsatz endet jedoch mit dem Hinweis, dass das Engagement der Lehrkräfte von entscheidender Bedeutung für den Erfolg des Frühbeginns sein kann.

Erfrischend offen (aus didaktischer Sicht) wird in Blondin, Candelier, Edelenbos & Cresson (1998: 76) resümierend gesagt, dass die empirischen Beweise in Kapitel 4 ihrer Arbeit zeigen, dass Forschungen noch kein deutliches „l`âge idéal“ für den Beginn schulischen Fremdsprachenunterrichts bestimmt haben. Diese Sachlage hat sich seit damals nicht verändert und wird allzu häufig in der Didaktik ignoriert.

Ich möchte abschließend betonen, dass die Tatsache, dass Forschungen zu sehr unterschiedlichen Ergebnissen führen, an sich kein Argument *gegen* die Einführung des Fremdsprachenunterrichts in der Grundschule darstellt. Ich nehme an, dass solide Forschungsergebnisse kaum je zu inhaltlichen Änderungen in der schulischen Ausbildung geführt haben. Vor allem deshalb gibt es wahrscheinlich sehr verschiedene Einstellungen, Konzepte, didaktische Strategien und Zielsetzungen, die unter dem Stichwort Frühbeginn summiert werden können. Mit anderen Worten: es liegen viele verschiedene didaktische Konzepte für den Einsatz von Fremdsprachen in der Grundschule vor, die in verschiedenen Ländern verschiedenartig implementiert und weiterentwickelt werden.

4. Fazit

In 1. oben habe ich gezeigt, dass das Konzept einer kritischer Altersstufe für den Zweitsprachenerwerb darunter leidet, dass unterschiedliche Forschungsstrategien zu ganz unterschiedlichen Ergebnissen geführt haben in Bezug auf jene Aspekte des Zweitsprachenerwerbs bei denen mindestens teilweise ein optimales bzw. ungünstiges Alter existiert. Weiterhin sind in der Fachliteratur verschiedene kritische Altersstufen mit empirischer Unterstützung genannt worden, die aber zwischen 4 und 16 Jahren variieren! Keine Studie hat zeigen wollen oder zeigen können, dass bestimmte Aspekte einer neuen Sprache nach einem bestimmten Alter überhaupt nicht erworben, gelernt oder gemeistert werden können. Da die Ergebnisse in Teil 1 variieren, ist es nicht überraschend, dass im zweiten Hauptteil dieser Arbeit keine deutliche Beziehung zwischen dem Frühbeginn im schulischen Fremdsprachenunterricht und Ergebnissen aus der Zweitsprachenerwerbsforschung vorliegen. Weiterhin geben die bisher verfügbaren Ergebnisse aus verschiedenen Frühbeginnprogrammen keinen Anlass daran zu glauben, dass ein Frühbeginn per se etwas Besonderes leisten wird bzgl. der Qualität des Zweitsprachenerwerbs und allgemeinen Einstellungen zum Spracherwerb bzw. zu fremden Kulturen. Insgesamt habe ich somit in diesem Artikel den Faktor „Individuum" exemplifiziert, der in der Lehre und beim Spracherwerb letztendlich nicht unterdrückt werden kann.

Literaturverzeichnis

Birdsong, David (ed.) (1999), *Second language acquisition and the Critical Period Hypothesis*. Mahwah, NJ: Lawrence Erlbaum.

Birdsong, David (2004), Second language acquisition and ultimate attainment. In: Davies, Alan & Elder, Catherine (eds.) (2004), *Handbook of Applied Linguistics*. Malden, MA: Blackwell, 82-105.

Blondin, Christiane; Candelier, Michel; Edelenbos, Peter & Cresson, Edith (1998), *Les Langues étrangères dès l'école maternelle ou primaire*. De Boeck Université.

Burstall, Clare; Jamieson, Monika; Cohen, Susan & Hargreaves, Margaret (1974), *Primary French in the balance*. Slough, Berks: National Foundation for Educational Research.

Chomsky, Noam (2000), *New horizons in the study of language and mind*. Cambridge, UK: Cambridge University Press.

DeKeyser, Robert M. (2000), The robustness of critical period effects in second language acquisition. *Studies in Second Language Acquisition* 22, 499-533.

DeKeyser, Robert M. & Larsen-Hall, Jenifer (2005), What does the Critical Period Really Mean? In: Kroll, Judith F. & de Grout, Annette M.B. (eds.) (2005), *Handbook of Bilingualism. Psycholinguistic Approaches*. Oxford, UK: Oxford University Press, 88-108.

Düwell, Henning (1972), Französisch – Frühbeginn in England. *International Review of Education* 18: 1, 217-227.

Edmondson Willis J. & House, Juliane (^{3}2006), *Einführung in die Sprachlehrforschung*, Tübingen: Francke.

Flege, James E. (1999), Age of learning and second-language speech. In: Birdsong, David (ed.) (1999), 101-132.

Grotjahn, Rüdiger (2003), Der Faktor „Alter" beim Fremdsprachenlernen: Mythen, Fakten, didaktisch-methodische Implikationen. *Deutsch als Fremdsprache* 40: 1, 32-41.

Grotjahn, Rüdiger (2005), Je früher, desto besser? – Neuere Befunde zum Einfluss des Faktors ‚Alter' auf das Fremdsprachenlernen. In: Pürschel, Heiner & Tinnefeld, Thomas (Hrsg.) (2005), *Moderner Fremdsprachenerwerb zwischen Interkulturalität und Multimedia: Reflexionen und Anregungen aus Wissenschaft und Praxis*. Bochum: AKS-Verlag, 186-202.

Hyltenstam, Kenneth & Abrahamson, Nicolas (2003), Maturational Constraints in SLA. In: Catharine J. Doughty & Michael H. Long (eds.) (2003), *The Handbook of Second Language Acquisition*. Oxford: Blackwell, 589-630.

Kovács, Ágnes Melinda & Mehler, Jacques (2009), Cognitive gains in 7-month-old bilingual infants. In: *Proceedings of the National Academy of Sciences of the United States of America* [online: http://www.pnas.org/content/early/2009/04/13/0811323106.abstract].

Legutke, Michael K. (2000), Fremdsprachen in der Grundschule: Brennpunkt Weiterführung. In: Riemer, Claudia (Hrsg.) (2000), *Kognitive Aspekte des Lernens von Fremdsprachen.* Tübingen: Narr, 38-54.

Lenneberg, Eric H. (1967), *Biological foundations of language.* New York: Wiley.

Meisel, Jürgen M. (2007), Age of onset in successive acquisition of bilingualism: effects on grammatical development. In: Meisel, Jürgen M. (2007), *Exploring the Limits of the LAD.* Arbeitsberichte zur Mehrsprachigkeit Nr. 20, Sonderforschungsbereich Mehrsprachigkeit der Universität Hamburg, 3-31.

Patkowski, Mark (1980), The Sensitive Period for the Acquisition of Syntax in a Second Language. *Language Learning* 30, 449-472.

Penfield, Wilder & Roberts, Lamar (1959), *Speech and brain mechanisms.* New York: Athenäum.

Schlak Torsten (2003), Gibt es eine kritische Periode des Spracherwerbs? Neue Erkenntnisse in der Erforschung des Faktors Alter beim Spracherwerb. *Deutsch als Zweitsprache* 1, 18-23.

Stemmer, Brigitte (2009), Neuroeducation in early childhood: Sense or Nonsense? In diesem Band, 279-290.

Neuroeducation in early childhood: Sense or Nonsense?

Brigitte Stemmer

Neuroeducation – the study of how mind, brain and education interact – is an emerging field that has been embraced enthusiastically by researchers, practitioners and the media. In this enthusiasm, findings from neuroscience are frequently uncritically applied to issues in education. In this chapter I will explore the neuroscientific bases for some prominent claims made in early childhood education and also touch on factors that are known to produce adverse effects on brain development. I will argue that current knowledge from neuroscience simply has not reached a level of sophistication that would allow it to yield optimal guidance in answering most educational questions and that other mediating disciplines need to be involved to empirically address questions raised by educators.

1. Introduction

The past years have seen a fascination with the brain that seems to penetrate every conceivable discipline. Adding the prefix "neuro" – neuroeconomics, neuromagic, neurotheology to name just a few of the more exotic creations – seems to be the recipe for media attention and success. Although technical advances have made the brain more "visible" and explorable, there is still much that we do not know about the brain and there are even more unknowns when it comes to apply what **is** known about the brain with respect to education. In education, brain-based learning has gained much popularity and, unfortunately, it is too often enthusiastically embraced as some sort of magic remedy for shortcomings in political and social decision making. Amongst the claims that are often uncritically taken as established scientific facts are, for example, enhanced learning through the identification of learning types (visual, auditory, kinaesthetic), through processing types (right-brain and left-brain) or through specific body movements. Another claim is that learning is impaired or no learning occurs if the right stimulation is not provided at the right time (For a critical evaluation of neuroeducation see e.g. Bruer 1997; Goswami 2006). In this brief essay, I will explore the neuroscientific bases for some prominent claims made in early childhood education. I will start out by discussing mechanisms of brain development and growth such as how brain cells (neurons) develop and form synapses and branches (axons, dendrites) to exchange information with other neurons and make information transfer efficient and fast by myelination. In this context I will address the question of whether these physiological mechanisms play a role in early childhood education. Next I will turn to the concept of critical periods and their relevance for child development. Closely related to the discussion of critical or sensitive periods is the observation that the brain is able to change its structure and function in response to interaction with the environment. In this context I will discuss brain plasticity, factors that have an impact on brain plasticity and what this means for early childhood education. I will finish the chapter with a brief discussion on adverse effects that can hamper a child's development and finally comment on whether our current knowledge about the brain as laid out in neuroscience research provides good guidance for educational questions.

2. The developing brain

The most impressive change during brain development is its growth – from about 350g at birth to 95% of its adult weight (1300-1400g) at about 6 years of age. Head size increases from birth and peaks at about 5 to 10 years of age – with boys showing slightly greater total cerebral size than girls (Giedd 2004; Giedd et al. 1996). Brain volume is determined by the size, number, and density of neurons, by the number and density of dendrites and axons and by myelination.

2.1 Myelination

Myelin is a fatty sheath formed by specific cells in the brain (oligodendrocytes) and insulates nerve fibers (axons). The result is more rapid impulse conduction and thus an increase in the speed with which information between neurons is transmitted. Some fibre pathways in the brain myelinate already prenatally such as those that carry information from systems concerned with movement, posture, and auditory signals (for details on myelination see e.g. Webb, Monk & Nelson 2001; Yakovlev & Lecours 1967). Myelination is not a uniform process but occurs at different times in different parts of the brain and can continue for decades in some human brain regions. Investigating the language network with focus on the left hemisphere Pujol and colleagues (2006) reported that myelination occurred simultaneously in Broca's (frontal lobe) and Wernicke's (temporal lobe) area leading the authors to tentatively suggest that progress in language acquisition might be associated with maturation of the whole temporofrontal language network. And Spitzer (2006) compared non-myelinated connections in the cortex with phone lines: the connection physically exists but to fulfill its function well it is too slow. Although fast information transfer in the brain is essential, generally, however, the relationship between myelination and behavior is not totally clear. For example, while disorders of myelination have been associated with neurological pathology, some functions begin prior to myelination and some systems (such as those of the autonomic nervous system) do not myelinate at all (Webb et al. 2001).

2.2 Synaptogenesis

In the prenatal period, new cells are created at an incredible speed and in huge numbers and unspecified precursor cells mature to neurons. In the newborn, cells continue to develop, and particularly impressive is the growth in the number of synapses (i.e. places of contact) that enables the neuron to communicate with other neurons. Each neuron develops synapses with thousands of other neurons thus establishing uncountable connections. Starting in early childhood, synaptic density increases and reaches levels that exceed synaptic densities in adults by far. This overgrowth has been shown in post-mortem human brains at different ages for the primary auditory and visual cortices as well as the middle frontal gyrus (a region in the prefrontal cortex implicated in decision making, reasoning and planning) (Huttenlocher & Dabholkar 1997). In early childhood, synaptic density increases in these regions peaking at approximately three months and then again at around four years after birth in the auditory cortex, at around eight months after birth in the visual cortex, and at around 3.5 to 4 years of age in middle frontal gyrus. After that synaptic density decreases until it reaches adult levels. The selective elimination of weak synapses during brain development is also referred to as synaptic pruning. These findings from post-mortem studies are supported and extended by a longitudinal magnetic resonance imaging (MRI) study in which 13 children were scanned every 2 years for 8 to 10 years (yielding data for children between 4 and 21 years of age) (Gogtay et al. 2004). It was shown that loss of brain cells with synapses occurred initially in the primary sensorimotor areas, then spreading over the prefrontal, the parietal and occipital cortices and finally the temporal cortex. While grey matter (cell bodies and unmylelinated fibres) decreases in a region-specific non-linear pattern, the fibre connections between cells (white matter) increases linearly well into adulthood (e.g. Andersen & Teicher 2008; Gogtay et al. 2004; Matsuzawa et al. 2001).

Are these physiological mechanisms of any consequence for early childhood education? Some brain-based learning advocates suggest that babies or infants should be exposed to as many learning experiences as possible during their early years arguing with a logic that goes something like this: (a) Brain cells die or synaptic pruning occurs because the brain is not sufficiently stimulated by the environment, (b) if we externally stimulate the brain during these particularly critical periods we avoid brain cell death and pruning, (c) and by doing so we can enhance or train otherwise unused brain capacities. The illogic about this logic is that it is based on false assumptions and misinterpretations, or is premature. In neuroscience there is still a debate over why cell overgrowth and pruning occur. While it has been suggested that early synaptogenesis is intrinsically regulated and that synaptic pruning is driven by genetic and humeral factors (Huttenlocher & Dabholkar 1997), synaptic pruning is also viewed as a necessary step in development to increase synapse efficiency by systematically deleting overgrowth (Mimura, Kimoto & Okada 2003). It is thus not clear whether it is desirable to externally influence these processes – assuming we were able to do so in a goal-oriented way. What is established is that synapses and their connections are strengthened in response to repeated activity and that such circuitry plays a role in learning and memory processes in the brain regardless of age.

Taken together: Although the general pattern of human neural development is well established, our understanding of the details of the mechanisms and of how experience influences myelination, axonal and dendritic formation, neurotransmitter development, synaptogenesis and pruning and synaptic circuitry postnatally is still far from complete. And we currently have very little knowledge about the relationship between *early* synaptic reorganization, neural activity and cognitive function. There is currently thus little guidance to be derived from this research in neuroscience that would be relevant for early childhood education.

3. Critical periods

Critical periods refer to specific biologically determined periods of times during which an animal requires specific environmental stimulation for its motor and sensory systems to develop normally. For example, depriving kittens of visual stimulation during a particular time in their early development will result in functional blindness (Wiesel & Hubel 1965). Although irreversibility of this situation is often claimed, some (but not full) recovery is sometimes possible (LeVay, Wiesel & Hubel 1980). This and similar examples have frequently been used to claim that if a child is not exposed to special stimulation or input at specific times in their development (for example during the periods of synaptic growth and pruning), an important opportunity is missed and the child will not be able to acquire the specific skill or ability later, or only in an imperfect way.

To interpret these findings coherently, one must first be aware that the scientific findings on the relationship between synaptic growth and pruning and the emergence of specific skills and capacities is **only** correlational in nature. In other words, no causal relationship is established. Second, skills and capacities continue to develop or fine-tune after pruning and regression to adult levels. It thus seems that synaptogenesis triggers the initial emergence of behaviour but not necessarily its fine-tuning (see also Bruer 1997). Third, the critical periods cited in experiments like the one by Wiesel & Hubel refer to the development of fundamental sensory-motor skills and have little if anything to do with higher cognitive functions. For these sensory-motor skills and behaviours to develop, all that is necessary is a normal environment with sensory input found in everyday life.

Other arguments advanced in this context concern the relationship between maturation of the auditory system and musical education or second language acquisition. Here, the argument goes something like this: If musical training does not occur before the auditory system has matured, then the child's musical auditory system will never develop fully. Similarly, if a child has not been confronted with and learned the sounds of a language other than the mother tongue, the child will never be able to learn the other language without a foreign accent.

There is not much support for claims like these. We currently have very little knowledge about the development of the musical auditory system in early childhood. More is known about the development of the language sound system. Acknowledging that the alteration of biobehavioral systems by experience is more variable than is captured by the classical concept of critical periods, in the context of language acquisition, researchers rather speak about sensitive or optimal periods than critical periods. Most researchers agree that endogenous and environmental factors are involved in the specialization of the language sound system. At birth, babies show a preference for listening to speech over other complex sounds (Werker & Tees 2005). Without specific listening experience to a language, infants show sensitivity to phonemic boundaries in their first six months of life. Listening experience is then necessary to maintain sensitivity to speech contrast. Behavioral and event-related potential studies have shown that the ability to discriminate non-native speech contrasts declined by 10 to 12 months if no input was maintained (for a summary see Werker & Tees, 2005). Although listening experience to speech in the first year of life maintains and sharpens initial phonetic categories, sensitivity to non-native contrasts seems to continue to exist. This has led Werker & Tees (2005) to suggest that the changes in speech perception observed in the first year of life seem to point to reorganization rather than to a loss of initial sensitivities. While lack of specific listening experiences does not necessarily lead to the loss of or decline in the ability to discriminate non-native contrasts, the reverse is also true. The presence of specific listening experience does not guarantee facilitation or maintenance of non-native contrasts (Werker & Tees 2005). Furthermore, there are only few studies investigating the permanency of the effects of listening experience in infancy and these do not always agree. While it seems that early listening experience to a specific language without maintaining input does not have a lasting effect, it is nevertheless possible to learn non-native contrasts later in life with training.

Although with respect to aspects of the auditory language perception system, substantial changes occur in the first year, some aspects continue to develop beyond the first year and become integrated with other complex aspects of the language system. At least to some degree, system development is hierarchical. Basic systems and functions need to be developed before more complex ones can evolve. Similar observations are made for the visual system. While there are dramatic developments during the first year of life, some aspects of vision require many years to reach adult levels. For example, locating objects (i.e. **where** they are) or recognizing objects (i.e. **what** they are) involves different brain networks (the dorsal stream or the ventral stream, respectively) and these brain networks show developmentally different time courses. Face perception and recognition (involving the ventral stream) show prolonged development well into adolescence (Grill-Spector, Golarai & Gabrieli 2008).

4. Brain plasticity

Critical periods – in the sense that learning of a skill or behaviour is not possible once a particular time window is closed – are rare and more the exception than the rule. We know that the human brain can change its structure and function as a consequence of the individual's interaction with the environment throughout a life time – albeit to different degrees and with more or less effort. What are the circumstances under which the brain shows its plasticity? One obvious limitation is the maturational process. No or only suboptimal function will emerge if the "hardware" has not fully matured yet. As was discussed previously, although maturation of sensorimotor systems occurs very early in infancy, their fine tuning of more complex functions continues well into childhood or even adolescence. We know that regions of the frontal lobes still develop until adulthood. For example, the innervation of regions of the frontal lobes that are involved in the emotional network, and although emotions can be expressed and perceived early in infancy, the control and processing of emotions fully develop only much later. A neuroimaging study investigating the processing of emotions and the cognitive evaluation system in adults and adolescents found that while adults were able to selectively activate or deactivate brain regions in the frontal lobes related to emotion processing, adolescents were not able to do so (Monk et al. 2003). (For age-dependent differences in development of specific brain regions see Andersen & Teicher 2008).

Not only maturational processes but also environmental factors have an impact on brain plasticity. A well-known experiment by Greenough and colleagues (1987) with rodents is often cited as an example that infants need enriched environments for optimal development. They showed that rats growing up in a cage that was "enriched" with toys and obstacles were superior in learning tasks compared to "non enriched" bare bone cages. At a microscopic level the brain of these rats also showed more synapses per neuron. Subsequent research confirmed these observations in rodents: enriched environments led to better learning and memory, neurogenesis in the hippocampus (a brain region related to learning and memory functions), and enhanced dendritic branching and synaptogenesis in various brain regions (for a summary see e.g. Mora,

Segovia & del Arco 2007). Although these observations are often cited as evidence for the critical importance of enriching the infant's environment, some basic facts are often overlooked. As Bruer (1997) critically points out, these environments are only "enriching" because they get closer to a natural environment compared to the bare bone laboratory cages the rodents usually live in. Further, the effects reported in these experiments are not specific to young animals but also occur in older animals. This research thus shows that environmental stimulation can change the plasticity of the brain in the young as well as in the old. It does not, however, tell us anything about the nature of such environments and whether infants need especially sophisticated environments for optimal brain development.

Another factor that has a strong impact on brain plasticity is training. For example, musical training enhances sensorimotor and auditory skills in adults and neuroimaging studies show more grey matter in several brain regions and different activation patterns compared to non musicians (for a summary see e.g. Schlaug, Norton, Overy & Winner 2005). The structural differences in musicians' brains seem to be more pronounced in musicians who trained with greater intensity and who started at a younger age. We currently do not know whether these differences are due to the intensity of the training already early in life and whether intense training later in life would show similar results. It is also possible that the reason that some people become musicians at an early age and train with greater intensity is that the relevant parts of their brains are more susceptible to such training than is the case with non-musician. What we do know is that training of all sorts of different skills (physical as well as cognitive exercise) leads to structural and functional changes of the brain and this regardless of whether the brain is young or old, healthy or pathological. In this context a word of caution is in place. In the media, an increase in grey matter or brain activity after training is often cited as evidence for some sort of an advantage (whatever this may be). More, however, is not necessarily better. It should at least be acknowledged that it has also been observed that with more training the initial increase in grey matter or in brain activity subsides.

Children seem to learn more effortlessly, often without conscious effort and sometimes faster than adults – and this alone, if scientifically supported, would be argument enough to provide the child with opportunities. Research findings in cognitive psychology or education are probably the best guides to characterize what such opportunities should look like. There is very little concrete advice that neuroscience can currently contribute in this regard. The popular claim that if an infant does not learn something early in life, it will never learn it is simply not warranted. Neuroscience research has shown that the brain is plastic throughout a life time albeit to different degrees.

5. Negative effects on the child's brain

While those involved in early childhood education usually focus on what constitutes the optimal support for the child's development, there seems to be less interest in factors that are known to produce adverse effects in children's brain development. In 2007 the fact that 2.5 million children in Germany live in poverty made headline news. This should be of great concern as more and more evidence accumulates that socio-economic status (material wealth, social prestige, education) is an important predictor for neurocognitive performance (Hackman & Farah 2009). There is evidence that socio-economic status negatively affects language functions, aspects of memory and attention and executive functions such as cognitive control via the underlying temporo-frontal brain regions (Evans & Schamberg 2009; Farah et al. 2006; Hackman & Farah 2009; Stevens, Lauinger & Neville 2009). Insufficient self-regulation reflected in children's inabilities to follow directions and inabilities to control attention and behaviour has been identified as a major problem for children who lack school readiness (Blair & Diamond 2008). It has thus been suggested that a focus on developing emotional, attentional and behavioural regulation in preschool children would be more appropriate than focusing on the acquisition of academic skills (Blair & Diamond 2008).

An explanation why poor socio-economic status may negatively affect cognitive functions has been proposed by Evans & Schamberg (2009). The authors reported that the longer the period of childhood poverty, the higher the cumulative wear and tear on the body (i.e. the allostatic load which is an index of chronic stress), and the lower the working memory performance in the young adult. This is in line with research that has shown that socio-economic status is inversely associated with physiological stress markers in children. For example, the stress hormone cortisol is increased in children with low socio-economic backgrounds (Lupien, King, Meaney & McEwen 2001) and chronically high levels of cortisol can lead to mood disorders, psychiatric disease, learning and memory impairment (for a summary see Lupien, Maheu, Tu, Fiocco & Schramek 2007). Brain circuits that are particularly vulnerable to modified levels of cortisol are those of the prefrontal cortex (implicated in decision making, planning, control functions) and the hippocampus (involved in aspects of memory). Rodent studies have have shown that in rats with increased concentrations of circulating cortisol, a decreased density of synapses in the anterior cingulated (a medial frontal brain region) and hippocampal areas exists. And this also seems to be the case for humans. Smaller hippocampus and anterior cingulate volumes have been described in individuals who were exposed to severe stress (traumatic experiences) in childhood (Cohen et al. 2006). Sensitive periods during which rapid maturational developments occur may not only be periods of opportunity but also periods of vulnerability. In addition to the impact on cognitive functions, chronic stress also influences emotional states. Conjointly with hormonal and genetic influences, stressful events during sensitive periods in early childhood render these children particularly susceptible to the development of depression in adolescence (Andersen & Teicher 2008). Although there is ample evidence that shows the negative effects of stress on wellbeing, it should be noted that the interaction between stress, genetic and other physiological factors are complex and not all stressful events lead to mood disorders or cognitive and structural brain impairment. While early child abuse or severe traumatic events (e.g. early loss of parents) have been shown to exert negative effects on brain and behaviour, we know little or nothing about what makes other factors or events stressful to the individual child.

6. The neurosciences as guidance for education?

Current knowledge from neuroscience does not seem adequate to yield optimal guidance for answers to educational questions. Insights from cognitive psychology, cognitive science and education research seem to be better candidates as they have provided more direct empirical evidence. As others have pointed out, there is still a large gap to bridge before neuroscience findings can be applied to education (e.g. Bruer 1997; Blakemore & Frith 2005). Questions raised by educators can stimulate specific neuroscience research to address these questions, ideally by involving other mediating disciplines (for a discussion of such questions see e.g. Stern, Grabner & Schumacher 2006). This approach could help avoid the unjustified transfer of neuroscience findings to educational situations and provide empirical evidence for currently rather speculative inferences. What we can safely say at this point may sound trivial and is not particularly new: a healthy development of the motor and sensory systems is critical for a child's development as they provide the bases for the development of more complex systems. Although not discussed here, it also seems that neuroscience can provide some guidance when dealing with developmental disorders such as dyslexia and dyscalculia.

I will finish by addressing a few claims that are still widely circulated but lack neuroscientific bases:

Exposing babies and infants to as many learning experiences as possible during their early years is beneficial.

Without doubt, stimulation and learning experiences are necessary for the baby and infant to develop and fine tune its motor and sensory systems. These, however, concern basic systems and – at least from a neuroscience perspective – we do not know much about the effects on higher cognitive systems. In addition, neuroscience does not tell us whether these experiences need to be "special" or particularly sophisticated, what they should look like, in what intensity they should be offered and under which circumstances and in which way they positively or negatively affect the brain.

The babies' or infants' environment should be especially "enriched" There is currently no evidence from neuroscience that it is necessary to expose the child to more than a normally stimulating environment.

There are critical periods in development and if learning does not occur in this time window the opportunity is lost forever.
Critical periods are more the exception than the rule and have only been shown for rather basic processes. Beyond this, sensitive periods (and these still need to be identified and better described) are rather flexible and seem to continue much longer than traditionally anticipated. The brain shows life-long plasticity and learning can thus occur throughout a life span. There is thus no reason to assume that something that has not been learned in a particular time window cannot be learned later in life. This does not mean that we should deny the apparent ease and perfection with which children and adolescents can learn. And we should provide the appropriate opportunities for this learning to occur. It is not neuroscience, however, that we should currently turn to for the appropriate tools; at least at this stage of knowledge. Other disciplines seem more likely to be able to provide better advice.

Brain maturation is terminated around the time of puberty
Neuroscience has shown that adult maturation levels are reached at different times in development for different brain regions. Some maturational processes reach adult levels already in childhood while others continue to develop well into late adolescence or young adulthood. This seems to go hand in hand with the development of some brain functions such as the late development of regions in the frontal lobes and the fine-tuning of executive functions (e.g. cognitive control).

An honest appraisal of the current situation suggests that research aimed at trying to establish relations such as those discussed above are only at the beginning. A (cognitive) neuroscience approach to education that integrates findings from cognitive psychology and cognitive sciences and empirically addresses issues raised by teachers and child psychologists seems to be a fruitful approach in providing empirical evidence to help future educators formulate optimal tools for the developing child and its developing brain.

References

Andersen, S. L. & Teicher, M. H. (2008), Stress, sensitive periods and maturational events in adolescent depression. *Trends in Neurosciences* 31: 4, 183-191.

Blair, C. & Diamond, A. (2008), Biological processes in prevention and intervention: the promotion of self-regulation as a means of preventing school failure. *Development and Psychophatology* 20, 899-911.

Blakemore, S.-J. & Frith, U. (2005), *The learning brain: Lessons for education*. Oxford: Wiley-Blackwell.

Bruer, J. T. (1997), Education and the brain: a bridge too far. *Educational Researcher* 26: 8, 4-16.

Cohen, R. A.; Grieve, S.; Hoth, K. F.; Paul, R. H.; Sweet, L.; Tate, D. et al. (2006), Early life stress and morphometry of the adult anterior cingulate cortex and caudate nuclei. *Biological Psychiatry* 59, 975-982.

Evans, G. W. & Schamberg, M. A. (2009), Childhood poverty, chronic stress, and adult working memory. *Proceedings of the National Academy of Sciences of the United States of America,* Ahead of print publication, 1-5.

Farah, M. J.; Shera, D. M.; Savage, J. H.; Betancourt, L.; Giannetta, J. M.; Brodsky, N. L. et al. (2006), Childhood poverty: Specific associations with neurocognitve development. *Brain Research* 1110, 166-174.

Giedd, J. N. (2004), Structural magnetic resonance imaging of the adolescent brain. *Annals of the New York Academy of Sciences* 1021, 77-85.

Giedd, J. N.; Snell, J. W.; Lange, N.; Rajapakse, J. C.; Casey, B. J.; Kozuch, P. L. et al. (1996), Quantitative magnetic resonance imaging of human brain development: ages 4-18. *Cerebral Cortex* 6, 551-560.

Gogtay, N.; Giedd, J. N.; Lusk, L.; Hayashi, K. M.; Greenstein, D.; Vaituzis, A. C. et al. (2004), Dynamic mapping of human cortical development during childhood through early adulthood. *Proceedings of the National Academy of Sciences of the USA* 101: 21, 8174-8179.

Goswami, U. (2006), Neuroscience and education: from research to practice? *Nature Reviews Neuroscience* 7, 406-413.

Greenough, W. T.; Black, J. E. & Wallace, C. S. (1987), Experience and brain development. *Child Development* 58, 539-559.

Grill-Spector, K.; Golarai, G. & Gabrieli, J. (2008), Developmental neuroimaging of the human ventral visual cortex. *Trends in Cognitive Sciences* 12: 4, 152-162.

Hackman, D. A. & Farah, M. J. (2009), Socioeconomic status and the developing brain. *Trends in Cognitive Sciences* 13: 2, 65-73.

Huttenlocher, P. R. & Dabholkar, A. S. (1997), Regional differences in synaptogenesis in human cerebral cortex. *The Journal of Comparative Neurology* 387, 167-178.

LeVay, S.; Wiesel, T. N. & Hubel, D. H. (1980), The development of ocular dominance columns in normal and visually deprived monkeys. *Journal of Comparative Neurology* 191, 1-51.

Lupien, S. J.; King, S.; Meaney, M. J. & McEwen, B. S. (2001), Can poverty get under your skin? Basal cortisol levels and cognitive function in children from low and high socioeconomic status. *Development and Psychopathology* 13, 663-676.

Lupien, S. J.; Maheu, F.; Tu, M.; Fiocco, A. & Schramek, T. E. (2007), The effects of stress and stress hormones on human cognition: Implications for the field of brain and cognition. *Brain and Cognition* 65, 209-237.

Matsuzawa, J.; Matsui, M.; Konishi, T.; Noguchi, K.; Gur, R. C.; Bilker, W. et al. (2001), Age-related volumetric changes of brain gray and white matter in healthy infants and children. *Cerebral Cortex* 11, 335-342.

Mimura, K.; Kimoto, T. & Okada, M. (2003), Synapse eficiency diverges due to synaptic pruning following overgrowth. *Physical Review* 031910, 1-15.

Monk, C. S.; McClure, E. B.; Nelson, E. E.; Zarahn, E.; Bilder, R. M.; Leibenluft, E. et al. (2003), Adolescent immaturity in attention-related brain engagement to emotional facial expressions. *Neuroimage* 20, 420-428.

Mora, F.; Segovia, G.; & del Arco, A. (2007), Aging, plasticity and environmental enrichment: Structural changes and neurotransmitter dynamics in several areas of the brain. *Brain Research Reviews* 55, 78-88.

Pujol, J.; Soriano-Mas, C.; Ortiz, H.; Sebastián-Gallés, N.; Losilla, J. M. & Deus, J. (2006), Myelination of language-related areas in the developing brain. *Neurology* 66, 339-343.

Schlaug, G.; Norton, A.; Overy, K.; & Winner, E. (2005), Effects of music training on the child's brain and cognitive development. *Annals of the New York Academy of Sciences* 1060, 219-230.

Spitzer, M. (2006), *Lernen. Gehirnforschung und die Schule des Lebens*. Heidelberg: Spektrum Akademischer Verlag, Springer.

Stern, E.; Grabner, R. & Schumacher, R. (2006), *Educational research and neurosciences - expectations, evidence and research proposals*. Bonn/Berlin: Bundesministerium für Bildung und Forschung.

Stevens, C.; Lauinger, B. & Neville, H. (2009), Differences in the neural mechanisms of selective attention in children from different socioeconomic backgrounds: an event-related potential study. *Developmental Science* [Online publication: http://dx.doi.org/10.1111/j.1467-7687.2009.00807.x].

Webb, S. J.; Monk, C. S. & Nelson, C. A. (2001), Mechanisms of postnatal neurobiological development: Implications for human development. *Developmental Neuropsychology* 19: 2, 147-171.

Werker, J. F. & Tees, R., C. (2005), Speech perception as a window for understanding plasticity and commitment in language systems in the brain. *Developmental Psychobiology* 46, 233-251.

Wiesel, T. N. & Hubel, D. H. (1965), Extent of recovery from the effects of visual deprivation in kittens. *Journal of Neurophysiology* 28, 1060-1072.

Yakovlev, P. I. & Lecours, A. R. (1967), The myelogentic cycles of regional maturation of the brain. In: A. Minkowski (ed.), *Regional development of the brain in early life.* Oxford: Blackwell, 3-70.

Individuelle Lernermerkmale und institutionalisierter Fremdsprachenunterricht: Ein unlösbarer Konflikt?[1]

Dieter Wolff

Mein Beitrag basiert auf der Annahme, dass die Erkenntnisse, welche die Zweitsprachenerwerbsforschung über individuelle Lernerunterschiede gewonnen hat, im schulischen Fremdsprachenunterricht nicht genügend berücksichtigt werden. Die Lernumgebungen, in welchen die Schüler Fremdsprachen lernen, werden ihren individuellen kognitiven und sozialen Kompetenzen nicht angepasst. Dieser Konflikt kann nur gelöst werden, wenn die Lernumgebungen so modifiziert werden, dass Individualisierung und Lernerorientierung möglich werden. Die erforderlichen Veränderungen sind tief greifend und werden den derzeitigen Fremdsprachenunterricht stark beeinflussen.
In meinem Beitrag werde ich zunächst kurz das Konzept der individuellen Lernerunterschiede diskutieren. Im zweiten Teil werde ich einige grundlegende Annahmen der kognitiven Psychologie darstellen, die meiner Meinung nach deutlich machen, auf welche Weise Lerner individuelle Unterschiede entwickeln und warum wir annehmen können, dass jeder einzelne Lerner mit unterschiedlichen Kompetenzen ausgestattet ist, nicht nur um Sprachen zu lernen sondern auch, um die Welt um ihn herum zu verstehen. Diese Annahmen werde ich im dritten Teil wieder aufnehmen, wo ich versuchen werde zu zeigen, warum wir neue Ansätze im Fremdsprachenunterricht brauchen, die sich grundlegend von den derzeitigen unterscheiden und den individuellen Unterschieden des Fremdsprachenlerners gerecht werden. Im letzten Teil werde ich eine solche Lernumgebung beschreiben und auf mögliche praktische Umsetzungen eingehe.

1. Einleitung

Die Zweitsprachenerwerbsforschung beschäftigt sich schon seit geraumer Zeit mit den individuellen Unterschieden, die erkennbar werden, wenn sich Lernende der komplexen Aufgabe des Erwerbs einer zweiten oder einer weiteren Sprache unterziehen. Sie hat ein breites Feld solcher individuellen Lernermerkmale herausgearbeitet, das von eher leicht identifizierbaren wie Alter oder Geschlecht bis hin zu schwieriger zu erfassenden Merkmalen wie Motivation und Lernpräferenzen reicht, und gezeigt, dass diese Unterschiede die Ergebnisse fremdsprachlicher Lernprozesse beeinflussen und deshalb auch zum Erwerb

1 Ich habe das Thema „Individuelle Lernerunterschiede“ für meinen Beitrag zur Festschrift von Rüdiger Grotjahn gewählt, weil er sich mit diesem Thema während seiner langen Karriere sehr ausführlich beschäftigt hat. Vielleicht tragen meine Überlegungen dazu bei, dass er das Thema wieder einmal aufgreift und sich auch mit der von mir fokussierten Fragestellung beschäftigt. Ich fühlte mich dann bestimmt abgesicherter in meiner eigenen Darstellung.

unterschiedlicher sprachlicher Fähigkeiten und Fertigkeiten in der Fremdsprache führen.

Diese Erkenntnisse sind zwar von der Fremdsprachendidaktik, nicht aber im Fremdsprachenunterricht selbst zur Kenntnis genommen worden. Dies ist enttäuschend, denn allein die Tatsache, dass individuelle Lernerunterschiede identifiziert werden konnten, hätte eigentlich in viel stärkerem Maße als es geschehen ist, zu einem Umdenken in der Unterrichtsgestaltung führen müssen. Der derzeitige *mainstream* Unterricht hebt, ohne dass dies in der Diskussion Erwähnung findet, auf die Fähigkeiten und Fertigkeiten der Lernergruppe ab, die in einem Klassenverband den Durchschnitt repräsentiert, – Helmke spricht vom „imaginären Durchschnittsschüler" (z.B. Helmke 2008) – wobei man dabei in Kauf nimmt, dass weder die besseren noch die schlechteren Schüler gefordert bzw. gefördert werden. Das gilt übrigens nicht nur für den Fremdsprachenunterricht sondern für alle Unterrichtsfächer und führt dazu, dass ein nicht geringer Teil der Schüler in institutionalisierten Lernumgebungen allein gelassen wird, weil sie sich jenseits dieser hypothetischen Durchschnittsnorm befinden, die von niemandem je festgelegt oder gar beschrieben wurde. Das Lernverhalten von Schülern in einer Klasse wird von den meisten Lehrpersonen immer global auf der Basis dieser imaginären Norm und nicht vor dem Hintergrund der individuellen Fähigkeiten der einzelnen Schülerinnen und Schüler bewertet. Die individuellen Lernermerkmale, auf welche die L2-Forschung so eindringlich verweist, werden im Fremdsprachenunterricht nur am Rande und nur punktuell zur Kenntnis genommen, obwohl die Begriffe Lernerorientierung und Individualisierung in der Fremdsprachendidaktik schon lange keine Fremdwörter mehr sind.

Ich möchte an dieser Stelle – vielleicht etwas gewagt – die Behauptung aufstellen, dass die geringe Berücksichtigung des einzelnen Schülers und der individuellen Lernermerkmale nicht Ausfluss der hohen Schülerfrequenzen in den einzelnen Klassen sind, wie immer behauptet wird, sondern sich stringent aus dem methodisch-didaktischen Zugang ableiten lassen, der gemeinhin im Fremdsprachenunterricht praktiziert wird und sich aus dem unbedingten Glauben an die mehrfach bemühte hypothetische Norm entwickelt hat. Denn trotz aller Fortschritte, welche die Fremdsprachendidaktik in den letzten zwanzig Jahren gemacht hat, trotz der Hinwendung zum kommunikativen Unterricht und seinen verschiedenen Ablegern, wird das Geschehen immer noch weitgehend durch einen Unterrichtsdiskurs bestimmt, der in der englischen Fachdidaktik etwas spöttisch als „teacher-controlled interaction" bezeichnet wird (im Deutschen heißt es positiver „fragend-entwickelnder Unterricht"), also ein Unterrichtsgespräch, das weitgehend von der Lehrperson gelenkt wird und dem Schüler nur die Möglichkeit lässt, auf sie zu reagieren. Im Unterrichtsgespräch bewertet der Lehrer Äußerungen der Schüler nur im Hinblick auf ihre Kompatibilität mit den eigenen Vorstellungen und lehnt sie ab, wenn sie diesen nicht entsprechen. In einem so gestalteten Unterricht geht die Lehrperson nur selten auf den einzelnen Schüler ein und fördert bzw. fordert ihn deshalb auch nicht. Ich möchte nicht verhehlen, dass Unterricht an einigen Schulen anders aussieht, aber generell läuft er eigentlich immer in einem Rahmen ab, in welchem die Lehrperson die Schülerinnen und Schüler in ihren Lernprozessen lenkt und steuert. Einzig im Rahmen der so genannten Binnendifferenzierung werden Vorstellungen von Individualisierung realisiert, die individuellen Lernerunterschieden gerecht werden. Der einzelne Schüler mit seinen individuellen Anlagen bleibt allerdings in den meisten Unterrichtsstunden auf der Strecke. Überspitzt könnte man sagen, dass die „teacher-controlled interaction" der methodische Zugang ist, welchen die Lehrpersonen wählen, weil sie auf diese Weise ihrem Glauben an die hypothetische Norm am ehesten gerecht werden und den „imaginären Durchschnittsschüler" am ehesten am Leben erhalten können.

Wie man diesem Problem beikommen und es vielleicht auch entschärfen kann, möchte ich in diesem Beitrag darzustellen versuchen. Er wird sich zunächst, in gebotener Kürze, mit dem, was wir individuelle Lernermerkmale nennen, auseinandersetzen. Im Zusammenhang der Beschäftigung mit diesem Konzept möchte ich im zweiten Teil einige Grundannahmen der kognitiven Psychologie einbringen, die meiner Ansicht nach in der Lage ist, dem Individuellen in diesem Konzept klarere Konturen zu geben. Im dritten Teil geht es mir dann darum zu zeigen, dass wir im Fremdsprachenunterricht Ansätze brauchen, die sich grundlegend von den gegenwärtigen unterscheiden und den individuellen Fähigkeiten des einzelnen Lerners gerecht werden. Dabei werden mir die Überlegungen des zweiten Teils helfen. Schließlich soll dann im vierten Teil versucht werden, einen solchen Ansatz und mögliche Realisierungen dieses Ansatzes zu skizzieren.

2. Individuelle Lernermerkmale: Versuch einer zusammenfassenden Darstellung der Befunde

Es kann heute kein Zweifel mehr daran bestehen, dass Menschen Sprachen auf sehr ähnliche Weise lernen. Schon in den achtziger Jahren des vergangenen Jahrhunderts konnte gezeigt werden, dass sowohl der Muttersprachenerwerb als auch der Erwerb einer zweiten und auch weiterer Sprachen sich als eine ähnliche Abfolge bestimmter Stadien beschreiben lässt (für den Muttersprachenerwerb vgl. z.B. Brown 1973, für den Zweitsprachenerwerb Dulay, Burt & Krashen 1982). Für die beiden Erwerbstypen zeigen sich aber bei den einzelnen Lernern auch individuelle Unterschiede, die mit individuellen Lernermerkmalen begründet werden. Allerdings erfolgen diese Begründungen weitgehend nur für den Zweitsprachenerwerb. Für die Unterschiede beim frühen Muttersprachenerwerb wird vor allem die kindliche Sozialisation verantwortlich gemacht, außerdem werden auch körperliche Gebrechen wie Taubheit, Blindheit oder motorische Defizite genannt; für den späteren Muttersprachenerwerb scheint es im Hinblick auf weitergehende individuelle Unterschiede keine Untersuchungen zu geben. Für den Zweitsprachenerwerb ist, wie gleich zu zeigen sein wird, die Zahl der genannten individuellen Lernermerkmale sehr viel größer; sie schließt kognitive, soziale und psychische Merkmale ein. Ich werde auf diese offenkundige Divergenz im Hinblick auf die Bedeutung individueller Lernermerkmale beim L1- und L2-Erwerb im nächsten Abschnitt etwas genauer eingehen.

Bei meiner kurzen Zusammenfassung der in der Zweitsprachenerwerbsforschung genannten individuellen Lernermerkmale beziehe ich mich vor allem auf die Arbeiten von Larsen-Freeman & Long (1991), Ellis (1994), Naiman, Fröhlich, Stern & Todesco (1995) und Grotjahn (1998).

Wenn man sich die Taxonomien, die in der L2-Forschung zu den individuellen Lernermerkmalen entwickelt wurden, genauer anschaut, so kann man feststellen, dass sie sehr ähnlich sind und sich eigentlich nur durch die unterschiedliche Anordnung bzw. durch das Fehlen der einen oder der anderen Kategorie voneinander unterscheiden. So differenziert z.B. Ellis (1994:522) insgesamt sieben Kategorien: Vorstellungen über das Lernen von Sprache (*beliefs*), Gefühlszustände beim Lernen (*affective state*), Alter (*age*), Begabung (*aptitude*), Lernstil (*learning style*), Motivation (*motivation*) und Persönlichkeit (*personality*). In dem einführenden Handbuch zum L2-Erwerb von Lightbown & and Spada (1999), das sich auf Naiman et. al. (1995) beruft, wird mit Intelligenz (*intelligence*) eine Kategorie eingebracht, die bei Ellis fehlt, aber der Persönlichkeitskategorie zugeordnet werden kann, welche allerdings in diesem Handbuch auch noch einmal gesondert ausgewiesen ist. Motivation, Vorstellungen über das Lernen von Sprache und Alter tauchen in dieser Kategorisierung auch auf, Motivation wird allerdings an Haltungen (*attitudes*) gebunden. Eine neue Kategorie wird mit Lernpräferenzen (*learner preferences*) bezeichnet, bezieht sich allerdings im Wesentlichen auf die Lernstilkategorie bei Ellis.

Das bereits 1991 von Larsen-Freeman & Long entwickelte und sehr detaillierte Klassifikationsschema erweitert die beiden vorgestellten und doch sehr ähnlichen Schemata beträchtlich. Es werden insgesamt sieben Kategorien aufgemacht, die darüber hinaus zum Teil eine Subklassifizierung erfahren: Alter, soziopsychologische Faktoren (unterteilt in Motivation und Haltungen), Persönlichkeit (unterteilt in Selbsteinschätzung, Extro-/Introvertiertheit, Angst, Empathie, Schüchternheit, Ambiguitätstoleranz etc.), kognitiver Stil (Feldabhängigkeit / -unabhängigkeit, analytisch bzw. gestaltgeprägt, visuell / nicht visuell etc.), hemisphärische Spezialisierung, Lernstrategien, andere Faktoren, z.B. Gedächtnis, Geschlecht. Ellis (1994:471) zeigt sich mit dieser und anderen Kategorisierungen nicht unbedingt einverstanden, er bezeichnet sie und andere als „often vague and overlap(ping) in different ways".

Interessant ist, dass Larsen-Freeman & Long eine Kategorie einbringen, die bei Ellis nicht als individuelles Lernermerkmal auftaucht, nämlich die Lernstrategien. Bei Ellis werden Lernstrategien als gesondert ausgewiesenes Lernermerkmal behandelt, das auf der Basis der individuellen Lernermerkmale sowie situationaler Faktoren operiert (Ellis 1994:530), ihnen aber nicht direkt zugeordnet ist. Er sieht in den Lernstrategien also dynamisch orientierte individuelle Merkmale, deren Auswahl durch den Lerner beim Lernprozess den Lernerfolg oder Misserfolg prägt. Das kann man zweifellos so interpretieren, klammert allerdings dabei aus, dass die Entwicklung von Lernstrategien selbst durch individuelle Lernermerkmale (z.B. durch sozialpsychologische Faktoren oder die Persönlichkeit des Lerners) bestimmt wird.

Auch Grotjahn (1998) verbindet Lernstile und Lernstrategien miteinander und erhofft sich davon eine Klassifizierung in verschiedene Lernertypen (vgl. auch Grotjahn 2003). Er macht die Diskussion um die unterschiedlichen Lernermerkmale an der Kategorie „Lernstil/kognitiver Stil“ fest und definiert diese Kategorie als ein Sammelbecken von intraindividuell

> relativ stabilen, zumeist situations- und aufgabenunspezifischer Präferenzen von Lernern sowohl bei der Verarbeitung von Informationen als auch bei der sozialen Interaktion. Der Terminus bezieht sich nicht nur auf in engerem Sinne kognitive sondern auch auf motivationale und affektive Aspekte menschlichen Handelns und Verhaltens (Grotjahn 2003: 326).

Mit dieser Definition öffnet er eine Oberkategorie, in der sich eine Reihe anderer individueller Lernermerkmale einordnen lässt.

Insgesamt wird aus diesem Vergleich unterschiedlicher Klassifikationsraster deutlich, dass das Konzept der individuellen Lernermerkmale in sich noch nicht so weit abgeklärt ist, dass man es als abgesichert bezeichnen könnte. Die Kategorienliste ist offen und zeichnet sich durch Überschneidungen aus, von welchen sich Ellis trotz seiner Kritik auch nicht freisprechen kann. Es überrascht auch, dass die individuellen Lernermerkmale derzeit als Thema in der Spracherwerbsforschung kaum bearbeitet werden; die wichtigsten Arbeiten stammen, wie genannt, schon aus den neunziger Jahren (neben den genannten vgl. z.B. auch Skehan 1991).

Deutlich wird in der Zusammenfassung auch, dass die individuellen Lernermerkmale im Hinblick auf einen wichtigen Aspekt unterschiedlich geartet sind: ihre mögliche Beeinflussung durch die Umwelt. Allerdings wird auf diesen Aspekt in der Literatur nicht eingegangen, obwohl nicht davon ausgegangen werden kann, dass individuelle Lernermerkmale als statische Anlagen gesehen werden müssen, die ein Individuum sein ganzes Leben lang unverändert zur Verfügung hat. Es sind weitgehend sich dynamisch entwickelnde Merkmale, die sich durch die Interaktion mit der Umwelt verändern. Allerdings muss man Unterschiede in der Beeinflussung durch die Umwelt annehmen. Sicherlich ist ein Merkmal wie *hemisphärische Spezialisierung* einer Veränderung durch Umwelteinflüsse in geringerem Maße zugänglich als ein Merkmal wie *Motivation*. Das gilt wahrscheinlich auch für ein Merkmal wie *Geschlecht* im Vergleich zu *Einstellungen und Haltungen*. Wie sieht es aber mit *Begabung* und *Intelligenz* aus? Sind sie Veränderungen durch die Umwelt weniger ausgesetzt als z.B. das individuelle Merkmal *Gedächtnis*? Auch für den *kognitiven Stil* stellt sich diese Frage. Verändert er sich im Verlauf der Sozialisation eines Menschen oder gehört er zu den unveränderlichen Anlagen, die wir mit auf die Welt bringen? Versuche, sich mit dieser Frage auseinanderzusetzen, fehlen in der von mir konsultierten Literatur fast völlig, obwohl eine Klärung auch aus fremdsprachendidaktischer Sicht von Interesse wäre. Im folgenden Abschnitt will ich darauf wenigstens kurz eingehen.

3. Individuelle Lernermerkmale: kognitions- und lernpsychologische Überlegungen

Ich hatte oben darauf hingewiesen, dass individuelle Lernermerkmale bei der Erklärung des Erwerbs der Muttersprache kaum eine Rolle spielen, dass aber die L2-Forschung sich sehr intensiv mit ihnen beschäftigt. Dieser Sachverhalt kann auf zweierlei Weise interpretiert werden; zum einen kann er bedeuten, dass solche Merkmale keinen Einfluss auf den Erwerb der Muttersprache haben und nicht berücksichtigt zu werden brauchen, zum anderen kann man ihn so interpretieren, dass es individuelle Lernermerkmale gibt, die bei der Geburt des Kindes rudimentär vorhanden sind, die sich dann in der Interaktion mit der Umwelt dynamisch entwickeln und bei weiteren Spracherwerbsprozessen (auch in der Muttersprache) eine wichtige Rolle spielen. Ich tendiere eher zu der zweiten Ansicht; es gibt allerdings für sie Erklärungsbedarf.

Die kognitive Psychologie und die kognitiv orientierte Lernpsychologie sollen meinen eigenen Erklärungsversuch stützen (für das Folgende vgl. z.B. Wolff 2002). Es braucht hier nicht ausführlicher darauf eingegangen zu werden, dass die Kognitivisten und auch die Konstruktivisten den Menschen als Informationsverarbeiter verstehen, der in der Interaktion mit der Umwelt sowohl deklaratives Wissen oder Faktenwissen wie auch prozedurales Wissen, d.h. Wissen über Prozesse und Abläufe zu verarbeiten und zu speichern in der Lage ist. Entscheidend ist dabei, dass Wissen und Können wahrscheinlich in unterschiedlichen Formen festgehalten werden, als Konzepte und Propositionen (in welchen Wissen gespeichert wird), und als schematische Strukturen (die sowohl Wissen als auch Können umfassen), die in verschiedenen Formaten auftreten können, als Skripte, als Schemata, als Rahmen, als Pläne (vgl. Wolff 2002:56). Entscheidend ist auch, dass alle neuen Konzepte und Schemata das bisherige Gedächtnissystem verändern: das bereits vorhandene Wissen und Können wird auf der Basis der neu hinzukommenden Konstruktionen modifiziert, erweitert, verallgemeinert, reduziert. Auf die komplexen Operationen, die hierfür verantwortlich sind, kann in diesem Zusammenhang nicht eingegangen werden: fest steht, dass sie strategiengesteuert sind und sowohl Verstehens- als auch Lernprozesse erklären.

Diese wenigen Hinweise auf die kognitive Psychologie und ihre Annahmen sind ausreichend, um mein eigenes Anliegen gleich deutlicher zu machen. Allerdings muss ich, bevor ich auf die Veränderungen individueller Lernermerkmale eingehen kann, noch einen Kurzausflug in ein anderes Feld kognitiv orientierter Theorien unternehmen, nämlich auf die Frage eingehen, wie es sich kognitionspsychologisch mit *nature and nurture* verhält, also mit dem Verhältnis von Anlagen und Umwelt. Dazu haben nicht nur ideologiebehaftete Philosophen sondern auch Linguisten, Gedächtnis- und vor allem auch Entwicklungspsychologen Aussagen gemacht. Aus kognitivistischer Sicht wird argumentiert, dass der Mensch, wenn er zur Welt kommt, keine *tabula rasa* ist: während Piaget (z.B. 1979) von einem *noyeau fixe* spricht, der durch die Auseinandersetzung mit der Umwelt zu einem immer komplexeren Instrument der Auseinandersetzung mit dieser Umwelt wird, nimmt Neisser (1979:56) an, dass selbst das neugeborene Kind „ein gewisses Maß an angeborener Wahrnehmungsausrüstung“ besitzt, das sich nicht nur auf die Sinnesorgane bezieht, sondern auch rudimentäre kognitive Schemata beinhaltet, die die Wahrnehmung von Anfang an steuern. Chomsky ordnet dem Neugeborenen bekanntlich sogar eine angeborene Sprachlernfähigkeit zu.

Wenn diese Überlegungen richtig sind, dann lassen sich auch Entwicklungsprozesse bei den individuellen Lernermerkmalen und sogar eine mögliche unterschiedliche Dynamik in der Entwicklung einzelner Merkmale erklären. Es muss zunächst einmal davon ausgegangen werden, dass grundsätzlich alle in der Literatur genannten individuellen Lernerunterschiede dynamisch sind, d.h. sie verändern sich, und die Veränderungen entstehen in der Interaktion und durch die Auseinandersetzung mit der Umwelt (vgl. hierzu Piaget und Neisser). Die Erfahrungen, die Menschen in der Auseinandersetzung mit der Umwelt gewinnen und sie zu Veränderungen ihrer Konzepte, Propositionen und Schemata bewegen, verändern auch die individuellen Merkmale, die sie als Lerner charakterisieren, denn auch sie sind als schematische Strukturen gespeichert. Eine neue Lernerfahrung lässt sie ein bestimmtes Schema modifizieren; z.B. verändert sich eine schematische Struktur, in der die Vorstellungen über das Lernen gespeichert sind, wenn in der Auseinandersetzung mit einem Lerninhalt eine bestimmte Vorstellung nichts bewirkt und fallen gelassen werden muss. Ähnlich werden auch Motivation und das Nichtvorhandensein von Motivation durch Umwelterfahrungen ausgelöst und können, wenn neue, andere Erfahrungen auftreten, modifiziert werden.

Entscheidend ist aber, dass jeder Einzelne im Verlauf seiner Entwicklung aber auch im Verlauf seines Erwachsenenlebens mit unterschiedlichen Aspekten der Wirklichkeit in Berührung kommt. So gibt es z.B. Menschen, die aufgrund ihrer sozialen Herkunft in sozialen Wirklichkeiten leben, die sehr eingegrenzt sind, andere hingegen leben in reichen Wirklichkeiten, in welchen sie viele unterschiedliche Erfahrungen gewinnen können. Darüber hinaus gehört jeder Mensch einer oder mehreren sozialen Gruppen an, lebt in einer großen oder kleinen Familie, geht einem bestimmten Beruf nach. In all diesen Umgebungen ist er als Informationsverarbeiter tätig, setzt sich mit seiner Umwelt auseinander und modifiziert beständig seine Erfahrungen mit dieser Umwelt. Seine Wissensbestände verändern sich beständig, und dies gilt natürlich auch für die Merkmale, die ihn als Lerner charakterisieren. Die Vorstellung von seiner Umwelt ist für jeden Menschen eine andere, und diese Andersartigkeit entsteht in der Auseinandersetzung mit der Umwelt, die ja von jedem Menschen mit unterschiedlichem Vorwissen geleistet wird. Deshalb kann man auch davon ausgehen, dass die individuellen Lernermerkmale für jeden Lerner andere sind. Es gibt höchstwahrscheinlich keine zwei Menschen, die über identische Lernermerkmale verfügen.

Es stellt sich in diesem Zusammenhang noch die Frage, ob die verschiedenen in der Literatur genannten individuellen Lernermerkmale stärker oder weniger stark auf Umwelteinflüsse reagieren. Sicherlich kann man für bestimmte Unterschiede stärkere Veränderungen annehmen, für andere sollten sie weniger ausgeprägt sein. Vorstellungen über das Lernen, Gefühlszustände, Motivation, aber auch Lernstile sind stärker Veränderungen durch die Umwelt ausgesetzt als Begabung, Persönlichkeit, Intelligenz, Alter und Geschlecht. Die zuletzt genannte Gruppe lässt sich, wenn man die Piagetsche Terminologie heranzieht, eher dem *noyeau fixe* zuordnen, also der kognitiven Ausstattung, mit der der Mensch zur Welt kommt. Aber auch hier können Veränderungen angenommen werden, insbesondere, wenn man den Faktor Persönlichkeit heranzieht. Begabung und Intelligenz führen, wenn diese Faktoren in diesem Zusammenhang diskutiert werden, wie schon angedeutet, zu ideologischen Grabenkämpfen. Alter und Geschlecht nehmen einen Sonderstatus ein, den ich hier nicht näher ausführen kann.

4. Notwendigkeit für eine andere Unterrichtsgestaltung

Meine zentrale Frage, wie der Konflikt zwischen individuellen Lernermerkmalen auf der einen und dem institutionalisierten Fremdsprachen-unterricht auf der anderen Seite gelöst werden kann, kann jetzt klarer fokussiert werden. Ausgangspunkt ist die Überlegung im letzten Abschnitt, dass jeder einzelne Mensch – aufgrund seiner individuellen und dynamisch gewachsenen Merkmalsausstattung – die uns umgebende vielgestaltige Wirklichkeit selbstständig auf unterschiedliche Weise verarbeitet und sich ein eigenes Bild dieser Wirklichkeit konstruiert. Daraus ergeben sich wichtige Überlegungen für die Gestaltung von Unterricht.

Bei der Übertragung dieser kognitionspsychologischen Prämisse in die pädagogische Realität von Schule und Unterricht wird zunächst einmal deutlich, dass das Bild des imaginären Durchschnittsschülers, welches im didaktischen Handeln der Lehrkraft fast überall noch eine entscheidende Rolle spielt, nicht haltbar ist. Der Durchschnittsschüler darf, wie auch Helmke (2008) ausführt, nicht Leitbild des Lehrers bleiben. Die homogene Klasse, der klassische Frontalunterricht, die eingegrenzte Welt der Schule können den individuellen Fähigkeiten des Lernenden nicht gerecht werden und verunmöglichen die selbstständige Wissensverarbeitung und die individuelle Förderung, die als Leitkonzepte einer modernen Pädagogik gelten dürfen.

Die individuellen Lernermerkmale, die in hohem Maße Merkmale sind, auf welchen alle und nicht nur fremdsprachliche Lernprozesse operieren, erzwingen faktisch eine andere Unterrichtsgestaltung an unseren Schulen. Nur wenn man dem Lerner Gelegenheit gibt, seine individuellen Fähigkeiten voll einzusetzen, werden erfolgreiche Lernprozesse zustande kommen. Und nur, wenn die Lehrkraft die Ergebnisse der Lernprozesse der Schüler als genuin anerkennt und nicht darauf besteht, dass nur das, was sie selbst als richtig ansieht, Bestand haben darf, also nur, wenn das Bild des Nürnberger Trichters endgültig in der Versenkung verschwindet, wird institutionalisiertes Fremdsprachenlernen erfolgreich sein. Der Fremdsprachenunterricht muss nicht umkehren, wie dies vor mehr als einhundert Jahren einmal von Wilhelm Viëtor gefordert wurde, er muss aber konsequenter auf dem bisherigen Weg fortschreiten und muss seine methodisch-didaktischen Konzepte den Erkenntnissen der Zweitsprachenerwerbsforschung und modernen lernpsychologischen Überlegungen anpassen.

Dass dies möglich ist, zeigt eine Vielzahl von ganz konkreten Projekten, die seit einigen Jahren an Schulen in Deutschland und in vielen anderen Ländern durchgeführt werden (vgl. hierzu z.B. einen Beitrag der Wochenzeitung DIE ZEIT vom 26.2.2009). Auch die unumstrittenen Erfolge der Waldorf-, Montessori- und Freinet-Pädagogik, in welchen Individualisierung und Differenzierung eine entscheidende Rolle spielen, verweisen darauf, dass man auch im institutionalisierten Unterricht Wege finden kann, um individuellen Lernermerkmalen gerecht zu werden.

An welchen Parametern lassen sich nun die Unterschiede zwischen einem eher traditionellen und einem Unterricht, der den individuellen Unterschieden der Lerner, ihren unterschiedlichen Kompetenzen, gerecht wird, festmachen? Ich denke, es gibt wenigstens sechs Parameter, die bei der Analyse von institutionalisiertem Fremdsprachenunterricht zu beachten sind: Lerninhalte, Lernziele, die Lernumgebung, Sozialformen des Lernens, Lernstrategien und die Evaluation (vgl. z.B. Wolff 2003). Ich möchte im Folgenden vier davon herausgreifen und im Hinblick auf den traditionellen Fremdsprachenunterricht charakterisieren, um daraus die Notwendigkeit für eine Veränderung dieses Unterrichts im Lichte der Überlegungen zu den individuellen Lernermerkmale abzuleiten. Im letzten Abschnitt werde ich dann zeigen, wie sie sich in einem Unterricht darstellen, der modernen lern- und spracherwerbspsychologischen Kriterien gerecht wird.

Beginnen möchte ich mit den Lerninhalten. Der traditionelle Unterricht basiert gemeinhin auf Inhalten, die man eigentlich nur als wenig attraktiv bezeichnen kann. Das gilt insbesondere für die Materialien, die selten mehr sind als die üblichen Lehrwerke, angereichert vielleicht mit CDs und DVDs. Die Lehrwerke sind nicht nur in den ersten Unterrichtsjahren mit Inhalten gefüllt, die von den Lehrwerkerstellern ausgewählt wurden und mit den Interessen der Schüler häufig nur wenig zu tun haben; es handelt sich um vereinfachte Texte, die häufig einer grammatischen, manchmal auch einer pragmatischen Progression unterliegen. Authentische Texte werden ganz selten eingesetzt. Im weiterführenden Unterricht ändert sich das zwar, der Zugang ist aber immer ein gesteuerter und berücksichtigt nicht, dass der Lernende bei der Textverarbeitung eigenes Wissen und eigene Erfahrungen einbringen möchte.

Die Lernziele im Fremdsprachenunterricht sind ebenso festgelegt wie die Inhalte. Die globalen Lernziele sind in den Curricula formuliert, detailliertere Lernziele werden in den Lehrwerken festgelegt, die ja nicht nur Texte bereitstellen sondern auch erläutern, welche Ziele bei der Arbeit im Lehrwerk erreicht werden sollen. Die Kernlehrpläne, die inzwischen für alle Bundesländer existieren, geben den sprachlichen Mitteln mehr Gewicht und übernehmen die Rolle, die in den letzten Jahren den Lehrwerken zukam.

Unter einer Lernumgebung verstehe ich das Klassenzimmer und die Aktivitäten, die in ihm ablaufen. Häufig sind diese stark an die im Lehrwerk angebotenen Aktivitäten angelehnt, d.h. der Unterricht wird vom heimlichen Lehrplan, dem Lehrwerk gesteuert. Die Struktur des Schulsystems, die Schule als rigide strukturierte Einrichtung wird in keiner Weise in Frage gestellt, die Autorität des Lehrers wird nur selten hinterfragt. Entscheidungen werden vom Lehrer getroffen, der Lerner braucht keinerlei Verantwortung zu übernehmen.

Hinter dem Begriff Sozialformen des Lernens stehen die Formen der Zusammenarbeit zwischen Lehrer und Schüler; man könnte auch von Lehrer- und Schülerinteraktion oder Klassenzimmerdiskurs sprechen. Im traditionellen Fremdsprachenunterricht verhält sich die Lehrkraft als allwissender Unterrichtsgestalter, die die Interaktion so steuert, dass sie ihren spezifischen Lehrzielen gerecht wird. Diskurse verlaufen gemeinhin nach dem schon von Halliday & Hasan (1976) herausgearbeiteten Muster von Initiation (I) – Response (R) – Feedback (F). Die Steuerung geschieht mit Hilfe von Diskursstrategien, die den Klassenzimmerdiskurs zu einem Diskurs von oben nach unten machen. „Classrom talk is transactional talk with distinct interactional elements" (Dalton-Puffer 2007:23). Die Lehrkraft kontrolliert den Diskurs, damit er nicht in eine andere, der Vorbereitung des Lehrers nicht gemäße Richtung geht. Die Rolle des Schülers in der Interaktion ist beschränkt auf die Beantwortung der Fragen des

Lehrers, der aus der Antwort den weiteren Fortgang der Interaktion ableitet und den Schüler schließlich zu dem Ergebnis führt, das er selbst vorher schon festgelegt hat. Wenn man böswillig wäre, könnte man den Frontalunterricht als Manipulation bezeichnen; ihn „fragend-entwickelnd“ zu nennen, ist schlicht und einfach eine Übertreibung. Andere Formen der Interaktion wie Paar- oder Gruppenarbeit werden nur selten eingebracht.

Diese kurze Skizze einiger Parameter des *mainstream* Fremdsprachen-unterrichts nicht nur in Deutschland sollte gezeigt haben, dass individuellen Lernermerkmalen keine wirkliche Rolle zukommt. Man könnte noch weitergehen und festhalten, dass der Lerner selbst als abstrakte Entität im Unterricht irrelevant ist. Besonders deutlich wird dies in meiner Darstellung bei den Sozialformen des Lernens, wo dem Lerner keine Chance gegeben wird, seine individuellen Merkmale beim Lernen ins Spiel zu bringen.

Im Folgenden möchte ich auf der Grundlage einer Skizzierung eben dieser Parameter in einem fortschrittlichen Unterrichtsmodell zeigen, dass es durchaus möglich ist, auch im institutionalisierten Unterricht den Lernern Angebote zu machen, die ihrer individuellen Lernerausstattung gerecht werden.

5. Ein Unterrichtsmodell und seine mögliche Umsetzung

Meine sicherlich manchmal etwas überspitzte Beschreibung von vier Unterricht konstituierenden Parametern aus der Sicht des *mainstream* Fremdsprachenunterrichts sollte deutlich gemacht haben, dass dieser Unterricht den individuellen Voraussetzungen, d.h. den Unterschieden zwischen den Lernern nicht gerecht werden kann. Der traditionelle Unterricht, wie er heute noch an den meisten Schulen durchgeführt wird, kann den Konflikt zwischen schulischem Lernen und den individuellen Lernermerkmalen nicht lösen. Es muss auf Unterrichtsmodelle zurückgegriffen werden, die dazu eher in der Lage sind. Ich möchte im Folgenden ein solches Modell beschreiben und dann kurz auf einen Unterrichtsansatz eingehen, in welchem sich dieses Modell besonders gut umsetzen lässt.

5.1 Lernerautonomie als Unterrichtsmodell

Die Forschungen, die in den letzten 25 Jahren in der kognitiven Psychologie, der Neurobiologie und im Rahmen des konstruktivistischen Paradigmas betrieben worden sind, beginnen unser pädagogisches Denken immer mehr zu beeinflussen. Obwohl das Schlagwort „Konstruktion statt Instruktion“, das zur Zeit in aller Mund ist, eine nicht zu akzeptierende Simplifizierung darstellt, kann kein Zweifel daran bestehen, dass eines der Grundkonzepte kognitiv-konstruktivistischen Denkens – dass die menschliche Kognition und das menschliche Lernen konstruktive Operationen sind, die der Lerner weitgehend autonom steuert und durchführt – unsere Überlegungen zum Lehren und Lernen in institutionellen Kontexten zumindest in der Theorie verändert hat. Dieser Wandel in unserem lerntheoretischen Paradigma hat auch unser theoretisches pädagogisches Denken in hohem Maße verändert und beginnt selbst den praktischen Unterricht zu beeinflussen. Das macht sich insbesondere in einem Unterrichtsmodell bemerkbar, welches unter dem Namen Lernerautonomie bekannt geworden ist. Der Lernerautonomie als einem praktischen Ansatz unterliegen, wie sich eigentlich erst nachträglich herausgestellt hat, u.a. theoretische Annahmen, die in der kognitiven Psychologie und im Konstruktivismus entwickelt worden sind (vgl. hierzu Abschnitt 2 dieses Beitrags). Ich kann auf die Lernerautonomie in diesem Zusammenhang nicht ausführlich eingehen (vgl. aber Little 1991), möchte hier aber auf der Grundlage der oben bereits benutzten Parameter die Grundannahmen dieses Modells skizzieren. Vorweg sei darauf hingewiesen, dass die Lernerautonomie zwar im Kontext des Fremdsprachenunterrichts entwickelt wurde, jedoch als Unterrichtskonzept allen Unterrichtsfächern zugeordnet werden kann.

Die Lerninhalte müssen in der Lernerautonomie aus einer neuen Perspektive gesehen werden, wenn sie den Prinzipien dieses Ansatzes gerecht werden wollen. Das kognitivistische Prinzip, dass Lerner Wissen auf der Grundlage ihres subjektiven Erfahrungswissens konstruieren, führt in der Lernerautonomie zu der Prämisse, dass Lerninhalte dem Schüler in all ihrer Komplexität zur Verfügung stehen müssen, um dem individuellen Lerner die Chance zu geben, sein eigenes Wissen und seine individuellen Lernermerkmale mit dem zu erwerbenden Wissen in Verbindung zu bringen. Deshalb sind auf ein bestimmtes Thema bezogene reichhaltige authentische Materialien wichtiger als ein Lehrwerk, das nur ausgewählte und reduzierte Inhalte bereitstellt. Lerner können bei der Zusammenstellung von Materialien beteiligt werden und mit entscheiden, mit welchen Materialien sie arbeiten wollen. Reiche und authentische Materialien sind bedeutsam, weil sie dazu beitragen können, dass die Lernenden ihre individuellen Anlagen positiv einbringen können.

Im Kontext der Lernerautonomie müssen die Schüler in die Lage versetzt werden, ihre Lernziele selbst festzulegen. Dies ist nur möglich, wenn sie sich mit möglichen Lernzielen auseinandersetzen können. Denn nur mit für ihn glaubhaften Lernzielen kann sich der Schüler identifizieren; ihre Bedeutung für den eigenen Lernprozess und das eigene Leben erkennen. Nur wenn ein Lernziel überzeugend für den Schüler ist, wird er sich hoch motiviert und involviert auf den Lernprozess einlassen (Müller 1996).

Eine Lernumgebung, in welche jeder Schüler sich mit seinen Fähigkeiten einbringen kann, zeichnet sich nicht nur durch authentische Materialien aus, die breite Interessensfelder abdecken, sie ist auch charakterisiert durch unterschiedliche Aktivitäten, die die Schüler auswählen können, um sich mit den Materialien auseinanderzusetzen: Aktivitäten, die unterschiedlichen Lernstilen und Vorstellungen über das Lernen gerecht werden, Aktivitäten, die auf unterschiedlichen Intelligenzen der Lernenden (wenn es diese denn gibt) abzielen,

Aktivitäten schließlich, die die Persönlichkeit der Lernenden, ihr Geschlecht und ihr Alter berücksichtigen. Es leuchtet ein, dass es nicht möglich ist, Materialien bewusst so auszuwählen, dass sie der Unterschiedlichkeit der Lernenden gerecht werden; ebenso ist es unmöglich, Aktivitäten so zu konstruieren, dass sie gezielt auf unterschiedliche Lernermerkmale abzielen. Deshalb liegt das Geheimnis einer Lernumgebung, in der der Lernende sich mit seinen individuellen Unterschieden wieder finden kann, in ihrem Reichtum, d.h. in der Breite der Materialien und der Lernangebote.

Natürlich benötigen die Lernenden Hilfestellung bei ihren Lernprozessen – Mercer (1995) hat seinerzeit nicht von ungefähr von einer „guided construction of knowledge“ gesprochen und auch der aus der Schweiz kommenden augenscheinlich traditionalistischen Sicht, die Lernenden benötigten „Führung“, ist im Prinzip nicht zu widersprechen. Aber Hilfestellung darf nicht zu Manipulation werden, wie dies im herkömmlichen Unterricht die Regel ist. Andere Unterrichtsgestaltung heißt also auch, die Lehrer-Schüler-Interaktion zu verändern, sie zu einer offenen Interaktion werden zu lassen, in die Schüler auf der gleichen Stufe wie der Lehrer stehen, sie zu Mitgestaltern des Unterrichtsdiskurses werden zu lassen, die eigene Vorstellungen und Überlegungen ausdrücken dürfen. Denn nur, wenn die Schüler ihr eigenes Wissen, ihre eigenen Erfahrungen in den Unterrichtsdiskurs einbringen können, werden sie auch Lernprozesse durchführen. Dabei spielen natürlich ihre individuellen Unterschiede eine wichtige Rolle. Lerner, die von ihrer Persönlichkeit her eher introvertiert sind, werden sich weniger an solchen Diskursen beteiligen, obwohl ihre Beteiligung sehr viel größer sein wird als in einem fragend-entwickelnden Unterricht. In einer solchen gleichgewichtigen Interaktion werden Lerner ihre unterschiedlichen Vorstellungen über das Lernen sehr viel freier artikulieren, sie werden sich kritisch mit den Unterrichtsinhalten auseinandersetzen und sie auf diese Weise sehr viel tiefer verarbeiten als in einem lehrergesteuerten Unterricht.

Ich denke, die wenigen hier dargestellten Prinzipien des Unterrichtsmodells, das unter dem Namen Lernerautonomie bekannt geworden ist, zeigen, dass es durchaus möglich ist, Unterricht so zu gestalten, dass auch der einzelne Schüler sich mit all seinen spezifischen Lernermerkmalen einbringen kann. Ich habe sie in der folgenden Tabelle (Tabelle 1) noch einmal zusammengestellt und sie mit der traditionellen Sicht konfrontiert.

	Traditioneller FU	Lernerautonomie
Lerninhalte	Meist durch das Lehrwerk vorgeben, ausgewählt von Lehrwerkerstellern, häufig simplifiziert, selten authentische Materialien	Reiche und authentische Materialien, die gemeinsam von Lehrern und Schülern ausgewählt werden
Lernziele	Lernziele durch Curricula oder Lehrwerke festgelegt,	Gemeinsames Festlegen von Lernzielen durch Lehrer und Schüler, um die Lerner in den Lernprozess zu involvieren
Lernumgebung	Aktivitäten an das Lehrwerk angelehnt, Entscheidungen werden vom Lehrer getroffen, keine Verantwortung der Schüler	Aktivitäten die unterschiedlichen Lernstilen gerecht werden, unterschiedliche Persönlichkeiten berücksichtigen und altersangemessen sind. Entscheidungen über die Aktivitäten werden von Schülern und Lehrern gemeinsam getroffen
Sozialformen	Steuerung und Kotrolle der Interaktion durch den Lehrer, „fragend-entwickelnder" Diskurs, Kein Aushandeln von Bedeutung, sondern Manipulation durch den Lehrer	Offene Lehrer-Schüler Interaktion. Die Schüler werden zu Mitgestaltern des Unterrichts

Tabelle 1: Traditioneller und lernerautonomer Unterricht

5.2 Bilingualer Sachfachunterricht als Möglichkeit der Umsetzung von Lernerautonomie

Im letzten Abschnitt meines Beitrags möchte ich einige Anmerkung zur Umsetzung lernerautonomer Prinzipien in konkreten Unterricht machen. Ich habe dafür einen didaktisch-methodischen Ansatz gewählt, der derzeit viel diskutiert wird, den so genannten bilingualen Sachfachunterricht (im Englischen *content and language integrated learning*). Unter bilingualem Sachfachunterricht verstehe ich das integrierte Lehren und Lernen eines Sachfachs und einer Sprache. Eine Sprache, die für die Lernenden eine Fremdsprache ist, wird genutzt, um ein Sachfach (z.B. Geschichte oder Geographie) zu unterrichten. Es gibt viele Formen von bilingualem Unterricht, die aber hier nicht diskutiert werden können (vgl. aber Wolff 2007). Hier sei nur festgehalten, dass im bilingualen Unterricht sehr traditionell unterrichtet werden kann und auch unterrichtet wird. Meiner Ansicht nach aber birgt er mehr als der traditionelle Fremdsprachenunterricht das Potenzial in sich, Prinzipien der Lernerautonomie zu verwirklichen und damit auch individuellen Lernermerkmalen gerecht zu werden. Im Folgenden benutze ich die vier Parameter, mit welchen ich Unterricht beschrieben habe, erneut, um bilingualen Sachfachunterricht als einen Unterricht zu beschreiben, der den individuellen Merkmalen unserer Schüler gerecht wird.

Reiche Lerninhalte, wie sie von der Lernerautonomie gefordert werden, können im bilingualen Unterricht leichter bereitgestellt werden als im Fremdsprachenunterricht. Die Materialien sind real und deshalb motivierender als die Materialien, die wir im Fremdsprachenunterricht verwenden können. Sie repräsentieren Fakten und Prozesse der wirklichen Welt und sind deshalb auch relevanter als die häufig pseudorealen Inhalte des fremdsprachlichen Klassenzimmers.

Es ist hilfreich, wenn die Entscheidungsprozesse im Hinblick auf die Lernziele in einem bilingualen Unterrichtskontext getroffen werden können. Ein solcher Kontext ist sehr viel stärker an die individuellen Erfahrungen des Lerners gebunden als ein fremdsprachlicher Kontext. Das selbstständige Festlegen von Inhalten des Sachfachs hilft den Lernenden auch, sprachliche Lernziele zu definieren.

Im bilingualen Unterricht spielt das Experimentieren mit und die Erforschung von Inhalten der realen Lebenswirklichkeit eine wichtige Rolle. Die Aktivitäten der Lerner, – z.B. die Analyse von Wetterkarten oder von historischen Landkarten – lassen sich deshalb vergleichsweise leicht in ein Lernlabor integrieren, in welchem Inhalte der Sozial- und Naturwissenschaften erforscht werden. In einer solchen Lernumgebung gewinnt das Lernen einen wissenschaftspropädeutischen Charakter und dient sowohl sprachlich wie auch sachfachlich der konkreten Vorbereitung auf den Beruf. Denn die Arbeit mit den Inhalten des Sachfachs fördert auch die Entwicklung des fachsprachlichen Repertoires in der Unterrichtssprache.

In einem autonomen Klassenzimmer, der wie ein Forschungslabor konzipiert ist, sind die Möglichkeiten für Gruppenarbeit sehr viel zahlreicher. Die Sachfächer mit ihrem großen Potenzial für Forschung und Experimente, geben der Gruppenarbeit eine neue Dimension, die der Authentizität. Man könnte fast sagen, dass das Sachfach die Gruppenarbeit im Klassenzimmer erzwingt.

6. Abschließende Bemerkungen

Ich denke, es ist aus meinen Ausführungen deutlich geworden, dass es durchaus Möglichkeiten gibt, individuellen Lernermerkmalen im institutionalisierten Fremdsprachenunterricht gerecht zu werden. Dabei ist es allerdings erforderlich, die Parameter des traditionellen Fremdsprachenunterrichts zu verändern und Unterricht so zu gestalten, dass die Lernenden ihre individuellen Kompetenzen auch wirklich einsetzen können. Das klingt leichter als es ist: „Mehr als hundert Jahre Reformpädagogik – von Jenaplan über Montessori bis hin zu Waldorf – haben dem lehrergeführten Ganzklassenunterricht wenig anhaben können“

kommentiert die ZEIT in dem bereits genannten Artikel. Das etablierte System ist zäh in seinem Beharrungsvermögen, aber wir können unser Bildungssystem nur dann retten, wenn wir dem individuellen Lerner gerecht werden.

Literaturverzeichnis

Brown, Roger (1973), *A First Language: The Early Stages*. Harmondsworth: Penguin.

Dalton-Puffer, Christiane (2007), *Discourse in Content and Language Integrated Learning (CLIL) Classrooms*. Amsterdam: John Benjamin.

Dulay, Heidi; Burt, Marina & Krashen, Stephen (1982), *Language Two*. Oxford: Oxford University Press.

Ellis, Rod (1994), *The Study of Second Language Acquisition*. Oxford: Oxford University Press.

Grotjahn, Rüdiger (1998), Lernstile und Lernstrategien: Definition, Identifikation, unterrichtliche Relevanz. *Der Fremdsprachliche Unterricht – Französisch* 34, 11-15.

Grotjahn, Rüdiger (2003), Lernstile / Lernertypen. In: Bausch, Karl-Richard; Christ, Herbert & Krumm, Hans-Jürgen (Hrsg.) (2003), *Handbuch Fremdsprachenunterricht* (4. Auflage). Tübingen: Francke, 326-331.

Halliday, M.A.K. & Hasan, Ruqaiya (1976), *Cohesion in English*. London: Longman.

Helmke, Andreas (2008), Weg vom Durchschnittsschüler. *Schulblatt des Kantons Zürich*, 8-9.

Larsen-Freeman, Diane & Long, Michael H. (1991), *An Introduction to Second Language Acquisition Research*. London: Longman.

Lightbown, Patsy M. & Spada, Nina (1999), *How Languages are Learned* (Revised Edition) Oxford: Oxford University Press.

Little, David (1991), *Learner Autonomy I: Definitions, Issues and Problems*. Dublin: Authentik.

Mercer, Neil (1995), *The Guided Construction of Language*. Cleveland: Multilingual Matters.

Müller, Klaus (1996), Wege konstruktivistischer Lernkultur. In: Müller, Klaus (Hrsg.) (1996), *Konstruktivismus: Lehren – Lernen – Ästhetische Prozesse*. Neuwied: Luchterhand, 71-115.

Naiman, Neil; Fröhlich, Marina; Stern, H.H. & Todesco, Angie (1995), *The Good Language Learner*. Clevedon: Multilingual Matters.

Neisser, Ulric (1979), *Kognition und Wirklichkeit: Prinzipien und Implikationen der kognitiven Psychologie*. Stuttgart: Klett-Cotta.

Piaget, Jean (1979), Remarques introductives. In: Piattelli-Palamarini, Massimo (Hrsg.) (1979), *Théories du Langage et Théories de l'Apprentissage*. Paris: Seuil, 95-100.

Skehan, Peter (1991), Individual differences in second language learning. *Studies in Second Language Acquisition* 13, 275-98.

Wolff, Dieter (2002), *Fremdsprachenlernen als Konstruktion: Grundlagen einer konstruktivistisch orientierten Fremdsprachendidaktik*. Frankfurt am Main: Lang.

Wolff, Dieter (2003), Content and language integrated learning: a framework for the development of learner autonomy. In: Little, David; Ridley, Jennifer & Ushioda, Ema (eds.) (2003), *Learner Autonomy in the Foreign Language Classroom: Teacher, Learner, Curriculum and Assessment*. Dublin: Authentik, 198-210.

Wolff, Dieter (2007), Bilingualer Sachfachunterricht in Europa: Versuch eines systematischen Überblicks. *Fremdsprachen Lehren und Lernen* 36, 13-29.

ZEIT (2009), Alle zum Einzeltraining. *Beitrag in der Wochenzeitung DIE ZEIT* vom 26.2.2009, 31-32.

Fortbildungsthema ‚Binnendifferenzierung'
Ein Praxisbericht

Wolfgang Tönshoff

Das Thema ‚Binnendifferenzierung' ist heute vielen (Fremdsprachen)Lehrkräften nicht mehr unbekannt, aber es wird häufig beklagt, dass es an methodischen Hinweisen und Modellen mangelt, wie binnendifferenzierender Unterricht im Einzelnen gestaltet werden kann. Umso wichtiger erscheinen Fortbildungsangebote, die den Lehrkräften die Gelegenheit bieten, sich in die eigene Berufspraxis integrierbare Szenarien und Materialien zu erarbeiten und praktisch zu erproben.
Der Artikel beschreibt den Ablauf, die Inhalte und die seminarmethodischen Verfahren von Fortbildungsveranstaltungen zum Thema, die mit Lehrkräften für Deutsch als Fremdsprache in verschiedenen europäischen Ländern sowie mit Lehrkräften ganz unterschiedlicher Fächer an Deutschen Schulen im Ausland durchgeführt wurden.

1. Einleitung

Im Unterschied zu der äußeren Differenzierung nach Schultyp, Fächern oder Leistungsgruppen soll unter ‚Binnendifferenzierung' die Gesamtheit der unterrichtsorganisatorischen und didaktisch-methodischen Maßnahmen verstanden werden, die innerhalb einer Lerngruppe mit der Intention ergriffen werden, die unterschiedlichen Voraussetzungen der Lernenden zu berücksichtigen und individuell angemessene Lernprozesse zu ermöglichen. Dabei wird die feste Lerngruppe für zeitlich begrenzte Phasen aufgehoben. Den gebildeten Untergruppierungen werden – zumeist im Unterrichtsraum – inhaltlich und/oder methodisch unterschiedliche Aufgaben bzw. Lernangebote vorgelegt.

Das grundsätzlich nicht neue Konzept der Binnendifferenzierung hat nichts von seiner Aktualität eingebüßt: Die Ergebnisse von PISA und anderen internationalen Leistungsvergleichsstudien haben zu einer deutlichen Intensivierung der Diskussion über einen intelligenteren und professionelleren Umgang mit Heterogenität in den Schulen geführt, der ohne eine frühzeitige äußere Differenzierung auskommt (vgl. u.a. Boller, Rosowski & Stroot 2007; Bräu & Schwerdt 2005; Graumann 2002; Tönshoff 2004).

Allerdings scheint die Binnendifferenzierung in der Unterrichtspraxis und auch in der Lehrerausbildung (vor allem von Sekundarstufenlehrkräften) vielfach noch eine untergeordnete Rolle zu spielen bzw. überhaupt keine Berücksichtigung zu finden (vgl. exemplarisch Graumann 2002). Entsprechende Defizite gelten im Übrigen nicht nur für Deutschland, sondern nach meinen eigenen Erfahrungen durchaus auch für den (Fremdsprachen)Unterricht in anderen europäischen Ländern. Umso dringlicher erscheinen Fortbildungsangebote, die Lehrkräften Gelegenheit bieten, sich realistische, in die eigene Berufspraxis integrierbare Szenarien und Materialien für binnendifferenzierenden Unterricht zu erarbeiten.

2. Subjektive Theorien und Fortbildung

Die Bedeutung der subjektiven Theorien von Lehrkräften für deren Handeln im Unterricht wird in den letzten Jahren zunehmend betont (vgl. z.B. Grotjahn 1998; Scheele & Groeben 1998). Subjektive Unterrichtstheorien, die sich im Laufe der Ausbildung und der Berufspraxis verfestigen, gelten als hochgradig individuell, relativ stabil und dauerhaft. Sie beziehen sich u.a. auf den Lernprozess der Schüler, auf bestimmte Unterrichtssituationen und Lehrverfahren, und sie umfassen auch das Selbstbild der Lehrkraft, ihr Rollenverständnis sowie Annahmen über das eigene Verhalten und seine Wirksamkeit.

Da derartiges Überzeugungswissen das Lehrverhalten stark mitbestimmt, haben Innovationen im Unterricht, z.B. ein veränderter Umgang mit Heterogenität, letztlich nur dann eine Realisierungschance, wenn es gelingt, die subjektiven Theorien von Lehrkräften ein Stück weit ‚aufzubrechen'. Dementsprechend müssen Fortbildungsmaßnahmen in Kombination mit praktischen Erprobungsmöglichkeiten Gelegenheit dazu geben, eigene Überzeugungen und Haltungen zu hinterfragen und das eigene Lehrverhalten kritisch zu reflektieren. Damit dies gelingen kann und um den Transfer des ‚Neuen' in die Unterrichtspraxis zu fördern, sind auf seminarmethodischer Ebene die Prinzipien des ‚reflektierten Erfahrungslernens' und der ‚Handlungsorientierung' von zentraler Bedeutung.

3. Ein Veranstaltungskonzept

Im Folgenden möchte ich auf der Basis einer großen Zahl eigener Fortbildungsseminare und Workshops zum Thema ‚Binnendifferenzierung' einen Veranstaltungsverlauf exemplarisch darstellen und mit ausgewählten Arbeitsergebnissen illustrieren. In Abhängigkeit von den konkreten Bedingungen (Adressaten, institutionelle Voraussetzungen, Dauer der Veranstaltung/ Veranstaltungsreihe etc.) waren die einzelnen Phasen dabei jeweils unterschiedlich gewichtet, jedoch wurde immer darauf geachtet, dass neben Information und Bewusstseinsbildung auch Raum für erfahrungs- und handlungsorientierte Verfahren blieb.

Die Teilnehmer/innen (im Folgenden „TN") waren zum einen Lehrkräfte für Deutsch-als-Fremdsprache aus Schule, Hochschule oder Erwachsenenbildung in zahlreichen europäischen Ländern. Zum anderen wurde das Konzept auch mit TN-Gruppen umgesetzt, die aus Lehrkräften ganz unterschiedlicher Schulfächer bestanden, so z.B. an den Deutschen bzw. deutschsprachigen Schulen in

Helsinki, Nairobi, Bangkok und Mexiko-Stadt. Gerade an Deutschen Schulen im Ausland mit ihrer z.T. besonders heterogenen Schülerschaft wird die Binnendifferenzierung immer häufiger als Wunschthema für schulinterne oder regionale Fortbildungsmaßnahmen genannt.

3.1 Erfahrungsaustausch

Wann immer möglich werden die TN bereits im Vorfeld der Fortbildungsveranstaltung gebeten, Präsentationen von Unterrichtsplanungen/ -szenarien und von Materialien aus ihrem bisherigen Unterricht vorzubereiten, die veranschaulichen, wie sie mit den Schülern (phasenweise) binnendifferenzierend gearbeitet haben. Diese Präsentationen stellen die Grundlage für einen moderierten Erfahrungsaustausch dar, bei dem in aller Regel von Seiten der TN auch bereits praktische Umsetzungsprobleme thematisiert werden (u.a. höherer Vorbereitungsaufwand, offenere und vielfach genauere Unterrichtsplanung, zu geringe Berücksichtigung der Binnendifferenzierung in Lehrwerken, Probleme differenzierender Leistungsbewertung).

3.2 Gemeinsame Strukturierungen des Problemfeldes

Zu Beginn sammeln die TN in Kleingruppen diejenigen Variablen, die in ihren Lerngruppen die Heterogenität im Einzelnen konstituieren. Je nach Zielgruppe und Fortbildungskontext stehen dabei Faktoren wie Motivation, Leistungsstand, (kulturell geprägte) Lerntraditionen, Alter, Muttersprache, Lerntyp bzw. Lernstil, Lernstrategien, Interessen bzw. Neigungen der Lerner etc. im Vordergrund. Im Weiteren konkretisieren die TN im gemeinsamen Diskurs ein Unterrichtskonzept, das dieser Heterogenität Rechnung trägt, und sie visualisieren die dahinterstehenden Zielsetzungen und didaktischen Prinzipien (vgl. Abbildung 1).

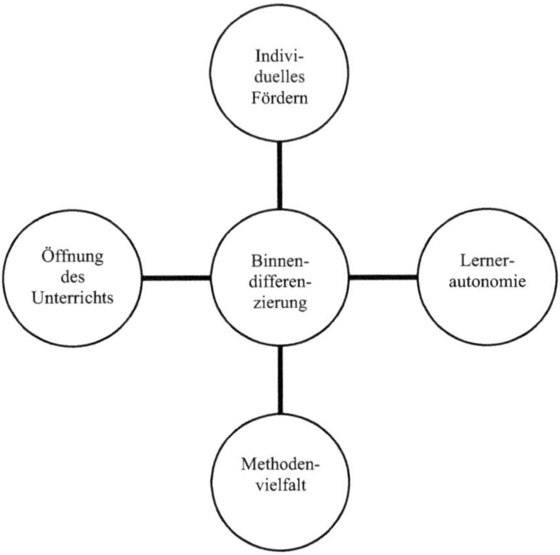

Abbildung 1: Binnendifferenzierung im Zentrum eines lernerorientierten Unterrichts

Die Binnendifferenzierung erscheint dabei als konstitutives Element eines konsequent *lernerorientierten* Unterrichts, der sich um methodische Diversifikation bemüht und ein breites Spektrum an Vermittlungsmodi, Aufgabenformen und Materialien bereithält. Damit verbunden ist eine Öffnung des Unterrichts im Sinne des Verzichts auf das durchgängige Bemühen um eine kleinschrittig arrangierte Input-Output-Steuerung. Eine zentrale Rolle spielen inhaltlich und/oder sprachlich offene Aufgabenstellungen, die Freiräume lassen und entsprechend der individuellen Fähigkeiten und/oder Interessen bearbeitet werden können.

Auch wenn Überlegungen zur Leistungsdifferenzierung grundsätzlich nichts von ihrer Bedeutung eingebüßt haben und aus einem zeitgemäßen Unterricht nicht mehr wegzudenken sind, gewinnen damit – gerade auch im Kontext eines autonomiefördernden *Fremdsprachen*unterrichts – vor allem solche Formen der Binnendifferenzierung große Bedeutung, bei denen die Lernenden eigenständig Auswahlentscheidungen treffen (Interessendifferenzierung/ Wahldifferenzierung). Offene, binnendifferenzierende Lernarrangements schaffen den Rahmen, in dem sich das selbsttätige Lernen auf verschiedenen Lernpfaden entfalten kann (vgl. Tönshoff 2004).

Für die berufliche Praxis der TN steht erfahrungsgemäß die sehr facettenreiche Frage nach den konkreten Formen der Binnendifferenzierung im Mittelpunkt des Interesses. Anknüpfend an den strukturierten Erfahrungsaustausch (vgl. 3.1.) stellen die TN eine Liste von inhaltlichen, organisatorischen und methodischen Aspekten zusammen, auf die sich binnendifferenzierende Maßnahmen beziehen können, und illustrieren sie mit Beispielen aus dem eigenen Unterricht. Besonders häufig genannte Differenzierungsaspekte sind dabei u.a.:

- Art der Inhalte (Themenbereiche, Texte, Fertigkeiten etc.)
- Aufgaben- bzw. Übungstypen
- Komplexität und Schwierigkeitsgrad von Übungsaufgaben
- Lernmaterialien und Medien
- Intensität und zeitlicher Umfang der lehrerseitigen Zuwendung (bis hin zu Einzelgesprächen)
- Zeit für die Vorbereitung und Bearbeitung von Aufgaben
- Lernstile bzw. Lernwege
- erwartete Selbstständigkeit bei der Vorbereitung, Durchführung und Evaluation von Lernaktivitäten
- Beteiligung von Lernern bei der Erarbeitung von Materialien und bei der Bereitstellung von Lernangeboten (bis hin zu Formen des ‚Lernens durch Lehren')
- Einsatz unterschiedlicher Sozialformen

Beim letzten Punkt ist noch zu berücksichtigen, dass sich die Binnendifferenzierung natürlich stets im Wechsel zwischen Phasen der Arbeit mit der Gesamtgruppe und Phasen der Gruppen-, Partner- oder Einzelarbeit vollzieht. Zum eigenen Differenzierungsaspekt werden Sozialformen hingegen dann, wenn innerhalb einer Klasse *gleichzeitig* verschiedene Sozialformen zum Einsatz kommen. Dies ist z.B. dann der Fall, wenn ein Teil der Lerner selbstständig, der andere Teil im Kontaktunterricht mit dem Lehrer arbeitet oder auch, wenn einige Lerner in Partnerarbeit, andere in Vierergruppen und wieder andere in Einzelarbeit tätig sind, wobei die Lehrkraft zusätzlich die Intensität und den zeitlichen Umfang der ‚Betreuung' variieren kann. Damit lässt sich auch berücksichtigen, dass eine Lernaufgabe je nach Sozialform unterschiedlich schwierig sein kann (vgl. Tönshoff 2005).

Mit Blick auf eigene Unterrichtsplanungen der TN ist zusätzlich die zeitliche Dimension der Binnendifferenzierung besonders relevant. Folgende Hauptformen lassen sich unterscheiden:

- Die ungeplante, punktuelle Binnendifferenzierung, die ad hoc, aus der jeweiligen Unterrichtssituation heraus (z.B. bei kurzfristig auftauchenden Lernproblemen) und in aller Regel für sehr begrenzte Zeit stattfindet (Gelegenheitsdifferenzierung).
- Die geplante, aber kurzfristige Binnendifferenzierung, die auf eine bestimmte Phase einer spezifischen Unterrichtseinheit beschränkt ist.

- Die längerfristig geplante, regelmäßige Binnendifferenzierung, bei der in festen Zeitintervallen (z.B. 1-2 Stunden wöchentlich oder der zweite Abschnitt einer jeden Unterrichtsstunde) ein Teil der Lerngruppe mit der Lehrkraft, ein anderer Teil in Kleingruppen selbstständig arbeitet.

Diese Formen stellen zwar grundsätzlich einander nicht ausschließende Alternativen dar, bereits Thürmann (1988) hebt gleichwohl die Vorteile längerfristiger, auf selbstständiges Lernen angelegter Differenzierungsstrategien hervor:

- Geringerer Aufwand bei der Unterrichtsvorbereitung und der Kontrolle der Arbeitsergebnisse.
- Höhere Motivation der Lerner; denn entweder stellt sich der Lehrer in den Dienst ihrer Interessen oder sie arbeiten selbstständig und bestimmen ihren Arbeitsablauf selbst.
- Rhythmisierung des Lerngeschehens und ‚Normalisierung' der Binnendifferenzierung, dadurch auch weniger Zeitverlust bei der Organisation differenzierender Unterrichtsphasen.

3.3. Analyse von Umsetzungsvorschlägen

Die TN erhalten – in Form eines umfangreichen Readers – ausgewählte Umsetzungsvorschläge zur Binnendifferenzierung aus praxisbezogenen Titeln der Fachliteratur (vgl. u.a. Bönsch 1995, 2002; Groeben 2008; Paradies & Linser 2001) sowie exemplarische Unterrichtsmaterialien und konkrete Aufgabenbeispiele für unterschiedliche Schulfächer bzw. Fächergruppen (u.a. Auszüge aus Lin-Klitzing & Roth 2005; Linser, Paradies & Sorrentino 2009; Meister 2000; Scholz 2008).

Die Vorschläge und Materialbeispiele werden von den TN in arbeitsteiliger Partner- bzw. Gruppenarbeit gesichtet, sich gegenseitig präsentiert und mit Blick auf den Einsatz im eigenen Unterricht kritisch evaluiert, wobei ggf. auch Transfermöglichkeiten auf andere Schulfächer thematisiert werden. Auf besonderes Interesse bei vielen TN stoßen dabei erfahrungsgemäß Vorschläge im Kontext offener Unterrichtsformen, die Verfahren der Wahldifferenzierung konkretisieren. So beschreiben etwa Paradies & Linser (2001: 103ff.) u.a. Differenzierungsinstrumente wie ‚Angebotstische', die unterschiedliche Materialien, mediale Zugänge und Aufgaben bereithalten, sowie eine ‚Lerntheke', die in der Regel in einer Ecke des Unterrichtsraumes aufgebaut ist und differenzierende Aufgaben und zusätzliche Materialien bereitstellt. Die Lerntheke kann einzelnen Lernern oder Gruppen, die eine Aufgabe beendet haben oder auf Probleme stoßen, zur Vertiefung, Ergänzung und Erweiterung dienen.

Regelmäßig thematisiert wird von vielen TN auch das binnendifferenzierende Potenzial von Arbeitsformen wie der Themen- bzw. Wochenplanarbeit, der Freiarbeit sowie offener Formen des Stationenlernens. Und auch die Arbeit an

Unterrichtsprojekten liefert vielfältige Gelegenheiten zur Binnendifferenzierung nach den Interessen und Neigungen der Lerner. Möglichkeiten ergeben sich hier in organisatorischer und inhaltlicher Hinsicht, so z.B. bei der Findung von Teilthemen in der Initiativphase eines Projekts, bei den verschiedenen Planungsaktivitäten sowie bei der Informations- und Materialbeschaffung. Weiterhin kann nach methodischen Präferenzen der Lerner differenziert werden, etwa bei der Aufbereitung von Informationen und bei der Produktion und Präsentation der Projektergebnisse.

3.4. Erarbeitung von Unterrichtsszenarien und Materialien

In nach gleichen bzw. affinen Fächern gebildeten Kleingruppen erstellen die TN anschließend Grobplanungen für Unterrichtseinheiten, in deren Mittelpunkt eine Differenzierungsphase steht. Dabei planen sie ausdrücklich auch die der Differenzierung vorangehende Strukturierungsphase, in der den Lernern z.B. ein Überblick über das jeweilige Unterrichtsthema und Hinweise zu sinnvollen Teilthemen gegeben werden, sowie die abschließende Vermittlungsphase, in der die Arbeitsergebnisse aus der Differenzierungsphase im Unterricht mit der Gesamtgruppe zusammengeführt und diskutiert werden. Für die Differenzierungsphase selbst entwickeln die TN außerdem exemplarisch Materialien und Aufgabenstellungen für die Lerner. Bei mehrtägigen Fortbildungsseminaren (wie an den Deutschen Schulen im Ausland) erarbeiten und präsentieren die TN solche Unterrichtsszenarien sinnvollerweise in mehreren ‚Durchgängen' für verschiedene Formen der Binnendifferenzierung (Leistungs-/ Niveaudifferenzierung, Wahl-/Interessendifferenzierung).

Bei Fortbildungsveranstaltungen mit Lehrkräften für Deutsch als Fremdsprache – vor allem wenn vergleichsweise wenig Zeit zur Verfügung steht (etwa bei halbtägigen Seminaren) – hat es sich bewährt, den TN konkretere Planungsaufgaben zu stellen, z.B. zur Binnendifferenzierung bei der Textarbeit. Die TN-Gruppen wählen hierbei einen von mehreren fremdsprachlichen Lesetexten und erstellen Szenarien für Unterrichtseinheiten, die binnen-differenzierendes Arbeiten speziell durch den Einsatz unterschiedlicher Übungsformen vorsehen. Für die Unterrichtsphase vor und/oder für die Phase nach der Textlektüre entwickeln die TN dabei unterschiedliche Übungen, die z.B. nach Schwierigkeitsgrad, medialem Zugang oder der Sozialform differenzieren.

Die Erarbeitung von Unterrichtsszenarien und Materialien sind in hohem Maße handlungsorientierte Fortbildungsverfahren und werden von den TN naturgemäß als fordernd und anspruchsvoll erlebt. Veranstaltungsauswertungen zeigen jedoch immer wieder, dass diesem *learning by doing* – eine kollegiale Seminaratmosphäre vorausgesetzt – eine besonders nachhaltige Wirkung zugeschrieben und zugleich die Transfermöglichkeiten in den eigenen Unterricht als sehr hoch eingeschätzt werden.

Literaturverzeichnis

Boller, Sebastian; Rosowski, Elke & Stroot, Thea (Hrsg.) (2007), *Heterogenität in Schule und Unterricht. Handlungsansätze zum pädagogischen Umgang mit Vielfalt.* Weinheim & Basel: Beltz.

Bönsch, Manfred (1995), *Differenzierung in Schule und Unterricht. Ansprüche, Formen, Strategien.* München: Ehrenwirth.

Bönsch, Manfred (2002), *Selbstgesteuertes Lernen in der Schule. Praxisbeispiele aus unterschiedlichen Schulformen.* Neuwied: Luchterhand.

Bräu, Karin & Schwerdt, Ulrich (Hrsg.) (2005), *Heterogenität als Chance. Vom produktiven Umgang mit Gleichheit und Differenz in der Schule.* Münster: Lit.

Graumann, Olga (2002), *Gemeinsamer Unterricht in heterogenen Gruppen.* Bad Heilbrunn: Klinkhardt.

Groeben, Annemarie von der (2008), *Verschiedenheit nutzen. Besser lernen in heterogenen Gruppen.* Berlin: Scriptor.

Grotjahn, Rüdiger (1998), Subjektive Theorien in der Fremdsprachenforschung: Methodologische Grundlagen und Perspektiven. *Fremdsprachen Lehren und Lernen* 27, 33-59.

Lin-Klitzing, Susanne & Roth, Melanie Katja (2005), *Offener Unterricht. Fächerbeispiele für das Gymnasium.* Düsseldorf: Pädagogik- und Hochschul-Verlag.

Linser, Hans-Jürgen; Paradies, Liane & Sorrentino, Wencke (2009), *Differenzieren im Unterricht. Für die Sekundarstufe 1.* Berlin: Scriptor.

Meister, Hans (2000), *Differenzierung von A-Z. Eine praktische Anleitung für die Sekundarstufen.* Stuttgart: Klett.

Paradies, Liane & Linser, Hans-Jürgen (2001), *Differenzieren im Unterricht.* Berlin: Scriptor.

Scheele, Brigitte & Groeben, Norbert (1998), Das Forschungsprogramm Subjektive Theorien. Theoretische und methodologische Grundzüge in ihrer Relevanz für den Fremdsprachenunterricht. *Fremdsprachen Lehren und Lernen* 27, 12-32.

Scholz, Ingvelde (Hrsg.) (2008), *Der Spagat zwischen Fördern und Fordern. Unterrichten in heterogenen Klassen.* Göttingen: Vandenhoeck & Ruprecht.

Thürmann, Eike (1988), Differenzierung. Strategien auf dem Wege zum schülerorientierten Unterricht. *Der fremdsprachliche Unterricht* 3, 4-8.

Tönshoff, Wolfgang (2004), Binnendifferenzierung im lernerorientierten Fremdsprachenunterricht (I). *Deutsch als Fremdsprache* 41, 227-231.

Tönshoff, Wolfgang (2005), Binnendifferenzierung im lernerorientierten Fremdsprachenunterricht (II). *Deutsch als Fremdsprache* 42, 13-17.

Zu guter Letzt: der Jubilar

Sprachlehrforschung im Spannungsverhältnis von Theorie, Empirie und Praxis: Perspektiven

Ein Gespräch mit Rüdiger Grotjahn[1]

Welche Funktionen würden Sie der Sprachlehrforschung heute zuschreiben?

Als allgemeines, übergeordnetes Ziel der Sprachlehrforschung würde ich definieren: Erforschung des komplexen, multidimensionalen Gegenstandsbereichs „Lehren und Lernen von Sprachen". Dies bedeutet für mich sowohl Grundlagenforschung als auch Forschung mit einem praktischen Erkenntnisinteresse. Wichtig ist, dass es sich um einen komplexen und multidimensionalen Gegenstandsbereich handelt. Es wird in diesem Zusammenhang schon seit Beginn der Sprachlehrforschung von „Faktorenkomplexion" gesprochen – ein Begriff, der aus der Pädagogik übernommen wurde. Für mich ist es ein Problem, dass dieser Komplexion des Gegenstandsbereichs auf methodologischer Ebene nicht genügend Rechnung getragen wird. Das heißt, insbesondere wenn quantitative Methoden zum Einsatz kommen, werden meist relativ einfache Verfahren verwendet wie Korrelationsberechnungen oder Mittelwertvergleiche. Komplexere Methoden, wie „Structural Equation Modelling", werden bisher relativ selten verwendet. Dies gilt vor allem in Bezug auf die deutsche Sprachlehrforschung und deutlich weniger z.B. für Nordamerika.

Woran könnte das liegen?

Ich vermute, dass einer der Gründe hierfür ist, dass es in Deutschland im Bereich der quantitativen Forschungsmethodologie kaum eine spezifische Ausbildung gibt. Wenn jemand in diesem Bereich methodologisch anspruchsvoller arbeitet, dann war es in der Vergangenheit meist jemand, der gleichzeitig auch in irgendeiner Form als Nebenfach Sozialwissenschaften, Soziologie oder Psychologie hatte. Meist gibt es diesen Hintergrund; jemand mit einer rein philologischen Ausbildung tendiert eher dazu, qualitative Methoden zu nutzen. Das ist eines der Probleme.

Um auf die Funktionen der Sprachlehrforschung zurückzukommen: Forschung heißt für mich im Gegenstandsbereich „Lehren und Lernen von Sprachen" z.B. Entwicklung und Überprüfung sowohl relativ allgemeiner als auch lokaler Hypothesen, die sich auf einen ganz spezifischen Kontext beziehen:

---

1 Der vorliegende Text basiert auf der Transkription eines Gesprächs einer der Herausgeberinnen der Festschrift mit Rüdiger Grotjahn im Juni 2009.

Ein Beispiel wäre, dass man Unterschiede im Fremdsprachenlernen untersucht bei spezifischen Schülergruppen mit Migrationshintergrund in spezifischen Schulformen, um z.B. direkt Rückmeldung geben zu können für bestimmte Schulen. Das wäre dann Forschung, die weniger an allgemeinen Gesetzmäßigkeiten im Bereich des Lehrens und Lernens von Sprachen interessiert ist, sondern an kontextspezifischem Wissen, das auch unmittelbar praktisch verwertbar ist.

Vor allem im Hinblick auf die Erforschung von allgemeineren Gesetzmäßigkeiten würde ich mich auch für eine stärkere Orientierung als bisher am Falsifikationsparadigma aussprechen. Ich habe manchmal den Eindruck, dass, wenn man es pointiert formuliert, bisher vor allem versucht wird, über empirische Forschung eigene vorgefasste Meinungen zu bestätigen. Stattdessen sollte man versuchen, theoretisch und/oder empirisch gestützte Hypothesen möglichst strengen Prüfungen zu unterziehen.

Weiterhin heißt für mich Forschung im Gegenstandsbereich „Lehren und Lernen von Sprachen“ ein verstärktes Bemühen um die Entwicklung von Instrumententheorien (wie z.B. eine Theorie des Forschungsinterviews oder der Unterrichtsbeobachtung) und Bewertung von Hypothesen sowohl im Lichte von inhaltlichen Theorien als auch von Instrumententheorien. Jedes Datenerhebungsinstrument produziert spezifische Daten und führt auch zu spezifischen Verzerrungen. Deswegen wird ja auch im Rahmen von Validierungsstudien gefordert, dass man mit mehreren Methoden ein und denselben Gegenstandsbereich untersucht und auf diese Weise den differentiellen Effekt unterschiedlicher Methoden abzuschätzen versucht.

Ein solches Vorgehen wird in der qualitativen Forschung manchmal unter Triangulation gefasst; in der quantitativen Forschung entspricht dies häufig einer Multitrait-Multimethod-Analyse zur Bestimmung der konvergenten und diskriminanten Validität.

Wäre denn eine eigene Wissenschaftstheorie für die Sprachlehrforschung wichtig oder genügt es, wenn man aus den Bezugswissenschaften die Theorien und Instrumente appliziert?

Das ist meines Erachtens eine sehr wichtige Frage. Ich gehe davon aus, dass man zunächst einmal sehen sollte, wo es in den Bezugswissenschaften die größten Affinitäten zum Gegenstandsbereich der Sprachlehrforschung gibt und wie weit man die Methoden übertragen kann. Wenn man dann im Zuge des Versuchs, die Methoden anzuwenden, feststellt, dass diese zu kurz greifen, dann muss man adaptieren und ggf. auch eigene Methoden entwickeln. Allerdings ist im Bereich der quantitativen Methodologie die Entwicklung eigener Methoden ohne einen massiven mathematischen Hintergrund zumeist nicht möglich. Das heißt, da wird man wohl eher eng mit Methodenspezialisten aus anderen Bereichen kooperieren müssen, oder es müsste im Bereich der Sprachlehrforschung die seltene Kombination geben, dass jemand Sprachlehrforschung und z.B. Mathematik oder Ökonometrie studiert hat – was nicht sehr gängig ist.

Sie sprechen sich also für eine relativ andere Orientierung aus, als sie bisher praktiziert worden ist – in einer Forschung, die ja hierzulande eher qualitativ ausgerichtet ist?

Ich spreche mich keineswegs gegen qualitative oder auch hermeneutische Forschung aus. Meiner Meinung nach ist allerdings der Bereich der quantitativen Forschung in Deutschland unterrepräsentiert – und, sieht man vom jüngsten fremdsprachenbezogenen Bildungsmonitoring einmal ab –, dann ist eher eine Tendenz zu noch mehr qualitativer Forschung zu beobachten. Als Begründung wird häufig angeführt, dass qualitative Methoden dem Gegenstandsbereich, und insbesondere dessen Komplexion, angemessener seien. Diese Begründung mag für nicht wenige Fragestellungen zutreffen, z.B. wenn es um die Innensicht von Lernern und Lehrern geht. Sie scheint mir allerdings nicht selten auch ein Ausdruck der fehlenden Ausbildung in komplexen quantitativen Methoden zu sein.

Noch einmal zu den allgemeinen Zielen der Sprachlehrforschung: Wie bereits angedeutet, sollte man nicht bei der theoretischen und empirischen Forschung stehen bleiben, sondern Forschung sollte auch dazu führen, Praxisempfehlungen zu formulieren: nicht in Form von apodiktischen Soll-Behauptungen, sondern in Form von Empfehlungen. Dabei sollten unterschiedliche Handlungsalternativen aufgezeigt werden, und es sollten auch Implikationen unterschiedlicher Handlungsalternativen und unterschiedlicher Werthaltungen reflektiert werden. Das wäre meines Erachtens ein wichtiger Punkt. Das bedeutet, insgesamt gesehen, dass die Sprachlehrforschung zumindest drei Dimensionen hat: Eine eher konzeptuell-theoretische Dimension, eine eher empirische Dimension, die natürlich nicht von der konzeptuell-theoretischen Dimension zu trennen ist, denn Daten sind immer Daten im Lichte von Theorien, und schließlich auch noch eine normative Dimension. Es geht also auch darum, dass Setzungen getroffen werden sollten – allerdings gut begründete und hinterfragte Setzungen.

Könnten Sie ein Beispiel nennen?

Handlungsempfehlungen beispielsweise in Bezug auf Vermittlungsmethoden in der Schule: Wenn man zwei Methoden vergleicht und feststellt, die eine Methode ist effektiver, dann könnte man sagen, die effektivere Methode soll in der Schule implementiert werden. Dazu bedarf es aber noch einer Vielzahl weiterer Überlegungen, und alle diese Überlegungen implizieren immer auch Setzungen und Wertentscheidungen. Diese müssten meiner Meinung nach explizit thematisiert werden, und es müssten dann auch die Konsequenzen aus der Implementierung bestimmter Methoden aufgezeigt werden.

Also kritisch-normativ?

Genau, kritisch-normativ. Das ist gemeint. Die Sprachlehrforschung hat also eine theoretische, empirische, praktische und damit verbunden auch eine kritisch-normative Funktion. Kritisch-normativ ist ein wichtiger Aspekt, denn Sprachlehrforschung sollte auch Gesellschaftskritik implizieren. Also nicht nur ein Kritikbegriff z.B. im Sinne von Popper, also Kritik von wissenschaftlichen Aussagen, sondern auch im Sinne von Habermas: Wissenschaft als Gesellschaftskritik mit einem emanzipatorischen Erkenntnisinteresse.

Gehört dazu auch Bildungskritik?

Ja, wenn ich Gesellschaftskritik sage, ist damit natürlich auch Bildungskritik gemeint.

Und wo würden Sie diese Bildungskritik im Moment primär ansetzen, nachdem Sie sich ja mit Bildungsstandards beschäftigen?

Ein Punkt wäre, dass man sich z.B. Gedanken macht über die Verkürzung des Bildungsbegriffs in den Bildungsstandards – das haben schon viele andere gemacht. Die Bildungsstandards sind keine Bildungsstandards, sondern Sprachstandards, das muss man ganz klar sagen. Der Bildungsbegriff wird verkürzt, Literaturrezeption wird nicht thematisiert, die interkulturelle Dimension kommt zu kurz. Das ist, wenn Erwerb und Gebrauch von Fremdsprachen rein funktional gesehen werden und ein nicht sehr hohes Niveau in der Fremdsprache angestrebt wird, eventuell noch vertretbar. Aber im Hinblick auf weiterführende Schulen, und vor allem in Beug auf den Gymnasialbereich, wird meines Erachtens der Bildungsbegriff unnötig verkürzt.

Wobei das Ganze natürlich problematisch ist, denn die Standards sind ja mit bestimmten Messverfahren kombiniert, um einigermaßen valide zu sein.

Das ist mit Sicherheit ein wichtiger Grund. Nach dem Motto: Was wir im Augenblick nicht messen können, blenden wir erstmal aus. Es ist schwierig, z.B. literarische Kompetenzen auf adäquate Weise messen zu können und insofern ist es einfacher, diese zunächst auszublenden. Aber es ist eindeutig eine Verkürzung – und zudem eine gefährliche Verkürzung.

Im Grunde bräuchten wir dann ja Ergänzungsinstrumente, die auf diese sogenannten „schwer messbaren Kompetenzen" mit eingehen.

Der Begriff schwer messbare Kompetenzen wird ja nicht umsonst verwendet. Es gibt auch Vorschläge, zum Beispiel im Bereich der Pragmatik, wie man schwer messbare Kompetenzen besser messbar macht. Aber in Bezug auf literarische Fähigkeiten, literarische Bildung, sehe ich noch größere Probleme als im Bereich von pragmatischen Kompetenzen.

Sie haben in Ihren Schriften immer wieder auf das Menschenbild, auf die Wichtigkeit der Profilierung eines Menschenbildes hingewiesen, bzw,. dass bestimmte Methoden auf Menschenbildern basieren, bzw., dass bestimmte Methoden Profilierungen des Menschen zur Folge haben. Wie würden Sie Ihr Menschenbild bezüglich der Sprachlehrforschung charakterisieren?

Ich schließe mich in dem Punkt im Prinzip dem Forschungsprogramm Subjektive Theorien an. Ich würde zunächst einmal fordern, dass wir von einem möglichst positiven Menschenbild ausgehen sollten, d.h. der Mensch als intentionaler, reflexiver, sozialer Aktant, als verantwortungsvoll Handelnder. Allerdings bin ich der Meinung, dass dieses Menschenbild nicht bei allen Untersuchungen greift. Wir haben in der Sprachlehrforschung, beim Lehren und Lernen von Sprachen auch Phänomene wie die Automatisierung von Handeln und Verhalten. Und beim Aufbau von Automatisierung und Flüssigkeit in der Fremdsprache geht es auch um den Aufbau von Reiz-Reaktions-Verbindungen. Man kann den Behaviorismus noch so sehr verteufeln, er stimmt in bestimmten Bereichen vermutlich immer noch als Erklärungsansatz. Aber meine Position ist, dass ich auf einen behavioristischen Erklärungsansatz nur dann zurückgreifen würde, wenn alles andere nicht mehr greift. Ich würde zuerst versuchen, z.B. über sprachbezogene Kognitivierung Grundlagen zu schaffen, die anschließend genutzt werden können, auch wenn die Sprache letztendlich habitualisiert werden soll. Aber irgendwann kommt wahrscheinlich eine Übungskomponente hinein, bei der es darum geht, zu prozeduralisieren und Reiz-Reaktions-Verbindungen aufzubauen. Und es gibt ja auch so etwas wie das Phänomen des impliziten Sprachenlernens, das Forscher wie Nick Ellis untersucht haben: ganz viel Input, denn je wahrscheinlicher bestimmte Input-Elemente sind, desto eher werden sie auch gelernt – vereinfachend gesprochen. Das ist eine Art Lernen, die nur partiell modellierbar ist im Rahmen eines Menschenbildes, das den Lerner als einen intentional und reflektiv Handelnden in den Vordergrund stellt.

Gerade in Bezug auf das Forschungsprogramm Subjektive Theorien haben Sie ja in einem Aufsatz für den Forschungsansatz „Soziale Repräsentationen" plädiert mit dem Verweis, dass dort noch Forschung für die Sprachlehrforschung aussteht. Ist dort in der Zwischenzeit etwas passiert? Gibt es erste Schritte dahin?

Ich habe mich dafür ausgesprochen, weil meiner Meinung nach im Rahmen des Forschungsprogramms Subjektive Theorien der Mensch eher als individuelles Wesen gesehen wird und die sozialen Bezüge relativ stark ausgegrenzt werden. Das ist aber prinzipiell nicht unbedingt angelegt in diesem Ansatz. Groeben selbst spricht sich für einen sozialpsychologischen Ansatz aus. D.h. er blendet diese Dimension nicht prinzipiell aus. Der Ansatz der sozialen Repräsentationen geht noch einen Schritt weiter als es bei Groeben meiner Meinung nach angelegt ist. Dort werden Kognitionen auch als sozial geteilte Kognitionen gesehen und nicht als Kognitionen, die individuenspezifisch sind, wie das Konstrukt der Subjektiven Theorien. Das ist etwas, das darüber hinausgeht, aber meines Erachtens nicht unbedingt etwas, das dem Ansatz des FST widerspricht, sondern es ergänzt, und als weitere Perspektive hinzukommt.

Forschungsmethodologisch bin ich der Meinung, dass vor allen Dingen auch ein polymethodologischer Ansatz verstärkt verwendet werden sollte. Es gibt zwar mittlerweile polymethodologisch ausgerichtete Forschung. Allerdings stellt sich da wieder das Problem einer begründeten Verbindung unterschiedlicher Forschungsansätze. Ein besonders gut begründeter Ansatz zur Verbindung unterschiedlicher methodologischer Ansätze ist meines Erachtens das Zweiphasenmodell des Forschungsprogramms Subjektive Theorien. Zunächst wird die Innensicht der Forschungspartner oder Subjekte erhoben und mit Hilfe dialoghermeneutischer Verfahren rekonstruiert. Dies ist die sogenannte emische Perspektive. Zur Datenerhebung werden in der Regel offene Verfahren verwendet wie qualitative Interviews. Es geht darum, subjektive Theorien zu rekonstruieren und zusammen mit dem Forschungspartner ggf. kommunikativ zu validieren.

Aber der entscheidende Punkt ist, dass in dieser ersten Phase über die Richtigkeit oder Falschheit der rekonstruierten Subjektiven Theorien letztendlich stets der Forschungspartner und nicht der Forscher entscheidet. D.h. über die Innensicht kann letztendlich nur der Befragte selbst Auskunft geben. Aber, und das wird meiner Meinung nach von Groeben und anderen überzeugend herausgearbeitet: Menschen können sich auch irren. Sie können zudem auch nachträglich für ihr Handeln Rechtfertigungen erfinden. Es ist also noch eine zweite Phase wichtig, in der aus der Außensicht, d.h. der sogenannten etischen Perspektive, die handlungsleitende Funktion der in Phase 1 rekonstruierten Subjektiven Theorien überprüft wird. Hier haben wir auch ein korrespondenztheoretisches Wahrheitskriterium, während in der ersten Phase ein konsenstheoretisches Wahrheitskriterium zugrunde gelegt wird. Und in der zweiten Phase greift dann auch wieder ein Falsifikationismus z.B. im Sinne von Popper oder auch der verfeinerte Falsifikationismus im Sinne von Lakatos.

Kann ich nochmal auf den Bereich der sozialen Repräsentationen zurückkommen? Ich glaube, dass über diesen Zusatzbereich der sozialen Repräsentationen auch die Forschung zum Faktor Alter vorankommen könnte. Denn es ist ja auffallend, dass Lerner, die 70 sind und einen bestimmten sozialen Hintergrund und eine bestimmte Bildung haben, ähnlich starke Sprachenlerner wie die 18jährigen sind.

Das entspricht dem, was in den Sozialwissenschaften eigentlich ein Allgemeingut ist, nämlich das mitentscheidend oder sogar entscheidend für das Handeln von Personen nicht die objektiven Gegebenheiten, sondern die subjektive Sicht der objektiven Gegebenheiten sind. D.h. wenn jemand hochmotiviert ist und sich selbst als fähig ansieht, dann kann diese Person, wenn alle anderen Bedingungen gleich sind, durchaus in der Lage sein, auch noch im hohen Alter gute Sprachlernleistungen zu erbringen.

Stellen Sie sich vor: Sie hätten jetzt die Möglichkeit eine Längsschnittstudie im Bereich der Sprachlehrforschung über 10 Jahre zu realisieren. Welches Thema würden Sie wählen?

Ich würde weiter zum Faktor Alter forschen. Dabei finde ich zwei Perioden besonders spannend. Einmal den Frühbeginn und zwar ob der Frühbeginn im Kindergarten und Grundschulbereich wirklich effektiver ist als ein späterer Beginn. Außerdem würde ich den Bereich von 4 bis 20 untersuchen, da es eine Reihe von Befunden gibt, dass „Jugendliche“ in bestimmten Bereichen schneller lernen als „Kinder“, z.B. in der Lexik. Und gleichzeitig fände ich es natürlich spannend, Fremdsprachenlernen im Seniorenalter zu untersuchen. Welches Potential haben ältere Fremdsprachenlerner in der Tendenz? Denn es gibt im Seniorenalter eine viel größere Variation als bei Kindern. Das sind beides sehr spannende Fragen. Meiner Kenntnis nach sind Längsschnittstudien zu älteren Lernern im Bereich Fremdsprachenlernen und in größeren Gruppen bisher nicht gemacht worden. Sie sind mir jedenfalls nicht bekannt.

Wenn ich das Gesagte zusammenfasse, so sollte es insgesamt ein stärkeres Bemühen um mathematische Modellierung geben?

Speziell bezogen auf die Datenerhebung wäre erstmal ein verstärktes Bemühen um Längsschnittuntersuchungen z.B. auf der Basis multipler Einzelfallanalysen wünschenswert. Man untersucht eine Reihe von Einzelfällen und analysiert die Entwicklung dieser Lerner in der Zeit im Hinblick auf bestimmte Merkmale. Hierfür gibt es sehr komplexe mathematische Verfahren, die erlauben, Verläufe darzustellen und Vorhersagen zu machen. Diese werden jedoch bisher in der Sprachlehrforschung so gut wie nicht eingesetzt.

Insgesamt möchte ich mich dafür aussprechen, dass ein stärkeres Bemühen gezeigt werden sollte, auch komplexere mathematische Methoden zu verwenden, wie z.B. eine Modellierung in Form von Wachstumsverläufen oder das bereits erwähnte Structural Equation Modelling, also die Analyse auf der Basis von mathematischen Strukturgleichungsmodellen. In der kanadischen sozialpsychologischen Forschung zu Motivationen und Einstellungen im Bereich des Fremdsprachenlernens z.B. sind diese absolut gängig.

Zur Frage der Ausbildung von Sprachlehrforschern: Ist es nicht die Hauptkrux, dass die Linien, die Sie vorzeichnen, überhaupt nicht realisiert werden können. Ich kenne kaum einen Standort in Deutschland, wo mathematische Aspekte zumindest zum Teil in die Sprachlehrforschung integriert würden.

Es entspricht auch meiner Kenntnis, dass statistische Methoden, wenn überhaupt, nur am Rande vermittelt werden und auch dann nur sehr einfache Verfahren und auch in der Regel durch Lehrende, die selbst einen eher philologischen Hintergrund haben. Der Nachwuchs müsste anders ausgebildet werden. Das ist eine Perspektive, die sich hier in Deutschland nicht in ein oder zwei Jahren verwirklichen lässt. Aber man sieht, dass es geht; man muss nur mal den Blick ins Ausland richten. An mehreren amerikanischen Universitäten gibt es ein oder zwei Professuren, die ihren Schwerpunkt in Forschungsmethoden und in der Regel Leistungsmessung haben. Beispiele wären UCLA oder auch Hawaii. Ähnliches gilt für England und Australien. Aber in Deutschland fehlt dieser Hintergrund.

Zu einem ganz anderen Punkt: Modellieren und Messen sprachlicher Kompetenzen als ein Schwerpunkt der Sprachlehrforschung

Bei fast allen empirischen Untersuchungen stehen wir vor dem Problem, dass wir den Erfolg des Fremdsprachenlernens in irgendeiner Form messen müssen, und dafür benötigen wir Modelle Kommunikativer Kompetenz.

D.h. wir müssen erstens genau sagen, was wir unter Kommunikativer Kompetenz verstehen und zweitens müssen wir sagen, wie wir diese messen wollen. Außerdem gibt es Sprachvermittlung im großen Stil, innerhalb der Universitäten, im Rahmen von Sprachenschulen, im Rahmen des schulischen Fremdsprachenunterrichts; und da geht es stets auch um Lernerfolgsmessung. Und dafür brauchen wir ebenfalls Modelle und Definitionen Kommunikativer Kompetenz, und wir brauchen Instrumente, mit denen wir Kommunikative Kompetenz erfassen können. In diesem Kontext wird Kommunikative Kompetenz bisher häufig relativ naiv erfasst. Ein Beispiel ist, dass man sich mit einem Lerner z.B. in einer mündlichen Prüfung ein bisschen unterhält und anschließend meint, man hätte ein einigermaßen valides und adäquates Bild der kommunikativen Kompetenz des Lerners außerhalb der Prüfungssituation. Innerhalb von internationalen Prüfungen wird da schon deutlich anspruchsvoller vorgegangen, indem z.B. Paarprüfungen mit einem standardisierten Verlauf und standardisierten Aufgaben durchgeführt werden. Aber auch da gibt es Probleme: Inwieweit lassen sich z.B. die Leistungen der beiden Aktanten getrennt voneinander beurteilen? Wie weit ist das (sprachliche) Handeln der Aktanten sozial kokonstruiert? Macht es einen Unterschied, wenn wir Lerner zusammenstellen, bei denen der eine weiter fortgeschritten ist als der andere oder einer deutlich älter? Welchen Einfluss hat das auf die gezeigte Leistung? Welchen Einfluss hat das auf die Bewerter?

Welchen Effekt hat die Strenge oder Milde des Beurteilers? Wie kann man diese Effekte bei der Beurteilung berücksichtigen, damit es faire Bewertungen gibt? Das sind alles Fragen, die sich hier stellen. Dazu gibt es schon eine Menge an Literatur, das sind keine neuen Fragen. Nur diese Forschung findet in Deutschland im Rahmen der Universitäten so gut wie gar nicht statt. Das ist anders zum Beispiel in Australien. Dort gibt es eine Reihe von Dissertationen, die sich im Rahmen von gründlichen empirischen Untersuchungen mit den gerade angesprochenen Fragen in methodisch anspruchsvoller Weise auseinandersetzen. Mit methodisch anspruchsvoll ist hier insbesondere der Einsatz der probabilistischen Testtheorie und zwar vor allem des Multifacetten-Raschmodells gemeint. Es wäre wünschenswert, wenn auch in der deutschen Sprachlehrforschung entsprechende Modelle beim Messen sprachlicher Kompetenzen verstärkt zum Einsatz kommen würden.

Sie sprechen sich immer wieder auch für ein verstärktes Bemühen um empirische Erforschung der Grundlagen bildungspolitischer Entscheidungen aus.

Ja, ein Beispiel: Zum Fremdsprachenfrühbeginn werden anstelle von Fakten nicht selten Mythen propagiert. Die Begründung des Frühbeginns auf Seiten der politischen Institutionen bei der Einführung von Englisch in den Grundschulen ist: Kinder lernen Fremdsprachen leicht, schnell und ohne Mühe und effektiver als ältere Jugendliche. Deshalb sollte möglichst früh mit der Vermittlung von Fremdsprachen begonnen werden. Die internationale Forschung stützt jedoch diese Position nur sehr eingeschränkt. Die Formel „leichter und schneller“ reicht zudem nicht als Begründung aus, warum ausgerechnet Englisch in der Grundschule als erste Fremdsprache vermittelt werden soll. Englisch ist ja im starkem Maße eine lingua franca und bei einer lingua franca spielt die Aussprache eher eine nachgeordnete Rolle. Und wenn der Frühbeginn einen Vorteil hat, dann liegt dieser gerade im Bereich der Vermittlung einer authentischen Aussprache – aber nur unter der Voraussetzung, dass die Lehrenden auch in der Lage sind, diese authentische Aussprache zu vermitteln. Nach meiner Erkenntnis gibt es da insbesondere im Grundschulbereich erhebliche Zweifel an der Fähigkeit vieler Lehrender.

Welche Folgerungen könnten wir nun für die Ausstattung des Faches Sprachehrforschung ziehen?

Eine zentrale Forderung wäre die Schaffung von Professuren mit Schwerpunkt im Bereich von Forschungsmethodologie und Sprachtesten und damit verbunden eine Ausweitung des Lehrangebots im Bereich von qualitativen und quantitativen Forschungsmethoden sowie des Messens und Skalierens sprachlicher Kompetenzen. Und nicht zuletzt ist eine die Kooperation mit einschlägigen Partnern z.B. aus den Erziehungswissenschaften und der Psychologie notwendig. Für eine fruchtbare Kooperation sollte allerdings seitens der

Sprachlehrforscher eine grundlegende Expertise im Bereich der empirischen Forschungsmethodologie vorhanden sein.

Herzlichen Dank für das Gespräch.